MICHEL BRÛLÉ

C.P. 60149, succ. Saint-Denis,
Montréal (Québec) H2J 4E1
Téléphone : 514 680-8905
Télécopieur : 514 680-8906
www.michelbrule.com

Maquette de la couverture et mise en pages :
Jimmy Gagné, Studio C1C4
Photographie de la couverture : Shutterstock
Portraits : Stéphane Vary (sauf celui d'Albert Saint-Martin, réalisé par
Sylvie Paquette, et celui de Félix d'Hérelle, réalisé par Claude Braun).
Figures p. 125, 127, 237 et 239 : François Labelle
Révision : Mélanie Bérubé, Sylvie Martin
Correction : Élaine Parisien

Distribution : Prologue
1650, boul. Lionel-Bertrand
Boisbriand, Québec J7H 1N7
Téléphone : 450 434-0306 / 1 800 363-2864
Télécopieur : 450 434-2627 / 1 800 361-8088

Distribution en Europe : D.N.M. (Distribution du Nouveau Monde)
30, rue Gay-Lussac
75005 Paris, France
Téléphone : 01 43 54 50 24
Télécopieur : 01 43 54 39 15
www.librairieduquebec.fr

Les éditions Michel Brûlé bénéficient du soutien financier du gouvernement
du Québec – Programme de crédit d'impôt pour l'édition de livres – Gestion
SODEC et sont inscrites au Programme de subvention globale du Conseil des
Arts du Canada. Nous reconnaissons l'aide financière du gouvernement du
Canada par l'entremise du Programme d'aide au développement de l'industrie
de l'édition (PADIÉ) pour nos activités d'édition.

Société
de développement
des entreprises
culturelles
Québec ◆◆ ◆◆

ASSOCIATION
NATIONALE
DES ÉDITEURS
DE LIVRES

Québec athée

Claude M. J. Braun

QUÉBEC ATHÉE

MICHEL BRÛLÉ

Aux Tabarnakos, mes compatriotes, avec amour

Remerciements

Je remercie Daniel Baril, David Rand, Joseph Aussedat, Danielle Soulières, Claude Demers, Louis Dubé et Daniel Laprès d'avoir lu des versions préliminaires de ce livre et d'avoir apporté de nombreuses suggestions et corrections. Je remercie aussi mon amie et mon collègue chrétiens, Christine Brunet et Jean-Guy Nadeau, d'avoir fait des lectures de parties du texte pour me signaler des passages qui auraient pu offenser leurs croyances, afin que je puisse les exprimer de façon moins émotive et plus objective. Je remercie tout particulièrement ma sœur, qui est déiste, et qui a néanmoins généreusement réalisé une correction approfondie de mon français écrit et de certains de mes écarts trop émotivement anticléricaux. Merci à mes collègues uqamiens en études littéraires et à Yves Lever pour avoir accepté de partager leurs lumières sur certains pans de l'histoire québécoise dans le monde de la culture. Je remercie aussi François Labelle pour les graphiques et figures. Salutations admiratives au jeune dessinateur Stéphane Vary pour tous les portraits des grands athées québécois, sauf celui d'Albert Saint-Martin, réalisé par Sylvie Paquette, et celui de Félix d'Hérelle que j'ai réalisé moi-même. Merci à mes amis athées. Ils ont été une grande source d'inspiration pour ce livre.

Préface

Pourquoi un livre sur l'athéisme au Québec? Eh bien, pourquoi pas? S'il fallait une raison explicite, il suffirait de constater la clandestinité dans laquelle se réfugie l'athéisme — une valeur pourtant si essentielle à l'essor de l'humanité en général et à la modernité québécoise en particulier. Comme l'auteur nous le laisse entendre, la Révolution tranquille aurait besoin qu'on la poursuive en faisant un peu de bruit en tant qu'athées!

Ce fut pour moi un honneur que Claude Braun me demande de rédiger cette préface de son livre, comme ce fut un plaisir de le lire. J'ai beaucoup appris sur l'histoire du Québec, sur les personnalités qui y sont décrites. J'ai trouvé enrichissantes ses observations sur les diverses doctrines morales et philosophies athées et humanistes. Mais mon plus grand plaisir est d'être à la fois témoin et participant d'un événement rarissime et combien nécessaire: l'expression publique d'un point de vue explicitement et fièrement athée.

Claude et moi sommes collègues en tant que membres du Conseil national du Mouvement laïque québécois (MLQ), un organisme présenté (avec plusieurs autres) dans le présent volume. Nous nous sommes connus — à une époque où le MLQ n'avait pas encore adopté (en 2002) son orientation humaniste actuelle — dans un groupe de discussion humaniste. Son texte « L'humanité, ça s'assume[1] ! », qu'on peut lire sur le site Internet « Vivre sans religion », en est le fruit.

---

1. Claude Braun, « L'humanité, ça s'assume! Déclaration d'un humaniste athée », 2004: http://atheisme.ca/articles/cb/humanAthee_fr.html

Claude Braun poursuit cette démarche dans ce livre. Claude est un individu épris de liberté et séduit par le romantisme de la quête de cette liberté. Il est aussi quelqu'un qui s'exprime sans langue de bois, comme la fois où il déclara, devant une assemblée annuelle du MLQ, que l'expression «humanisme chrétien» était un oxymoron. Le présent livre s'inspire de ces deux élans: une passion pour la liberté et les valeurs des Lumières, et le courage de s'exprimer franchement et sans détour. Le cœur du présent livre est la description de 21 éminents individus athées qui ont marqué l'histoire du Québec et dont les Québécois, ainsi que les athées, peuvent être fiers. Des personnalités aussi éprises de liberté que l'auteur — des artistes, médecins, journalistes, réformateurs, militants de gauche, etc. —, qui ont fait avancer le Québec et le monde vers la modernité. Beaucoup sont des nationalistes. Plusieurs sont récipiendaires du prix Condorcet, décerné par le MLQ pour souligner leur contribution à la laïcité au Québec.

La présentation de ces personnalités est précédée d'une introduction à l'athéisme en général et au Québec en particulier et d'une chronologie de l'athéisme et de la laïcité au Québec. Elle est suivie d'un survol assez étoffé des éthiques et des philosophies athées et humanistes. Le volume se termine avec une présentation de plusieurs associations et de sites Internet.

Ce volume pourrait très bien servir dans un cours d'histoire québécoise de niveau collégial. Malheureusement, à ce que je sache, les cours d'athéisme ou de laïcité sont inexistants dans le système scolaire québécois, une lacune que l'on pourrait envisager de corriger! Il n'y a pas de facultés d'athéologie non plus (je ne recommanderais aucun livre pour les facultés de théologie, pour la simple raison que cette pseudo-science devrait disparaître du réseau scolaire public). Par contre, s'il existe au Québec des départements d'études religieuses qui soient véritablement non confessionnels et scientifiques dans leur démarche, le présent volume constituerait une excellente addition à leur matériel pédagogique. Moins formellement, la lecture de ce livre serait enrichissante pour tout individu qui s'intéresse à la culture québécoise ou à la lutte pour la liberté de conscience.

Pour énoncer son point de vue sur une question importante et controversée, il importe d'expliciter le positif et le négatif, c'est-à-dire ce qu'on propose ainsi que ce à quoi on s'oppose. Dans le contexte de l'athéisme, l'aspect négatif consisterait en l'exposition des faiblesses du théisme, et le positif, en l'explication des vertus de l'athéisme. Ce livre s'oriente décisivement dans ce sens positif.

Pour Claude Braun, l'athéisme est une croyance, une foi dans le monde réel, celui que nous révèlent nos sens et que nous tentons de modéliser avec les sciences. Une autre formulation de l'athéisme comporterait une insistance sur l'incroyance, sur l'absence de foi aveugle. L'opposition entre ces deux approches n'est qu'apparente, car ce ne sont là que deux expressions d'une même vision.

L'athée a foi en l'existence d'un monde réel et indépendant de l'observateur, un monde qu'on appréhende, avec plus ou moins de précision, à l'aide des sens. L'athée rejette donc le solipsisme. En fait, tout le monde adopte cette approche dans sa vie quotidienne. Même le théiste le plus dévot ne ferait pas confiance à son dieu pour assurer sa sécurité physique lorsqu'il traverse une rue achalandée, ou pour juger si son steak est cuit à point. On se fie plutôt à ses yeux, à ses oreilles, à son odorat, à son toucher, à sa mémoire, à ce que l'on a appris des autres, à sa raison, etc. Tout le monde, pour survivre, agit normalement selon l'hypothèse de l'existence du monde réel, matériel, naturel. La différence entre le théiste et l'athée, c'est que ce dernier adopte cette attitude réaliste dans tous les aspects de la vie, tandis que le théiste fait exception pour les grandes questions existentielles — comme les origines du monde, ou ce qui pourrait arriver après la mort —, préférant croire en l'existence d'un monde surnaturel. Or, cette foi en un monde à part, l'athée ne la partage pas.

L'athée ayant un dieu de moins que le monothéiste, il a aussi, pour ainsi dire, une foi de moins. Mais cela change tout! Car la foi particulière du théiste colore et perturbe sa perception du monde en dehors des banalités quotidiennes. L'athée, par contre, ne s'encombre pas de l'habitude futile d'invoquer le surnaturel. Il se fie, au contraire, aux moyens réalistes que tout le monde sait indispensables.

En se penchant sur l'histoire de l'athéisme, Claude Braun nous rappelle le génie des penseurs de la Grèce antique, berceau de la science et de l'humanisme. On pourrait y ajouter l'observation judicieuse — attribuée à Socrate dans un dialogue de Platon — exposant la vacuité de la morale théiste en posant une simple question, à savoir : la vertu est-elle bonne parce que c'est la volonté des dieux, ou est-elle bonne en soi? Dans le premier cas, la vertu ne serait qu'un caprice des dieux. Dans le deuxième, les dieux seraient superflus.

Claude remet les pendules à l'heure concernant le rôle de l'Empire britannique dans le maintien de l'obscurantisme catholique sur le territoire québécois. À l'époque où la France prérévolutionnaire croupissait toujours sous la mainmise traditionnelle de l'Église catholique, il régnait en Angleterre une relative ouverture d'esprit et une diversité religieuse, qui ont séduit Voltaire et fait de lui un anglophile. Malgré cela, le conquérant anglais, en impérialiste efficace, ne s'est pas gêné pour s'allier avec cette même Église dans la Nouvelle-France conquise, afin d'assurer la docilité politique du peuple. Sans cette alliance, la maturation politique que l'on associe à la Révolution tranquille se serait probablement accomplie bien plus tôt.

Réputée gardienne de la langue française au Québec, l'Église a été bien davantage gardienne de son propre pouvoir. La déférence et la nostalgie pour cette vieille institution arriérée sont aussi sottes que la sympathie promonarchiste si répandue au Canada anglais. Et vice-versa.

Ce livre ne manquera pas de susciter la controverse. Louis-Joseph Papineau, par exemple, était-il véritablement athée ? N'était-il pas plutôt déiste, ou, à la limite, agnostique ? Plus on remonte dans le passé, plus ce problème se pose : il a normalement été dangereux de se déclarer athée et il fallait donc se contenter de moyens indirects pour exprimer son désaccord avec l'idéologie prépondérante de l'époque. L'historien est donc obligé de juger selon les actions de l'individu qu'il étudie. Ce dernier a-t-il agi selon les valeurs de l'athéisme ? Quoi qu'il en soit, la constatation de ce problème justifie à elle seule l'édition de ce livre : nous, les athées, devons commencer à exprimer librement et ouvertement notre athéisme afin de minimiser ce problème pour les générations futures. Munies de ce livre, elles sauront sans aucun doute que Claude Braun était bel et bien athée !

Claude Braun considère qu'« être ignorant de Dieu (ou des dieux), et à fortiori de son (leur) inexistence, n'est pas l'athéisme ». On conviendra que la mentalité des gens qui n'ont jamais connu le théisme doit forcément être très différente de celle des athées qui ont grandi et évolué dans un milieu théiste et ont rejeté cette croyance. La première mentalité, on peut tout de même la considérer comme une sorte d'athéisme naïf ou pratique, ou athéisme par défaut. Même si l'humain est prédisposé à s'inventer des croyances surnaturelles, le théisme constitue un symptôme particulier (et problématique) de cette propension : il n'est pas universel. Les enfants ne naissent pas théistes ; s'ils le deviennent, c'est surtout par endoctrinement. Par contre, il est vrai, selon plusieurs études, que l'enfant humain a une tendance innée à l'anthropomorphisme, dont le théisme est une manifestation très poussée.

On peut aussi contester l'utilisation du qualificatif « païen » comme quasi-synonyme du mot « athée ». En fait, le « paganisme », ayant la même racine que le mot « paysan », serait plutôt un terme inventé par les chrétiens, à l'époque où cette nouvelle religion devenait de plus en plus populaire dans l'Empire romain, pour désigner (et dénigrer) les tenants des religions plus anciennes et « démodées ». Mais ce n'est qu'un détail.

Par contre, on ne peut que se réjouir de la représentation humaniste que donne Claude Braun de la spiritualité, ce concept tant galvaudé, voire corrompu, par les religions : « Non seulement les athées peuvent-ils être épanouis, socialement engagés et heureux, mais ils peuvent même atteindre les plus hauts niveaux de la spiritualité humaine. Car, qu'est-ce que la spiritualité si ce n'est le raffinement de la personne, le dépassement de la bestialité, le rejet de la barbarie ? »

Aussi intéressantes sont les observations de Claude au sujet de l'environnement, en particulier sa proposition de « larguer définitivement toute morale basée sur la charité réciproque », car relevant d'une mentalité tribale, comme les loyalismes religieux.

Mais l'aspect le plus controversé du présent livre sera probablement sa simple et audacieuse utilisation du mot « athée ». Claude Braun déplore le silence des athées, leur réticence à parler ouvertement de leur athéisme. Il déplore aussi le fait que le public ait souvent une image très négative des athées, ne connaissant que la propagande véhiculée par les autorités religieuses selon laquelle athéisme et immoralisme (ou amoralisme) seraient étroitement apparentés.

En effet, l'« athéophobie » est très répandue chez les croyants. Mais elle l'est autant chez les humanistes ! Les incroyants demeurent trop silencieux — surtout lorsqu'il convient de rappeler que les croyances religieuses surnaturelles sont incompatibles avec la science —, préférant se réfugier dans un agnosticisme dogmatique. Certains disent que, puisque la croyance surnaturelle semble être une tendance innée de l'être humain, l'on doit s'y résigner, ne parler de religion qu'avec le plus grand soin pour ne pas offenser la sensibilité des croyants. Mais l'agressivité masculine et la xénophobie tribale sont aussi des tendances chez l'humain : faudrait-il donc se résigner à la violence conjugale et au racisme ? D'autres disent que se réclamer de l'athéisme est à éviter, car certaines sectes religieuses ou parareligieuses (raëlienne, satanistes, etc.) peuvent se dire athées. Pourtant, de nombreux chrétiens et autres théistes se disent humanistes : faudrait-il pour autant abandonner l'humanisme ?

Claude Braun ne se cache pas derrière de telles excuses pusillanimes. Il se dit fièrement athée. Et il le déclare non seulement avec fierté, mais joyeusement, avec plaisir et enthousiasme, et même avec un peu de poésie.

Les auteurs de plusieurs ouvrages récents — Michel Onfray, Richard Dawkins, Daniel Dennett, Victor Stenger, entre autres — ont entrepris la tâche nécessaire d'expliquer l'athéisme sous son aspect antithéiste, critiquant cette vieille illusion qu'est le théisme. Mais cet ouvrage de Claude Braun est parmi les rares à entreprendre la tâche positive de décrire l'athéisme en soi et pour soi, et de présenter les réalisations des nombreux athées qui ont tant contribué au progrès de l'humanité dans les domaines les plus divers. Espérons que ce ne sera pas le dernier !

David Rand

Chapitre premier
Qu'est-ce que l'athéisme ?

Dieu fut le premier et le plus grand athée. Convaincu
qu'aucun esprit pur n'avait pu le créer, il assuma,
entièrement et seul, la responsabilité de ses actes,
et constata que son œuvre n'était pas parfaite. (Anonyme)

L'enfant est le plus prototypique des dieux.
Il est omnipotent et omniscient. Il est parfait. (Anonyme)

1.1. Pourquoi écrire ce livre ?

Encore aujourd'hui, 200 ans après le Siècle des Lumières, l'athéisme demeure presque clandestin partout à travers le monde. Beaucoup de gens sur cette planète ne savent pas que l'athéisme existe, ou n'ont jamais rencontré quelqu'un qui se déclare athée, ou n'ont qu'une compréhension très floue de sa teneur. Pire, les athées sont souvent craints, exécrés. C'est pourquoi beaucoup d'athées québécois hésitent à déclarer publiquement leur athéisme. Le Québec est presque comme son voisin du sud à cet égard. Autant les pères fondateurs des États-Unis d'Amérique furent majoritairement athées, et voulurent créer un État laïque, autant les athées du Québec et des États-Unis ont de tout temps contribué à la mise sur pied et au développement de leur pays, autant ceci n'est absolument pas reconnu et l'est, apparemment, de moins en moins. Est-ce un effet de ressac réactionnaire ? Il y a lieu de le croire. L'État américain a placé Dieu sur son billet de un dollar pendant la guerre froide, de même qu'il a introduit Dieu dans le serment d'allégeance. Comme ce fut le cas aux États-Unis, la culture athée québécoise a été ignorée et même refoulée à grande échelle, par un processus de déni collectif. Partout au monde, et de bien des manières, les Lumières se sont éteintes... Mais la situation a peut-être été pire au Québec qu'ailleurs, pour deux raisons : la conquête des forces de Montcalm par celles de Wolfe, certes, avec le repli clérico-nationaliste qui s'ensuivit, mais aussi, ce qui est moins connu, les victoires révolutionnaires laïques de France qui ont fait refouler en grand nombre, jusqu'à nos rives, les éléments les plus réactionnaires du catholicisme français, particulièrement au milieu du XIXe siècle.

Pour le reste, les mêmes facteurs qu'aux États-Unis s'appliquent, à commencer par l'anticommunisme. On réécrit vicieusement l'histoire en amalgamant l'État soviétique stalinien à l'athéisme d'État à l'athéisme tout court. L'amalgame de tous ces éléments de conservatisme clérical antilaïque trouve son apogée chez le philosophe catholique québécois Charles Taylor qui attaque les philosophes des Lumières et leurs successeurs laïcistes tels Kant et Rousseau en les assimilant de façon démagogique au goulag et à la Terreur. On traite le laïcisme québécois d'intégrisme et on prône un laïcisme absurde « d'ouverture ». À défaut du XVIIIe siècle, la Renaissance elle-même serait-elle agonisante ? Aujourd'hui, comme aux États-Unis, la population québécoise ne fait toujours pas confiance aux athées et en est rebutée, surtout sur le plan moral.

Le Québec est assujetti à une Constitution canadienne qui affirme dans son préambule la suprématie de Dieu, annihilant du fait même la légitimité citoyenne de tout athée. Pire, ce Québec, dans la mesure où il est subordonné à la Constitution canadienne, s'affirme officiellement anglican. À la décharge du Québec, cette Constitution a été rapatriée de la Grande-Bretagne en 1982 au corps défendant du Québec et n'a toujours pas été entérinée par le Québec. L'hymne « national » des Québécois, le *Ô Canada*, tourne à nouveau le couteau dans la plaie et affirme solennellement l'existence de Dieu. Une loi fédérale contre le blasphème est encore au registre. Bien qu'elle n'ait pas été appliquée depuis longtemps, elle pourra facilement être utilisée pour opprimer les athées. Ce cadre politique fédéral réduit pratiquement les athées à la non-citoyenneté. Mais même dans les sphères qui ne relèvent que de l'État québécois, les athées sont bafoués. On retrouve des crucifix dans un grand nombre de salles de l'État, même à l'Assemblée nationale, et on récite encore la prière dans des assemblées publiques de l'État. On pourrait dire que ce ne sont là que des abstractions, des irritants mineurs pour les athées. Mais l'opprobre de certains citoyens à l'égard des athées est tout sauf abstrait. À titre d'exemple, permettez-moi une anecdote : une jeune femme nommée Danielle Payette, enseignante québécoise, ayant poursuivi la Ville de Laval pour l'empêcher d'imposer la récitation d'une prière en assemblée municipale, et ayant gagné en 2007 son procès, assista quelques jours plus tard à des funérailles dans un salon funéraire. Un homme l'assaillit par-derrière en lui donnant un coup de poing dans le dos. Il était enragé par « l'outre-cuidance » de sa poursuite. C'est révélateur : non seulement l'athéisme ne va pas de soi au Québec, mais dans certains secteurs de la population, il est extrêmement méprisé.

Une importante étude sociologique, réalisée récemment aux États-Unis, visait à questionner les Américains sur leurs attitudes à l'égard de différents groupes sociaux. Les athées furent cotés au plus bas de l'échelle des mal-aimés, plus bas que les musulmans, les homosexuels ou les immigrants. La dernière personne à qui on voudrait donner la main de sa fille est un athée (compte rendu dans le *Minnesota Daily*, 24 mars 2006). George Bush père aurait déclaré, alors qu'il était président des États-Unis, que « les athées d'Amérique ne sont pas des Américains... » (rapporté par Richard Dawkins dans son livre *The God Delusion*, 2006). Au Québec, l'opprobre à l'égard des athées semble être moins virulent qu'aux États-Unis, mais l'athéisme y demeure néanmoins tabou. En avril 2008, dans la foulée d'une révision du programme scolaire, un sous-ministre du ministère de l'Éducation, des Loisirs et du Sport a dit, pour expliquer l'absence totale de contenu humaniste ou athée dans le nouveau programme d'éthique et culture religieuse, que ces sujets étaient considérés comme « tabous » par le ministère.

Paradoxalement, même si les Québécois expriment parfois des opinions hostiles à l'égard des athées et sur l'athéisme, ils ne connaissent ni l'athéisme ni les athées. On ne les connaît plus et, semble-t-il parfois, on les connaît de moins en moins — malgré qu'ils soient constamment, quoique lentement, en nombre croissant sur la planète en général et au Québec en particulier. Le catalogue des bibliothèques de l'Université du Québec à Montréal, université officiellement laïque, nous livre 179 titres lorsqu'on interpelle son catalogue avec les termes de recherche « athée » ou « athéisme ». Là-dessus, seulement deux sont édités au Québec. De ceux-ci, le premier, de Henry-Paul Cunningham, professeur de philosophie à l'Université Laval, est surtout un exercice de logique philosophique, destiné aux philosophes, auquel il prête, assez légèrement, le nom d'athéisme. Le second, d'Yves Lever, un sympathique jésuite québécois défroqué et athée, est une autobiographie intellectuelle, excellente d'ailleurs, consistant surtout en une charge contre le théisme. Les autres titres sont édités en France, aux États-Unis ou en Belgique. À la Bibliothèque et Archives nationales du Québec, notre patrimoine national d'érudition sur l'athéisme se résume à 50 titres, dont seulement deux sont édités au Québec : le livre de Cunningham et un livre d'Edmond Robillard intitulé *Théisme ou athéisme*, publié à Montréal par les Éditions Maxime. Les autres titres sont presque exclusivement édités en France. Finalement, le livre tout récent d'Hervé Fischer, publié au Québec par VLB, est comme le livre de Lever, essentiellement un compte rendu autobiographique de l'athéisme de son auteur et une critique de la pensée religieuse. La population du Québec peut bien être environ 12 fois plus petite que celle de la France, mais nous affichons là, collectivement, une mentalité de grenouilles à peine sorties du bénitier. En revanche, ceci laisse le champ à peu près entièrement libre pour la petite anthropologie populaire de l'athéisme québécois qui va suivre, et dont l'ambition se situe n'importe où entre les niveaux de l'album de famille et du traité sociologique.

Une culture athée existe au Québec, bien qu'il faille se muter en Sherlock Holmes pour l'identifier. La culture scientifique, par exemple, qui recoupe constamment l'athéisme, passe presque sans entraves entre les deux oreilles des citoyens, même si elle laisse de nombreuses traces plus souvent inconscientes que conscientes. La culture scientifique aiguillonne fortement la conscience vers l'athéisme, mais on dirait que ses impacts cosmogonique (la nature, l'origine et le destin du cosmos) et ontologique (la nature et l'origine de l'humain) ne se fait sentir que chez les scientifiques eux-mêmes. La culture artistique mondiale, celle qui bouge, celle qui libère, celle qui illumine, celle qui innove, est prométhéenne, et elle est humaniste. On y trouve nombre d'athées québécois. Au fait, on trouve des athées, même transcendants, au Québec, dans toutes les sphères des poursuites humaines — incluant la prêtrise. Néanmoins, la population reste profondément attachée à une dignité reposant sur les mystères de l'avant et de l'après-vie.

Dans son essai *Fixation of belief*, le philosophe Charles Sanders Peirce a proposé quatre façons de faire adopter une opinion ou une croyance par les gens : la répétition, l'argument d'autorité, la menace et l'explication rationnelle. Les religions utilisent les trois premiers moyens pour convaincre les gens de croire à leurs dieux, et excluent complètement le dernier. Dans ce livre ne sera adopté que le dernier moyen, et seront exclus les trois premiers. Ce livre vise donc d'abord à présenter explicitement l'athéisme québécois aux Québécois : ses formes, couleurs et manifestations indigènes, ses chantres et ses chansons, dans le but de faire connaître au lecteur un important aspect de sa propre culture qui a été trop longtemps occulté. Aucun Québécois n'échappe à l'influence de l'athéisme, même si ce n'est que par une osmose implicite. D'une communauté clandestine, quoique vibrante, la communauté des athées québécois est présentement en voie de sortir du placard. Le but de ce livre est de faciliter ce processus et de démontrer qu'il existe effectivement une communauté québécoise athée, avec sa propre culture, intéressante de surcroît. Plus précisément, ce livre vise à contrer tout doucement cette haine ou, à tout le moins, ce mépris que les croyants entretiennent à tort à l'égard des athées. C'est le pari du titre qui pourra paraître choquant de prime abord. Le Québec est loin d'être une société athée... mais il existe une culture athée au Québec.

Ce livre est à prendre comme une fête. On y fête le Québec dans son élan moderniste. On se fête nous-mêmes ainsi que notre avenir. On se regarde sous un angle coquin, un œil en clin, l'autre bien ouvert. On jette un regard, en vaste panorama, sur l'espace-temps québécois avec une lentille qu'il nous est inhabituel d'utiliser et qui se veut particulièrement cristalline. Que l'on soit athée ou pas, ce livre vise à faire plaisir, à faire réfléchir, et à stimuler la tolérance, trait déjà très développé par chez nous. Contrairement au *Traité d'athéologie* du philosophe français Michel Onfray (2005), ce livre ne vise pas à attaquer la croyance religieuse. D'ailleurs, le livre d'Onfray n'est pas un traité d'athéologie, il est une charge en règle contre les religions. Le présent livre est bien plus un traité d'athéologie. Il ne vise à traiter que de l'athéisme lui-même, et le moins possible des religions.

1.2. L'axiomatique de la vie

Il existe cinq questions fondamentales que doit se poser tout être vivant: où, quand, sur quoi, comment et pourquoi *agir*? Un organisme qui ne saurait répondre à chacune de ces questions, sans exception, mourrait rapidement. Il existe des formulations primitives de ces questions, implicites, inconscientes. Une spore de champignon, à peine identifiable comme appartenant au règne végétal, est néanmoins le fruit d'une longue évolution. Cette spore contient des rouages internes (un code génétique et une enveloppe anatomophysiologique) capables de veiller à ce que sa vie s'épanouisse. Cette spore doit trouver un point d'ancrage en sol adéquat (la question du « où ? »), au bon moment (la question du « quand ? »), de façon à ce que son développement se fasse correctement (la question du « comment ? »). Tout cela se passe dans la plus parfaite inconscience, mais non sans une certaine intelligence. Chez l'humain aussi il existe des formes rudimentaires, inconscientes, implicites ou involontaires d'intelligence. Différentes structures de notre cerveau gèrent ces intelligences, chez le nourrisson par exemple : le tubercule quadrijumeau inférieur gère l'audition ; le supérieur, la vision ; le cervelet, certaines mémoires procédurales et l'estimation inconsciente du temps ; le système limbique, les motivations secrètes, les noyaux gris de la base, les actions et réactions primitives.

Et il existe aussi, seulement chez l'humain, des variantes sophistiquées, explicites, conscientes, d'intelligence logeant dans l'écorce de notre cerveau que l'on dénomme matière grise ou cortex, qui nous permettent de poser les mêmes questions existentielles de façon particulièrement délibérée. Les mêmes questions existentielles sont alors posées dans le contexte de l'absolu (du cosmos) : que suis-je dans le monde ? Que ne suis-je pas ? Où est-ce que je me situe dans l'espace universel ? Quand, dans l'éternité, mon existence a-t-elle été déterminée et quand disparaîtra-t-elle ? Qu'est-ce que l'être et le non-être ? En quoi suis-je similaire aux autres êtres et en quoi suis-je différent d'eux ? Pourquoi est-ce que j'existe dans l'univers ? Comment dois-je, et comment puis-je, vivre et mourir ? Ces questions, posées par tous les humains, tendent bien sûr à tourner en rond, mais on ne peut s'empêcher de se les poser quand même. Nous sommes condamnés à être intelligents. Le positionnement personnel de chaque être humain quant à ces questions finit par appartenir nécessairement à l'une des catégories suivantes : athéisme, agnosticisme, déisme, théisme.

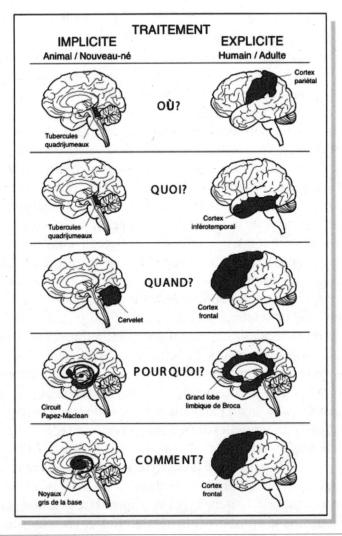

Tiré du livre *Neuropsychologie du développement* (2000) de Claude M.J. Braun.

L'homme s'entoure de miroirs. Son narcissisme est à
un point tel qu'il s'invente un dieu à son image pour
mieux s'admirer (paraphrase du narrateur dans le film
La face cachée de la lune de Robert Lepage)

Les grandes religions institutionnelles sont-elles des sectes qui ont réussi? Oui. (Régis Dericquebourg, sociologue français, répondant à une question en entrevue menée par le Centre d'Information et de Conseil des Nouvelles Spiritualités en 2005)

1.3. Les quatre positionnements fondamentaux de l'homme

L'athéisme est une des quadratures du cercle existentiel/ cosmogonique. Les trois autres sont l'agnosticisme, le déisme et le théisme, par ordre décroissant d'apparentement. Le cercle, presque vicieux, est celui des grandes questions, les plus grandes qui soient, correspondant à une axiomatique de la vie, de l'existence, de l'être. La quadrature est l'immense difficulté que nous éprouvons à comprendre le sens de notre existence. La quadrature du cercle est le dialogue de sourds...

1.3.1. L'athéisme est la représentation existentielle naturelle de plusieurs scientifiques. Il prétend que la matière brute telle que nous la connaissons par les sens et la raison est partout en mouvement et en transformation, jusqu'à démonstration du contraire, qu'elle est la nature même de toute chose et de tout phénomène, et existe probablement de tout temps. La vie est apparue sur Terre de manière fortuite, et l'évolution des espèces s'est effectuée par une dialectique du hasard et de la nécessité (la sélection naturelle), jusqu'à sa forme suprême (la plus complexe): l'humain. Dieu n'est qu'une projection de qualités humaines jusque dans l'absolu (Dieu est simplement une représentation de l'homme idéalisé ou «romanticisé»). La morale de l'athée est naturaliste d'abord, et sociale ensuite.

1.3.2. L'agnosticisme est le frère pauvre de l'athéisme. Le terme aurait été utilisé une première fois en 1869 par le biologiste anglais Thomas Henry Huxley (1825-1895), défenseur du darwinisme, qui a écrit des essais philosophiques et théologiques. Il est un repli de l'esprit athée à mi-chemin.

Il affirme qu'on ne sait pas si Dieu existe ou pas, et qu'il est futile de poser la question. L'agnosticisme radical place la probabilité de l'existence de Dieu à 50 %. L'agnostique a tendance à s'intéresser aux sciences, mais en dilettante. Il se méfie aussi d'elles. L'agnostique aime douter. Il est sceptique. Il est à l'aise dans cet état d'esprit. L'agnostique se comporte comme l'athée dans la vie quotidienne : il pratique une morale naturaliste, et n'attend rien de l'après-vie. Il prétend ne pas savoir d'où il vient, où il va, pourquoi il existe. Il a un petit côté « frileux »...

1.3.3. Le déisme est l'espace conceptuel des philosophes idéalistes (*cf.* Hegel, Bergson, etc.) et des poètes fabulateurs (*cf.* Homère). Le déisme est la création, chacun pour soi et chacun à son propre compte, d'un (de) dieu(x) personnel(s). De petits groupes s'inspirent ici et là de ces propositions, habituellement en partie seulement. Le déisme explique de façon poétique ou métaphorique les origines et les fins, les essences et les existences, les formes pures. Il trouve des mots pour réifier (transformer en chose) l'esprit mystérieux en dessous ou au-dessus des, ou derrière ou dedans les objets. Il met des mots sur ce qui n'est pas touchable, pas visible, pas démontrable, pas déductible (« l'élan vital » de Bergson, « l'œuf cosmos » de Hegel, le « dieu = tout ce qui existe » de Spinoza, etc.). Le déisme peut être assez proche de l'athéisme, surtout lorsqu'il s'en tient strictement aux catégories universelles des philosophes (le panthéisme spinozien par exemple). Il ne mène généralement pas à une morale du quotidien, mais il répond néanmoins à deux besoins très répandus : il place nos origines plus haut que la fange, et il inspire réconfort quant à la pérennité de notre personne — au moins, on peut espérer ne pas mourir complètement lorsque notre corps expirera. Ces deux pôles de l'existence humaine participent à un même roulement : seul un être de naissance noble mérite une pérennité digne de sa naissance.

1.3.4. Le théisme est le frère le plus éloigné de l'athéisme, frère rival, frère antagoniste, l'Abel de Caïn ou vice-versa, selon votre point de vue. Le théisme est la vision du monde promulguée par les religions plus ou moins organisées. Les religions organisées les plus répandues (christianisme, islam, bouddhisme, hindouisme, judaïsme, jaïnisme, etc.) et leurs précurseurs (animisme, totémisme, vaudou, chamanisme, maraboutisme, mythologie gréco-romaine, etc.) proposent un dieu ou plusieurs dieux étrangement semblables à des personnes. Ces dieux-personnes (autrefois objets ou animaux) sont des esprits désincarnés et éternels. Ces esprits ont créé le monde, veillent à son déroulement et disposent de nos âmes. Ces esprits sont rassurants dans la mesure où on y croit dur comme fer et qu'on obéit aux nombreuses prescriptions morales qu'ils décrètent (fais ceci, ne fais pas cela). On est alors assurés de félicité éternelle lorsqu'on pourra enfin se dépouiller de notre vulgaire enveloppe matérielle. Par contre, ces esprits sont terrifiants lorsqu'on doute de leur existence et lorsqu'on transgresse leurs règles établies. Les réponses aux questions fondamentales de l'existence (les quoi, où, quand, pourquoi, comment) sont explicites, littérales, détaillées. On ne les découvre pas. On ne les déduit pas. On ne les révise pas. Elles sont révélées jusque dans le moindre détail, soit par tradition orale (les précurseurs), ou par texte sacré (les « grandes » religions organisées).

> La religion et la foi ne nous procurent aucune connaissance, ni compréhension : le croyant qui affirme connaître ou aspirer à connaître Dieu commet un abus de langage. (Cyrille Barrette, biologiste québécois athée, *Mystère sans magie. Science, doute et vérité : notre seul espoir pour l'avenir*)

1.4. Les marchés de la mystification

Les athées restent toujours étonnés des conversations qu'ils ont avec des mystiques sur leurs croyances religieuses. Ces derniers n'arrivent que très laborieusement et confusément à expliquer leurs croyances les plus profondes, à dire qui ils sont. Très peu de Québécois savent clairement qui ils sont. Lorsqu'on leur demande : crois-tu que le paradis terrestre a existé ? Crois-tu à l'histoire de la création d'Ève avec une côte d'Adam ? Crois-tu que le monde a été créé en sept jours ? Crois-tu que « tous » les animaux ont été embarqués sur l'arche de Noé ? Crois-tu que Jésus est mort et est ressuscité ? Crois-tu que Jésus était le fils de Dieu ? Ils disent non. Et pourtant, peu de ces gens se disent athées. Ils expriment le besoin de croire à une intention créatrice (un dieu indéfini) ainsi qu'à la pérennité de l'âme (immortalité). Ce sont les diverses variantes du déisme : les croyances dans des dieux personnels, hors des religions organisées. Au Québec, les sondages sur la croyance religieuse sous-estiment ce type de croyance. Lors des entrevues de sondage, la plupart de ces gens doivent sûrement se dire chrétiens, musulmans, juifs, simplement parce qu'étant d'élan philosophiquement idéaliste, et ne comprenant pas ce que cela signifie, ils s'accrochent à la religion de leur groupe ethnique, tout simplement. Les Québécois sont vaccinés et baptisés, donc catholiques.

Par ailleurs, les gens trouvent amusants les jeux mystiques, et y croient plus ou moins. L'industrie de la mystification est florissante au Québec. Les plus grands quotidiens ont une colonne d'astrologie (mes félicitations au journal *Le Devoir* pour y avoir résisté). La cartomancie, la lecture de paumes, l'astrologie, la sorcellerie, le raelisme, le moonisme, l'Ordre du temple solaire, la numérologie, ainsi que la religion organisée ont tous une chose en commun, soit l'illumination instantanée, l'intelligence en poudre, soluble dans la mièvrerie. Que cela est ennuyant ! Quel est l'intérêt de tout comprendre en une seule séance « transmorphique », si après il n'y a plus rien à découvrir ? Ça ressemble tellement à un autre comportement très humain : le jeu de hasard. La richesse instantanée, ce n'est pas plus intelligent que la lumière en poudre. La mystification est pire qu'une simple paresse de l'esprit ou un simple passe-temps, elle est une plaie. Elle appauvrit les gens.

Pourquoi imaginer qu'à partir de rien, la naissance
de l'univers ait commencé par le plus complexe et le
plus difficile : la création d'un dieu ? D'un coup, d'un
seul, la perfection et l'intelligence totales ? Quels dieux
créèrent dieu ? Et quelle opinion en ont-ils ? On ne fait
avec ces dieux que déplacer la question. Comme des
enfants nous attribuons à un père géniteur l'origine du
monde.

[...] les dieux païens ou monothéistes sont tous des
dieux figés dans leur état, fixés à jamais sans pouvoir
d'évoluer, de se perfectionner, de devenir plus
puissants, ou plus sages. Tout au contraire, les hommes
évolueront encore, peut-être considérablement, tant
dans leur conscience que dans leur intelligence, leur
puissance et leur éthique. (Hervé Fischer, essayiste
québécois athée, *Nous serons des dieux*)

1.5. Le bouddhisme et l'idée de réincarnation

Il n'y a aucune indication que les êtres se réincarnent, ni
plus spécifiquement les âmes. Les faits indiquent plutôt que
lorsqu'on meurt, on meurt complètement, point à la ligne.

Alors, d'où viendrait donc une telle idée farfelue ? Le
mécanisme est sûrement du même type que celui favorisant l'idée d'une intention créatrice du monde ou d'une
âme immatérielle et immortelle, et surtout d'un refus de
la mort. Le bouddhisme fait valoir dans un premier temps
une très belle pensée morale : on récolte ce qu'on sème.
Lorsqu'on fait le mal, le mal nous revient par ceux à qui on
a fait le mal ainsi que par ceux à qui ces derniers feront aussi
à leur tour le mal, et ainsi de suite, et cela même sur plusieurs générations. À l'inverse, si on fait le bien, cela nous est
autant remis. C'est une tendance générale de la vie sociale,
la condition de validité fondamentale de toute morale.
À force de trouver cette idée importante, on arrive toutefois à en exagérer la portée. Il se crée alors une hypostase.

Si on mène une vie immorale ou morale, cette immoralité ou moralité revivra après notre mort. Jusque-là, ça va. Mais de là, il n'y a qu'un pas à croire que cette immoralité ou moralité intergénérationnelle passe par un mécanisme abscons, nommément par l'âme de la personne elle-même. C'est là que le bouddhisme quitte définitivement et irrémédiablement l'orbite du matérialisme et verse dans l'idéalisme philosophique. La notion de réincarnation a précédé la codification du bouddhisme mais a fini par s'exprimer sous la forme de la récompense éternelle des chrétiens (ciel versus enfer). La variante bouddhiste est une prescription moins autoritariste, mais qui arrive à un résultat semblable, qui est le contrôle social, la crainte de l'au-delà, l'espoir de résurrection, le refus de la mort, l'incapacité totale d'expliquer la teneur naturelle et immanente de la fonction morale.

> Dans toute chose, il y a fissure. C'est comme ça que
> la lumière pénètre. (Leonard Cohen, dans sa chanson
> *Anthem* sur son album intitulé *The future*)

1.6. Pourquoi faire connaître l'athéisme et les athées?

Ce livre n'en est pas un de revendication, d'anticléricalisme. Il n'est pas non plus un exposé de la vision matérialiste du monde, vision qui est aussi inépuisable que la science elle-même. Il a une perspective beaucoup plus spécifique : l'inexistence de Dieu, vue dans le contexte québécois, et exprimée par les plus inspirants des athées québécois eux-mêmes. L'athéisme, dont la formulation philosophique est le matérialisme en ontologie, le réalisme en épistémologie et l'humanisme en éthique, est un univers culturel, moral et intellectuel. Cet univers est immense : il englobe l'ensemble de la philosophie (une philosophie d'inspiration théiste n'est pas une philosophie, et si elle se dénomme ainsi, elle est une imposture), la littérature et la poésie, les sciences (les vraies : celles qui interpellent la matière et le réel), et tout autre aspect de la culture. L'athéisme mérite à tout le moins d'être envisagé, par les Québécois en particulier — question de compléter leur Révolution tranquille, qui est loin d'être terminée.

Quelle différence est-ce que ça peut bien faire, au Québec, de croire ou de ne pas croire à Dieu? On mène sa vie, on travaille, on s'accouple, on élève ses enfants, on s'offre quelques loisirs et on meurt. N'est-ce pas? Bien justement, non! Ça fait une grande différence d'assumer pleinement l'athéisme. On vit sa vie intensément, car on sait que ce sera la seule vie qu'on aura. Lorsqu'on est athée, on ne travaille pas pour gagner son ciel, on travaille pour gagner sa vie. Lorsqu'on est athée, on ne s'accouple pas par devoir, mais par amour. Lorsqu'on est athée, on prend plaisir à la vie, car toute la magie et le mystère de l'univers sont là, dans chacune des petites et grandes choses qui nous touchent. Ou serait-ce l'inverse? Deviendrait-on athée parce qu'on prend plaisir à vivre? Pourquoi se tourmenter sur la mort et l'après-vie et les obligations absolutistes quand il y a tant de plaisir à connaître? Lorsqu'un athée meurt, il regarde sa vie et fait le bilan: réussie ou ratée? Il sait qu'il n'en tenait qu'à lui de réussir sa vie, que toute vie a une durée limitée, et que lorsque c'est terminé, sa vie ne peut continuer que par ses œuvres, sa progéniture et dans le souvenir de ceux qu'il aura marqués.

Si au Québec, sa fille ne risque pas de se faire assassiner pour insubordination mineure, si son fils ne risque pas de servir de chair à canon dans une guerre d'agression inutile, si on ne risque pas l'ostracisme à cause d'une innocente opinion, c'est parce que nous vivons dans une société relativement laïque, pacifiste et progressiste, plutôt qu'une théocratie. Ce ne fut pas toujours le cas. Nous nous en sommes bien tirés, en partie grâce à la sophistication et à l'humanisme de nos conquérants, les Anglais, et en partie grâce aux Lumières de nos ancêtres français. L'Église catholique nous a peut-être préservés de l'extermination par les Anglais. Si c'est le cas, merci l'Église, et adieu... sans rancune... Mais en réalité, les Anglais ne nous auraient probablement pas exterminés.

Les Patriotes auraient peut-être réussi à faire de nous un peuple viable, plutôt qu'assimilé et à genoux. Quoi qu'il en soit, nous nous sommes collectivement désenglués de l'Église catholique à la sueur de notre front, inspirés par l'intelligence d'une poignée de nos intellectuels et humanistes — dont une proportion importante était athée.

Avec un peu de chance donc, on mènera sa vie, on travaillera, on s'accouplera, on élèvera ses enfants, on s'offrira quelques loisirs et on mourra avec un minimum de dignité et ce ne sera pas à cause de l'influence de la religion, mais bien à cause de l'influence de la laïcité et de l'humanisme. Malgré le haut niveau d'évolution de la société québécoise, les athées (et athées potentiels) ont une crainte de s'afficher, une peur de l'opprobre. Les exils semi-forcés, oui, la persécution, d'un Paul-Émile Borduas par exemple, d'un François Hertel, d'une Marcelle Ferron ne sont pas loin de nos esprits. Ceux (artistes, commerçants, politiciens, etc.) qui dépendent de l'estime du public québécois (toujours à majorité catholique) pour gagner leur vie n'osent toujours pas s'afficher comme athées au Québec, ou si peu. Aucun parti politique n'ose remettre en question les privilèges immenses de l'Église catholique au Québec (elle nous coûte environ 14 milliards par année en exonération de taxes et d'impôts selon mon calcul publié il y a plusieurs années dans le bulletin du Mouvement laïque québécois). Il ne serait qu'élémentaire justice que les voix d'athées soient entendues jusque dans les bureaux du législateur. Les athées ne souhaitent pas « prendre le pouvoir », seulement que soit levé un lourd voile d'ignorance et de mépris qui aliène quelque 130 000 Québécois qui se déclarent athées. Ce livre se veut donc aussi une affirmation de la beauté de l'athéisme *made in* Québec, un événement festif, une célébration de qui nous sommes et de ce que nous avons accompli.

Les choix politiques des athées se démarquent de ceux des croyants et la différence est *très* importante. Un monde athée serait différent du monde dans lequel on vit, à condition qu'il soit assorti d'une bonne dose de la morale

« naturelle » des athées, nommément l'humanisme séculier. Il ne faut pas oublier qu'un Québec athée serait le Québec de nous tous et de nos descendants, et cela inclurait forcément cet héritage catholique « insecouable ». Dans un Québec athée, les hommes et les femmes seraient traités de façon plus égalitaire. L'avortement serait plus accessible, mais moins nécessaire puisqu'on y enseignerait pleinement les bénéfices de la contraception. La recherche sur les cellules souches serait florissante quoique bien encadrée par une législation, les institutions sociales seraient entièrement laïques (ex. : les milliards de dollars de privilèges fiscaux annuels de l'Église catholique du Québec seraient remis au peuple, il n'y aurait pas d'écoles privées religieuses financées par l'État), la peine de mort serait inconcevable, le racisme serait intolérable, nos minorités ethniques (autochtones en particulier) seraient émancipées, les populations seraient mieux éduquées, notre participation à l'Organisation des Nations Unies (ONU) serait vive, notre langue serait fière, et nous serions très hésitants à partir en guerre…

Les croyants et les athées sont aux antipodes quant aux valeurs sociales. Prenez les trois valeurs cardinales du christianisme : foi, espérance et charité. Ces valeurs semblent, de prime abord, tout à fait charmantes, mais à bien y réfléchir, elles se traduisent en immobilisme social, immobilisme social et immobilisme social.

> Avant de permettre aux chômeurs de manger les délicieux sandwiches au béloné, on les force à se mettre à genoux, les bras étendus en croix, pendant qu'on prononce une évocation à l'être suprême pour le remercier des faveurs dont il les a comblés, pour exprimer leur reconnaissance à Notre Sainte Mère l'Église qui vient à leur secours, grâce à la charité. Quand, épuisés de fatigue, les malheureux laissent enfin tomber leurs bras, on les contraint à rester à genoux, les mains derrière le dos. Et là, pour jouir cruellement en véritable sadique théocratique, de sa

domination sur les opprimés, on place devant chacun d'eux l'un de ces fameux sandwiches sur une chaise, précisément où l'on pose le postérieur des gens. […] le crime de la charité a déjà assassiné de trop nombreuses personnes. (Albert Saint-Martin, *Les sandwiches à la « shouashe »*, 1932)

Cette croix de Camargue illustre les valeurs cardinales du christianisme : la croix désigne la foi, l'ancre, l'espérance et le cœur, la charité.

À ces valeurs, l'athéisme oppose analyse critique, progrès et justice. Imaginez la différence que cela ferait si de telles valeurs étaient appliquées à l'échelle de l'humanité. On pourrait vivre dans des sociétés mieux organisées et égalitaristes.

Non rien, ni vent, ni personne ne pourra m'empêcher
de croquer la pomme, d'aller pécher sur l'autel du
columbarium. (Pierre Lapointe, chanson éponyme de
son disque *Le columbarium*)

1.7. Nous sommes tous athées... presque

Nous sommes tous athées à la différence près que celui qui est
un peu plus athée que vous croit à un dieu de moins que vous.
Connaissez-vous beaucoup de gens (à part le personnage Pi
du célèbre roman de notre compatriote athée Yann Martel)
qui croient dur comme fer aux mystères et du christianisme,
et de l'islam, et du judaïsme (pour ne s'en tenir qu'aux trois
religions abrahamiques)? Faisons l'exercice du point de vue
du Québécois élevé dans la religion catholique. Croit-il que
Mahomet s'envola du mont du temple sur son cheval blanc,
comme le stipule le Coran? Croit-il qu'un jour le temple des-
cendra porté par quatre aigles comme le stipule le Talmud?
La vaste majorité des croyants de ces doctrines ne croient
pas du tout aux autres doctrines. Un athée a donc beaucoup,
beaucoup en commun avec les croyants: il y a d'innombrables mystères auxquels il ne croit pas.

Toi et moi sommes athées. Je m'adonne simplement
à croire à un dieu de moins que toi. Quand tu
comprendras pourquoi tu rejettes tous ces dieux, tu
comprendras pourquoi je rejette le tien. (Déclaration
de Stephen Roberts à l'occasion d'un débat)

Ce premier argument justifiant l'athéisme a été formulé
pour surprendre le lecteur qui serait par trop confiant en
l'immuabilité et le bien-fondé de ses croyances religieuses.
Mais pour être plus exhaustif, reprenons les neuf autres arguments les plus couramment évoqués pour justifier l'athéisme:

1. Les dieux sont aussi nombreux que les cultures
   humaines. Pourquoi en choisir un quand on sait
   qu'aucune culture n'a le monopole de la vérité?

2. Les dieux sont tous décrits comme étant parfaits, et pourtant leurs caractéristiques sont contradictoires, entre dieux et dans les traits d'un même dieu. Le dieu chrétien, par exemple, est dépeint comme infiniment miséricordieux et comme cruellement sanguinaire selon le passage des révélations que l'on voudra consulter.

3. Les dieux ressemblent aux humains. Lorsqu'on prend un peu de distance par rapport au théisme, en réfléchissant sur ses variétés historiques et culturelles, on s'aperçoit même que les dieux ressemblent beaucoup à leurs créateurs (fidèles). C'en est trop pour ne pas y voir la détermination purement immanente : les dieux sont les hommes qui se mystifient eux-mêmes.

4. Les dieux ne comptent pas, n'ont pas d'impact. À preuve, dès qu'on est athée, ou plus timidement, lorsqu'on viole un précepte religieux, rien ne nous arrive. L'incroyance est bénigne et les dieux n'interviennent pas dans le monde.

5. Les dieux et les croyants se comportent immoralement. À quoi bon adorer les dieux ou les haut gradés religieux s'ils nous répugnent moralement ? À quoi bon imiter le comportement de ceux qui nous indisposent et qui nous rebutent ?

6. Le mal existe. Le vice, la cruauté, l'injustice et l'acharnement des malchances existent. Si le monde créé par les dieux est si imparfait, pourquoi les glorifier ? Si ces dieux sont parfaits, pourquoi le monde qu'ils auraient créé est-il si imparfait ?

7. La foi ne suffit pas, elle n'est pas intéressante comme façon d'appréhender le monde. Si on peut régler tant de ses problèmes grâce à l'observation et à la raison, pourquoi abandonnerait-on de si utiles outils pour un piètre instrument aussi précaire que la foi ?

8. L'explication naturelle suffit. La vie est tout ce qu'il y a de très concret, terrestre et matériel. La vie forme un tout.

Pourquoi croire à une explication par la rupture (le surnaturel) quand tout indique la continuité de la vie?

9. Pourquoi croire si on n'en a pas envie? Le fardeau de la preuve de l'existence de dieux ne revient-il pas aux déistes et aux théistes? J'y croirai bien quand on me servira un seul bon argument.

   Deux mille ans de haine n'ont rien changé à l'amour pour briser nos chaînes. (Texte d'Yvon Deschamps et musique de Jacques Perron, extrait de la chanson *Aimons-nous* créée pour un monologue d'Yvon Deschamps)

1.8. Le côté négatif de l'athéisme

Le mot « athéisme » est en soi une forme lexicale négative. Le préfixe « a » du mot est un privatif. L'athée, comme l'apostat, peut donc être considéré comme quelqu'un qui a un manque, qui est en déficit, qui est privé de quelque chose. De même, d'autres synonymes du mot « athéisme » comportent eux aussi cette dimension négative. L'incroyant serait celui qui aurait un déficit de croyance. Le « sans dieu » serait en « manque » de spiritualité. L'infidèle serait peu fidèle, donc infidèle. Le mécréant aurait de mauvaises croyances, ou de fausses croyances. Le renégat serait quelqu'un qui nie quelque chose, qui dit non à quelque chose, et qui serait donc en opposition. L'impie serait arrogant. Ces termes servent le plus souvent à dénigrer les athées.

Les dictionnaires Larousse et Robert n'accordent aucun sens négatif ou dérogatoire au mot « mécréant ». Ils se contentent d'indiquer que le terme signifie « ne pas croire en dieu(x) ». Pourtant, il semble que, de un, les Québécois ne savent souvent pas ce que signifie le terme, et de deux, ils pensent qu'il désigne quelque chose de peu ragoûtant, même lorsqu'ils sont eux-mêmes athées. Ainsi, la culture québécoise à dominante catholique aura réussi à investir ce mot de connotations qui ne lui appartiennent pas. L'athée québécois est donc sémantiquement dépossédé, dépouillé, de sa propre identité, dans sa propre tête. C'est un phénomène semblable à ce phénomène si intelligemment décrit par Frantz Fanon : la haine de soi que réussit à instaurer le colonisateur dominant dans l'esprit des peuples colonisés et dominés.

Le mot « athéisme » en est un négatif, certes, mais il demeure encore fort utile. La joie de l'intelligence est de catégoriser en ce qui est et ce qui n'est pas. Une chose est saisissable autant par ce qu'elle n'est pas que par ce qu'elle est. Lorsque vous tendez votre main pour prendre un verre de lait, vous identifiez clairement que votre main navigue dans de l'air qui enveloppe le verre et qui ne fera pas entrave à la saisie de l'objet. Nous entendons passer par un « non-verre » précis pour saisir le verre.

L'athéisme peut se faire, et semble se faire typiquement, en un seul instant d'illumination. C'est le moment cathartique où on dit « non ! » à Dieu. Ce moment est très émotif et est très porteur pour l'identité des gens. C'est pourquoi l'athéisme intéresse les gens. Il exerce un attrait populaire que ne peuvent exercer ni la philosophie ni la science, leur absorption demandant trop d'effort pour la vaste majorité des gens. Cela ne prend pas beaucoup de profondeur pour s'intéresser à l'athéisme. On s'y intéresse de la même façon que toutes les têtes peuvent se tourner, brièvement étonnées, vers le bambin de trois ans qui crie à tue-tête : « Non ! Ze veux pas ! » Il y a d'ailleurs des athées qui ne dépassent jamais ce stade puéril de négativité.

Il arrive donc que ce soit seulement *après* le passage à l'athéisme que l'on se départe des vieilleries qui encombrent notre esprit. Il est souhaitable alors de faire le ménage de notre grenier pour devenir vraiment athée, pour devenir athée abouti. Quel que soit l'âge auquel on devient athée, il y a un très important et long cheminement à faire pour en réaliser et développer les conséquences, pour devenir une autre personne. Une pleine aventure athée sera rigoureusement moderniste et avant-gardiste. Elle demandera de se départir de nombreux obscurantismes, d'une lourde paresse de l'esprit, de séparer les nuages pour voir la lumière. L'athéisme est une prise de parti radicale pour la vision claire. Oui, l'athéisme est d'abord une incroyance, un rejet explicite de tout dogme irrationnel et à contresens. Dès que l'on voudra progresser au-delà du refus de Dieu, immanquablement, l'attention sera dirigée relativement plus vers les faits que les opinions. Le guide de la réflexion sera davantage la raison que l'émotion. La science apparaîtra plus attrayante. Le monde discipliné et rigoureux de l'académie sera davantage respecté et recherché. Une nouvelle épistémologie, une nouvelle ontologie, une nouvelle éthique devront être constituées.

D'aucuns disent que l'athéisme, c'est ringard. Ce livre dit *attention!* à ces intellectuels blasés. La très vaste majorité de l'humanité est à des années-lumière de l'académie, et un conte de fées lui fait office de vision du monde. Cette humanité, ces gens, ce sont nos frères. Ce ne sont pas des cas désespérés. Ils peuvent tous se désengluer de leur vision du monde archaïque et puérile. Pour ce faire, toutefois, il n'y a rien comme une étincelle initiale, une catharsis. Cette étincelle est l'idée de l'inexistence de Dieu. Cette idée mérite d'être répétée à l'infini, pour que puisse ensuite commencer le vrai travail de représentation du monde et de libération de l'esprit. N'abandonnons pas nos frères dans le babillage de la petite enfance. Apprenons-leur quatre mots qui puissent les motiver à apprendre à parler: *Dieu n'existe pas.*

> Je n'ai pas besoin de certitudes pour vivre, de réponses à mes questions: à ma mort, il sera temps de connaître la vraie réalité. D'ici là… (Sylvain Trudel, romancier québécois athée en entrevue avec Stanley Péan en 2005)

1.9. Le côté positif de l'athéisme

Il existe plusieurs appellations positives de l'athéisme: humanisme, immanentisme, paganisme, matérialisme, naturalisme, libre pensée, mouvement des Brights, etc. Plusieurs de ces expressions sont aussi des euphémismes. Il y a effectivement d'importants aspects positifs de l'athéisme. D'abord, en plus d'être une incroyance, l'athéisme est aussi une croyance.

> L'athée croit aussi — non pas en Dieu, mais en l'homme, en la matière, en la raison. (Minois, *Histoire de l'athéisme*)

Et son épistémologie (sa théorie de la connaissance) est le réalisme, l'épistémologie naturelle de la science. L'athée croit à l'inexistence de Dieu et de l'âme. Ce n'est pas une évidence. C'est bel et bien une croyance. Chez un athée, cette croyance n'est généralement pas un absolutisme. L'athée croit à l'inexistence de dieux. Certains athées insistent sur une différence de fond entre cette croyance et la croyance en l'existence de dieux. Beaucoup d'athées, comme mon ami David Rand, croient que l'athéisme n'est pas une croyance, mais plutôt un refus de croire. Il existe bien entendu un moment de ce type dans la réflexion athée. Mais pour ceux qui ont été élevés dans la religion et qui ont bâti leur identité dans le bouillon religieux, le passage à l'athéisme par le refus de croyance n'est qu'une phase précoce et assez élémentaire par ailleurs. Le vide existentiel ne sera pas supportable longtemps. S'enclenchera alors un deuil de soi-même, ensuite une perlaboration (travail d'analyse) du sens de la perte, et finalement se construira une nouvelle vision du monde, un nouveau positionnement existentiel, de nouveaux rituels intimes, de nouveaux questionnements et de nouvelles recherches, et se mettront graduellement en place toute une série de nouvelles croyances cosmogoniques. Limiter l'athéisme à un refus de croire ne rend pas justice à la complexité affective, existentielle, cognitive, éthique des athées.

La croyance en l'inexistence de Dieu est donc importante pour l'athée. Elle lui est précieuse. Il croit que le monde en général, et l'esprit en particulier, proviennent du hasard. Il ne le croit pas par hargne ou par dépit. Si tel était le cas, il ne serait qu'anticlérical. L'observation systématique du monde naturel et la réflexion disciplinée (rationnelle) qu'on peut faire sur cette observation montrent à l'athée que le hasard est la cause fondamentale, essentielle, de toute chose en tout temps et partout, que cette vérité est confirmée chaque fois qu'on se donne la peine de la tester. L'athée est donc forcément un philosophe du hasard. Le hasard est sa potion magique à lui. Le hasard comporte ses propres lois internes, d'où la constatation que l'on fait dҽs régularités de l'univers, des lois de la nature. Le hasard est riche. Il mérite réflexion. C'est ce que font les mathématiciens qui explorent les tenants et aboutissants de la théorie du chaos. L'athée croit que seule la matière existe, l'esprit n'étant qu'une expression de cette même matière. L'athée constate que quelle que soit la forme de psychisme qu'il puisse examiner, elle n'est autre chose qu'une propriété d'une matière, d'un objet matériel. La matière non pensante précède la pensée. Pour l'athée, l'explication idéaliste (il s'agit ici de l'idéalisme philosophique, plus précisément ontologique) est tout simplement absurde, compte tenu de ce qu'il est en mesure d'observer et de comprendre. Nous avons des milliards d'exemples de psychismes logés dans des cerveaux, et aucun exemple de psychisme immatériel. Tout organisme est d'abord de la mélasse *avant* d'exister en tant qu'être psychique, un ovule fertilisé avant d'être un bébé, et nous en étudions scientifiquement des millions d'exemplaires. Aucun exemplaire d'origine immatérielle d'un psychisme n'a jamais été observé. L'athéisme est un parti pris pour la raison contre la mystification, et un tel parti pris change effectivement une vie.

Il n'est pas banal d'être athée. L'athée accepte de prendre l'entière responsabilité de ses actions, d'alimenter lui-même sa compréhension du monde, et de décider lui-même, seul, du cours de ses actions. À mon avis, cela prend un certain cran.

> Abandonner le salmigondis juridico-animiste comme fondement de la morale, c'est se retrouver tout nu, ou presque. (Yves Lever, jésuite québécois défroqué et athée, *Petite critique de la déraison religieuse*)

Dans son essai *L'existentialisme est un humanisme*, Sartre pensait l'athée condamné à l'angoisse. Mais pourquoi ne verrait-on pas la condition athée comme une aventure ? On n'a pourtant pas manqué de voir le vécu religieux comme soporifique... le « soma » de Huxley, « l'opium du peuple » de Marx, le « gin *cheap* » de Lénine.

> Toutes les religions prétendues révélées ne sont que des fables inventées par les exploiteurs pour leurrer les imbéciles, diluer, amoindrir le courage des militants et maintenir les privilèges des repus. (Albert Saint-Martin, agitateur politique athée québécois, *Albert Saint-Martin, militant d'avant-garde* [1865-1947])

Dès lors, à l'inverse, pourquoi l'athéisme ne serait-il pas une quête de tout ce qui est bon : les mondes des arts, des sciences, et de l'éthique ? L'athéisme abouti est une vision du monde et une raison de vivre, un enchantement. Pourquoi s'attarder aux choses qui n'existent pas, rager contre la crédulité, se battre la poitrine ? Non. La nature est bien plus intéressante que notre aptitude à nous mystifier nous-mêmes, vortex ne menant qu'au vide. La nature engendre des sentiments enlevants accompagnant nos tentatives malhabiles d'expliquer les rouages cachés du monde. Voici quelques énoncés positifs sur la nature du monde et sur le sens de l'existence auxquels beaucoup d'athées pourraient se rallier. Il s'agit bel et bien de *croyances* et ces croyances sont incompatibles avec les croyances religieuses.

Douze des principales *croyances* des athées :

1. Le monde existe par lui-même, sans support extérieur ; il n'a pas besoin d'avoir été créé délibérément.
2. La morale est immanente et naturelle ; elle provient seulement et exclusivement du fait que nous sommes une espèce sociale.

3. La mort est une finalité absolue, c'est-à-dire que rien ne la transcende; notre âme (ou esprit) s'éteint complètement avec le dernier relais de nos synapses.

4. L'apparition de la vie est le fruit du hasard; la matière s'est empreinte par elle-même de propriétés particulières.

5. L'humain est le résultat de l'évolution des espèces, qui se réalise par une dialectique du hasard et de l'impératif de la survie du plus apte.

6. L'esprit n'est rien d'autre qu'une propriété particulière d'agencements subatomiques, atomiques, moléculaires et cellulaires; plus spécifiquement, l'esprit est l'activité de réseaux neuronaux.

7. La Terre est un astre comme tant d'autres, qui a réuni par hasard les conditions de la vie telle que nous la connaissons; d'autres astres pourraient réunir ces mêmes conditions;

8. L'univers est passé par une phase de compression extrême suivie d'une explosion, il y a environ 15 milliards d'années.

9. Il vaut mieux et il sera plus efficace de viser la bonne vie pour soi-même et son prochain ainsi que les générations futures en faisant œuvre humaniste plutôt qu'en implorant le(s) dieu(x) ou en multipliant les incantations.

10. L'homme et la femme sont égaux parce que la femme n'a pas été créée pour servir l'homme.

11. La vie a un sens; c'est celui que nous lui donnons.

12. Les formes que doivent prendre l'orientation et l'identité sexuelles n'ont pas été prescrites par un diktat moral et, par conséquent, tant que la sexualité se passe entre adultes consentants, elle doit être tolérée.

Un coup de dés jamais n'abolira le hasard. (Titre d'un poème de Stéphane Mallarmé repris par Guido Molinari, peintre québécois athée)

Le monde sera toujours nouveau. (Hervé Fischer, essayiste québécois athée, *Nous serons des dieux)*

Il doit exister un générateur de diversité [there must be a generator of diversity (GOD)]. (Gerald Edelman, Prix Nobel de biologie et athée, *Bright air, brilliant fire : On the matter of the mind*)

1.10. Éloge du dieu hasard

On dit aujourd'hui que l'essence des mathématiques consiste dans le traitement que l'on fait du hasard. Les mathématiques du hasard sont aujourd'hui à la mathématique des Anciens ce que la théorie de la relativité est à la théorie newtonienne. On peut donc représenter, formellement, le hasard par des lois mathématiques. C'est presque un paradoxe : si on connaît les « lois » du hasard, alors le hasard est ordonné, et ce n'est donc pas un hasard. Il faut comprendre que le hasard des mathématiques n'est pas le hasard naturel (réel). Mais même les mathématiques n'échappent pas au hasard naturel. Gödel a pu démontrer que même s'il est facile de trouver un nombre illimité d'équations vraies comme « $1 + 1 = 2$ » ou « $2 \times 3 = 6$ », les systèmes axiomatiques sur lesquels ces équations reposent, eux, ne sont pas entièrement déterminés. En d'autres mots, il est impossible de formuler un système axiomatique qui soit entier et fermé, englobant toute assertion vraie concernant les nombres naturels. Le physicien Trinh Xuan Thuan (1998) considère que cette démonstration de Gödel est la plus importante du XXe siècle : aucune loi mathématique n'échappe à l'incertitude, et l'incertitude renvoie au règne du hasard réel. Le monde est une exemplification du hasard et il existe néanmoins de l'ordre dans ce monde, justement parce que le hasard est lui-même relativement structuré et ordonné... ou plutôt, il est capable de sécréter des pochettes d'ordre.

Le concept de hasard a connu en physique subatomique de tumultueuses aventures : entropie, néguentropie, irréversibilité, stochasticisme, indétermination, désordre fondamental, chaos, etc. La physique subatomique se dit incapable de prédire le comportement des particules subatomiques. Il semble que la majorité des physiciens des particules va jusqu'à croire que le comportement des particules subatomiques est essentiellement erratique. D'ailleurs, la physique subatomique moderne se représente son objet comme étant en évolution, vers l'homogénéisation de la matière et de l'énergie. Ce point de vue est formalisé dans la deuxième loi de la thermodynamique (entropie universelle) qui a inspiré le célèbre physicien Helmholtz à s'écrier en 1854 : « L'univers court à sa mort ! » En effet, la chaleur est une forme d'énergie non complètement réversible. Elle impartit à la matière une tendance à se désagréger et à se distribuer uniformément.

Le premier philosophe atomiste, Démocrite (460-360 avant notre ère), a pensé que le réel était composé exclusivement de vide et d'atomes impérissables. Soit. Que savons-nous de la pérennité des atomes en physique moderne ? L'espérance de vie d'un proton serait estimée à 10^{30} ans (Trinh Xuan Thuan, *Le chaos et l'harmonie. La fabrication du réel, 1998*), moment où deux des trois quarks formant le proton risquent de se rencontrer et ainsi détruire l'atome.

L'univers au complet que nous connaissons aujourd'hui a été, juste avant le big bang, réuni dans la tête d'une épingle. Cette tête d'épingle a connu une formidable explosion, dont nous dérivons. Tout cela ne semble pas très ordonné... Supposons que Dieu ait créé le monde en tête d'épingle suivie du big bang. Ne s'y serait-il pas pris alors de façon un peu... désinvolte ? Et que disent aujourd'hui les astronomes de la pérennité de notre système solaire ? Leurs calculs indiquent que les oscillations chaotiques observées dans les orbites des planètes font que ces dernières auront toutes été éjectées du « système » solaire d'ici 5 milliards d'années (*ibid.*). Bref, Dieu aurait créé le monde en faisant exploser une tête d'épingle afin que la conflagration finisse en un gaz universel insipide et glauque. Mais au fait, un nouveau consensus émerge, semble-t-il, en astrophysique. La constante cosmologique d'Einstein, formalisant le big bang, est erronée (Einstein a reconnu cette constante comme étant sa plus grande erreur). Plutôt, les calculs des astronomes leur font maintenant croire qu'il y aurait eu plusieurs « big bang » (James Randerson, *One Big Bang, or were there many?*, 2006). L'univers serait comme un grand poumon. Le monde matériel rationnellement connaissable aurait le potentiel d'être éternel après tout, comme le supposaient Héraclite et Démocrite ! D'ailleurs, l'idée des multimondes est elle aussi très ancienne. En effet, le philosophe grec Empédocle d'Agrigente (484-424 avant notre ère) concevait que le hasard avait créé une infinité de mondes dont le nôtre se trouve à être le plus « organisé » :

> Sur la terre poussaient en grand nombre des têtes sans cou, erraient des bras isolés et privés d'épaules et des yeux vaguaient tels quels, que n'enrichissait aucun front. (Empédocle, *De la Nature — Purifications, Fragment 57*)

Le concept de hasard s'est implanté de façon assez univoque, en biologie, depuis Darwin. Les mutations se produisent au hasard (de façon imprévisible) et seules celles qui sont adaptatives sont sélectionnées. L'incroyable complexité des formes de la vie est le résultat de cette aptitude qu'a trouvée fortuitement la matière vivante de ne pas se copier elle-même de façon exacte. Ainsi, lors de la formation des gamètes (méiose), une première loterie des gènes est instaurée, de telle sorte que nous ne transmettons à notre progéniture que la moitié de notre code génétique. Par la suite, une nouvelle loterie est instaurée : nous nous reproduisons avec un partenaire différent de nous. Tout ceci a pour effet que la chance que deux humains portent le même génome est de une sur 70 milliards. La nature est foisonnante. Bref, la trame temporelle de l'évolution des formes de vie n'est autre chose que le résultat d'un ensemble complexe de hasards simples, mais bien réels. La nature humaine, incluant ce que d'autres dénomment notre âme, est donc le fruit du hasard. Mais le hasard des mutations a tout de même été confronté à une biosphère structurée par d'autres hasards, invitant l'encéphalisation. Ainsi, une très longue série de mutations encéphalisantes a mené jusqu'à nous, humains porteurs de gros cerveaux. Il faut vraiment être entêté pour croire que la vie résulte d'un dessein « intelligent ».

Le connexionnisme est une approche idéologique, une théorie de l'esprit et une technique d'investigation en psychologie. Il postule 1) que l'activité du cerveau EST la pensée, et 2) que le cerveau est une matrice essentiellement connectée par hasard. Chaque neurone entretient, en moyenne, un millier de connexions avec les autres neurones — et l'architecture de ces détails importe peu. Plutôt, ces connexions n'ont de finalité « fonctionnelle » que par l'expérience qui leur aura été impartie par les organes sensoriels. Les systèmes sensoriels enregistrent des stimulations et les reportent, réverbérantes, dans la matrice neuronale. Des représentations sont formées qui ne sont rien d'autre que ces réverbérations elles-mêmes. Au départ, l'esprit n'a donc aucune forme. Il est une matrice purement associative. Mais ce n'est pas seulement au début que le hasard imprègne le psychisme, c'est aussi dans son fonctionnement, lorsqu'il fonctionne au maximum de ses capacités.

> Le bruit est nécessaire au fonctionnement des systèmes intelligents. (Rémy Lestienne, physicien français, *Le hasard créateur*)

Le substrat atomique de cette matrice n'est pas plus important que la configuration des connexions neuronales. Une matrice connexionniste « psychique » pourrait ne consister qu'en des bits d'ordinateur, et de telles matrices existent effectivement. Les atomes formant nos cerveaux sont de même nature que ceux composant un ordinateur.

Le concept de hasard a généré de nombreuses réflexions dans le domaine de l'éthique. Si l'univers n'a pas de sens, alors l'éthique ne peut exister, a-t-on pensé. Mais ne vaut-il pas mieux croire que l'éthique transcendante ne peut être vraie? La philosophie du hasard porte effectivement à un certain relativisme. Il n'y aurait pas de bien et de mal en soi. Mais il subsiste néanmoins une véridicité au concept d'intégrité. Si on opte pour la vie sociale (et qui ne le fait pas?), il est immoral de compromettre cette vie sociale pour avantager notre propre personne, tout en prétendant le contraire. Il n'y a pas de raison à priori de souhaiter la vie sociale ni même la vie tout court. La seule immoralité est celle de l'inauthenticité, celle consistant à dire une chose ou faire croire une chose qui est fausse –, et cela, pour un gain personnel. Toute personne qui tantôt profite du corps social (se fait éduquer, se fait soigner, se fait nourrir, etc.) et ensuite lui nuit, est inauthentique et est immorale. Comme l'a fait comprendre l'athée existentialiste Sartre, le cœur de l'éthique est d'être de «bonne foi».

La symétrie, la loi mathématique pure (en soi), l'orbite simple, la récurrence éternelle, la forme géométrique exacte, l'impératif moral absolu, l'atome impérissable n'existent pas. Tant mieux! La perfection est stérile et morne. C'est le hasard, imparfait et complexe, qui est fertile, créateur. La nature n'utilise pas de plan (Rémy Lestienne, *Le hasard créateur*, 1993).

> Einstein, qui croyait avec un entêtement quasi déiste que l'univers obéit à une mathématique immuable (dixit son célèbre aphorisme: «Dieu ne joue pas aux dés»), était encore un créationniste sans le savoir. (Hervé Fischer, essayiste québécois, *Nous serons des dieux*).

La perspective globale de la philosophie a été inversée par les avancées scientifiques des deux derniers siècles, et en particulier des 50 dernières années: il s'agit désormais d'approfondir notre compréhension du hasard, et non pas de tenter de forcer les choses à se conformer à un quelconque «ordre». Le hasard naturel est le fondement, et il est la nature même du réel, du monde dans lequel nous vivons, de notre constitution intime d'humains et de notre avenir.

> [...] il y aurait hasard «essentiel» chaque fois qu'il
> existe incertitude qu'on ne peut éliminer, ni par
> le calcul des probabilités, ni par l'introduction de
> variables cachées, ni par une intervention humaine
> dans la mécanique de lancement de la nature.
> (Henri-Paul Cunningham, professeur de philosophie,
> Université Laval, Québec, *Les impasses de la raison*)

Le hasard est le dieu des athées. Ce dieu est la raison qui ose cheminer jusqu'aux limites de son pouvoir et qui accepte d'y reconnaître là son achoppement afin de laisser se reposer provisoirement la conscience. Et si les athées se trompent et que Dieu existe, alors Dieu joue aux dés avec l'univers. Grand bien lui fasse, mais il est tout de même inutile de tenter de cerner ses intentions autrement qu'en étudiant assidûment la nature elle-même.

> J'ai mis trop longtemps à m'apercevoir que Dieu
> n'existe nulle part, ni dans les cieux ni dans le cœur
> des hommes. (Propos d'Irving Layton, poète québécois
> athée, *Layton, l'essentiel: Anthologie portative d'Irving
> Layton* de Michel Albert)

> La bouche du ciel argenté
> Me fascine et m'enchante
> Si Dieu existe, je l'ai trouvé
> C'est un tableau d'étoiles filantes! (groupe musical
> québécois Caïman Fu, chanson *Wow*)

1.11. Pourquoi est-il si difficile de comprendre que l'univers est un jeu de hasard, sans plus?

Voici maintenant ce qui est le plus difficile à comprendre de l'athéisme pour un non-athée. L'athéisme postule que tout ce qui se trouve dans l'univers, et notre existence en particulier, résulte d'un concours de circonstances froides, d'assemblages d'atomes régis par le plus pur des hasards.

> [...] l'homme finalement se rend compte qu'il est seul dans l'immensité impitoyable de l'univers, duquel il a émergé purement par hasard. Ni son destin ni son devoir n'ont été consignés par écrit. C'est à lui de choisir : soit le royaume des cieux, soit les ténèbres ici-bas. (Jacques Monod, *Le hasard et la nécessité*)

L'intelligence vient du non-intelligent plutôt que l'inverse. Dur de reconnaître que ce soit possible. Pourquoi ? Voici une explication parmi tant d'autres, mais inédite. Elle vient de mon expérience de chercheur en psychologie : c'est parce que notre disque dur est silencieux. La plus grande illusion cognitive de la condition humaine est là. Nous avons tous l'impression de contrôler, par un élan pur et immatériel de notre volonté, le cours de nos pensées et de nos actions. Avec notre pensée, sans entrave perceptible, nous créons des objets. D'où cette notion universelle voulant que la volonté précède l'action, et par un rien d'extrapolation, que la pensée précède la matière. Si nous créons si aisément notre petit monde, il n'y a qu'un pas à faire pour imaginer qu'un dieu doit bien s'y être pris de la même façon pour créer l'univers.

> L'animisme [la plus primitive des consciences religieuses] consiste en une projection dans la nature inanimée de la conscience que l'homme a du fonctionnement intensément téléonomique de son propre système nerveux central. (Jacques Monod, *Le hasard et la nécessité*)

Ah, si seulement notre cerveau était bruyant, à la mesure de son effort, comme un moteur de voiture, tout le monde serait athée ! On entendrait travailler la mécanique de nos neurones et on comprendrait que nous ne sommes rien de plus que des robots sentimentaux. Il faut une lésion cérébrale à certaines personnes pour comprendre cela. La non-ébriété, la fièvre devraient pourtant suffire. Mais il serait contre-productif de marteler davantage l'idée.

D'ailleurs, la deuxième illusion marquante de la condition humaine consiste en ceci : notre conscience meurt chaque fois que nous nous endormons et… miracle ! elle est ressuscitée au réveil. Si notre conscience peut faire cela chaque jour de notre existence, il n'y a qu'un pas à faire pour croire que cette conscience puisse s'éteindre au décès et ensuite renaître de ses cendres tel un phœnix qui prend son envol. Ainsi, les deux grands principes universels de toute religion, la création intentionnelle de l'univers par un dieu immatériel et l'immortalité de notre âme immatérielle, apparaissent comme des évidences pour tout enfant, tout être qui n'a pas réfléchi au-delà des constatations les plus élémentaires.

1.12. La science nous désenglue de l'anthropocentrisme

L'exposition la plus magistrale de la fonction anthropocentrique de la religion nous vient du philosophe athée Ludwig Feuerbach (1804-1872). Dans son œuvre *L'essence du christianisme*, il explique en détail en quoi les représentations de Dieu que l'on retrouve dans les textes religieux chrétiens sont des projections de qualités humaines. On prête à Dieu des traits perceptifs, moteurs, affectifs, moraux, esthétiques, sentimentaux, typiquement humains. On projette sur Dieu les qualités que l'on voudrait avoir. Cette explication par Feuerbach de la croyance religieuse se dénomme l'explication anthropocentrique : Dieu est un homme, mais un homme plus fort, plus sage, et finalement plus n'importe quoi que les autres hommes.

La science s'est beaucoup intéressée à cette manière fortement anthropocentrique que nous avons de nous représenter le monde. Par exemple, si on présente un jeu de quatre cartes sur lesquelles sont imprimés des postulats entretenant des liens logiques (syllogistiques) abstraits, très peu de gens peuvent résoudre des petits tests de compréhension de ces liens. Si on remplace ces postulats par des situations sociales communes entretenant exactement les mêmes liens logiques, tout le monde est capable de les résoudre. La raison en est fort simple : notre vie quotidienne est intensément sociale, et c'est là que nous exerçons constamment nos fonctions cognitives. Les sciences actuelles ont mis en lumière une grande diversité des mondes perceptivo-conceptuels dans lesquels vivent les autres espèces vivantes, ce qui aide à comprendre aussi nos propres limites conceptuelles ainsi que nos comportements irrationnels, telles les croyances religieuses. L'écologie humaine est à peu près la même que celle des chimpanzés et des gorilles. Nous ne sommes sensibles à rien de plus petit qu'une puce et rien de plus grand qu'une montagne. En plus, comme nous sommes une espèce très sociale, les humains, nous les voyons partout dans notre soupe. L'ordinateur fait des siennes ? Nous le haïssons et le traitons de tous les noms. On se cogne la tête sur une armoire ? On jure et on frappe dessus. Dans ces moments de réaction émotionnelle intense, notre anthropocentrisme saute aux yeux, on le reconnaît et on en rit. Par contre, dans nos tentatives de comprendre les liens plus abstraits entre les entités de notre monde, nous perdons cette faculté de reconnaître notre propre anthropocentrisme. Ce qui est mauvais vient des méchants parmi nous (diables) et ce qui est agréable vient des bons parmi nous (dieux). Voilà notre monde de tous les jours. Les chimpanzés perçoivent aussi le monde par la lorgnette de leur environnement quotidien. Lorsque le tonnerre gronde et que l'éclair frappe un arbre, ils sont terrifiés et ils attaquent alors cet arbre avec des bouts de branche comme si c'était un méchant guépard qui était responsable du phénomène. Lorsque nous, les humains, avons peur de l'inconnu, de la nature, de la mort, nous expliquons nos malheurs par des intentions de nos ennemis et nous invoquons la protection d'un être bienveillant qui nous protégerait. Nous ne sommes pas naturellement des ingénieurs : nous sommes des êtres de communauté et nous sommes vite sur la détente à tout attribuer à des intentions du type qui nous anime.

Ce qui est encore plus intéressant que de comprendre notre irrationalité par l'analyse de notre émotivité, c'est de cheminer avec les sciences dans ces zones de dépassement de notre écologie primaire, afin de nous représenter des phénomènes éloignés dans l'espace et le temps (la vie mentale des autres êtres vivants, les interdépendances des phénomènes physiques et sociaux, les transformations de ces interdépendances, le monde quantique invisible à l'œil nu, les mondes intergalactiques tout aussi invisibles). C'est là que l'athéisme est à son plus fort, qu'il atteint sa plénitude. Les sciences nous permettent maintenant de conceptualiser nos origines et notre destin, tout en restant dans l'enchantement de la rationalité, la rigueur des sciences, la convivialité de jumelages hypothético-déductifs que nous partageons entre humains. Grâce aux sciences, nous n'avons vraiment plus aucun besoin de religion pour aller jusqu'au bout du questionnement, jusqu'à la limite de la condition humaine.

Tous les organismes vivent dans un monde limité par leur environnement de vie (surtout social), leurs particularités sensorielles et leurs capacités motrices. Il ne traverserait pas l'esprit d'une bactérie de concevoir la gravité. Un coléoptère patineur ne pourrait jamais concevoir le monde autrement que comme un plan (seulement deux dimensions). La chauve-souris entendrait les couleurs, paraît-il, comme des échos. La taupe pense que le monde est frais et résistant et qu'à l'air sec elle quitte le monde. L'écureuil apprécie l'air frais, la chaleur d'une journée ensoleillée, mais ne s'imagine pas qu'il puisse exister des mondes sous ses pattes. Le chien vit dans un monde d'arômes que nous ne pouvons commencer à imaginer. Notre monde à nous humains, ainsi que celui des animaux, est composé d'objets denses, opaques, que nous jaugeons par leur poids et leur couleur. Mais les objets n'ont pas de densité, pas de poids, ni d'opacité, ni de couleurs en soi. Il ne s'agit là que de champs gravitationnels. La distance entre un proton et son électron équivaut à celle entre une mouche et les bordures d'un stade olympique... La science nous montre de façon précise comment ne pas laisser nos émotions et notre petite quotidienneté dicter notre représentation du monde ni notre plan de vie. Elle nous gratifie de nous sortir de notre petit soi-même. N'est-il pas infiniment plus transcendant, en compagnie de la science et de sa merveilleuse codification perpétuellement enrichie, réappropriable à chaque génération par tout un chacun, de sortir de nos petites émotions socioaffectives, de notre petite niche de primate parlant, et d'explorer les mondes, enfin libres? C'est la science qui nous apprend que la Terre est ronde, qu'elle tourne autour du Soleil, que notre planète n'en est qu'une parmi une multitude, que tout grouille à l'intérieur des objets, que rien n'est immobile ni impérissable, que la matière pense, et que la bonté est un impératif biologique des espèces sociales... et non pas une idée créatrice de l'univers.

1.13. La cosmogonie athée : naissance spontanée ou existence éternelle ?

Y a-t-il quelqu'un qui ait proposé que le monde se soit mis à exister spontanément à partir de rien du tout? Plutôt, depuis Héraclite, tous les athées ayant pris position sur l'origine de l'univers s'accordent pour proposer qu'il a existé de tout temps. Il existe un argument banal et très ancien à l'appui de cette affirmation et un argument moderne. L'argument des Anciens dit que « quelque chose ne peut venir de rien ».

L'argument moderne est plus surprenant. Il relève de la physique quantique et de son principe d'indéterminisme. Autant la matière quantique est-elle une fausse matière, autant le vide quantique est-il un faux vide, car des particules et antiparticules subatomiques apparaissent et disparaissent de manière imprévisible, et la matière, qui est conçue aujourd'hui comme de l'énergie, arrive à une balance cosmique nulle. L'univers serait donc, en même temps, quelque chose et rien du tout :

> L'univers a une énergie nulle. Ce résultat semble paradoxal : il traduit pourtant qu'il existe un équilibre exact entre l'énergie — positive — correspondant à toute la masse de l'univers (mc²) et l'énergie gravitationnelle — négative — de cette même masse. « Pourquoi y a-t-il quelque chose plutôt que rien ? » La réponse est peut-être la plus simple qui soit, mais la plus surprenante aussi : il y a quelque chose... parce qu'il n'y a rien ! Et il n'y a pas lieu de s'étonner de l'existence de rien ! « Pourquoi y a-t-il quelque chose plutôt que rien ? » Mais... tout simplement parce qu'il n'y a rien, vraiment rien, et qu'aucune loi physique n'interdit à rien de naître et d'exister pour l'éternité !
> (Pierre-Yves Morvan, *Dieu est-il un gaucher qui joue aux dés ?*, 2002)

> Nous sommes des poussières d'étoiles (Hubert Reeves, astronome québécois, *Poussières d'étoiles*).

1.14. L'origine du monde

L'athée ne croit pas à la nécessité d'adopter une théorie de l'origine du monde au sens strict. Il en va de même pour la théorie de l'avenir. Il ne sent donc nul besoin d'entretenir quelque mythe de création ni de jugement dernier. Toutefois, rien ne l'empêche de projeter ses lumières sur ce qui peut être connu, et de spéculer intelligemment et raisonnablement, de rêver même, à ce que tout cela pourrait signifier. Il peut même s'amuser à poétiser ces choses et à proposer n'importe quoi à leur égard. Néanmoins, ce que l'athée ne s'autorise pas à faire, contrairement aux tenants des religions organisées, c'est d'imposer son point de vue aux autres.

Que sait-on donc de l'origine du monde ? Si peu. Ce que l'on sait se résume à quelques observations qui nous permettent d'extrapoler vers un passé très rapproché.

En effet, l'observation astronomique nous permet de constater que tous les objets célestes s'éloignent les uns des autres comme s'il y avait eu une immense explosion. En calculant l'ensemble des vélocités de ces corps, les astronomes ramènent le point d'explosion à un vulgaire petit 15 milliards d'années dans le passé. La théorie veut que toute la matière de l'univers ait été concentrée dans un point des millions de milliards de fois plus petit qu'un atome, situé à un endroit qu'ils restent incapables de désigner. Ce modèle dit du « Big Bang » a généré nombre de prédictions non banales qui ont été vérifiées empiriquement. Par exemple, la théorie a prédit un rayonnement rougeâtre (l'univers baigne dans un rayonnement fossile à 3° Kelvin, dû à la vitesse de déplacement des corps célestes). La théorie a aussi prédit un bruit de fond cosmique dû au fait que l'explosion initiale continuerait à produire des échos qui s'aligneraient sur les distances des corps célestes. La vitesse d'un objet dans le ciel se détermine en mesurant le décalage spectral de sa lumière : selon que cet objet vient vers nous ou s'éloigne de nous, sa lumière est de fréquence plus élevée (plus bleue) ou moins élevée (plus rouge). De la même façon, le sifflement du train qui vient vers nous est plus aigu (fréquence plus élevée) que le sifflement du train qui s'éloigne de nous (fréquence plus basse). Ces prédictions ont effectivement été vérifiées et le tout a fait en sorte que la théorie du Big Bang est devenue aussi bien implantée en astronomie que ne l'est la théorie darwinienne de l'évolution en sciences biologiques. Les astronomes s'accordent pour pouvoir se représenter ce point de matière, à 10^{-43} seconde avant l'explosion, comme étant très chaud (des milliards de milliards de degrés). À partir de l'âge de 10^{-43} seconde, la théorie nous raconte l'histoire de l'univers avec une précision stupéfiante. On infère avec confiance les principales étapes de la première seconde, lorsque la gravité se sépare des trois autres forces, lorsque la force forte se sépare de la force électrofaible, lorsque la force faible se sépare de la force électromagnétique, lorsqu'enfin, vers l'âge d'un millionième de seconde, les quarks fusionnent en protons et neutrons. L'étape suivante dure environ trois minutes, au cours desquelles se créent la plupart des noyaux de la matière actuelle de l'univers. Il se crée une soupe de noyaux dont la recette comporte neuf mesures d'hydrogène pour une mesure d'hélium-4, et pour l'arôme seulement, une pincée de deutérium, le gros frère de l'hydrogène, celui qui entre dans la recette de l'eau lourde ; et enfin un soupçon d'hélium-3 et de lithium-7. Ensuite, il a fallu des millions d'années pour que protons et électrons s'unissent en atomes d'hydrogène, qu'ils s'assemblent en étoiles, pour voir naître enfin ces atomes plus lourds.

Il est commun de voir les gens interpréter le Big Bang comme l'origine du monde. Même le pape Pie XII s'est adonné à cet exercice futile et puéril en 1951. Pourtant, les astronomes n'arrêtent pas de répéter qu'ils n'ont aucune idée de ce qui a pu exister *avant* le Big Bang, *avant* le point de surchauffe.

En réalité, ce que la science nous apprend sur le passé lointain est totalement incompatible avec les comptes rendus révélés des grandes religions existantes (christianisme, islam, bouddhisme, hindouisme, judaïsme, etc.). Pour ne mentionner que le mythe chrétien voulant que le monde eût été créé de toutes pièces il y a 10 000 ans, eh bien, la science dit à cela : balivernes !

La majorité des scientifiques croit sûrement que la position appropriée pour la communauté scientifique à l'égard de l'origine du monde est l'agnosticisme plutôt que l'athéisme. Cette opinion est articulée au Québec par le biologiste athée Cyrille Barrette (voir le numéro six de *Cité laïque : Revue humaniste du Mouvement laïque québécois*). Pourtant, la science réfute directement et carrément les comptes rendus théistes les plus courants (voir à cet effet le traité de l'astronome Victor J. Stenger, *God : the Failed Hypothesis (How Science Shows that God Does not Exist)*, 2007). Par ailleurs, en ce qui concerne un quelconque concept de l'origine absolue de l'univers, la science est encore éclairante : d'abord, rien dans la science ne laisse croire à une origine «absolue». Bien au contraire, la science nous indique que tout est, et a toujours été, en flux. La science est aussi, et grand bien lui fasse, un filtre à niaiseries. La science est davantage athée qu'agnostique, en principe et dans les faits. En principe parce que les arguments rationnels basés sur les faits contre l'existence de dieux tels que révélés dans les textes dits sacrés comme Bible, Coran, Talmud, etc., répondent aux critères de scientificité. Et dans les faits parce que les chercheurs scientifiques de haut niveau sont très majoritairement athées partout dans le monde. Là, et là seul, où on pourrait défendre une position agnostique pour la science est en matière de déisme : des croyances du genre «je crois qu'il existe quelque chose, je ne sais pas quoi, d'immatériel, qui est à l'origine du monde» ou «je crois que quelque chose de moi, je ne sais pas quoi, va survivre je ne sais où ni comment après ma mort». La science ne peut rien dire sur ce genre d'énoncé, car il ne porte sur aucune réalité empiriquement vérifiable.

> Les mondes propres et sans dessein
>
> Tissés à l'aveuglette
>
> Ni vus, ni connus, ni dérangés par l'esprit
>
> Jusqu'à ce qu'une molécule en expansion
>
> De construction étrange
>
> N'apprenne le péché originel
>
> De la reproduction.
>
> (Frank Scott, poète québécois, *Selected Poems*)

1.15. L'origine des humains

Un des principaux mandats de toute religion est d'expliquer l'origine des hommes. Dans le cas des grandes religions (celles qui ont beaucoup d'adhérents), l'explication de l'origine des hommes est un conte farfelu. Dans le christianisme, l'humain aurait été créé il y a 10 000 ans de toutes pièces en un seul exemplaire, masculin, par l'intention immatérielle d'un dieu. La femme aurait été créée ensuite par l'extraction d'une côte du premier homme, la condamnant à un statut de personnage secondaire, dérivé. L'argument, pseudo rationnel, évoqué le plus souvent par les tenants du créationnisme, fut toujours et demeure celui du « dessein intelligent ». Le monde est harmonieux, il ne peut donc provenir du hasard, il faut donc supposer une intention créatrice organisée. Cet argument est réfuté par la théorie de l'évolution. Une expression de cette réfutation provient du médecin et romancier québécois Philippe Panneton (alias Ringuet) dans *Le carnet du cynique* (1998), constituant ses notes autobiographiques publiées après son décès en 1960 :

> Un être intelligent ne peut, dit-on, être l'ouvrage que
> d'un être très intelligent... De même sans doute un
> être déféquant ne peut-il être l'ouvrage que d'un être
> très déféquant.

Ne nous attardons pas davantage à des explications religieuses de l'origine de l'homme qui insultent l'intelligence et l'éthique. La science nous fournit un compte rendu infiniment plus exquis pour peu que l'on prenne la peine de l'étudier.

La plupart des biologistes admettent aujourd'hui l'explication de l'évolution par la théorie synthétique (qui regroupe des données de plusieurs théories). Elle est basée en particulier sur la génétique des populations. Aujourd'hui, l'évolution n'est plus envisagée comme la transformation d'individus isolés, mais comme celle de groupements d'individus de même espèce, c'est-à-dire des populations. Mais le principe de base est le même : elle explique l'évolution par l'action de la sélection naturelle sur des individus.

Une population évolue quand la fréquence d'une version d'un gène appelée allèle (ou de plusieurs allèles) s'y modifie. On voit ainsi se répandre dans certaines espèces des caractères ayant acquis, en raison de changements du milieu, une valeur adaptative qu'ils ne possédaient pas auparavant ; les individus porteurs de ces caractères sont particulièrement favorisés dans le nouveau milieu, auquel ils se trouvaient en quelque sorte « préadaptés » ;

ils vont constituer alors rapidement une grande partie de la population ou même toute la population de l'espèce. Les caractères qui se répandent alors correspondent à des allèles existant auparavant « silencieusement » au sein de l'espèce.

Lorsque l'ensemble des individus qui constituent une espèce forme plusieurs populations isolées, chacune de ces populations peut acquérir des caractères particuliers et donner naissance à des variétés différentes au sein de la même espèce. Si ces variations sont, par la suite, dans l'impossibilité de se croiser, elles divergent de plus en plus et finalement sont interstériles : elles constituent alors des espèces distinctes. Les « barrières » qui séparent les variétés d'une même espèce ou de plusieurs espèces sont de nature très variée.

Les plus anciennes traces de molécules organiques ont été retrouvées en 2006, dans des fossiles de crinoïdes. Âgés de 350 millions d'années, ces composés s'apparentent à des pigments. L'assemblage de petites molécules (comme les acides aminés) en macromolécules (comme les protéines) nécessite l'élimination de molécules d'eau. Or, il paraît difficile de réaliser une telle condensation dans l'eau elle-même. Il est possible pour résoudre cette contradiction de faire appel à des surfaces minérales, comme les argiles ou les pyrites. L'argile, par exemple, a de nombreuses propriétés et se trouve très abondamment sur Terre. Entre les différentes couches de l'argile peuvent se glisser de petites molécules organiques. L'argile est un catalyseur très efficace pour de nombreuses réactions organiques, et aurait ainsi permis la formation des acides aminés.

Nous ne sommes plus en 1859, date de la publication de *L'Origine des espèces* de Darwin. Il existe maintenant de nouvelles sciences qui contribuent, tous les jours, de nouvelles « preuves » très diversifiées de l'évolution des espèces. Bien que l'argumentaire de Darwin suffise à tout esprit critique pour croire sans réserve à la théorie de l'évolution, aujourd'hui, il n'y a plus aucune base pour défendre une théorie fixiste. À fortiori, on ne peut échapper à la réalisation que c'est le HASARD qui est le moteur de l'évolution des espèces et que donc il n'y a aucun lieu de croire à une descendance « digne », « transcendante », « pensée » ou « prévue ». Quelles sont ces « nouvelles » sciences de l'évolution ? Nommons-en quelques-unes : la biogéologie, la génétique, la taxonomie homologique, la sélection artificielle et les adaptations naturelles courantes.

Nous détenons maintenant des techniques de datation des échantillons fossiles qui sont extrêmement fines. Nous avons cartographié, et placé dans des trames temporelles précises, les couches terrestres AVEC leurs contenus fossiles. Nous avons une bonne connaissance de l'histoire des plaques tectoniques et des autres formations géologiques ainsi que des températures ambiantes à différentes époques. Aucune trouvaille fossile ne contredit la théorie de l'évolution. Au contraire, toutes les trouvailles, qui se comptent par dizaines de milliers, l'appuient. C'est dans le contexte des changements géologiques et climatiques, et des adaptations progressives des organismes à ces changements, que l'on arrive à comprendre l'arbre de la vie. Avec la récente découverte d'ardipithèque, il n'y a plus de « chaînon manquant » dans notre compte rendu de l'évolution de l'espèce humaine.

La génétique nous apprend aussi que nous portons en nous de nombreux vestiges génétiques de nos ancêtres évolutifs, la plupart des gènes de notre corps étant inactivés. Mieux, la génétique moléculaire est maintenant tellement avancée qu'on y répertorie dans le code génétique de l'humain l'arbre de la vie dans toute sa splendeur. Au temps de Darwin, on devait se contenter des vestiges évolutifs observés dans la phase embryonnaire de notre développement (ouïes, mamelons surnuméraires, queue de poisson, etc.) pour voir des exemples saillants de vestiges évolutifs. Maintenant, on les voit partout dans notre génome.

Le système de taxonomie de l'arbre de la vie a lui aussi évolué. On le dénomme classification par homologie, classification qui tient compte non seulement de l'apparence à l'âge adulte, mais aussi de toutes les formes d'un organisme à tous âges, incluant les formes cellulaires et subcellulaires.

Nous sommes capables, par sélection artificielle, de recréer des espèces d'autrefois comme de créer de nouvelles espèces. Nous observons aussi des changements dans les phénotypes des populations vivantes assujetties à des pressions écologiques importantes. Ces changements sont des adaptations évolutives naturelles qui se déroulent sous nos yeux : l'évolution en action directe. Les biologistes sont maintenant capables de formuler de nombreuses prédictions sur les fossiles, sur les gènes, sur l'embryogenèse, inspirées de la théorie de l'évolution à mesure qu'elle se précise. Ces prédictions se font vérifier tous les jours. Bien sûr, nombre de ces prédictions laissent les chercheurs au moins temporairement bredouilles. Mais on n'obtient jamais, et on n'a jamais obtenu, de contre-démonstration.

1.16. L'anomie des athées : un déficit en rituels ?

À toutes les époques, dans toutes les cultures, les événements qui rythment la vie des hommes ont donné lieu à des rituels : solstice d'été, naissance, passage de l'enfance à l'adolescence, mort, etc. Ces cérémonies, plus ou moins solennelles, plus ou moins festives qui raffermissent le lien social et dont les origines ataviques et païennes sont évidentes, ont toutes été récupérées par les religions successives. Comme la Noël a pris la place du solstice d'hiver, dont le sapin enluminé reste la réminiscence, comme Pâques se substitue aux pâques juives et aux fêtes profanes du printemps, tout en conservant la symbolique païenne des œufs, rien ne se perd, rien ne se crée dans l'univers des signes.

L'homme, comme le chimpanzé, n'a jamais été fait pour vivre seul. L'athée bénéficie d'une couche relationnelle de moins que ceux qui croient en un dieu personnel. Lorsqu'il vit dans une société dominée par la religion, l'athée peut se sentir particulièrement seul. Les gens ont besoin de rituels sociaux pour consolider, développer et harmoniser leur vécu social, pour devenir des personnes saines et intactes, membres fonctionnels de la cité. L'athée ne fait aucunement exception.

Les personnes qui se convertissent sans ambages à l'athéisme, ou même qui émergent d'un milieu familial athée sans remettre en question la croyance de leur famille à l'inexistence de dieux, risquent d'être des personnes socialement robustes, libertaires, qui ressentent peu de dépendance à l'égard de la microcommunauté (famille, voisins). Ceci peut expliquer, en partie, que les athées choisissent plus souvent la vie urbaine que les croyants, qu'ils occupent des professions requérant souvent une grande mobilité géographique. On pourrait penser aussi qu'une fois habitant en ville où le voisinage est très superficiel et une fois adoptée une profession loin de son village natal, ce qui délie les liens familiaux simplement par distance, une personne devienne plus sujette à l'athéisme, car les rituels religieux auront alors perdu leur intérêt. Il est probable qu'une telle personne compense ce manque par un engagement dans des causes communautaires plus larges, politiques, environnementalistes, etc. À l'inverse, il arrive parfois qu'elle s'enfonce dans la religion à l'occasion d'un moment de grande faiblesse affective, question de se sortir de sa solitude.

Soyons honnêtes. Il y a un manque social chez les athées qui est difficile, quoique parfois agréable, à combler par des actions innovatrices. Les religions exercent une multitude de fonctions. L'une d'entre elles est d'impartir une raison de vivre aux gens, un sens d'appartenance culturelle et communautaire, un engagement, une éthique, bref, une socialisation. Les athées, toujours plus proches de la modernité et des sciences — qui sont en évolution rapide —, plus tolérants, intéressés à la diversité culturelle, doivent constamment réinventer leurs propres rituels, là où ils se trouvent. Ils en seront d'autant plus heureux, mais c'est au coût de grands efforts. On pourrait dire que les athées sont, et ont toujours été, des exilés dans leur propre pays. Comme l'immigrant qui arrive dans une culture où les rituels ne signifient rien pour lui et où il ne retrouve aucun des rituels auxquels il s'adonnait, l'athée est saisi de cette même « anomie », pour reprendre le terme du sociologue Durkheim (absence de normes), mais à la deuxième puissance. Car le croyant en terre étrangère peut toujours se replier sur sa religion, ne serait-ce que dans sa petite communauté ethnique, sa famille, ou même dans l'intimité de sa propre tête. L'athée n'a pas ce loisir... ou si peu.

Les religions attachent beaucoup d'importance aux rituels de passage : naissance, passage de l'adolescence à l'âge adulte, mariage, décès. Ces rituels renforcent les attachements sociaux, surtout en ce qui a trait à la famille. Ils instaurent une mémoire de clan, de communauté et de peuple. En plus, les rencontres religieuses à proprement parler, comme les messes des chrétiens, jouent un rôle important de socialisation, cette dernière se limitant cependant au niveau du voisinage. Elles répondent à des besoins psychoaffectifs très puissants et très réels, besoins d'immortalité, de transcendance, de noblesse, de dignité, de sécurité, de durabilité, de stabilité, de pérennité, etc. L'utilité de ces rituels ne doit pas être sous-estimée. Ces rituels ne véhiculent pas que des sottises, quoiqu'ils en remâchent beaucoup, mais ils consistent surtout en rencontres. La valeur d'une rencontre équivaut à celle des personnes qui y assistent, qu'elles soient croyantes ou pas. Nul besoin d'un diplôme universitaire en psychologie pour comprendre que, pour un jeune couple, d'affronter seul la naissance d'un premier enfant est un fardeau trop lourd à porter. Il vaut mieux qu'il existe des rituels de transmission des coutumes parentales. Quelles sont les chances de stabilité d'un couple amoureux ayant l'intention de fonder une famille, s'il est laissé entièrement à lui-même, s'il n'est pas accepté socialement, si les nouveaux liens (oncles, tantes, neveux, nièces, héritiers, parrains, marraines, grands-parents, beaux-parents) n'ont pas de nom ? Il vaut mieux qu'il existe des rituels de transmission du savoir-faire amoureux. Quel sera le quotient de bonheur d'un adolescent s'il est laissé à lui-même, la clé au cou pour entrer après l'école dans une maison vide, s'il ne connaît pas ses frères et sœurs, s'il ne connaît pas ses propres parents, s'il n'a même pas une image de sa parenté? N'est-il pas plus sain que la famille se réunisse à table pour manger, non sans oublier de faire en sorte que les enfants soient inclus dans la conversation? Les chrétiens ont un rituel social lié au repas familial : le bénédicité. N'y aurait-il pas moyen de remplacer ce discours unilatéral, autoritariste, suranné, sexiste et stéréotypé dont on se souvient de notre enfance, par une forme plus égalitariste, plus spontanée et édifiante de rencontre et d'échange entre les membres de la famille? Est-il vraiment plus agréable et sain que chacun empoigne un dîner congelé afin de retourner devant l'écran dans sa chambre le plus vite possible? Il vaut mieux qu'il existe des coutumes par lesquelles on apprenne l'art de la parentalité. Vivrons-nous bien nos deuils si personne ne donne signe lors du décès des personnes que nous aimons le plus? Il vaut mieux que nous nous apprenions les uns les autres à mourir et à survivre aux décès des autres. Et de surcroît, les coutumes et rituels nous apportent le réconfort de la présence concrète, sécurisante, stimulante, des personnes de notre entourage lors des passages les plus difficiles de la vie. Les rituels facilitent la vie sociale à ceux qui sont timides, renfrognés, peu loquaces, socialement malhabiles, ou simplement désagréables, et cela est une très bonne chose. Il vaut mieux que la rencontre humaine soit accessible à tous…

Or, les athées peuvent éprouver un manque en matière de rituels sociaux, car ils ne se sentent pas assujettis aux rituels sociaux fournis par les religions. C'est sans doute d'ailleurs pourquoi de nombreuses personnes qui renieraient volontiers la religion pour raisons intellectuelles y restent attachées. Elles tiennent à la religion pour des motifs affectifs, sociaux et moraux. Dans différents pays, à différentes époques, les athées ont essayé tant bien que mal de combler ces lacunes, de créer leurs propres rituels sociaux. Parfois, ils y sont arrivés avec beaucoup d'humanité, de créativité et de sens commun. Parfois, leurs tentatives ont été de misérables échecs. Considérons quatre expériences historiques très distinctes : un cas français, un cas belge, un cas soviétique, et un cas québécois.

L'athéisme français a toujours été des plus militants, des plus théoriques, et des plus radicaux du monde entier. C'est le peuple de France qui instaura la première société communiste (la Commune de Paris). C'est ce peuple qui élabora, le premier, les grands principes de la démocratie moderne, sans compromis avec les Églises et les nobles. C'est le peuple le plus attaché à la laïcité du monde entier, et sa laïcité est radicale. Selon les termes de la loi de 1905, « la République ne reconnaît, ne salarie, ni ne subventionne aucun culte ». L'aile militante des protagonistes de la laïcité est et a toujours été le mouvement de libre pensée française, mouvement regroupant essentiellement les athées de tout genre (francs-maçons, trotskistes, anarchistes, communistes, etc.). Le mouvement est, de façon commensurable avec le contexte historique français, radical et extrêmement politisé. Il faut dire que le pouvoir ecclésiastique a lui-même été très sanguinaire en vieille France. En témoigne toujours le monument au chevalier de La Barre à Abbeville en Somme. Le 1er juillet 1766, à Abbeville, un jeune homme de 19 ans, le chevalier de La Barre, était décapité pour avoir manqué de respect envers la religion. En appliquant la loi, la justice le condamne à avoir les os broyés jusqu'à ce qu'il avoue son crime et dénonce ses complices, la main droite et la langue arrachées, la tête coupée et les cendres jetées au vent. Les trois principaux attendus du jugement disaient qu'il avait été « atteint et convaincu d'avoir passé à vingt-cinq pas d'une procession [religieuse] sans ôter son chapeau qu'il avait sur sa tête, sans se mettre à genoux, d'avoir chanté une chanson impie, d'avoir rendu le respect à des livres infâmes au nombre desquels se trouvait le dictionnaire philosophique du sieur Voltaire ».

La libre pensée française, incorporée et active depuis au moins 158 ans, organise chaque année, depuis le 10 avril 1868, des « banquets gras ». Le sens de l'événement est de protester par un repas de viande lors du vendredi d'avant

Pâques (dit le Vendredi saint) contre tous les interdits religieux, défendre la liberté d'expression, et s'opposer au cléricalisme qui menace encore la société. On y écoute des discours enlevants et flamboyants contre la religion et pour la république tout en se gavant précisément des aliments qui sont interdits aux ouailles. La libre pensée française organise aussi, tous les 21 janvier, des banquets commémoratifs. Le 21 janvier est une date charnière pour les Français. C'est la date à laquelle on commémore la mise à mort de Louis Capet, représentant direct de Dieu, autrement connu sous le nom de Louis XVI. Louis Capet a voulu résister au désir de toute la noblesse française ainsi que du peuple d'une monarchie parlementaire… à l'anglaise. Son règne fut un désastre économique pour la France. Pour contrer toute forme de république, il s'est acoquiné avec les autres monarchies d'Europe, a enclenché de fausses guerres, qu'il entendait perdre pour trahir sa propre nation, et s'est finalement réfugié auprès de la monarchie allemande en abandonnant son peuple définitivement. Il fut guillotiné le 21 janvier 1792 et la France devint une république sans compromis. Depuis cette date, les royalistes commémorent avec nostalgie la monarchie d'une autre époque par des banquets, en évoquant respectueusement son dernier et «glorieux» patron. En réaction à cela, et avec une intention éminemment politique, voire provocatrice, la libre pensée française organise, un peu partout en France, à cette même date et chaque année, des banquets festifs, célébrant la république, la disparition de la monarchie et la déconfiture, par le fait même, du pouvoir ecclésiastique. On y proclame, encore aujourd'hui: «À bas la calotte! Vive la sociale!»

La Belgique est un coin de pays et un pays «coin», un tampon entre la France et la Hollande, composé de deux nationalités, chacune parlant la langue et promouvant la culture de son pays mère. Le côté étriqué de sa raison d'être lui a toujours posé problème, mais lui donne aussi une couleur qui lui est propre. C'est un pays « amalgame », un pays « compromis », qui a appris à réconcilier les inconciliables. La Belgique moderne est un État socialement, politiquement, culturellement et économiquement avancé, mais qui n'arrive pas à régler son problème d'antagonismes linguistiques entre les communautés flamande et wallonne, qui n'arrive pas à se débarrasser de la royauté et qui règle la question de la laïcité avec le même sens des compromis que tout le reste. La communauté laïque de l'État belge, financée par l'État au gré des adhérents, au même titre que les églises, reçoit donc d'importantes dotations de l'État central, embauche du personnel, détient des propriétés et organise tous les rites de passage analogues à ceux des églises. Ainsi, l'État finance, en Belgique, des rituels sociaux au service de chaque citoyen, des rassemblements laïques visant à fêter une naissance, un passage de l'adolescence à l'âge adulte, un mariage, ou à commémorer le décès d'une personne. L'officiant de la communauté se distingue en cela à peine du prêtre. La laïcité belge fonctionne donc comme une Église, avec une hiérarchie de salariés, des édifices, des revues, des clubs sociaux et de très nombreux rituels qu'elle développe organiquement, en réponse aux besoins concrets de la population et en réponse aux mandats que lui donnent les gouvernements de compromis qui se succèdent les uns après les autres. Paradoxalement donc, sans être radicale, sans être agressive, sans être théorique, la laïcité belge s'est incrustée concrètement et au quotidien dans la vie de millions de citoyens. Sa communauté est très créatrice dans ses démarches populaires. Et à l'occasion, elle arrive même à réaliser de grandes victoires politiques pour l'ensemble de la population. La loi belge sur l'euthanasie en est un exemple.

Revenons au rituel du passage de l'adolescence à l'âge adulte. On sait à quel point ce passage peut être grinçant dans nos sociétés de consommation. La version catholique de ce rite n'est pas forte. Il est trop dogmatique et stéréotypé, il se résume au rituel ennuyant et démotivant de la confirmation. Les juifs ont su faire de ce rituel ancestral un moment de vie beaucoup plus signifiant : la *bar-mitsva*. Est-ce de ceux-là que les laïques belges ont pris leur inspiration ? Quoi qu'il en soit, voici dans les termes précis de Philippe Grollet, président du Centre d'action laïque belge, ce que signifie cette cérémonie subventionnée : « Proposée aux enfants qui achèvent l'école primaire et qui y ont suivi le cours de morale laïque, la fête est l'occasion d'offrir à des enfants qui ne sont pas concernés par les cérémonies religieuses de célébrer leur entrée dans l'adolescence, d'être fêtés eux-mêmes et d'être sensibilisés solennellement aux valeurs qui sous-tendent le cours de morale. L'enjeu d'une morale laïque est de se dégager des présupposés métaphysiques incertains et de rechercher des valeurs fondées sur cette certitude : nous sommes tous des hommes, corps d'une même espèce. Bref, rechercher des valeurs universelles, comme la tolérance, le respect des différences, la fraternité, etc. auxquelles puissent d'ailleurs adhérer aussi bien religieux qu'athées et agnostiques parce que cette morale ne serait pas subordonnée à un Dieu hypothétique, des tables ou des parchemins sacrés. L'enjeu d'une morale laïque n'est pas de combattre les religions ni la religion, mais de rechercher des principes de vie qui ne seraient plus nécessairement associés à toutes sortes de croyances discutables et aussi mortelles comme tant de croyances des Anciens. Croire ou ne pas croire, quelle importance ? Laissons les querelles de foi aux théologiens et voyons quelles actions peuvent unir les hommes ! Au-delà de l'aspect festif, c'est le message d'espoir de la fête de la jeunesse laïque. Cette cérémonie ne comporte aucune promesse de fidélité à une croyance, à une doctrine, ni même à une communauté particulière. Ni rite d'allégeance ou d'opposition à qui que ce soit. Sa spécificité est de ne proposer à l'enfant qu'un engagement par rapport à lui-même et à sa conscience, qui sera en fin de compte le seul juge de la manière dont il s'accomplira comme adulte, homme ou femme, dans la communauté universelle. » (*La Libre*, 2004)

Au tournant du XXe siècle, le problème principal du peuple russe fut celui des intolérables conditions de vie de sa classe ouvrière. Dans un contexte de famine et d'encerclement militaire par des pays hostiles, la révolution socialiste devint possible. Dans l'URSS qui suivit, société officiellement athée et communiste, les rituels sociaux ont visé des considérations internationales liées aux intérêts de la classe ouvrière. Jean-Luc Lambert publiait en 2004 un texte portant, entre autres, sur le rituel dans l'ex-URSS. Les phrases qui suivent reprennent des éléments de ses propos :

Le 31 janvier 1918 (13 février), Lénine remplaça le calendrier julien par le calendrier grégorien. Dans la première moitié des années 1920, un système rituel civil se mit en place. Un « baptême rouge » fut institué, et de nouveaux prénoms apparurent. Les fêtes nationales furent dissociées de celles des saints du calendrier, et associées plutôt à la révolution et aux héros marxistes : Oktjabrina (du nom du mois d'octobre), Engelina, Vladlen — qui condense « Vladimir » et « Lénine », etc. On institua aussi le mariage civil et un « enterrement rouge », qui comprenait alors procession avec drapeaux rouges, discours funèbre au cimetière et chants révolutionnaires au moment de l'inhumation proprement dite. Dès la fin de 1918, deux dates clés du nouveau calendrier furent posées : le premier mai, « Jour de la Solidarité internationale des travailleurs », et le 7 novembre, « Jour de la révolution prolétarienne ». À partir des années 1920, des rites périodiques apparurent pour marquer le cycle économique. Une fois les kolkhozes en place, les meilleurs travailleurs seront décorés. Les résultats économiques de l'année seront alors présentés, et l'on s'engagera à remplir les objectifs du plan pour l'année à venir. Souvent, ces nouveaux rituels ne sont pas créés de toutes pièces : ils s'appuient alors sur la forme de rituels préexistants. Une fois ceux-ci vidés de leur substance religieuse, les autorités soviétiques leur infusent un contenu marxiste.

Examinons un cas concret, ce qu'est devenue la fête que les Nénètses organisaient pour la Saint-Élie. La politique soviétique vis-à-vis de ce rite fut simple : il fut tout bonnement récupéré. Dès 1930, Babuskin avait observé le rite lors du recensement de 1926 qu'il avait dirigé dans cette région. Il a signalé qu'il était *indispensable* d'utiliser largement cette fête traditionnelle à des fins économiques et culturelles. Cinq années plus tard, en 1935, le Comité exécutif du district national nénètse prit la décision d'instituer la *Journée de l'éleveur de rennes*. La référence au prophète, pourtant si porteuse de sens, disparut sans que le rite soit véritablement déplacé dans le calendrier. Toutefois, il n'est plus effectué le 2 août (équivalent du 20 juillet du calendrier julien d'avant la révolution), mais simplement dans les premiers jours du mois d'août. En outre, il est organisé par les structures soviétiques qui se sont mises en place (kolkhozes). (Jean-Luc Lambert, « Christianisme orthodoxe, athéisme soviétique et pratiques "animistes" du monde russisé », 2004)

Le Québec moderne est un pays du Nouveau Monde, construit par des coureurs des bois et des laissés-pour-compte ainsi que des colons paysans dont l'identité nationale fut fracassée, mais pas complètement pulvérisée, par la défaite du général Montcalm par le général Wolfe, sur les plaines d'Abraham en 1759. Le peuple, la nation, la langue furent condamnés à disparaître avant même qu'ils ne puissent commencer à vraiment exister. Notamment, le rituel le plus suivi, au Québec, est la fête de la Saint-Jean-Baptiste. C'est une fête francophone, nationaliste et politique, plus nostalgique que militante, véhiculant la devise d'un peuple vaincu : *Je me souviens*. Beaucoup de Québécois participent à cette fête parce qu'ils sont tout à fait conscients de la menace qui pèse sur leur culture et leur langue. La fête n'a plus aucune signification religieuse dans l'esprit des gens. D'ailleurs, le mouvement nationaliste moderne du Québec a été mené par des leaders presque exclusivement athées : André d'Allemagne, Pierre Bourgault, René Lévesque, Gilles Duceppe. Les Québécois sont des latins cabotins au sang chaud. Nord-Américains intégrés, ils sont farouchement individualistes et pragmatiques. Leur histoire peu glorieuse rend impossible la théorisation de leur identité. La laïcité québécoise a une coloration bien particulière. L'Église catholique a régné de façon tellement absolue après la défaite que les Québécois s'en sont détachés par dédain de l'institution, sans remettre en question le fond théorique, la cosmogonie religieuse. C'eût été socialement inacceptable. Bien que quelques libres penseurs québécois aient été exilés ou même jetés en prison pour leurs idées impies, personne n'a jamais été mis à mort au Québec pour s'être opposé à l'Église catholique.

Dans un tel contexte, pour ce qui est des athées québécois à proprement parler, qu'ont-ils bien pu implanter comme rituels ? Contrairement au haut Paris, les salons n'ont jamais été populaires au Québec. On s'assemble — et on s'empile même — dans les cuisines, à la bonne franquette, dans une grégarité chaude et bruyante, goulue et gourmande. Il n'y a pas de discours, pas de conversation fine, pas de joute intellectuelle, pas de fine cuisine. On y vient pour relaxer et s'amuser, se taquiner, se raconter des blagues, s'échanger des potins. C'est la définition d'une bonne soirée pour un Québécois. Alors, l'Association humaniste du Québec (AHQ) a inventé et a réussi à implanter un rituel important : les agapes païennes des équinoxes et des solstices. Quatre fois par année, toute personne se disant humaniste, adhérant aux principes de l'AHQ et provenant de partout au Québec est invitée à cette fête païenne qui se tient dans un appartement de Montréal. La formule est à la fortune du pot, on y boit beaucoup d'alcool, et on s'entasse dans la cuisine. Bien entendu, les conversations sont plus intellectuelles que les fêtes familiales, mais le tout ressemble beaucoup à une rencontre de famille…

1.17. Le ciel des athées : l'utopie

L'utopie est une représentation d'une réalité idéale et sans défaut. Cela se traduit, dans les écrits utopiques, par un régime politique idéal (qui gouvernerait les hommes parfaitement), une société parfaite, sans injustice par exemple, ou encore une communauté d'individus vivant heureux et en harmonie. Le terme utopie a été introduit par l'humaniste chrétien Thomas More en 1516, quand il en a fait le titre de son roman se déroulant sur une île mythique, idyllique, à laquelle il disait rêver, mais à laquelle il a aussi dit ne pas croire. Le terme, inspiré de la langue grecque, signifie « bon lieu ».

Devant la menace de la censure politique ou religieuse, ou simplement pour laisser libre cours à l'imagination, les auteurs situent souvent l'action dans un monde fictif, par exemple sur une île inconnue, une montagne inaccessible, une planète ou une galaxie distante. Toutefois, le lieu envisagé est parfois aussi la communauté humaine dans un proche avenir, et l'utopie prend alors davantage l'allure d'un programme politique ou scientifique (la république de Platon, le socialisme, l'anarchie, le transhumanisme).

L'utopie peut être subdivisée, dans un premier temps, en deux genres opposés. On distingue d'abord une tendance pastorale, nostalgique, primitiviste, conservatrice, recherchant la pureté des origines (l'*Atlantide* de Platon, l'*Éden* de la Bible, l'*Arcadie* de Milton, la *Cocagne* de la culture populaire médiévale, l'*Eldorado* de Voltaire, le *Shangri-La* de James Hilton, le *Walden* de Thoreau, etc.). Mais à ce genre, attrayant pour les théistes, s'oppose un genre plus attirant pour les athées : moderniste, réformiste, futuriste, technophile (le *Bensalem* de Bacon, l'*Anarres* de Le Guin, etc.), genre dans lequel les héros sont presque toujours des scientifiques. Dans ces deux cas, la forme du récit de voyage est très souvent employée, artifice de narration justifiant l'explicitation des particularités systémiques, des coutumes et des règles de la société admirée.

Une deuxième subdivision importante dans le genre littéraire utopiste est celle de la plausibilité du récit, partant du sous-genre fantastique (ne recherchant pas la plausibilité, tel *Le cycle de Fondation* d'Asimov) jusqu'au programme politique révolutionnaire militant qui, lui, se prend tout à fait au sérieux et se considère plausible (le phalanstère de Fourier, l'*Icarie* de Cabet, *Le manifeste du Parti communiste* de Marx, l'*Ecotopia* de Callenbach, *L'impératif hédoniste* de Pearce). La narration est souvent assumée par un sujet de la société admirée ou un visiteur, ou la société contemplée n'est pas décrite du tout, et n'est que vantée.

Une des formes du récit utopique est l'inversion pure et simple : l'austérité du monastère est convertie en hédonisme festif dans le *Gargantua* de Rabelais, la féminité en masculinité dans l'*Herland* de Gilman, le maître en serviteur dans *L'île des esclaves* de Marivaux, les droitiers en gauchers dans *L'île des Gauchers* d'Alexandre Jardin. Dans ces quatre cas, l'élan utopique de l'auteur est très délimité à une valeur, à un trait psychique humain, à un vécu humain, à un trait psycho-moteur, respectivement. Évidemment, ce type d'utopie vise aussi le ridicule, l'humour, le cocasse.

Finalement, il faut reconnaître que le genre utopique a toujours été et reste controversé. Les utopies trouvent généralement peu « d'acheteurs » et provoquent même des ripostes littéraires. La riposte littéraire est un genre important en soi. Désignée sous le terme de « dystopie », c'est un genre dans lequel les athées ont aussi été omniprésents (ex. : *1984* de l'athée George Orwell, *Brave New World* de l'athée Aldous Huxley, *Fahrenheit 451* de l'athée Ray Bradbury, *Les particules élémentaires* de l'athée Michel Houellebecq, etc.).

Il n'est pas difficile de comprendre que l'utopie est un thème apte à intéresser les athées. Après tout, n'étant pas assujettis à une révélation, une prescription ou un dogme concernant le destin ultime de l'humanité ou les formes d'organisation sociale souhaitables, rejetant toute explication du destin humain qui soit autoritaire, ils sont ouverts à la discussion, à la réflexion sur ce sujet, et ils en ressentent même le besoin. Par ailleurs, comme les athées sont des têtes fortes qui acceptent le fait de leur propre mortalité complète et incontournable, ils sont ainsi attablés pour s'intéresser moralement et intellectuellement non seulement à leur propre destin, mais aussi, particulièrement, à divers cas de figure de celui de l'humanité en entier. Par ailleurs, il ne serait pas étonnant que les personnes actives dans des mouvements et dans des systèmes de pensée réformistes, tels le socialisme, l'anarchie ou l'écologie, soient intéressées à réfléchir à des articulations concrètes, raisonnées et détaillées de leurs projets. Finalement, l'utopie est un refuge pour les intellectuels. L'utopie comporte un contenu difficile d'accès, souvent obtus, loin des simples amourettes et chamailles qui vendent de la copie. Ainsi, mettez ensemble tous ces éléments du genre littéraire utopique — ses idéaux humanistes, son réformisme social explicite ou implicite, son intellectualisme, sa sympathie presque universelle pour les sciences — et vous aurez un puissant aimant à athées. Certains analystes considèrent même que l'absence de dieux est un critère pour que le genre littéraire d'une œuvre puisse être reconnu utopique. Ceux qui connaissent l'utopie en littérature savent qu'une proportion très importante de ses plus illustres contributeurs, et parmi les plus lus, fut et est athée. Cette évidence est résumée au tableau suivant.

Liste de grands romans ou essais utopistes écrits par des athées, en ordre chronologique de publication

Auteur, titre de l'œuvre, date de publication	Nom du lieu fictif ; époque de la communauté fictive	Thèmes
François Rabelais, *Gargantua*, 1534	L'abbaye de Thélème ; futur non spécifié, mais pas très éloigné de l'époque de l'auteur	Libertarisme, éducation universelle, humanisme, collectivisme, convivialité, hédonisme, raillerie du clergé.
Francis Bacon, *La nouvelle Atlantide*, 1627	Bensalem, région côtière de l'Amérique ; 1 900 ans avant notre ère	Autarcie, État providence, règne de la science et de l'expérimentation sociale, progrès ininterrompu.
François Marie Charles Fourier, *Le nouveau monde industriel*, 1829	Le phalanstère (habitat pour la vie collective de nombreuses personnes) ; 1829-1832	Société de loisirs, hédonisme calculé, emphase sur l'architecture dans la qualité de vie, vie collective, égalitarisme (le phalanstère est un logement abritant environ 1 000 personnes).
Étienne Cabet, *Voyage en Icarie*, 1842	Icarie, ville de un million d'habitants ; 1842	Urbanisme archi-rigoureux, société sans déchets, sans monnaie, sans pollution, égalitariste, socialiste, démocrate, sexuellement égalitaire ; abolition des clôtures, haies et héritages, gratuité médicale, latrines sans odeur ; rôle exacerbé (certains diront totalitaire) de l'État.

Karl Marx, *Le manifeste du Parti communiste*, 1848	La planète Terre; phase paradisiaque très lointaine (jamais spécifiée par Marx)	Programme politique communiste. La phase paradisiaque de l'utopie est conçue comme l'éventuel et graduel dépérissement de l'État.
Victor Hugo, *Paris-guide de l'exposition universelle de 1869*, 1867	Paris; XXe-XXIe siècles	Société pacifiste, égalitaire, sans douanes, sans armée; égouts exclusivement à drainage; instruction gratuite et obligatoire; prisons transformées en écoles; pratique de la conservation, propriété distribuée, politique résorbée par la science. «Cette nation aura pour capitale Paris, et ne s'appellera point la France; elle s'appellera l'Europe. Elle s'appellera l'Europe au vingtième siècle, et, aux siècles suivants, plus transfigurée encore, elle s'appellera l'Humanité.»
Jules Verne, *L'île mystérieuse*, 1879	L'île Lincoln (côte de l'Oregon, États-Unis); 1865	Théories hygiénistes de l'urbanisme utopique et positivisme scientiste — incluant le ton religieux.
William Morris, *Nouvelles de nulle part*, 1891	Une société future	Disparition du travail salarié, harmonisation de la vie économique et de la nature dans un esprit écologique, disparition de l'État, abolition du mariage et libération de la femme, auto-instruction des enfants (disparition de l'école-dressage), disparition des intellectuels et des livres.
Herbert George Wells, *A Modern Utopia*, 1905	Une planète semblable à la Terre; 1905	Régime technoscientifique et socialiste, diversifié et libertaire, mais ordonné et organisé, comportant une élite éclairée d'abord par la science, ensuite par un mysticisme personnel ascétique, bien qu'athée.

Charlotte Perkins-Gilman, *Herland*, 1915	Herland: contrée inconnue et inaccessible des États-Unis, perchée sur une haute falaise; 1915	Société féministe autarcique exclusivement féminine (parthénogénétique), arienne, convivialiste, pacifiste, socialiste.
Burrhus Frederic Skinner, *Walden Two*, 1948	Walden-Two (communauté rurale de 1 000 personnes); 1948	Société autogérée, pacifiste, eugéniste, scientifique, créatrice et autosuffisante, société de loisirs sans famille nucléaire, ni démocratie, ni religion.
Isaac Asimov, *Fondation*, 1951	Terminus: planète rebelle d'une civilisation de 25 millions de planètes habitées; CII^e siècle	Humains et transhumains ayant colonisé l'espace dont la pérennité ne peut dorénavant être assurée que par un effort ultime et héroïque de connaissance de type scientifique.
Aldous Huxley, *Île*, 1962	L'île de Pala d'un archipel indonésien; 1962	Anarchie économique, prédominance de la pensée scientifique athée, de spiritualisme asiatique, d'humanisme, de pacifisme; usage de psychotropes, régulation des naissances.
Ursula K. Le Guin, *Les Dépossédés*, 1974	Les planètes Urras et Anarres; 2300 (la Terre n'est pas le berceau de l'humanité)	Socialisme libertaire, autogestion, coopération, innovation technologique (surtout en communication), simplicité volontaire, remplacement de la famille par le système d'éducation.
William Weston, *Ecotopia: The Notebooks and Reports*, 1975	Nouveau pays formé de l'Oregon, de Washington et de la Californie du Nord; 1999	Écologie, permaculture, énergie renouvelable, contre-culture, convivialité; abolition des métaux lourds, des produits non recyclables, du moteur à combustion.

André Gorz (alias Gérard Horst), *Adieux au prolétariat*, 1980	La planète Terre ; 1980	Écologie politique, salaire minimum garanti, désaliénation du travail, antiproductivisme, autoproduction, humanisme libertaire.
Alexandre Jardin, *L'île des Gauchers*, 1995	L'île des Gauchers (archipel du Pacifique Sud) ; 1930	Utopie romantique où l'amour homme/femme prévaut sur tout.
David Pearce, *The Hedonistic Imperative*, 1996	La planète Terre ; toute forme de douleur ou de déplaisance aura disparu au 4e millénaire	Programme politique : abolition de toute douleur incluant pour les animaux (abolition des félins, car ils sont carnivores), « domestication biologique du ciel », « dépassement du darwinisme », biotechnologie, utilitarisme, hédonisme, transhumanisme.
Iain M. Banks, *The Player of Games*, 1997	Galaxie orbitale, 30 trillions d'humains et de transhumains (la Culture) ; 1300-2100	Société extraterrestre anarchiste, égalitaire, ingénieuse, paradisiaque, jouissive.
Bernard Werber, *Nous les Dieux*, 2004	L'île d'Aeden ; contemporain	Conte fantastique, utopie anarchiste, bâtir un monde sympathique, non plus comme les fourmis bâtissent la fourmilière, mais comme des dieux païens bâtissent chacun leur civilisation.

L'utopisme a bien mauvaise presse, partout au monde. La plupart du temps, dans les conversations, lorsque le mot est utilisé, c'est pour dénigrer les propos d'un interlocuteur. Le champ sémantique du mot « utopisme » contient *irréalisme, irresponsabilité, naïveté, témérité, infantilisme,* etc. C'est bien dommage. En réalité, l'élan de transcendance collective des humains, d'amélioration du sort collectif des peuples et même de l'humanité, l'adoucissement du « vivre ensemble » ont toujours été l'affaire d'une élite qu'on qualifie d'« utopiste ». Et que le résultat de leurs efforts eût été pour le meilleur ou pour le pire, ce résultat est bien réel et il est très substantiel. Pratiquement toutes les idées des utopistes des siècles passés sont devenues réalité, du moins sous certains aspects, dans certaines sociétés : régulation des naissances, euthanasie, égalitarisme entre les sexes, égalité entre ethnies, hygiène publique, service de santé gratuit et universel, éducation gratuite et universelle, liberté de conscience, protection de l'environnement, gouvernance mondiale, etc. Prenons un exemple qui à première vue peut sembler farfelu : le transhumanisme. Les transhumains pullulent dans les utopies futuristes. Qu'est-ce qu'un transhumain ? C'est un humain en partie machine ou membre d'une autre espèce vivante. Farfelu, vraiment ? Nous n'avons jamais été autre chose que transhumains. Depuis l'invention du levier et de la roue, nos corps ont été instrumentalisés. Nos corps sont peuplés de milliards de bactéries qui nous sont bénéfiques et même nécessaires. Et la transhumanité est en progression rapide. Des dizaines de milliers de Québécois se promènent avec des hanches artificielles, des tuyaux dans les artères, des régulateurs cardiaques, des organes greffés... Nous avons commencé à utiliser des virus modifiés comme outils thérapeutiques en médecine. Nous pratiquons l'implantation des ovules d'une autre femme chez les femmes stériles. Et nous allons sans doute revenir à la bactériophagothérapie, inventée par l'athée québécois Félix d'Hérelle (voir sa bibliographie en fin de volume).

« Adam y serait arrivé [au but] par des chemins enchantés. » (Chateaubriand, *Génie du christianisme, ou Les beautés de la religion chrétienne*)

1.18. L'athéisme n'est pas un désenchantement

Les religionnistes qui prétendent que la religion est *enchantement* font légion. De même, les pourfendeurs de l'athéisme, dont notamment le philosophe catholique québécois Charles Taylor, présentent ce dernier comme un *désenchantement*. Taylor est particulièrement virulent. Il accuse la science d'être responsable du *désenchantement du monde*, rien de moins. Cette idée n'a pas été vigoureusement combattue par les penseurs athées. On note même que plusieurs penseurs athées accréditent cette thèse. Parmi les Québécois, on connaît la nostalgie du cinéaste athée Bernard Émond pour les jours enchantés de son enfance, jours baignant dans l'eau bénite. On s'étonne aussi de lire l'opinion de l'athée et historien des sciences Yves Gingras sur la question, dans un compte rendu d'une conférence qu'il donnait récemment aux Sceptiques du Québec (*Le Québec sceptique*, vol. 67, 2008) et dans lequel on trouve le tableau suivant.

Deux visions du monde	
Sciences	**Croyances**
Désenchantement	Enchantement
Mécanique/mathématique	Mystique/magique
Objectif	Subjectif
Universel	Individuel/personnel
Changeant/dynamique	Stable/statique
Risque	Sécurité
Progrès	Stagnation

Pourquoi affubler la science de ce qualificatif *désenchantant*? La science est une grande symphonie. Elle est belle. La science nous offre les moyens de jouer nous-mêmes des instruments de la grande symphonie du monde, de résonner en harmonie avec elle, de saisir le lien entre l'humus, les animaux souterrains, les talus, les abeilles, les humains, l'azur, les étoiles. La science nous transporte aussi loin que le vol d'un oiseau, aussi loin que l'esprit peut aller, aussi loin qu'un poème. La jouissance qu'elle procure est sans limites et elle est sans fin, car elle éclate de vérités sans cesse renouvelées. Aucun scientifique ne se dirait désenchanté de la science, ni de la vie à cause de la science. Les scientifiques, et à fortiori les scientifiques athées, devraient éviter le carcan de ce minable qualificatif. Le repli des scientifiques dans une sorte de tour d'ivoire ou de caverne d'Ali Baba n'a plus sa raison d'être. Pourquoi accorder l'enchantement à l'adversaire si ce n'est pour acheter une futile paix?

Les religionnistes sont-ils vraiment si enchantés? La théogonie chrétienne prétend qu'un monsieur irascible dans le ciel a créé le monde et a engendré un fils de parents succédanés et cocus, sachant que ce fils se ferait torturer et assassiner. Ce Dieu a toujours su aussi qu'il allait lui-même massacrer la biosphère dans un moment de colère et ne sauver qu'un exemplaire de chaque espèce vivante. Et il a fabriqué l'espèce humaine à son image pour que l'immense majorité de cette espèce brûle éternellement en enfer. Cherchez l'enchantement. Le devoir chrétien inclut la prosternation, le sacrifice, la prière, la supplication, le rituel. Cherchez l'enchantement. S'agirait-il de la promesse d'être assis à la droite du Seigneur pour l'éternité? Cela semble pourtant assez ennuyant. L'enchantement est-il dans les fastes rituels d'église où l'on chante, brûle des encens et lève les mains à la gloire du créateur? Sport de spectateurs... sans adeptes au Québec.

Mettons les pendules à l'heure. La science est enchanteresse, et elle est athée.

« Je pense donc je suis. » (René Descartes)

Oui. Mais il est encore plus vrai de dire que je suis
donc je pense. (Anonyme)

1.19. Le «nouvel» athéisme

Il arrivait souvent et il arrive encore parfois que des athées
expriment un désarroi d'être athées, envient les croyants,
cherchent des justifications à la croyance, et disent souhaiter
que les autres ne soient pas athées. Tel semble être le cas de
Nancy Huston dans son essai *L'espèce fabulatrice* (2008). On y
trouve plusieurs affirmations faisant l'apologie de la croyance
religieuse. De la bouche d'une athée cela paraît tout de même
un peu incongru :

> La foi renforce chaque individu en lui-même, et relie
> efficacement les individus entre eux.

> Le ciel, l'enfer, Dieu, l'immortalité de l'âme, les
> retrouvailles dans l'au-delà : balivernes si l'on veut…
> mais qui ont la formidable efficacité, la formidable
> réalité de l'imaginaire. Tout cela aide effectivement les
> gens à vivre, à supporter la douleur de la perte, à faire
> le deuil, à renouveler leurs énergies pour le lendemain.

On trouve ce genre de discours aussi chez des auteurs
athées québécois. Le professeur de psychologie retraité
Philippe Thiriart, athée et cofondateur du mouvement des
Sceptiques du Québec, tient un discours semblable, avec
son propre angle (*Le Québec sceptique*, 2009). Thiriart est
convaincu que chez l'humain l'élan égoïste est naturel et l'élan
moral est social, et religieux en particulier. Ainsi, la religion
judéo-chrétienne serait une machination pour convaincre les
membres du collectif à adopter des comportements collectifs
favorables à la tribu. Sans une telle machination, nous ne
serions que des loups les uns pour les autres.

Ces discours autodépréciateurs d'athées ont en commun
une faible estime de l'espèce humaine, une grande suspi-
cion à l'égard de l'humanisme, et une attitude défaitiste

quant à l'avenir de l'espèce. Ces athées affirment donc qu'il vaut mieux que les gens soient croyants, même si eux-mêmes ne le sont pas, ou du moins font-ils allusion à cet effet. Ils n'affirment pas être des personnes souffrantes ou immorales pourtant. De deux choses l'une : ils doivent se considérer comme des spécimens rares qui ont un don exceptionnel de bonheur ou de moralité MALGRÉ leur athéisme, ou bien ils manquent vraiment d'estime de soi et craignent que les gens se mettent à leur ressembler, option dont on peut douter...

À une telle attitude, on peut rétorquer deux arguments. D'abord, selon les recensements colligés des divers pays, il y a présentement environ un milliard de personnes sur la planète qui n'ont pas de religion, et ce sous-groupe est en progression constante. Il y a même des peuples complets sans concept de Dieu (les Tibétains). Alors qu'on arrête de nous rabâcher les oreilles avec l'éternel impératif religieux. Ensuite, aucune donnée objective ou même crédible ne laisse croire que les athées sont moins heureux (Huston) ou moins moraux (Thiriart) que les croyants. On a longtemps cru dans les milieux athées que ce genre de discours conciliant avec la croyance religieuse de la part des porte-parole athées était bénéfique, que cela favoriserait le dialogue entre athées et incroyants ainsi que l'harmonie sociale.

L'étude la plus définitive sur le lien entre religiosité et bonheur a été publiée par Hackney et Sanders en 2003. Ces auteurs ont méta-analysé 34 études empiriques sur cette question. Lorsque les gens sont questionnés sur l'intensité subjective de leur religiosité ainsi que l'intensité subjective de leur bonheur, on observe une très faible corrélation positive (entre .08 et .15). Malheureusement, ce genre d'études que font les psychologues sont souvent circulaires, invalides, mal avisées, insignifiantes, et embarrassantes. C'est comme demander à un client de psychologue qui paie 200,00$ par séance si sa psychothérapie l'aide et s'il se sent mieux. À question idiote, réponse idiote. Pour étudier le lien entre religiosité et bonheur scientifiquement, il faut dégager un indice objectif de chacun et il est important de ne pas placer le participant dans une situation ou il sera motivé à justifier ses croyances et comportements. On n'y est jamais arrivé. Le mieux qu'on a pu faire, c'est de questionner les gens sur la fréquence à laquelle ils assistent à une messe (ou activité sociale et formelle d'une église) ainsi que leur comportement quantifiable en ce qui a trait à la santé mentale ou aux comportements compatibles ou incompatibles avec le bonheur (prendre des antidépresseurs, consulter des psychiatres, présenter des comportements anhédoniques comme pleurer, etc.). Lorsque l'étude est ainsi opérationnalisée, la religiosité n'explique qu'un insignifiant .4%, en moyenne, de la variance du bonheur. Considérant que l'on vit dans des sociétés où la religion fournit un conduit d'échange social valorisé, ce qui est remarquable, c'est à quel point la religion n'aide strictement en rien, dans les faits, les gens à se sentir plus heureux.

Il en va de même des recherches sur le lien entre religiosité et moralité. Ellis a méta-analysé en 1985 le lien entre la fréquentation des églises et la criminalité dans 56 études empiriques sur la question. Il a publié aussi ses réflexions sur le phénomène en 1987. La fréquentation des messes (ou analogues pour les autres religions) est liée négativement à la criminalité, mais très faiblement. Ce qui est plus révélateur, c'est que la non-appartenance à une église est associée à un taux plus faible de criminalité que l'appartenance. Cela illustre, d'une part, l'importance de traiter de l'athéisme dans ce genre d'études, choses qui n'est jamais faite, et d'autre part, qu'on n'a pas besoin de religion pour être moral.

Un phénomène nouveau est en voie de changer cette optique commune chez les athées consistant à se sentir démuni ou coupable d'être athée. Il s'appelle le «nouvel athéisme». C'est un athéisme très articulé, plus affirmé, fier, intransigeant, il faut le reconnaître, de la part des porte-parole athées. Ce nouvel athéisme est nettement hostile à la croyance religieuse. Du côté anglophone, les quatre chevaliers du nouvel athéisme, de grands intellectuels qui ont compris l'intérêt de relancer la réflexion sur l'athéisme et l'importance d'en faire la promotion, sont l'éthologiste Richard Dawkins, le philosophe Daniel Dennett, le neuropsychologue Sam Harris et le journaliste Christopher Hitchens, dont les livres se vendent à des millions d'exemplaires (voir la bibliographie pour quelques titres). Du côté francophone, le chef de file de ce nouvel athéisme engaillardi est le philosophe Michel Onfray. Au Québec, on pourrait décerner la palme honorifique du protagoniste athée le plus articulé, mais non strident du tout, à Hervé Fisher (*Nous serons des dieux*).

1.20. L'athéisme découle de la réflexion

Le premier degré de réflexion fait de l'humain un croyant au surnaturel. La pensée religieuse et ses divers prototypes (totémisme, animisme, etc.) ont dominé le monde jusqu'à aujourd'hui. C'est l'athéisme, pas la croyance religieuse, qui est difficile à saisir. Comme l'écrit le philosophe Robert N. McCauley :

> La pensée et la pratique religieuses utilisent des dispositions cognitives profondément enracinées, comme la tendance à l'anthropomorphisme, à sélectionner des explications faciles à mémoriser et à transmettre, et à fixer des catégories ontologiques facilement reconnaissables. Ceci explique la persistance de la religion ainsi que le faible rayonnement de la pensée scientifique (*The Naturalness of Religion and the Unnaturalness of Science*).

Pourquoi alors plus de 98 % des docteurs en psychologie sont-ils des athées (Wallace, « Psychiatry and Religion : Toward a Dialogue and Public Philosophy », 1990) ? Il y a une raison bien simple à cela. On apprend, dès la première année du baccalauréat universitaire en psychologie, dans toutes les facultés au monde, que la pensée ne consiste en rien d'autre que l'activité des neurones de notre cerveau. Il suffit de feuilleter n'importe quel périodique de neuroscience cognitive moderne pour en voir des tas de démonstrations. Ce sont les psychologues et les physiologues qui sont les mieux formés à conceptualiser une alternative à l'âme désincarnée, et ce sont effectivement eux qui comptent le plus haut taux d'athéisme de toutes les disciplines scientifiques (Lehman et Witty, *Certain Attitudes of Present-Day Physicists and Psychologists,* 1931). Les ordres professionnels de psychologie interdisent à leurs membres de représenter leur profession sur la base de principes religieux ou ésotériques. On a vu, il y a quelques années, un raëlien québécois et psychologue, Daniel Chabot, recevoir un blâme de son ordre professionnel pour propos ésotériques... (on notera que, comble de l'ironie, le raëlisme est une fumisterie qui se dit athée et, pour doubler l'ironie, que Daniel Chabot est neuropsychologue de formation). Les programmes universitaires de psychologie interdisent toute éventualité d'enseignement de la discipline sur une base religieuse. Le modèle officiel de la psychologie scientifique est athée, et les pères de la discipline, Pavlov, Bechterev, Freud, James, Watson, Skinner, Hebb, Piaget, Wallon, étaient tous des athées.

> La croyance en dieux est naturelle. Elle vient du fait que pour l'enfant, ses parents sont omnipotents et omniscients. Rendu adulte, il n'arrive souvent pas à se départir de cette représentation qu'il a de ses parents. Il la reporte ensuite sur ses enseignants. Il finit par ne la reporter que sur un personnage plus abstrait... qui lui avait été révélé par ces mêmes parents. La croyance religieuse est un atavisme de la petite enfance. (Étienne Harnad, professeur en psychologie à l'UQÀM, Chaire de recherche du Canada en neuroscience cognitive, cité d'un cours donné à l'UQÀM en 2007)

Le cerveau existe d'abord, la pensée, ensuite. Pas de cerveau, pas de pensée. Et d'où vient notre cerveau ? De l'évolution des espèces, évolution qui s'est effectuée à partir du premier organisme vivant, totalement dépourvu du moindre neurone et de toute pensée. Et comment cette évolution s'est-elle réalisée ? Par l'effet du *hasard* des mutations, les mieux adaptées étant retenues dans le code génétique des descendants très nombreux, et les mésadaptées étant écartées des gènes des descendants trop peu nombreux. La morale de cette histoire est que l'intelligence, comme tout le reste, est *essentiellement* le fruit du hasard.

Il n'y a rien de décourageant là-dedans. Le monde reste tout aussi poétique et l'humain, tout aussi magnifique. Que ce soit Dieu ou que ce soit le hasard qui ait façonné ce monde dans lequel nous vivons, l'aventure d'y vivre reste aussi trépidante, la découverte de ses rouages internes, aussi éblouissante, la possibilité de l'améliorer, aussi enivrante. Oui, l'univers est effectivement miraculeux, et notre existence, apparemment improbable. De simples atomes peuvent-ils en faire tant ? Ils peuvent faire encore mieux. Richard Feynman, Prix Nobel de physique et athée notoirement avoué, a écrit qu'avec les techniques de la physique on a démontré que les atomes constitutifs de notre cerveau se font remplacer au complet en moins d'un an. Les atomes composant notre cerveau voltigent et quittent majoritairement la boîte crânienne pour être remplacés par d'autres atomes... La demi-vie des atomes individuels situés dans notre cerveau n'est que de quelques semaines. Ainsi, on retient de notre enfance des traces induites par des atomes externes à nous (maintenant dispersés), ayant eu un impact sur des atomes dans notre cerveau (désormais ailleurs), mais ayant eu la faculté de faire valser, en continu et sans rompre la mélodie, les atomes qui s'y trouvent présentement. La matière est capable de cela et elle est tout aussi capable de tout le reste. Cette poésie atomique est infiniment plus inspirante que les scènes bibliques, pour peu que l'on prenne la peine de s'éduquer un tant soit peu en sciences.

> La race élue de Dieu ! La race élue de Dieu !... Ah le
> vieux sale ! Qui donc ? Le dénommé Dieu [...] Pour
> être un vieux sale, c'est un vieux sale ;

une sorte d'échevin répugnant […] il s'est fait élire
en choisissant des élus, les plus forts bien entendu,
les Américains, les Israéliens, les Rhodésiens. Les plus
forts exterminent les plus faibles pour faire avaliser
leur élection. Alors lui, du haut du ciel, il rigole et il
règne. Il envoie son cardinal à tête de porc bénir la
guerre. Il crache le napalm, c'est sa Pentecôte. Dis tout
ce que tu voudras contre lui, il s'en fout. Veux-tu savoir
pourquoi il s'en fout? […] Il s'en fout parce qu'il
n'existe pas. (Jacques Ferron, conteur québécois athée,
tiré de son conte *La charrette*, 1968)

1.21. La naissance de l'athéisme

L'humain a vécu un bon million d'années avant que l'idée
athée ne soit exprimée. Être ignorant de Dieu, et à fortiori
de son inexistence, ce n'est pas l'athéisme. L'athéisme est la
réfutation d'un concept explicite de dieu(x) créateur(s) et
d'un psychisme immatériel (l'âme), et leur remplacement
par une idée immanentiste claire de l'origine du monde et du
psychisme humain. La langue écrite est née environ 40 000
ans avant que l'idée d'athéisme ne soit exprimée clairement
pour la première fois. C'est dire à quel point le mysticisme est
l'état naturel de l'enfance intellectuelle humaine.

> Contrairement au monothéisme, l'athéisme n'est
> pas parti d'une unique source. En Inde, il précède le
> Bouddha et le Jaïn et se retrouve dans les Upanishads.
> En Chine, il fut codifié par Confucius et différemment
> par Lao-Tseu. Cet enseignement de Lao-Tseu est
> trop souvent oublié, et l'athéisme des Upanishads est
> travesti en panthéisme. (Walter Kaufmann, *Critique of
> Religion and Philosophy*, 1958, p. 98)

Une des premières articulations explicites et convain-
cues de l'idée athée est accordée au philosophe grec Héraclite
(576-480 avant notre ère) :

Ce monde-ci, […] est le même pour tous les êtres,
aucun des dieux ni des hommes ne l'a fait, mais il a
toujours été, il est et il sera. (Héraclite, *Fragments*)

Cette idée d'Héraclite est stupéfiante en importance. Elle inaugure le passage du radotage à la raison, de la mythologie à la philosophie. Quelle société fut cette Grèce antique ! Tout athée devrait visiter la Grèce. C'est sur place qu'on comprend comment l'extraordinaire capacité d'abstraction et de réflexion de ce peuple a pu arriver à cette incroyable percée. On ne peut qu'admirer ces immenses amphithéâtres de marbre construits 700 ans avant la date à laquelle on prétend que serait né un certain Jésus (il n'y a aucune documentation historiquement crédible de l'existence d'un Jésus de Nazareth qui eût accompli le dixième de ce que la Bible lui attribue). Et on comprend alors que ce peuple ait pu distiller une véritable pensée abstraite. En l'absence de toute nanotechnologie, on y a défini la nature atomique de toute chose (Démocrite), sans « micro » ni « télé » scopie, on y a compris l'universalité du mouvement (Héraclite), sans imagerie par résonance magnétique fonctionnelle, on y a saisi que le cerveau est l'organe de la pensée (Alcméon), et c'est là qu'on a proposé, pour la première fois, qu'au début était le chaos (Héraclite). L'athéisme était là, dans toute sa magnifique splendeur, des centaines d'années avant la naissance du Christ.

Bref, même si l'athéisme est ancien, l'idée athée explicite est beaucoup plus jeune que l'idée déiste, voire même théiste. Le *Dictionnaire Robert 2006* retrace l'apparition du mot « athée » ou « athéisme » dans la langue française en 1547. D'ailleurs, ce même dictionnaire fait valoir que l'étymologie du mot « homme » retourne à une lignée indo-européenne signifiant « humus » (sol, terre) en opposition aux dieux. L'humain aurait été incapable de se définir, voire de se dénommer, autrement que par distinction à l'idée de dieux. Cela illustre d'une autre façon à quel point il est naturel, de longue date, de croire à l'existence des dieux.

Chapitre II
Les éthiques athées

Les athées savent que le ciel est quelque chose pour
lequel il faut travailler maintenant et ici sur terre.
(Mordecai Richler, romancier québécois athée)

2.1. Peut-on être athée, épanoui et heureux?

On imagine souvent que les athées sont des nihilistes désillusionnés et malheureux ou angoissés. On trouve effectivement de tels individus chez les athées (Nietzsche, Schopenhauer, Kundera). On pourrait même dire que plus les athées ont tendance à manifester bruyamment leur non-croyance à la religion, plus ils sont ainsi. Comme dans toute aventure qui vaut la peine d'être vécue, l'athéisme peut mener à l'écueil. De toute façon, le bonheur ne vient pas de l'athéisme, en bloc, et ne peut en venir. Une fois miséricordieusement «euthanasié» notre monstre intérieur (cette hypertrophie déformée de nous-mêmes que nous dénommons Dieu), il faudra bien tout de même recouvrer un peu d'estime de soi. Car il est sans intérêt de vouer sa vie à dénoncer, à vilipender, à ridiculiser, à critiquer. Cela relève de la crise rageuse et tapageuse de l'adolescence, dépourvue des moyens de ses convictions... musique «trash» de la prise de conscience.

Il est intéressant tout de même d'écouter un peu le chant des muses. Le bonheur provient alors des actions que nous menons, des pensées que nous élaborons, et des sentiments qui nous meuvent vers le beau, le bon et le vrai; ces élans qui approfondissent et font durer notre plaisir.

Non seulement les athées peuvent-ils être épanouis, socialement engagés, et heureux, mais ils peuvent même atteindre les plus hauts niveaux de la spiritualité humaine. La spiritualité n'est rien d'autre que le culte des plaisirs fins, la poursuite de l'enchantement — ce à quoi l'athée a tout autant accès que n'importe quel croyant.

> Je crois en la pratique et la philosophie de ce que nous nous accordons à nommer magie, en ce que je dois nommer l'invocation des esprits, bien que je ne sache pas ce qu'ils sont, au pouvoir de créer des illusions magiques, à la possibilité d'avoir des visions de la vérité dans les profondeurs de l'esprit lorsque les yeux sont fermés; et je crois [...] que les frontières de notre esprit sont à jamais mouvantes, et que plusieurs esprits peuvent se fondre les uns dans les autres, pour ainsi dire, et créer ou révéler de la sorte un seul esprit, une seule énergie [...] et que nos mémoires individuelles font partie d'une seule vaste mémoire, la mémoire de la Nature elle-même. (William Butler Yeats, *Idées du bien et du mal*. Passages assemblés par Norman Mailer)

> En dehors de l'homme, il n'y a ni bien ni mal. (Jean-Claude Harvey, romancier québécois)

> On vend de la drogue dure à des adolescents, on fraude l'État, on viole ses enfants? Bah, deux dizaines de chapelets, Dieu pardonne tout et le chemin vers le ciel reste ouvert! D'ailleurs la gravité du geste ne réside pas dans le mal fait au prochain, mais dans l'offense à l'amour de Dieu. Il faut réparer le mal commis? Oui, certes, mais une petite aumône à l'Église fera très bien l'affaire! La confession aussi infantilise. (Yves Lever, jésuite québécois défroqué et athée)

2.2. Les athées sont des êtres pourvus de morale

L'athéisme fut longtemps perçu par un nombre important de non-athées comme un immoralisme. L'athée était à leurs yeux celui ou celle qui refuse de s'astreindre à une discipline de vie, qui prise sa liberté individuelle plus que tout, qui ne répond en rien de ses propres actes, qui est individualiste, amoureux de lui-même, autocomplaisant. Si Dieu n'existait pas, tout serait permis, disaient-ils (pas tous, heureusement). Le fond de ce raisonnement doit être le suivant : lorsqu'on croit en Dieu, on se comporte moralement pour plaire à cet être suprême à qui rien n'échappe. Ainsi, on ne cherchera jamais à tricher. L'athée peut bien être plein de bonne foi, mais lorsque se présentera une opportunité très gagnante de tricher sur le contrat social, il pensera que personne ne pourra lui demander des comptes… Il sera expliqué plus loin dans ce chapitre que cette vision de la moralité est infantile et primaire, et qu'elle ne correspond pas dans les faits à la moralité de la plupart des adultes.

Il existe un autre argument qu'on entend très souvent de la part des théistes concernant l'immoralité des athées. Dans l'État soviétique, la doctrine officielle était athée. Or, ce fut le goulag et les massacres. Donc, l'athéisme mène à l'immoralité. Dans le débat sur l'existence ou l'inexistence de Dieu, ou sur l'intérêt de croyances déistes ou athées, il est tout aussi ridicule de démoniser l'athéisme d'État de l'ancienne Union soviétique que de faire de même pour le christianisme officiel de l'Allemagne nazie. Les SS portaient l'emblème *Gott mit uns* sur la boucle de leur ceinture…

Encore aujourd'hui, dans les pays dont la doctrine officielle est religieuse (le Canada en est un, puisque la suprématie de Dieu est bel et bien inscrite en toutes lettres dans le préambule de sa Constitution), les gens continuent à croire que les athées sont immoraux, et s'inventent de fantastiques histoires pour les vilipender. Les gens ignorants, simplistes et haineux de l'ancienne Union soviétique devaient aussi penser que les chrétiens étaient méchants…

Ce qu'il faut retenir du contraste de pays avec doctrines d'État religieuses ou athées (l'URSS, l'Allemagne entre 1939 et 1945, ou le Canada) est que la religiosité et l'athéisme ne sont pas des élans qui peuvent être instaurés ni démantelés en une ou deux générations. Ces élans sont assez imperméables aux diktats des États, ils résistent longuement aux systèmes d'éducation, et ils ne changent pas dramatiquement, ni l'un ni l'autre, la nature humaine.

Rien ne justifie donc la haine des athées, ni des théistes, par ailleurs, sauf l'ignorance. Les athées sont des gens comme les autres. Dans les pays non communistes, surtout, ce sont des gens généralement plus éduqués que la moyenne (rappelons-nous que c'est la variable qui distingue le plus fortement les athées des théistes selon les études sociologiques). Dans des pays comme le nôtre (aux États-Unis, par exemple), la déchéance morale (indexée par la criminalité dans les études sociologiques) est corrélative, selon les recherches empiriques sur la question, avec l'intensité des croyances religieuses. Une seule étude a comparé la qualité du raisonnement moral des athées et des théistes (des chrétiens en l'occurrence). À éducation égale, on ne retrouve pas de différences entre les deux groupes (Hauser et Singer, 2006). Mais n'oublions pas que les athées sont généralement plus éduqués que les théistes...

Comment est-il possible que les croyants se comportent objectivement de façon moins morale que les athées ? C'est tout simple à comprendre. Les plus grands chercheurs sur le développement moral furent sans conteste les deux psychologues Jean Piaget, le précurseur, et Lawrence Kohlberg. Nul besoin d'insister sur le fait que ce furent deux athées. Piaget a fait une observation que personne ne conteste. Le jeune enfant présente d'abord un raisonnement moral à caractère hétéronome. Si on lui demande «pourquoi ne faut-il pas voler des biscuits ?», il répond «parce que maman ne veut pas» ou «parce que si on le fait on sera puni». Le principe d'action est donc externe à l'identité de l'enfant,

d'où le qualificatif « hétéronome » pour décrire le raisonnement. Le petit enfant n'a pas de *proprium* moral. Il n'a
pas encore créé pour lui-même de repères identitaires lui
permettant de repousser certaines de ses pulsions. Le tout
petit enfant ne se comporte de façon socialement acceptable
que pour obtenir des récompenses et pour éviter des punitions
ou, moins bêtement, pour assurer l'affection de ses parents et
éviter leur opprobre. C'est ce que tous les spécialistes du développement moral s'accordent pour nommer le stade le plus
primitif du développement moral, le stade d'hétéronomie.
Rendue à l'âge adulte, la personne à qui on demande « Pourquoi ne faut-il pas voler des biscuits ? » invoquera tout sauf
l'éventualité d'une punition. Elle invoquera un principe
qu'elle fait sien, un principe auquel elle adhère, un acte de
volonté personnelle. Elle dira qu'il est injuste de voler, qu'il
est souhaitable de partager équitablement, etc. Elle dira qu'il
faut traiter les possessions des autres comme nous voudrions
que les autres traitent nos possessions, et ainsi de suite. Piaget
a bien observé cette mutation radicale des raisonnements
moraux que font les gens lorsqu'ils passent à l'âge adulte.
Il a dénommé ce type de raisonnement « autonome » et il a
décrété qu'il appartient au stade de développement de « l'autonomie morale ». Personne n'a jamais contesté l'existence de
ces deux stades de développement décrits par Piaget. Ce qu'a
fait son successeur, Lawrence Kohlberg, a consisté à raffiner
les observations de Piaget. Il en est arrivé à proposer une
demi-douzaine de stades de développement du raisonnement moral. Toutefois, les deux catégories d'hétéronomie et
d'autonomie n'ont jamais été remises en question : le passage
du premier au second stade représente la grande mutation du
développement du raisonnement moral.

Or, pensons maintenant à ce que serait une éthique
purement limitée à ce qui se trouve dans des textes de
révélation religieuse. Les textes de révélation religieuse (Bible,
Coran, Torah) comportent de longues listes de ce qui doit
être fait et de ce qui ne doit pas être fait, et assortissent ces

actions à des listes de récompenses et de punitions corres-
pondantes). D'ailleurs, tous les systèmes de lois de tous les
pays comportent aussi des listes de ce type. Ces systèmes sont
de même nature, ils s'occupent de la gestion des capacités
éthiques minimales des populations. Ils opèrent au niveau
du stade de développement hétéronome de l'être humain.
Ils répondent à la fonction morale infantile qui se trouve en
nous tous. La moralité de révélation, ainsi que celle des lois,
sont des moralités qui ne sollicitent mentalement que le tout
petit enfant en nous.

> La religion fait du reste vivre la relation père-enfant
> dans ce qu'elle a d'inachevé. C'est pourquoi toute
> religion est essentiellement infantilisante. Car on
> oublie que le rôle du père est de se nier comme père…
> Dans toutes les religions théistes, cette relation au père
> est explicite… On y observe le réflexe enfantin bien
> connu : « Mon père est plus fort que le tien. » (Yves
> Lever, jésuite québécois défroqué et athée)

Les deux plus importantes différences entre la moralité
religieuse et la moralité légale sont que 1) les morales
religieuses sont aussi archaïques que le sont leurs dates
d'édition, et évidemment elles ne peuvent évoluer, contrairement aux codes de loi qui, eux, sont en évolution constante ;
2) les récompenses et punitions divines vont jusqu'au ciel
et à l'enfer, et sont donc plus impressionnantes que les
récompenses et punitions civiles. Ces dernières peuvent
aller du droit à la liberté civile jusqu'à la peine capitale,
mais cela n'est rien à côté de l'éventualité de la damnation
ou du paradis éternels. Pas étonnant donc que ceux qui ne
vivent que pour la religion, pour qui la religion est toute leur
vie, qui vont à la messe tous les jours, soient moralement
comme de tout petits enfants, c'est-à-dire moralement sous-
développés. Heureusement, la plupart des gens ne sont pas
hyper religieux. Dans un pays comme le Québec, la vaste
majorité de la population adulte présente une moralité

supérieure à l'autoritarisme religieux. Ils ne pensent pas aux prescriptions religieuses lorsqu'ils doivent effectuer des choix à caractère moral.

Il existe, bien entendu, un deuxième degré de la morale religieuse, plus élevé, plus raffiné. Ce sont les textes religieux moraux plus contemporains, inspirés des textes d'origine, les modernisations, les interprétations, les systématisations. Au deuxième degré donc, la morale religieuse devient une scolastique. Que de rationalisation stérile et obsessionnelle! L'interprétation de la morale comme une liste de vertus et une liste de vices est une absurdité. C'est une morale de machine, inventée pas des moines totalement déconnectés de la vraie vie, avec pour seuls compagnons une plume et une feuille de papier au fond de leurs sinistres monastères. On a codifié l'éthique en une très « didactique » hiérarchie de valeurs au sommet de laquelle on retrouve les vertus « théogoniques » (foi, charité, espérance). Ensuite, on s'est affairé à déterminer la liste des péchés « capitaux » (avarice, colère, envie, gourmandise, luxure, orgueil, paresse). Franchement, ne faut-il pas être simpliste pour croire de telles sottises manichéennes? Plutôt, chaque vertu forme une paire dynamique avec son vice antonymique. Tout vice, à petite dose, peut être vu comme une vertu. Chaque vertu poussée à l'extrême peut être conçue comme un vice. À l'avarice s'oppose la mentalité dépensière, à la colère s'oppose l'aplatventrisme, à l'envie s'oppose la suffisance, à la gourmandise s'oppose l'anhédonie, à la luxure s'oppose la pudibonderie, à l'orgueil, la pusillanimité et à la paresse, l'épuisement. Le bonheur est dans l'équilibre et la flexibilité de tous les traits humains. Ne sera-t-on pas une meilleure personne si en plus d'être capable de saisir une occasion pour son plus grand plaisir, on sait s'en tenir fermement à des principes de discipline personnelle le moment venu? Le désir déluré n'est-il pas tout aussi nocif que l'indifférence? L'excès de chasteté n'est-il pas le pire ennemi de l'amour romantique? Tout ceci avait pourtant été parfaitement compris par Aristote quatre siècles avant la naissance de Jésus (voir son *Éthique à Nicomaque*). L'enseignement de la morale par la catéchèse au Québec, pendant plus d'un siècle, a donc représenté une régression d'au moins 2 400 ans. Le risque de telles régressions n'est jamais bien loin d'ailleurs. À preuve, le gouvernement du Québec ayant récemment sécularisé ses commissions scolaires et son ministère de l'Éducation, suivant les conseils d'intellectuels comme Georges Leroux, créait en 2008 un programme «fusionné» d'enseignement des cultures religieuses et de l'éthique... (*Éthique, culture religieuse, dialogue. Arguments pour un programme*).

L'histoire nous montre que la haine et la misanthropie trouvent aisément leur place dans les religions pourvues de dieux agressifs, guerriers, punitifs, «contrôlants». En plus, l'athée reprochera au judaïsme sioniste la notion répugnante et raciste de «peuple choisi» et de «terre promise», mais le sionisme est loin d'avoir le monopole du territorialisme guerrier... L'athée reprochera à l'islam, au christianisme et au judaïsme leurs doctrines prônant l'infériorité de la femme. L'athée reproche aux religions leurs obstructions à la liberté de conscience. Comme si le simple fait de ne pas connaître Dieu suffisait à exclure l'homme du paradis.

Il y a nombre de belles prescriptions dans chacun des textes sacrés des principales religions monothéistes, mais tout de même! Lisez la Bible, le Coran ou la Torah avec l'œil d'un rationaliste. L'Ancien Testament, qui est la racine de ces trois religions, est une litanie d'horreurs. Si cela vous est trop pénible, lisez le *Traité d'athéologie* de Michel Onfray (2005) qui a fait pour notre bénéfice cet exercice incroyablement fastidieux. Si vous ne vous y retrouvez plus, lisez donc quelque chose de plus positif, pour votre plus grand bonheur... Les textes sacrés, lus rationnellement, selon les barèmes d'une moralité moderne, sont tout simplement moralement révoltants.

Pour remettre les pendules à l'heure, comprenons que ce sont les athées qui ont le plus largement contribué au développement de la pensée morale, et qu'ils ont commencé à le faire longtemps avant la naissance de Jésus et de Mahomet. Contrairement à l'idée reçue, l'athéisme n'est pas une mentalité qui fait le vide d'humanité. C'est le contraire. L'athéisme est riche d'idées morales, comme il est riche de tout l'*acumen* humain. Le croyant et l'athée n'ont ni l'un ni l'autre le monopole de la bonté, ni la recette du bonheur. Mais en matière de réflexion éthique, il n'y a aucun doute que ce sont les athées qui y ont le plus contribué, comme démontré dans les pages qui suivent. La raison en est fort simple : contrairement aux croyants qui cherchent et trouvent dans un seul livre les réponses à tout (comme les gardes rouges de Mao), les athées n'ont pas ce loisir. Ils sont condamnés à réfléchir à la condition humaine et à développer les solutions éthiques qui correspondent aux conditions de leur vie telles qu'elles se déploient dans un monde changeant.

Dans les pages qui suivent, on verra, en ordre historique, neuf doctrines morales complètes, pensées par des philosophes athées, et qui ont marqué le monde entier, et qui, encore aujourd'hui, inspirent moralement un grand nombre de gens.

Néron fut un enfant de cœur à côté du dieu chrétien : le premier brûla Rome par caprice tandis que le second anéantit toute vie sauf un couple de chaque espèce… aussi par caprice. (Anonyme)

La religion est l'opium du peuple, a dit Marx. Poudre calmante, certes… pour l'opprimé. Mais il faut y voir *poudre* aussi du point de vue de l'oppresseur, de l'ambitieux, du dominateur, du paranoïaque mégalomane : Jésus qui eut voulu être roi de Judée, Mahomet, calife d'orient, Constantin et Bush, empereurs d'occident, Smith, chef des mormons et candidat à la présidence américaine… Poudre aux yeux, de perlimpinpin, de canon à chair. (Anonyme)

2.3. L'hédonisme individualiste

L'hédonisme (connu dans sa forme la plus ancienne comme cyrénaïcisme) a été conçu comme doctrine morale par Aristippe, qui a vécu de 435 à 356 avant l'ère chrétienne. L'hédonisme d'Aristippe, qui fut élève de Socrate, postule que ce qui est bien est le plaisir et que ce qui est mal est le déplaisir. Comme sa vision du plaisir se limitait très explicitement aux formes immédiates du vécu des sens, on peut dire que ce fut la variante la plus radicale de cette doctrine. Le génie de cette idée de lier le bon au plaisir et le mal au déplaisir fut de valider les systèmes adaptatifs des organismes. Nous naissons, ainsi que tous les organismes vivants, équipés de machinerie servant à nous guider vers ce qui est bien, les récepteurs et la machinerie cérébrale du plaisir et du déplaisir.

Évidemment, cette doctrine atteint rapidement une limite majeure. Si on ne se dévoue qu'au plaisir immédiat, notre vie deviendra vite un enfer... elle ne comportera sous peu que souffrance et déplaisir.

La doctrine trouva son plus sublime raffinement dans la philosophie de l'agnostique Épicure (342-270). Épicure souligna qu'il fallait réfléchir un peu pour maximiser son plaisir, et il nota aussi qu'on balançait mieux son plaisir si on évitait les jouissances extrêmes. Il plaça au-dessus de tous les plaisirs celui de la tranquillité, de la sérénité. Épicure avait une mentalité d'ascète. Comme quoi, deux tempéraments opposés (Aristippe et Épicure) peuvent partager de bonnes idées. Aristote a eu lui aussi quelques velléités hédonistes. Il a fait remarquer que le bonheur est la seule poursuite qui soit un but en soi pour l'humain. Tous les autres buts peuvent être des intermédiaires.

La limite de ces doctrines hédonistes en général est qu'elles ne jaugent le bien que par l'individu. Elles font aveuglément confiance à la capacité de l'individu de repérer ses plaisirs et ses souffrances, et donc de trouver en lui-même, sans plus d'effort, sa ligne de conduite. En fait, elles sous-estiment la difficulté que comporte la nécessité pour l'humain de créer pour lui-même une identité différente de celle qui lui est donnée par son corps, afin de poursuivre l'aventure culturelle, aventure qui opère loin des impératifs de la vie bestiale.

2.4. L'utilitarisme : un hédonisme avec une sensibilité sociale

Quoique n'étant pas la plus originale des doctrines morales, l'utilitarisme reste probablement la plus influente de nos jours. On attribue principalement au philosophe athée Jeremy Bentham (1748-1832) la paternité de l'approche consistant à essayer de créer un *calculus* social pour l'hédonisme, c'est-à-dire de bâtir une éthique hédoniste qui soit aussi sociale qu'individuelle. Il y a un certain niveau de réflexion où la doctrine est enchanteresse, et cet enchantement est facilement évoqué par des aphorismes comme « l'éthique consiste à viser le plus grand bonheur pour le plus grand nombre ». Bref, l'utilitarisme est un hédonisme altruiste. Bentham n'a jamais beaucoup élaboré en quoi les humains étaient supposés être également méritoires de bonheur, ni en quoi le bonheur devait évidemment être le barème de toute valeur morale. Pour lui, ces énoncés devaient sembler parfaitement évidents. Ce qui l'intéressait était de développer une approche scientifique à l'éthique. Il s'attela donc à essayer de clarifier les dimensions mesurables du bonheur (intensité, durée, proximité, fécondité, possibilité de le partager) et proposa une unité de mesure du bonheur qu'il nomma « hédon ». On trouve chez Bentham, malgré son désir de faire de l'hédonisme un projet social, une croyance profondément ancrée dans le monde capitaliste dans lequel il évoluait. Il croyait que c'est par la poursuite de son bonheur individuel que l'on contribue au bonheur collectif, que le bien commun est un épiphénomène du bien individuel. En cela, l'utilitarisme est profondément marqué par cette lignée philosophique anglaise qui dénigre la raison au profit de l'expérience, et que l'on dénomme l'empirisme. L'agnostique John Stuart Mill (1806-1873) tenta de réformer l'éthique de Bentham en réfléchissant aux valeurs relatives des plaisirs que les actions pouvaient engendrer. Il arriva à la conclusion que les plus grands et les meilleurs plaisirs sont ceux auxquels s'adonne la majorité de la population, guidée par ceux qui ont le plus d'expérience. L'éthique utilitariste en est donc une de convention, de contrat social.

L'éthique utilitariste n'aurait pas pu être mieux écrite pour le système social capitaliste si elle avait été commandée par Nelson Rockefeller. Elle est un système de gestion des pulsions égoïstes et individualistes des gens. Elle vise fortement la stabilité du corps social. Elle est conventionnelle. Elle se réduit à un système de monnaie. Elle correspond à la réalité du monde d'aujourd'hui. Le socialisme n'est-il pas agonisant? Seulement, il arrive que les soubresauts, les imprévus, les ratés de l'histoire obligent une jeune génération à renverser la vieille: ça s'appelle une conjoncture révolutionnaire, un changement de paradigme, une bascule, un moment de rupture sociale pendant lequel on ne pense même pas à la collectivité vivante, mais aux prochaines générations, on ne pense pas à monnayer ses bonheurs, mais à balancer les monnaies par-dessus bord. Ces moments sont transcendantalement moraux pour leurs acteurs et pour les populations, des moments que l'utilitarisme est totalement incapable de théoriser, de comprendre.

2.5. Le naturalisme

La forme la plus ancienne de naturalisme a été attribuée au philosophe grec Zénon (450 ans avant l'ère chrétienne). On nomma sa philosophie « stoïcisme » parce que les colonnes (*stoa*) formant l'arrière-plan de l'école de Zénon étaient très belles. Zénon était panthéiste, c'est-à-dire qu'il assimilait la nature à Dieu, et Dieu à la nature. Cette cosmogonie est, bien entendu, très proche de l'athéisme. Zénon croyait à l'harmonie de la nature et à son intelligibilité. Ainsi, il prônait que l'on agisse en harmonie avec la nature. Il a dit que « ce qui est naturel ne peut être mal ». Le sens de la vie, pour Zénon, est d'arriver à réaliser comment arrimer notre nature individuelle à la nature commune (universelle). Évidemment, cette mentalité est empreinte d'un certain fatalisme, mais pas dans la sphère morale. La liberté de l'humain, pensait Zénon, lui permet tout de même de refuser de reconnaître, et de refuser de chercher cet arrimage, d'où la possibilité de l'immoralité. L'immoralité consisterait, selon Zénon, à résister à la nature, à la malchance, à la maladie et à la mort, car toutes ces choses font aussi partie de la grande harmonie universelle. Or, bien que le destin hors de notre esprit soit implacable, notre esprit, lui, ne l'est pas. Aussi bien, alors, utiliser cet esprit pour transcender les lois de la nature, non pas en les défiant, mais, au contraire, en les acceptant avec sérénité et courage. Cette morale de la résignation fut adoptée par des Romains comme Sénèque (65 ans avant notre ère), et influença certainement les chrétiens et les juifs, chez qui on retrouve un certain « culte » de la souffrance résignée. Il y a donc deux idées fortes dans le stoïcisme : le culte de la nature harmonieuse, et la résignation sereine. La première de ces idées fortes continue à inspirer la réflexion morale de nos jours : il suffit de constater la montée des partis politiques environnementaux (ex. : les Verts en Europe) pour s'en convaincre. L'assimilation de la moralité à la recherche du naturel prit un tournant romantique au XIXᵉ siècle avec l'essayiste Henry David Thoreau, considéré comme le gourou précurseur de l'écologisme, et le poète Yeats, tous deux athées.

Le culte de la nature atteint ses limites en morale en ceci qu'il vire facilement à la misanthropie et à la méfiance plutôt qu'à la collaboration et à la solidarité. La morale n'a de sens que là où les humains s'assemblent. Une morale qui aurait pour effet de déconstruire la cité, de reconduire la société agraire, d'isoler les gens et les familles ne serait pas un progrès de la morale à proprement parler, mais plutôt une régression à une pré-morale.

2.6. L'évolutionnisme : recyclage scientifique du naturalisme

L'idée forte de l'éthique évolutionniste est la suivante : l'humanité est une espèce moyennement « sociale » qui vit dans un espace partagé avec certaines des autres espèces. La particularité la plus importante de notre biologie est l'encéphalisation. Nous occupons une niche très diversifiée, hypercomplexe, demandant un maximum de capacités d'adaptation. Notre grand cerveau répond à cet impératif. La poussée de notre cerveau, mutation après mutation, nous a amenés vers des niches de plus en plus diversifiées et complexes.

L'éthique consiste à nous comporter en conséquence. Contrairement à Bentham, qui avait une sensibilité plus sociale et politique que biologique, le biologiste agnostique Charles Darwin (1809-1882) ne croyait pas que tous étaient créés égaux. Pour s'en convaincre, il suffit de visiter un hôpital pour enfants : tous ne sont pas également aptes. Beaucoup de traits humains, critiques pour notre survie, sont génétiquement déterminés. Nos gènes varient d'un individu à l'autre et font varier aussi nos aptitudes individuelles pour la survie. Les survivants se reproduisent et transmettent leurs gènes, tandis que les moins aptes ne les transmettent pas ou les transmettent moins. On voit d'emblée qu'une éthique évolutionniste ne part pas d'un principe d'égalitarisme primaire. L'immense contribution de la théorie de l'évolution de Darwin fut de donner une première explication immanentiste (non religieuse) de la genèse du vivant, et ainsi de discréditer le compte rendu fantaisiste et obscurantiste que font les religions de la genèse de la nature et de l'humanité. Darwin a ouvert la porte de la science biologique en fermant discrètement et calmement la porte à cette immense entreprise de mystification généralisée qu'est la religion. Darwin nous a fait comprendre que notre éthique est celle d'une bête à peine sortie des cavernes — ce qui, objectivement, est tout à fait vrai. C'est important de connaître la théorie de l'évolution des espèces, quelle que soit notre doctrine éthique de prédilection. Toute « angélisation » de la nature humaine ne pourra que faire échouer notre projet d'éthique.

Alors, que prescrit l'éthique évolutionniste ? Elle prescrit la survie de notre espèce. L'idée selon laquelle la nature (du moins le règne vivant) est une harmonie y est considérée naïve. De nombreuses espèces se feraient un plaisir de nous infester, de nous rayer de la carte, si nous leur en donnions l'opportunité. De même, de nombreuses espèces vivantes servent directement à assurer notre survie. Nous ne pouvons vivre de matière inorganique. Nous devons donc gérer notre niche pour assurer la survie du plus grand nombre d'humains, et pour le plus longtemps possible, et cela, nécessairement au détriment d'individus d'autres espèces par lesquels nous nous alimentons. Évidemment, cela ne nous dit pas exactement quelle attitude adopter à l'égard de notre belle-mère... Le philosophe Spencer a voulu aller plus loin que Darwin en matière d'éthique évolutionniste, en réfléchissant à la valeur de la vie. Il arriva à la conclusion que la vie humaine a plus de valeur que celle des autres espèces à cause de sa richesse qualitative (gamme des émotions, cognitions, actions, etc.). Spencer a insisté sur l'altruisme et sur la solidarité humains comme traits riches en valeur biologique, et en valeur tout court... Il a naïvement cru que l'altruisme progresserait sous l'impact de la sélection naturelle (un individu protégé par le groupe étant plus viable) et que la société humaine s'améliorerait ainsi. Il a cru que les humains d'industrie (productifs) supplanteraient les guerriers, par sélection naturelle. Erreur technique que ne fit pas Darwin : il n'était pas si naïf. On sait aujourd'hui que la sociabilité, l'altruisme, la productivité ne sont pas des vecteurs univoques de la puissance reproductrice chez l'espèce humaine. La vie sociale humaine est beaucoup trop complexe pour qu'un vecteur si simpliste puisse être aux commandes de la sélection des gènes.

Cela étant dit, la biologie évolutionniste s'est appliquée, par l'entremise de la sociobiologie moderne, à rendre compte d'un phénomène fascinant de la nature : l'altruisme existe chez toutes les espèces sociales. Comment comprendre un tel phénomène si le seul moteur est « la survie du plus apte », et si seul ce qui est sélectionné dans la compétition pour la survie est l'avantage reproductif de l'individu ? L'analyse des comportements d'insectes sociaux a permis de démystifier cet apparent paradoxe. Certains insectes, les hyménoptères (abeilles, fourmis, guêpes) présentent un mode de reproduction particulier. Une seule reine forme une colonie de clones d'elle-même. Le partage des gènes est donc de 100 %. Les clones se comportent de façon radicalement altruiste envers la reine, comme des esclaves. Ce faisant, ils promeuvent la propagation de leurs propres gènes. Cette logique s'applique, à un degré moins radical, à toute espèce sociale : il est dans l'intérêt de l'individu de collaborer socialement, car ceci augmente les chances que ses gènes soient transmis. Selon la sociobiologie, les humains seraient donc instinctivement altruistes, surtout avec leurs proches parents, en particulier leurs enfants, et à un degré moindre, leur parenté de deuxième degré (cousins, cousines, petits-enfants, grands-parents, etc.), et finalement au degré le plus minime avec la communauté immédiate. Quant aux étrangers, surtout ceux identifiables comme tels (autres races, autres ethnies, etc.), eh bien, l'humain serait instinctivement porté à se comporter de façon peu altruiste, voire égoïste.

La plus grande déficience d'une éthique évolutionniste est son « animalisme » primaire. La sphère de l'éthique est celle de la culture et des sociétés humaines. Les sociétés humaines qui vivent en dehors de toute culture n'existent pas. Tous les regroupements humains ont une langue, des traditions, des lois énoncées explicitement et connues des citoyens, des rituels. L'homme s'est « désanimalisé » depuis longtemps. Dès qu'il se retrouve en plus grand groupe qu'une petite famille, c'est la culture qui détermine sa moralité. Bien sûr, il existe une moralité fondamentale de la vie : il faut vivre avant d'être moralement raffiné. Mais la moralité évolutionniste n'existe pas : elle ne peut rien prescrire de spécifique dans la vie personnelle, dans les relations interpersonnelles, en deçà des enjeux immédiats de vie et de mort. La notion évolutionniste de la morale est très puissante sur le plan explicatif, très faible sur le plan normatif.

L'« animalisme » de l'éthique évolutionniste a aussi engendré des dérapages plus que barbares chez certains zélés du capitalisme tous azimuts : on est allé jusqu'à prôner de castrer ceux qui ne se trouvaient pas d'emploi, leurs gènes ne devant pas être propagés dans la population. Cette attitude, dénommée à tort « darwinisme social », insulte la mémoire de Darwin, qui prônait le partage, la civilisation, l'altruisme, la société de droit et la démocratie. Il vaut mieux la nommer « malthusianisme », d'après le pasteur anglican Thomas Malthus qui s'en fit le chantre, ou eugénisme si on préfère les appellations génériques.

2.7. Le relativisme

Le relativisme moral propose qu'il n'existe pas d'entité morale en soi, ni pour soi. Plutôt, les valeurs ne sont rien d'autre que des émanations normatives pour l'autoperpétuation d'une conjoncture personnelle ou sociale. La forme la plus ancienne de relativisme en éthique se trouve chez les Grecs en la personne du sophiste athée Protagoras (410-480 avant notre ère) qui, avec son célèbre aphorisme « l'homme est la mesure de toute chose », fit verser l'éthique dans le subjectivisme. Protagoras observa que deux hommes peuvent en toute sincérité croire à des choses irréconciliables par la raison, et définir le bien de manières irréconciliables avec la raison. La morale serait donc différente pour chacun d'entre nous. Protagoras croyait ce problème insoluble. Il croyait aussi que l'émotion et le sentiment étaient les éléments clés de la diversité des opinions morales. Ce type de relativisme moral se nomme aujourd'hui la forme psychologique. L'expression moderne la plus radicale de cette position fut celle de l'athée et béhavioriste radical B.F. Skinner: « Les valeurs n'existent pas. » Sigmund Freud (1856-1939) aussi, tout aussi athée que Skinner, développa, à sa manière, le relativisme moral. Les compartiments du psychisme que Freud distingua, le ça, le moi et le surmoi, furent caractérisés de façon à donner très peu de place à la moralité et aux valeurs, et beaucoup de place aux pulsions inconscientes. Freud assimila les pulsions animales, affectives et vitales à une région du psychisme qu'il dénomma le « ça ». Le domaine de la gestion rationnelle des impératifs de l'adaptation à la société et à la nature fut nommé le « moi ». La conscience morale, ce fabriquant de culpabilité, cet inhibiteur de la poursuite du plaisir, Freud le fit résider dans un petit endroit qu'il dénomma le « surmoi ». Le surmoi est une sorte d'éponge qui code les exigences de la société dans laquelle on vit, ses règles morales, ses lois, ses normes, ses prescriptions. Le ça, le moi et le surmoi se livrent bataille, en dehors de la conscience, en dehors de la raison, à la recherche d'un équilibre adapté à l'individu et à son histoire personnelle. La morale, pour Freud, ne correspond à rien d'autre que notre besoin de ne pas nous aliéner le corps social... simple question de survie.

Une autre forme de relativisme moral s'est répandue sur la planète: on le nomme relativisme culturel. Sa thèse centrale est la suivante: les valeurs proviennent de la culture, elles changent en fonction de l'évolution culturelle, et diffèrent d'une culture à l'autre. Les anthropologues culturels et historiens, tel l'athée Karl Marx (1818-1883), ont fait valoir que toute société comporte une infrastructure (son système de subsistance: chasse/cueillette, agriculture, industrie) et une superstructure (idéologies, systèmes culturels, religions, systèmes moraux, etc.). Marx était convaincu que les valeurs morales du capitalisme dans lequel il vivait étaient mortellement gangrenées et qu'il fallait les remplacer en un seul jet révolutionnaire par un nouvel ensemble: les valeurs morales du communisme. Il croyait que la révolution communiste installerait d'abord la nouvelle infrastructure, et que la superstructure suivrait, tout naturellement. Les tenants du relativisme culturel font remarquer aussi la défaite des grands empires coloniaux qui auraient voulu imposer leur ordre économique et moral à l'humanité au complet. En fait, les peuples inférieurs n'existent pas — on le constate en réalisant que tous ont des normes sociales et des langues dont les syntaxes sont de complexité équivalente. On constate que le colonialisme fut un pillage éhonté d'une grande barbarie, et on constate qu'au cœur des empires coloniaux la morale ne se portait pas mieux qu'ailleurs (ex.: holocauste nazi). On a fait valoir aussi que le relativisme moral favorisait la tolérance, la cohabitation des groupes ethniques ou des minorités et le pacifisme. C'est ainsi que les chartes québécoise et canadienne des droits fondamentaux ont explicitement interdit la discrimination sur la base de la croyance religieuse, de l'orientation sexuelle ou du sexe d'une personne, qu'elles ont interdit la peine de mort, etc. On a fait valoir aussi que le relativisme moral pouvait être un bon antidote aux absolutismes moraux, fondamentalismes, sectarismes, fanatismes. Lorsqu'on est relativiste moral, on ne peut prôner la peine de mort, et on serait peu enclin à aller en guerre. Même à l'intérieur d'une société et à la même époque, on ne retrouve aucune loi qui ne souffre contradiction ou exception, de telle sorte que nous semblons effectivement vivre dans un monde de relativisme moral.

Tuer ou ne pas tuer? Le Canada tue en Afghanistan à l'heure où ces lignes s'écrivent. Au service de l'empire américain, nous traversons la planète pour aller massacrer des paysans illettrés qui essaient de défendre leur territoire contre l'invasion équipés de fusils à plombs contre les drones. On dit que c'est parce qu'ils sont brutaux, sexistes, et pas chrétiens. Alors, aussi bien envahir la savane africaine et massacrer les Pygmées… L'Église catholique, à laquelle adhèrent 76 % d'entre nous selon Statistiques Canada, justifie encore la peine de mort dans certains cas. Il semble qu'il n'existe qu'un seul tabou qui ait survécu à tous les temps et à tous les endroits : le tabou d'inceste. C'est pour des raisons extrêmement simples. L'inceste produit des tares parce qu'il augmente très dramatiquement le risque que deux gènes récessifs (souvent très vilains et dangereux) se rencontrent. Ce n'est dans l'intérêt de personne. Sauf que notre capacité technique de contrôler les naissances autorise aujourd'hui l'inceste sans cette conséquence extrêmement fâcheuse. On peut prédire, avec tout le malaise que cela comporte, que le tabou d'inceste se fera tôt ou tard ronger lui aussi...

Le plus grand problème du relativisme moral est son incapacité d'affirmer la vérité, de rallier l'adhésion passionnée. Le moraliste est complètement laissé à lui-même et cette solitude est lourde à porter. Dans une position de relativisme moral, on a l'impression de flotter sur de l'eau, de ne pas avoir d'ancre et de ne pas avoir la terre en vue. On s'inquiète que le relativisme moral en vienne à autoriser le décrochage complet, le je-m'en-foutisme, voire l'égoïsme et le chacun-pour-soi.

2.8. Le nihilisme : recyclage moderne du relativisme moral

On associe le philosophe athée Friedrich Nietzsche (1844-1900) au nihilisme. Imaginez ce à quoi pouvait ressembler l'homme à son état le plus pur, biologiquement parlant. Celui-ci devait être troglodyte, chasseur/cueilleur, vivant en petite collectivité, à peine plus grande que la famille de premier degré. Il devait être musclé, impulsif, libre, violent, et il devait s'exprimer par quelques grognements à peine différenciés. Le mâle alpha devait être vénéré et craint comme s'il était un dieu, car la loi était sa loi, celle du plus fort. Maintenant, imaginez comment une telle bête magnifique a dû être transformée pour former la première cité. Elle a dû apprendre à réprimer ses pulsions, à internaliser un code de comportement régissant ses moindres gestes. Elle a dû apprendre à vénérer d'autres dieux, plus grands que n'importe quel mâle alpha. Elle a dû faire l'école, respecter les policiers, ne faire la guerre que par professionnels interposés, inhiber tout comportement violent ou même trop grossièrement dominateur. La belle brute est devenue une fourmi, la bête, une bestiole.

Cette allégorie romancée et propagandiste est un artifice rhétorique de Nietzsche. Nietzsche s'est attaqué à toute morale, comme il s'est attaqué à la religion, à la démocratie, à toute forme d'égalitarisme ainsi qu'au socialisme. Nietzsche détestait la société de masse, le nivellement par le bas, la stagnation, la mentalité de troupeau. La religion, en particulier le christianisme, lui semblait être le pire vecteur de cette mentalité : un culte de la souffrance et la source de sa propagation, une religion de pitié, d'humilité, d'abnégation, de déni, de conservatisme, de conformisme, d'impuissance. Il voulut la pulvériser. En affirmant sa propre puissance d'homme libre, il voulut tuer Dieu. Une fois Dieu mort, il voulut construire une nouvelle éthique, basée sur cette même volonté de puissance, au-delà du bien et du mal, une éthique qui mènerait à une société de maîtres et non d'esclaves. Le nouveau Dieu se réservait un magnifique destin, celui de danser seul sur les cimes des montagnes. On reconnaît chez Nietzsche un certain potentiel libérateur. Nul mieux que lui n'a su démasquer la fonctionnalité des mythes civilisateurs, et les dangers de leurs excès.

La principale limite de l'éthique nietzschéenne est son manque d'attrait pour les gens « ordinaires » (comme moi) qui ne se prennent pas pour des êtres supérieurs. Les gens ordinaires ne sentent pas la pulsion de dominer les autres et ne méprisent pas tant les autres. Ils veulent délibérément être au service de leurs enfants et les élever à coups de sacrifices et d'amour patient. Ils veulent respecter autrui comme leur égal et mobiliser leur énergie pour que tous puissent vivre, ensemble, la bonne vie. Le problème avec l'éthique de Nietzsche est que ce n'est pas une éthique. Toute éthique n'est rien d'autre que le désir de vivre en société et d'optimiser ce choix, pas de fuir les humains. L'éthique de Nietzsche est en fait un retour à la pré-morale, à l'animalité primitive. Si l'on veut contempler un tel choix, il faudra réfléchir à ses aspects moins romantiques : l'infestation par les parasites, la faim, le froid, la courte vie, la brutalité, l'ennui, le manque, et la solitude. Il n'y a de place que pour un seul danseur sur la cime d'une montagne...

2.9. Le personnalisme

L'ultime raison d'être en ce monde serait l'actualisation de soi. Aristote (384-322 ans avant notre ère) fut l'instigateur de cette doctrine, quoiqu'on en trouve quelques bribes chez Socrate (entre autres avec son célèbre aphorisme : « connais-toi »). Aristote a exposé son éthique dans un traité intitulé *Éthique à Nicomaque*, en l'honneur de son fils. Pour Aristote, le plus grand bien est accompli lorsque l'on réalise ses capacités et que l'on atteint l'excellence. Dans cette approche, le bien est assimilé à la perfection de la personnalité individuelle, perfection qui, bien entendu, n'est jamais pleinement atteignable. Il n'y a pas de fin, et il ne peut donc y avoir d'éthique de fin en soi. Une fin sert toujours une autre fin. Même la prise de possession du monde entier par un empereur (Alexandre le Grand fut l'élève d'Aristote) ne saurait être une fin en soi, puisque cet empereur devra mourir et que d'autres fins seront déjà en vue pour la suite. On fait le bien lorsqu'on vise à être parfait à tout point de vue. On comprend que cette doctrine éthique met beaucoup d'emphase sur la personne humaine. La sphère de la morale consiste en une sorte de prise de possession du développement de sa propre personne. Pour trouver la voie morale, une personne a donc besoin de pouvoir déterminer quelles sont ses caractéristiques, ses forces et ses faiblesses.

Le personnalisme est un autre modèle de la moralité que l'on peut qualifier de « psychologique ». Le personnalisme introduit dans l'histoire de la pensée éthique une bifurcation fort importante et intrigante : le bonheur pourrait-il ne pas être le but à poursuivre dans la vie? Pour le personnaliste, le but dans la vie n'est pas le bonheur: le bonheur est plutôt un épiphénomène du comportement éthique. Le comportement éthique est la poursuite du plus haut degré d'humanité, ce qui inclut une aptitude à souffrir, à partager, à rester éternellement insatisfait du bien que l'on engendre. Pour Aristote, le plus essentiel et spécifique des caractères humains est la raison. L'éthique consistera donc pour lui en un état de lucidité bienveillante. Le personnalisme a eu une influence majeure sur nos contemporains. Les sociétés communistes ne tentaient-elles pas de favoriser le développement intégral de chaque citoyen? Nombre de psychologues d'écoles de pensée dites «humanistes» ont formulé des éthiques personnalistes: Abraham Maslow, Carl Rogers, Erich Fromm, Viktor Frankl.

> Le bonheur? N'importe qui peut être heureux. Quelle est l'intention là-dedans? (Bob Dylan)

> Satisfait, le bonheur perd notre attention. Plein, il se vide; il s'évanouit dans le confort mou. Le bonheur n'est pas fondateur de sens. C'est plutôt une politesse vis-à-vis soi-même et des autres… Faire du bonheur le but principal de sa vie serait prendre un bien grand risque. (Hervé Fischer, essayiste québécois)

Le principal problème de la famille des morales personnalistes est le vase clos individualiste dans lequel elles s'enferment et le cercle vicieux éthique que cela engendre lorsque l'aspect social de l'éthique est évacué. Une personne dont la nature intime serait vile, méchante, sadique, antisociale se conduirait-elle moralement à vouloir émanciper de tels traits de son tempérament ou de sa personnalité, à cultiver les fleurs du mal? Qui donc peut prétendre savoir assez ce qu'est la personne humaine pour juger de la valeur de ses actions? L'humain est-il fondamentalement bon (dans son état naturel avant d'être contaminé par la civilisation), comme le croyait Jean-Jacques Rousseau? Ou ne serait-il pas plutôt fondamentalement égoïste et brutal à son état naturel avant d'être adouci par la civilisation, comme le pensait Thomas Hobbes ? En quoi peut-on être assuré que le développement suivra un tracé toujours favorable ?

2.10. L'existentialisme : recyclage moderne du personnalisme

L'existentialisme est un culte de la lucidité. L'homme est condamné à prendre conscience de son existence. Il sait qu'il mourra et il sait qu'il doit faire des choix d'actions pour définir sa vie. Il est condamné à être libre. Il a beau essayer de se lobotomiser avec le conformisme social, l'hyperconsommation, les psychotropes ou la religion, ce sont ses choix et ses intentions qui définiront sa vie. Cette liberté prévaut sur les impératifs biologiques : notre biologie veut nous faire vivre, mais nous pouvons opter pour le suicide. L'existence précède l'essence et prévaut sur elle. En fait, il n'y a pas d'essence, puisque nous pouvons choisir de faire n'importe quoi. Il n'y a pas non plus de nature humaine, ni biologique, ni sociale, ni spirituelle, car nous pouvons toujours opter pour une autre voie. L'existentialisme se méfie donc autant de l'empirisme que du rationalisme pour en arriver à une théorie de l'éthique. Il préconise une troisième voie, celle de la phénoménologie. C'est un hypersubjectivisme par lequel, dans notre rencontre avec les choses et avec les hommes, on ne les traite pas comme des choses, mais comme des vécus personnels. On se dépouille donc de toute catégorisation utilitaire, ou temporalisante ou géographisante, c'est-à-dire contextualisante, et on laisse la chose envahir notre intimité dans le ici et dans le maintenant. Cette façon d'appréhender le monde fut élaboré surtout par Edmund Husserl (1859-1938). En matière d'éthique, l'analyse phénoménologique a dégagé de véritables perles de réflexion. Prenons l'exemple du remords. Tout le monde a vécu des douleurs de conscience après un geste inopiné et causant du tort. Au premier degré, on devrait penser que ce sentiment désagréable devrait pouvoir être balayé par un regret sincère, des excuses, et une pleine compensation pour le mal qui a été fait. Pourquoi alors, n'en est-il pas ainsi? Pourquoi continue-t-on à souffrir? Parce qu'on regrette d'être le genre de personne qui commet de tels actes répréhensibles et il y a bien peu que l'on puisse y faire, sinon au prix d'immenses efforts pour restructurer notre identité.

L'existentialisme s'oppose de front aux philosophies qui voudraient évacuer les valeurs de la conscience humaine et, à fortiori, qui voudraient évacuer la conscience humaine tout court. Au contraire, l'humain est d'abord et avant tout conscient et il carbure aux intentions en poursuivant des valeurs. Cette conscience existentielle n'est pas une connaissance parfaite, c'est plutôt une façon d'être au monde, commandée par les intentions que nous choisissons à chaque instant, guidée par les valeurs que nous favorisons librement à chaque instant. On comprend que la valeur centrale d'une telle éthique risque de ressembler à quelque chose comme l'authenticité. En nous référant au cadre intérieur que nous avons créé pour nous définir, dans une circonstance sociale, nous pouvons faire des choix éthiques tout à fait irrationnels, imprévisibles pour les autres, non conformes à quelque doctrine que ce soit de la nature humaine. Nous pouvons vivre pour autre chose que notre plaisir, que notre survie, que notre harmonie, ou que quoi que ce soit qui puisse être prescrit systématiquement. Cela fait porter un lourd fardeau à l'individu qui en subit une sorte de nausée, l'angoisse découlant d'un trop-plein de liberté. Comme l'existentialisme laisse toute sa place à l'autodéfinition, à la spontanéité et à la subjectivité, il n'est pas étonnant de constater que les plus célèbres des éthiciens existentialistes (Husserl, Heidegger, Kierkegaard, Gide, Nietzsche, Camus, Sartre) furent très différents les uns des autres. L'athée Sartre (1905-1980) me paraît le plus intéressant et le plus riche d'entre eux. Il souligna que la condition humaine, contrairement à celle des choses, comporte la souffrance de l'incomplétude, c'est-à-dire que l'humain ne peut jamais se dire complet, ni croire à sa nature, car elle est toujours en friche. L'éthique existentialiste est, bien entendu, un personnalisme, mais morose, et même tragique. Une personne ne peut devenir un *en soi* qu'en abdiquant son humanité. Il n'y a pas de raison, pas de nature, de sens, de finalité au monde. Le monde, et à fortiori la vie, n'ont aucun sens préétabli. Toutefois, selon Sartre, la personne est responsable de ses choix. La conscience existentielle de soi est aussi la conscience existentielle des autres. Nos choix touchent les autres. Dans la mesure où il y a un minimum d'intelligence et de rationalité dans la démarche phénoménologique, on doit être de bonne foi, et on doit être authentique.

La principale déficience de l'existentialisme est son extrême subjectivisme et son pessimisme. L'existentialisme a connu un très grand essor dans le contexte double de l'Holocauste et de la chute du communisme: la morosité des intellectuels européens atteignit alors son comble et l'existentialisme devint populaire.

Il reste une grande famille de théories éthiques à décrire: la famille humaniste. On a tendance, dans les cercles philosophiques, à ne pas reconnaître l'humanisme comme une théorie, à lui refuser le statut de position philosophique. On ne trouve l'humanisme comme cursus d'aucun cours universitaire. Le seul lieu académique où on trouve le terme est dans les écoles de psychologie, la psychologie « humaniste » étant considérée comme une approche idéologique et technique à l'appréhension de l'être humain, mais pas du tout une philosophie éthique.

Chapitre III
L'humanisme athée

3.1. L'humanisme

L'humanisme s'est défini formellement comme un mouvement et comme une école de pensée, surtout en Italie au moment où on redécouvrit le monde gréco-romain classique. Plus précisément, ce mouvement fut l'essence de ce qu'on nomme aujourd'hui la Renaissance (l'époque allant du XIVe au XVIe siècle). Ce fut par exemple tout ce secteur de la littérature que les intellectuels italiens se mirent à dénommer les humanités (*literoe humaniores*) par opposition aux textes sacrés (*literoe sacroe*). L'essentiel de la mentalité à l'origine de cet humanisme de la Renaissance consistait en un désir de dépassement moral, esthétique et scientifique de l'Église chrétienne, surtout de ses enseignements que l'on commençait à trouver stériles. Les humanistes de cette époque furent les artistes et les intellectuels aisés et privilégiés qui eurent le loisir, inconnu jusqu'alors, de poursuivre très loin leurs études et leurs lectures, voyageant, entre autres activités, lisant en latin les Ovide, Titien et Lucrèce, traducteurs des Grecs et, à partir de 1435 (date de la prise de Constantinople par les Turcs), lisant le grec directement, entre autres parce que de nombreux intellectuels grecs s'étaient alors réfugiés en Italie sous la protection du dernier bastion de l'Empire romain.

Les plus grands humanistes de cette époque, en Italie, furent Pétrarque (1304-1374), Dante (1265-1321), Coluccio Salutati (1331-1406) et Leonardo Bruni (1369-1444). Le prototype de l'humaniste de la Renaissance fut sans doute toutefois le Rotterdamois Érasme (1469-1536), dont le fascicule *Éloge de la folie* n'a jamais cessé d'être lu. Didier Érasme fut un grand homme de lettres (il n'a écrit qu'en latin) et il fut une vedette internationale en son temps. Il s'attaqua à la superstition et à la corruption de l'Église chrétienne. Il exalta la raison aux dépens de la foi. Il méprisa le rituel pieux. Il protégea la science contre les attaques des chrétiens obscurantistes comme saint Paul et saint Bernard. Il promut l'éducation populaire. Il défendit la bonne vie comme une fin en soi, sans que ce soit utile de viser le paradis. Il enlaça l'éthique comme immanente. Il ragea contre l'exploitation et même contre le commerce et rêva à un monde de partage équitable. Il préconisa la tolérance et la paix. Il fut le premier grand penseur du pacifisme anti-guerre. Il était contre la peine de mort. Après le décès d'Érasme, qui ne souhaitait qu'être un bon chrétien et resta incorruptible jusqu'à la fin, le pape Paul IV mit toutes ses œuvres à l'index. Personne ne sait quoi que ce soit de Paul IV aujourd'hui, mais la Hollande a nommé une de ses universités d'après Érasme, et 500 ans après leur parution, ses livres se vendent copieusement.

L'élan moral est une pulsion naturelle chez la plupart des membres d'une espèce sociale. Le comportement altruiste a un fondement égoïste: survie de l'individu par la collaboration, défense collective, accessibilité sexuelle, partage de tâches, etc. On peut aussi affirmer l'inverse: si les humains n'étaient pas pourvus d'une dose suffisante d'égoïsme, ils ne seraient pas très viables et l'espèce serait menacée. On pourrait donc presque dire que l'égoïsme comporte un fondement altruiste. En fait, l'un n'est pas le fondement de l'autre, les deux formant plutôt les pôles d'une dialectique de la vie humaine, partiellement individuelle, partiellement sociale. Seul l'humain peut comprendre ces choses. L'animal les réalise sans les comprendre. L'humain peut décider s'il va jouer le jeu social ou pas (solitude sauvage dans la nature versus vie sociale). S'il adopte la vie sociale, c'est encore à lui de décider s'il veut être conséquent avec son choix. Tricher sur les règles de conduite nécessaires pour l'harmonie sociale peut procurer un avantage ponctuel et partiel, mais a tout de même souvent pour effet de miner l'harmonie macro et micro sociale de l'individu lui-même (rejet, isolement punitif, réprobation, incarcération, mise à mort, et tout simplement... un goût de fiel dans la bouche que l'on nomme le remords). L'être le plus moral sera celui qui choisit la vie en société parce qu'il la juge préférable à la vie solitaire, et qui travaille avec persévérance à optimiser son choix, à créer des conditions pour que la vie sociale, dans son ensemble (sans oublier la sienne), soit aussi viable (harmonieuse) que possible... L'être le plus immoral est celui qui abuse de la bonne foi des autres et profite de leur altruisme. L'être le plus amoral est le reclus qui réduit à son minimum toute interaction sociale, qui s'éloigne le plus possible des humains. L'amoral n'est pas immoral.

Le mot «humanisme» suppose plus qu'une disposition favorable ou affectueuse à l'égard de tous les humains. L'humanisme postule que l'humain est la valeur suprême ainsi que la valeur suffisante pour justifier notre vie. Valeur suffisante en ceci que l'humain est conçu comme la mesure de toute chose, et est aussi la chose comportant la plus grande valeur. Non pas qu'il faille sacrifier toute autre forme de vie à celle de l'humain, car l'humain fait partie d'une immense écologie. On ne peut nier l'existence d'êtres possédant de plus grandes qualités spécifiques que l'humain, mais c'est tout de même l'humain qui possède le plus de qualités, dans l'ensemble. Les théistes ne peuvent se réclamer de l'humanisme qu'au risque de violer les lois élémentaires de la logique. Ils croient en un être supérieur à l'humain et l'adorent. Leur Dieu et leur référence éthique ne sont en aucun cas l'humain. Ils répondent au credo, écrit noir sur blanc dans leur texte sacré, qui leur est révélé directement par Dieu. L'humain est la valeur suprême pour l'humanisme en ceci qu'aucune entité connue ne surpasse l'homme en complexité, en beauté, en magnificence. Aussi bien l'estimer comme valeur suprême, avec respect, tendresse et exaltation. Aussi bien en faire notre raison de vivre, notre raison de nous dépasser, de nous donner. Mais de quel humain parle-t-on ici? Est-ce l'humain dans sa corporalité? Est-ce l'organisme de notre espèce dès sa conception? Est-ce une bande d'ADN avec à peine un petit peu de cytoplasme autour? Non. C'est de la personne vivante qu'il s'agit quand l'humanisme postule que l'humain est la valeur suprême. La personne est le théâtre social où se lient les influences des autres sur l'un et de l'un sur les autres. Ce n'est qu'en comprenant cela qu'on peut saisir pourquoi presque toutes les associations humanistes à travers le monde autorisent l'avortement et l'euthanasie, mais s'opposent à la peine de mort.

> L'édifice social du passé reposait sur trois colonnes, le prêtre, le roi, le bourreau. Il y a déjà longtemps qu'une voix a dit: *Les dieux s'en vont!* Dernièrement une autre voix s'est élevée et a crié: *Les rois s'en vont!* Il est temps maintenant qu'une troisième voix s'élève et dise: *Le bourreau s'en va!* (Victor Hugo, préface de *1832*)

Toute action est morale. Elle ne peut toujours être pleinement consciente d'elle-même en tant qu'instant éthique, mais l'humaniste essaie tout de même de garder actif dans sa conscience un cadre social pour toutes ses actions. Bref, il a ce qui est communément dénommé une conscience sociale. Il garde aussi actif dans sa conscience un cadre historique dans son interprétation des événements et dans le choix de ses actions. Action, réaction. L'amour engendre l'amour, la haine, la haine. L'élan humaniste d'une personne est sûrement proportionnel au bien qui lui a été fait par les autres, surtout par ses parents ou les personnes qui l'ont élevée et aimée. Mais il y a un facteur additionnel, et c'est la loterie des gènes, loterie qui fait qu'un mauvais assortiment peut nous destiner à une vie de cruauté et d'immoralité, même si l'on a bénéficié des meilleurs parents du monde, et inversement, les gènes peuvent instaurer une telle résilience chez certains que les pires sévices à l'enfance ne l'empêcheront pas de devenir un pilier de la société.

Comme chaque doctrine éthique présente, sinon des prescriptions précises, du moins une grande ligne de la conduite, l'humanisme comporte lui aussi une grande ligne de conduite. Le stoïcisme prescrit le courage résigné, l'hédonisme, les divers plaisirs, le nihilisme, la quête de liberté, l'existentialisme, la rumination angoissée, le personnalisme, le culte de soi-même, et l'humanisme, de son côté, prescrit une vie dédiée à la recherche de l'harmonie du corps social.

Le principe central de l'humanisme est l'intégrité, une valeur essentiellement éthique. L'humanisme part de la constatation d'un fait. Nous sommes des êtres essentiellement sociaux. L'existence peut bien précéder l'essence, comme nous le dit le sympathique athée Sartre, mais l'altérité précède tout de même l'existence. Avant d'être le petit bourgeois envahi par la nausée des choix conscients, chaque humain est un nourrisson dément à qui les parents mettront un peu de plomb dans la tête. L'enfer peut bien être les autres (Sartre), mais le paradis c'est aussi, et à fortiori, encore les autres. Après tout, aussi intellectuel qu'il ait voulu être, Sartre a quand même passé beaucoup de bons moments en compagnie de ses copains et de ses amantes, sans oublier son public, n'est-ce pas? Nous ne sommes rien sans l'autre. Notre niche écologique est irrémédiablement sociale. Toutes nos facultés adaptatives sont façonnées pour cela. Nous sommes programmés biologiquement pour être des animaux sociaux. Nous dépendons absolument des autres à partir de la naissance, car nous venons au monde totalement démunis. Il en serait ainsi même si nous retournions à l'âge de pierre.

Au cours du développement d'une personne, une fois atteint un minimum d'autonomie, un choix éthique fondamental se présente à elle. Ce sera la décision la plus importante de sa vie. Il faudra choisir entre soi et les autres. Ce sera le choix entre le bien et le mal, entre le moral et l'immoral. Comme notre nature sociale est un fait et que notre vie en dépend, aussi bien en prendre conscience. Nous voguons sur un immense navire socioculturel et économique. Le corps social assure notre survie parce que nous choisissons d'y vivre plutôt qu'en animal de brousse. Nous choisissons aussi de vivre en société parce qu'elle assure mieux notre survie que la condition animale. Comment briser cette apparente circularité? Facile. Si vous n'êtes pas un animal de brousse (si vous lisez ces lignes, vous ne l'êtes pas), vous faites partie du corps social. Vous êtes engagé, que vous en soyez pleinement conscient ou pas, que vous l'assumiez authentiquement ou pas. Encore donc vaut-il mieux en prendre pleinement conscience et assumer son choix dans une plus grande plénitude, c'est-à-dire avec intégrité. Assumer son choix en pleine conscience, c'est l'optimiser, c'est travailler pour autre que soi, c'est prendre la barre d'un petit ou d'un grand navire, c'est s'engager à mener à bonne destination une partie ou l'ensemble du corps social, comme tout citoyen engagé.

L'humanisme est l'art de doser ses engagements. Pierre Dansereau, écologiste agnostique québécois, a bien rendu compte de ce *calculus* tout simple: il y a d'abord soi-même, ensuite son conjoint et sa famille immédiate, ensuite la famille étendue, ensuite sa communauté, ensuite sa patrie, et finalement l'humanité. L'humanisme exige un dosage de nos engagements à chacun de ces niveaux. On ne peut pas être humaniste et se limiter au premier cercle, ni au dernier. Prenons la pyramide des besoins du psychologue humaniste Maslow. Celui-ci a conceptualisé une hiérarchie des besoins, en quelque sorte développementale, un ordre chronologique à travers lequel nous répondons à des besoins humains fondamentaux: d'abord les besoins vitaux (thermiques, alimentaires, physiologiques), ensuite de protection et de sécurité, ensuite d'amour et d'appartenance, ensuite d'estime de soi, et finalement d'accomplissement personnel. Ce modèle se nomme la pyramide de Maslow.

Cette pyramide, à mon sens, n'a que bien peu à voir avec l'humanisme. Tout est formulé en termes compatibles avec la consommation, ou la satisfaction personnelle. À mon sens,

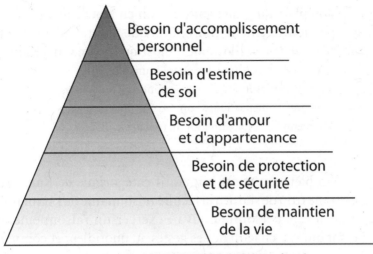

LA PYRAMIDE DES BESOINS (Maslow)

l'humanisme débute là où la pyramide de Maslow finit. On devient humain non pas à la pointe de cette pyramide, mais lorsqu'on en émerge, et qu'on se préoccupe des besoins vitaux de quelqu'un d'autre, qu'on protège et sécurise d'autres que soi, qu'on veille aux amours et à l'appartenance des autres, qu'on développe l'estime de soi des autres, et qu'on oublie sa propre glorification pour mieux servir la dignité des autres. Et il y a dans cette démarche une pyramide des engagements : respecter sa capacité de générosité en évitant la complaisance de l'excès des plaisirs corporels individuels, s'engager dans la vie de couple et de famille, respecter et apprendre à aimer les gens de nos diverses familles (biologiques, domiciliaires, professionnelles, de loisirs, etc.), s'engager dans les communautés (faire sa part pour polluer le moins possible, voter assidûment aux niveaux locaux, intermédiaires et nationaux, et si possible militer dans des causes communautaires), participer au destin de la nation ou de l'État ou des peuples (travailler pour la république, être actif à l'échelle de la vie politique nationale, etc.), et finalement se préoccuper du sort des générations futures, de l'écologie planétaire, de la pérennité de la biosphère. En ce qui concerne l'incontournable dimension planétaire de la morale, on en trouve une formulation particulièrement claire, quoique abstraite, stérile et incomplète, chez le philosophe agnostique Emmanuel Kant:

> Agis de telle sorte que tu traites l'humanité, aussi
> bien en ta personne qu'en la personne de tout autre,
> toujours en même temps comme une fin, et jamais
> simplement comme un moyen. (*Fondements de la
> métaphysique des mœurs*)

Le problème avec cet impératif catégorique de Kant est qu'il donne trop de statut à la faculté raisonnante de l'humain, comme si une personne pouvait exercer un raisonnement philosophique à chacun de ses gestes au quotidien, et comme s'il n'y avait pas d'autres engagements moraux qu'universels. Par ailleurs, Kant n'a pas anticipé que la culture humaine pourrait anéantir la planète, de telle sorte qu'il n'a pas pensé que nous puissions avoir une obligation non seulement envers tous nos compatriotes actuels, mais aussi envers les générations futures.

Personne ne peut échapper aux niveaux d'existence, du personnel à l'universel, de telle sorte que l'ignorance ou l'indifférence à quelque niveau que ce soit représente un déficit d'humanité. Cela signifie-t-il que tous doivent tout faire dans chaque secteur? Bien sûr que non! Le dosage des engagements doit convenir aux conjonctures, aux dispositions, aux élans, aux besoins et aux talents de chacun. Il y a tout de même une limite. Mais gare à l'absence complète de considération et valorisation de l'humanité: une telle attitude mène au mépris, à l'aliénation et même à la catastrophe sociale. Une telle attitude n'est pas humaniste.

Le corps social est composé d'éléments d'une grande hétérogénéité. Comment faire une place à ceux (et ils sont nombreux) qui trahissent le contrat social, les agresseurs, voleurs, tueurs? Devons-nous aimer tous les humains ou seulement ceux qui, intègres, respectent le contrat social? L'humanisme prétend qu'il faut tous les aimer. Car, autant ne coupe-t-on pas sa propre jambe, autant ne récuse-t-on ni n'expurge-t-on pas un membre du corps social qui est le nôtre, le seul que nous puissions avoir. Le corps social manquerait d'intégrité s'il n'admettait une étrangéité, une mutation d'essence, attribuant au seul individu la totalité d'une quelconque culpabilité. Un juge aurait beau dire d'une Karla Homolka (tueuse en série sadique par complicité) qu'elle est un monstre et vouloir la faire lyncher, il ne pourrait en être ainsi dans une société humaniste, car c'est l'univers de ce même juge qui produit de tels humains : un univers trop cruel, trop mesquin, trop dur... et en sus, parfois, ce sont les gènes qui pèsent lourdement, et ce sont les gènes de notre espèce, de notre groupe biologique, de notre peuple génétique. L'humanisme est contre la peine de mort. Un État n'a pas à tuer un de ses·membres alors qu'il est sans défense.

L'humanisme place chaque humain à égalité, non pas quant à son talent, bien entendu, ni quant à sa capacité productive ou à la beauté de son être corporel, mental et encore moins moral, mais sur le plan de son appartenance au groupe, de son potentiel de bonté et de bonheur, et donc de sa dignité humaine, de sa dignité en tant que personne. L'humble maçon est digne selon l'humanisme parce qu'il échafaude les briques

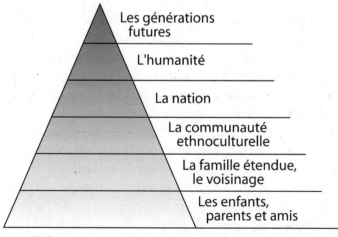

LA PYRAMIDE DES ENGAGEMENTS DE L'HUMANISME

et pose le mortier, littéralement, de l'édifice social — comme tout homme de bonne foi le fait, de façon figurative. À chacun son rôle. L'humanisme reconnaît que l'aventure sociale peut connaître des ratés, beaucoup de ratés, d'énormes ratés. Mais parce que l'humanisme voit nécessairement l'humanité comme le roulement des générations et non comme une essence éternelle et immuable, il s'attend à des culs-de-sac comme à des avancées, le destin humain étant conçu comme une aventure. Dans cet esprit, il est compris que le théoricien galeux d'aujourd'hui pourrait bien être le visionnaire de demain. Et l'humanisme est prêt à cette éventualité puisqu'il fonctionne sur le mode de la science, dont il émane, c'est-à-dire sur la discussion entre esprits égaux, ou du moins complémentaires, sur la base des faits et de la raison. L'humanisme préconise l'ajustement incessant des mœurs, en réponse adaptative aux circonstances qui sont forcément changeantes. L'humanisme préconise donc l'évolution des mœurs comme des représentations éthiques.

L'humaniste se veut intègre, mais tous les humains ne le sont pas. Le mal existe. Le beau rêve humaniste éclate-t-il alors en mille morceaux de cristal fracassé ? S'agit-il là d'une énigme sans réponse ? L'humanisme est un travail de longue haleine, comme celui d'élever un enfant et d'en faire un adulte. Ça demande de la patience. Mais ce n'est pas parce que la dignité d'un humain ne peut lui être dérobée que ses comportements antisociaux doivent être acceptés. Il y aura toujours des prisons. Mais une prison humaniste en sera une où l'émancipation du prisonnier sera possible, où il pourra s'éduquer, travailler, rembourser ses dettes, etc., c'est-à-dire assumer son humanité et devenir intègre. L'humanisme est donc une voie morale à deux sens. L'individu a des droits et privilèges, mais la collectivité en a tout autant.

Il y a un sous-entendu dans le terme humanisme : l'humain y étant affirmé comme valeur suprême, les dieux ne peuvent exister. Pourtant, on dit de toute personne bonne et socialement engagée qu'elle est humaniste, et cela, indépendamment de son appartenance religieuse ou non religieuse. Mais lorsqu'une personne s'identifie elle-même d'emblée comme étant humaniste plutôt que de s'identifier par sa religion, c'est généralement parce qu'elle est athée ou agnostique. De même, lorsqu'une personne adhère à un mouvement ouvertement humaniste, c'est généralement parce qu'elle est athée ou agnostique. Alors que certains préfèrent insister sur l'aspect intellectuel de cet engagement (ex. : mouvement des Brights de Montréal), d'autres préfèrent insister sur l'aspect éthique. Tel est le cas du Québécois Rodrigue Tremblay qui a rédigé un magnifique *desideratum* pour *Cité laïque : Revue du Mouvement laïque québécois*, texte qui peut d'ailleurs être considéré en quelque sorte comme une riposte aux dix commandements de la Bible :

Les dix règles de vie et de comportement social de l'humanisme rationnel pour un monde plus harmonieux et plus juste

Par Rodrigue Tremblay, professeur émérite, Université de Montréal

1. Proclamer la dignité naturelle et la valeur inhérente de l'être humain en tous lieux et en toute circonstance.
2. Respecter la vie et la propriété d'autrui en tout temps.
3. Faire preuve de tolérance et d'ouverture face aux choix et aux modes de vie des autres.
4. Aider les personnes moins chanceuses dans la vie ou dans le besoin par le partage et par l'assistance mutuelle.
5. N'utiliser ni le mensonge, ni le pouvoir spirituel, ni le pouvoir temporel pour dominer ou exploiter les autres.
6. Recourir à la raison et à la science pour comprendre l'univers et pour solutionner les problèmes de l'existence, en évitant les superstitions qui engourdissent l'esprit et qui empêchent de penser par soi-même.

7. Préserver et améliorer l'environnement naturel de la planète — le sol, l'eau, l'air et l'espace — en tant qu'héritage commun de l'humanité.
8. Résoudre les conflits et les désaccords par la coopération et éviter les recours à la violence et à la guerre.
9. Organiser les affaires publiques selon les principes de liberté et de responsabilité individuelles, et selon les règles de la démocratie politique et économique.
10. Développer son intelligence et ses talents par l'éducation et par l'effort, afin d'atteindre l'épanouissement et le bonheur, pour le plus grand bien de l'humanité et des générations futures.
    (*Cité laïque, Revue du Mouvement laïque québécois*, vol. 3, 2005, cité avec la permission de l'auteur).

Comparons ces dix commandements aux dix commandements du christianisme :

1. Je suis l'éternel ton Dieu.
2. Tu n'auras pas d'autres dieux que moi et donc, tu ne feras pas de sculptures à l'image de ce qui est dans le ciel, sur la terre ou sur les eaux, et tu ne te prosterneras pas devant elles, car je suis un Dieu jaloux.
3. Tu ne prononceras pas le nom de ton Dieu à l'appui du mensonge.
4. Tu observeras le jour du sabbat, pour me sanctifier.
5. Tu honoreras ton père et ta mère.
6. Tu ne tueras point.
7. Tu ne commettras point l'adultère.
8. Tu ne voleras point.
9. Tu ne porteras pas de faux témoignages contre ton prochain.
10. Tu ne convoiteras pas la femme, la maison, le champ, le serviteur, la servante, le bœuf, l'âne, bref: rien de ce qui appartient à ton prochain.

Les quatre premiers sont des admonitions pour la croyance à un dieu particulier et sa glorification : ils imposent un geste mental qui ne peut qu'être insincère pour l'athée. Ces quatre commandements contredisent la Charte québécoise des droits et libertés qui affirme la liberté de conscience. Sur le plan moral, ces commandements relèvent d'une morale hétéronome, c'est-à-dire que la croyance est prescrite par une figure autoritaire et non par le libre arbitre. Le cinquième affirme la primauté de l'autorité parentale sur tout rapport humain. Il faut honorer ses parents avant de les aimer, plus que d'aimer ses propres enfants, son conjoint, ses prochains. Le sixième interdit le meurtre. Il est curieux que l'Église catholique, encore aujourd'hui, autorise la peine capitale (dans des conditions particulières). Il prend aussi la forme du vœu pieux, interdisant le droit de se défendre en cas d'attaque. D'ailleurs, les guerres bibliques, ainsi que saintes, illustrent à quel point les dix commandements ne furent nullement respectés, ni par aucun peuple se réclamant de ces dix commandements, ni par l'Église chrétienne. Le septième interdit l'adultère. Cette règle est la troisième régissant les rapports humains : la monogamie radicale y est prescrite, centrant la préoccupation biblique sur la famille, comme se doit une morale de village primitif. Le huitième interdit le vol et absolutise donc le droit à la propriété. Il accrédite ainsi le système local de répartition des richesses, quel qu'il soit, aussi injuste qu'il puisse être. Le neuvième interdit le faux témoignage. Pourquoi tant de spécificité ? L'interdiction du mensonge n'eût-elle pas eu une portée davantage universelle ? Le dixième répète presque le septième et le huitième, en spécifiant les trésors du village primitif à ne pas convoiter : partenaires sexuels (de sexe féminin seulement), animaux domestiques, quelques lopins de terre, et la maison.

Voilà une morale révélée à et par de primitifs paysans d'il y a 2 000 ans. N'y aurait-il pas lieu de mettre nos prescriptions un peu à jour ?

Il reste beaucoup de travail à faire pour convaincre les athées eux-mêmes de construire une éthique qui leur convienne et qui convienne à tous. Le grand anthropologue américain Stephen Jay Gould est un exemple d'un athée, éminent scientifique de surcroît, qui ne voyait aucune possibilité d'une éthique humaniste et qui a accordé aux religions tout le terrain de l'éthique. Dans son livre *Rocks of Ages: Science and Religion in the Fullness of Life* (1999), il écrit que la science essaie de documenter le caractère factuel du monde naturel et de développer des théories qui expliquent et coordonnent ces faits. Par contre, selon lui, la religion est maîtresse d'un autre magistère, celui des buts, du sens et des valeurs, magistère que la science peut illuminer, mais ne peut remplacer. À l'instar du philosophe David Hume, il croit que *ce qui est* est incomparable avec *ce qui doit être*. Bien sûr, les impératifs de la vie sociale ne relèvent pas de la raison. Nous sommes sociaux d'abord par désir, et seulement ensuite par « raison ». C'est-à-dire qu'il ne peut y avoir d'argument formel établissant une quelconque valeur en soi de l'humanité. On aime ou on n'aime pas. L'amour de l'humanité devient raisonné lorsqu'on accepte de jouer le jeu et qu'on en accepte les nécessités, qu'on se force à prendre conscience de ces nécessités et obligations, et qu'on les applique systématiquement.

Mais pourquoi céder ce domaine de notre nature, ce désir, à la religion ? Pourquoi le désir de la bonne vie ensemble devrait-il nécessairement être assimilé à l'idée d'un Dieu créateur et garant de la vie éternelle ? Cela n'a strictement rien à voir. Le problème avec Gould est que, avec son célèbre essai, il a atteint son niveau d'incompétence, d'inculture.

3.2. La seconde révolution humaniste : l'écohumanisme

L'humanisme ne peut plus se contenter de la pensée de la Renaissance. La situation a trop changé. Pico della Mirandola (1463-1494) a bien voulu placer l'homme au centre de

l'Univers, mais il faut bien reconnaître qu'il a vu trop «grand».
L'homme n'est pas l'ange qu'il a naguère pu croire qu'il était,
et la planète Terre a clairement démontré qu'elle n'existe pas
pour la satisfaction des besoins immédiats de l'homme.
L'homme est indubitablement en train de détruire la planète.
Objectivement, il est notre ennemi. Il est intergénération-
nellement misanthrope et suicidaire.

> La terre est infestée d'êtres humains (infiniment plus
> néfastes que des requins). (Hubert Reeves, humaniste
> québécois)

Cet humain, il faut maintenant cesser de le glorifier,
et il faut lui mettre la bride. De l'humanisme vaniteux qui
déifiait l'homme, qui mettait la religion sur sa tête, il faut
maintenant passer à une appréciation solennelle de la vie, à
un écohumanisme. L'homme fait partie d'une écomatrice et
il n'en est pas le maître. Il doit cesser de se considérer comme
le premier bénéficiaire des fruits de la nature. L'homme doit
maintenant se contenir, réduire sa consommation, accepter de
vivre simplement, selon les règles de la durabilité écologique,
avec tous les sacrifices que cela comporte. Aucun aspect de
notre mode de vie ne pourra échapper à cet impératif. Nous
ne pouvons plus nous laisser remorquer par les organisations
écologistes militantes. Il faut mobiliser notre cœur et notre
imagination, bien plus que notre raison et nos techniques
tant adulées par les humanistes d'antan. Il ne faut plus
laisser les entreprises dicter le programme politique et nos
mœurs économiques. Il faut renverser cette logique globale
et mondiale de l'exploitation qui nous mène à notre perte.
Il faut démocratiser l'espace public. Il faut sonner l'alarme
et larguer définitivement toute morale basée sur la charité
réciproque et directe. Les rituels religieux et pseudo-religieux
ne nous seront d'aucun secours. Le cercle est brisé. Notre
situation est en spirale. Il faut faire abstraction du présent
et du futur immédiat. Il faut que nous commencions à nous
penser comme civilisation. Il nous faut instaurer la deuxième

grande révolution humaniste, l'écohumanisme (lire à cet effet l'excellent texte de Henry Beissel, jadis citoyen québécois : « The Second Humanist Revolution : Eco-humanism », *Humanist Perspectives*, vol. 157, 2006).

Quelle est l'ampleur du problème écologique ? Les nappes phréatiques du monde entier sont en voie de disparition à cause de l'exploitation de l'eau par les humains (surtout pour l'agriculture mal planifiée opérant selon une politique de compétitivité mondiale sur un marché libre et donc, bien entendu, sauvage). Et nous en mourrons tous de soif. La couche d'ozone est en voie de disparition et nous en serons tous cancéreux. Le désert gagne constamment et rapidement du terrain sur chacun des continents. Nous ne pourrons bientôt plus cultiver quoi que ce soit. La mer contient de moins en moins de nutriments comestibles par l'homme. Nous ne pourrons bientôt plus pêcher quoi que ce soit. La planète se réchauffe et nous en rôtirons. La pollution envahit les airs, la terre et les eaux, partout dans le monde. Nous ne pourrons plus respirer, marcher, nager. Les espèces animales et végétales disparaissent à un rythme effarant, mais nous ne serons pas les derniers à disparaître. Il y a de plus en plus d'armes, dont chimiques et nucléaires, qui peuvent compromettre l'avenir de l'humanité en une apothéose de champignons nucléaires, avec quelques nuages chimio et biotoxiques, pour faire bonne mesure. La population mondiale ne cesse de croître, menant à des entassements malsains de plus en plus susceptibles d'engendrer des pandémies, des pénuries et des guerres. Les correctifs présentement apportés par les États et les particuliers n'infléchissent aucunement la courbe globale de dégénérescence aiguë de la planète. Bref, à défaut d'une révolution planétaire dans nos mœurs, à l'échelle individuelle et collective, nous sommes complètement cuits.

L'attitude des faibles de cœur est le pessimisme et le désespoir :

> Quelles que soient les convictions et les inquiétudes
> que nous affichons, nous sommes tous complices

de l'infamie dans la mesure où nos comportements restent ceux de surconsommateurs paisibles. (Paul Chamberland, poète et essayiste québécois, dans son livre *En nouvelle barbarie*)

Celle des nouveaux humanistes est militante et optimiste:
Ce que peut encore la culture, et elle seule le peut, grâce à des exercices appropriés, rigoureusement éprouvés, c'est de proposer de nombreuses et diverses figures tout à la fois intelligibles, savoureuses et sauves de complaisance qui contribuent, chez des contemporains, à désentraver la perception de la fragilité de notre condition, seul incontestable critère quant à la prise en considération et en charge de notre commune humanité. (Paul Chamberland, *En nouvelle barbarie*)

Pour la plupart d'entre nous, lorsque nous réfléchissons ou discutons de l'avenir de l'humanité, comme Chamberland cité juste au-dessus, nous oscillons entre espoir et désespoir et nous nous replions dans notre vie intime pour essayer de ne pas devenir fous.

Il y a deux niveaux d'action, individuel et collectif. L'action écohumaniste individuelle consiste à vivre et à agir selon les préceptes d'une écologie durable. Plusieurs ont déjà abandonné la voiture, n'achètent que des vêtements moins écologiquement nocifs, privilégiant des fibres comme le chanvre plutôt que les fibres artificielles (produits dérivés du pétrole) ou celles du coton (aquavore), plusieurs achètent des produits locaux (évitant la pollution par les transports), des aliments entiers (réduisant l'industrialisation et ses effets pollueurs), ont cessé de gaspiller l'eau (abandon de l'arrosage de pelouses, installation de toilettes sèches, etc.), s'en tiennent au commerce équitable autant que possible, évitent de produire des déchets et recyclent ce qui reste, sont végétariens (la viande n'est pas un aliment écologiquement viable), etc. Ces comportements individuels sont d'une importance capitale : ils créent une mouvance, ils sensibilisent les communautés, ils multiplient les foyers de créativité éthique, ils imposent l'exemple aux politiciens, les incitant à commencer à envisager de se faire élire grâce à une plateforme basée sur la déconsommation (à ce jour, aucun n'a proposé une telle option, où que ce soit dans le monde).

L'action collective est encore plus importante, car la majorité des citoyens adopterait tous les comportements exemplaires mentionnés ci-haut la terre serait quand même complètement brisée. Il faut des protocoles de Kyoto à la puissance dix, et dans toutes les sphères de l'atteinte à l'environnement (pas seulement celles du problème des gaz à effet de serre).

Tous ces problèmes relèvent de l'insatiable élan de consommation de l'être vivant, qui prend des dimensions catastrophiques avec l'intelligence humaine. Il ne suffira pas de nous sermonner nous-mêmes. Nous devrons combattre cet élan qui est maintenant hors de contrôle.

Il faut enseigner à l'école un programme d'écologie globale. Cela serait infiniment plus probant qu'un enseignement culturel des religions, comme celui que vient d'instituer le gouvernement du Québec. Les religions n'ont absolument rien à apporter pour la résolution des problèmes écologiques de la planète. Au contraire, elles nuisent, car elles sont inévitablement engoncées dans l'esprit de clan (à cause de leur incontournable contenu ethnique) et de la morale de réciprocité directe (morale suffisante il y a 2 000 ans). « Donnez à ceux qui ont faim » ; « Faites aux autres ce que vous voudriez qu'ils vous fassent » ; « Donnez à César ce qui est à César, et à Dieu ce qui est à Dieu » ; « Ne faites l'amour que pour faire des enfants et faites autant d'enfants que possible », sont des préceptes qui ne régleront en rien les problèmes de la dégénérescence forcée et accélérée de la planète.

Il y a peut-être un petit Jésus qui naît chaque jour sur la Terre et un autre qui meurt aussitôt dans la nuit,

aux antipodes, pour pas faire de jaloux, pour pas
que chaque peuple se pense le peuple élu et ponde
une bible à tout bout de champ. (Sylvain Trudel, *Du
mercure sous la langue*)

Il faut enlever le pouvoir à l'industrie et au commerce
et le donner aux politiciens qui représentent le peuple. C'est
un programme pour la gauche, la réappropriation de la
démocratie par le peuple. Pour ce faire, il faudrait interdire
tout financement, quel qu'il soit, des partis politiques, il
faudrait aussi baisser les salaires des politiciens et resserrer les
lois encadrant le lobbying politique des anciens politiciens.
Tout reposerait sur le travail politique bénévole. Dans un tel
contexte, les multinationales auraient beaucoup de difficulté
à faire élire leurs pantins et les petits opportunistes véreux ne
seraient pas attirés par la vie politique.

Prendre conscience de cette insertion des êtres
humains dans cette odyssée cosmique (la militance
écologique) donne un sens profond à l'existence.
Après la disparition des idéologies sociales du XXe
siècle, cette nouvelle cause est susceptible d'engendrer
de nouveaux dynamismes, en particulier chez les
jeunes. Elle provoquera, espérons-le, une prise de
conscience de notre identité de Terriens, bien au-
delà des nationalismes, des racismes et des sexismes.
La complexité et l'intelligence peuvent être viables.
Cela dépend de nous ! (Hubert Reeves, humaniste
québécois, dans son livre *Mal de Terre*)

Finalement, il faut impérativement mettre de l'ordre dans
notre compréhension des problèmes environnementaux et des
solutions à apporter. Le mouvement écologiste est complètement
dans le champ gauche. Il garde le silence sur le plus important problème environnemental, celui de la surpopulation
humaine, et s'époumone à publiciser les plus petits, en prétendant le contraire. Considérons l'exemple du très sympathique

Hervé Kempf qui, dans son livre *Pour sauver la planète, sortez du capitalisme*, propose que le coût des produits et services soit ajusté à leur impact écologique, que l'on baisse notre consommation dans les classes moyennes des pays riches, que l'on fixe un salaire maximum, que l'on rationne les ressources limitées (eau, énergie, aliments essentiels), que l'on réduise au minimum la publicité, que l'on impose la consommation locale, que l'on se débarrasse des banques à la faveur des coopératives. Tout cela est excellent. Mais avec cette liste, Kempf prétend régler le problème de l'écodestruction. Il prétend ainsi dépasser la solution capitaliste hypocrite et débile que représente le gadget technique à adopter sur une base volontaire : Kempf a raison d'écrire que l'humanité changerait toutes ses ampoules incandescentes pour des fluorescentes que nous ne disparaîtrions que quelques nanosecondes plus tard. Mais la liste de Kempf ne nous aménagera que quelques secondes de délai additionnel.

Le plus important problème de notre planète n'est pas là où le pense Kempf, c'est-à-dire dans les systèmes politiques, économiques, etc. Il est tout simplement dans le surpeuplement. Ce problème est résoluble. À preuve, le pays le plus peuplé du monde, la Chine, a une politique de régulation sociale des naissances. La Chine limite les naissances à un enfant par couple. Elle a aussi une politique avant-gardiste et humaniste d'adoption internationale. Ce faisant, la Chine fait plus pour l'environnement que le reste de l'humanité. Elle est le modèle à suivre par tous les pays qui ont un taux de natalité en croissance dépassant de loin leur capacité de soutenir la vie humaine de façon durable. Comme solution planétaire au problème de la dévastation de l'environnement, le mouvement écologiste n'arrive à accoucher que d'une souris, la dérisoire taxe sur le carbone.

Le premier problème environnemental, seul dans sa classe, est celui de la surpopulation mondiale.

« La surpopulation est le problème fondamental
de l'avenir de l'humanité. » (Claude Lévi-Strauss,
allocution à l'occasion du soixantième anniversaire de
l'Organisation, Maison de l'UNESCO, 2005)

Au moment où s'écrivent ces lignes, nous sommes six milliards d'humains et en croissance rapide. Notre taux de natalité trop élevé assure la destruction irrémédiable de la vie humaine. Si nous laissons aux cataclysmes écologiques prévisibles la prérogative de réduire la population mondiale de façon brutale et douloureuse, il sera alors trop tard pour les humains qui resteront. Il n'y aura plus d'environnement vivable du tout. Il faut donc instituer un plan, à l'échelle mondiale, de réduction de la natalité humaine. Cette prise de position n'est pas celle de quelques brutes malthusiennes misanthropes. Au contraire, c'est la position la plus humaniste qui soit, celle consistant à veiller au bien-être des populations futures en faisant les sacrifices qui s'imposent maintenant. En 1992, Henry Kendall, ancien président du conseil d'administration de la Union of Concerned Scientists, a rédigé un rapport intitulé « World Scientists' Warning to Humanity ». Cette organisation, l'UCS, comprenait alors quelque 1 700 des scientifiques les plus prestigieux de la planète, dont la majorité des Prix Nobel en sciences. Dans ce rapport, on retrouve les passages suivants:

> Les pressions qui résultent de la croissance démographique mondiale taxent la nature au-delà de tout effort que l'on puisse faire pour assurer la survie de l'humanité [...]. Il ne reste que quelques décennies pour agir [...]. Nous devons stabiliser la population. Cela ne sera possible que si toutes les nations reconnaissent qu'il faut améliorer les conditions sociales et économiques de la vie humaine et adopter une politique efficace de contrôle des naissances.

Il ne serait probablement pas réaliste d'espérer que chaque pays procède comme l'a fait la Chine pour maîtriser sa population. On se souvient aussi du dégoût qu'a inspiré la politique de stérilisation d'Indira Gandhi dans les années 70 en Inde : tout homme ayant deux enfants devait se faire stériliser. La façon civilisée et humaniste de procéder serait sans doute que les pays se rencontrent d'abord pour des séries de colloques mondiaux sur le problème de la surpopulation humaine. On constaterait alors rapidement que le problème vient de partout, sous différentes formes. Certains pays sous-développés ont des taux de natalité beaucoup trop élevés, tandis que certains pays riches ont aussi des taux de natalité trop élevés parce qu'ils sont presque tous en croissance démographique, mais surtout, parce qu'ils ont une empreinte carbone trop élevée, ils consomment trop, et détruisent beaucoup plus l'environnement par tête de pipe. Ensuite, il faudrait inaugurer des négociations mondiales, sous l'égide de l'Organisation des Nations Unies, sur une solution mondiale, juste et négociée, de la surpopulation humaine. On pourrait procéder par étapes courtes. Dans un premier temps, les pays pourraient s'entendre pour financer, selon la capacité de payer de chacun, un accès complet et gratuit à la contraception de l'ensemble des humains. Comme l'explique l'humaniste américaine Joni Baird, dans un texte récent (2009), des centaines de millions de femmes opteraient pour la contraception douce (condoms, stérilets, pilules contraceptives) de leur plein gré, et sans hésitation, si on leur en offrait seulement la possibilité.

> Considérant qu'un milliard de personnes sont près de mourir de faim dans le monde, on pourrait invoquer le mantra « Soyez solvable avant de vous reproduire ».

En phase deux, si le besoin devait se faire sentir, on pourrait faire de même, toujours sur une base volontaire, pour les méthodes de contraception « permanentes » (stérilisation, avortement). Si cela ne suffisait pas, on pourrait instaurer, à l'échelle de la planète, une taxe sur la natalité. Les pays indisciplinés ne recevraient pas leur part d'une caisse internationale mise de côté par les pays riches pour stimuler la régulation des naissances. Et finalement, que l'on arrête de stigmatiser les gouvernements qui adoptent des politiques plus contraignantes de contrôle des naissances. Il est sain pour un pays aux prises avec une surpopulation dévastatrice de régler son problème en accéléré, avant qu'il ne soit ruiné et que la vie y devienne insupportable pour tous.

3.3. Humanisme et gouvernement mondial

Qu'est-ce qu'une grande religion ? C'est une mythologie et un ritualisme tribaux dont, à un moment donné, un chef particulièrement ambitieux émergea en décidant un jour d'embrasser l'humanité au complet. Pourquoi, quand on a gagné les âmes d'un peuple, ne gagnerait-on pas celles d'un autre ? Les grandes religions sont donc d'immenses entreprises idéologiques et politiques digestives, visant la transcendance, l'absolu et l'hégémonie. Mais on ne se débarrasse pas facilement des racines ethnoculturelles des religions. Ici, on ne mange pas de porc, là, on assujettit la femme. Ici, le chef est toujours oriental, là, occidental, et on ne peut réinventer les prophètes qui appartiennent pour l'éternité à des ethnies et à des cultures bien spécifiques. Certaines religions sont d'emblée et restent toujours raciales (ex. : judaïsme), même si on y tolère les conversions provenant des autres groupes ethniques. En fait, les religions sont inéluctablement des bric-à-brac ethnoculturels. Tout en affirmant à l'occasion l'importance de respecter les tenants des autres religions, il est rare que les religions ne cherchent pas très activement à rivaliser avec leurs compétiteurs. On se bat pour faire valoir ses idées à l'encontre de celles des autres et on préconise une natalité maximale des ouailles.

> Le tribalisme et surtout la religion (c'est-à-dire : le repli identitaire dans sa forme la plus primitive et surtout la déraison) gagnent du terrain. (Mario Roy, « Éditorial », *La Presse*, 15 avril 2009)

L'humanisme fait table rase de tout cela. En partant du principe selon lequel chaque humain en vaut un autre, et en n'en démordant pas, on imagine et on met sur pied un autre monde. On brise les généalogies hégémoniques et on entre en démocratie, on communique au lieu de simplement parler et on cherche à exprimer dans notre vie quotidienne les valeurs universelles, intemporelles de l'espèce. On ne fait pas à un peuple ce qu'on ne voudrait pas qu'il nous fasse. On laisse à la génération suivante ce qu'on aurait voulu recevoir de la précédente.

Qui dit humanisme dit donc gouvernement mondial. L'humanisme préconise une gouvernance mondiale forte. Tout palier de gouvernement ainsi que tout individu devraient se plier aux conventions qu'ils signent avec ce gouvernement mondial. Les tribunaux mondiaux devraient être respectés et leurs jugements exécutés avec détermination par la communauté mondiale, incluant les États-nations. L'armée de l'Organisation des Nations Unies devrait être plus forte que celle de n'importe quel pays. La charte de ce gouvernement mondial devrait s'inspirer de la Déclaration universelle des droits de l'homme. Le gouvernement mondial n'existe pas, bien entendu. Mais il est en friche. En langue française, on consultera avec profit le site Internet http://www.syti.net/Organisations.html, qui offre un tour d'horizon disparate mais relativement objectif des questions concernant la gouvernance mondiale, ainsi que le site Internet des Citoyens du monde, http://citmonde.free.fr/index.htm, une association militant pour un gouvernement mondial. En langue anglaise, il existe un autre site Internet d'une organisation faisant la promotion du gouvernement mondial: http://www.worldservice.org.

Pour le moment, nous ne disposons que de l'Organisation des Nations Unies, et cet organisme ne fonctionne pas du tout comme un gouvernement. Mais il est ce que nous avons de mieux à l'heure actuelle. L'humanisme est patient. Il préconise de commencer par respecter les décisions de l'ONU et les jugements de la cour mondiale. Dommage que, dans leur virage *born again* protestant actuel, les États-Unis d'Amérique, le pays le plus puissant du monde, bafouent de plus en plus ces deux institutions.

L'idée du gouvernement mondial dans un futur lointain paraîtra utopique pour les utopistes et dystopique pour les misanthropes. Karl Marx ne tenait pas l'individu en très haute estime. Pour lui, la bonne volonté de tout un chacun ne pouvait certainement pas être tenue pour acquise. Il croyait que c'est surtout le système économique qui détermine la qualité de vie, le système de gouvernance, les valeurs sociales. N'empêche qu'il a rêvé à un gouvernement mondial. Il a voulu faire croire à l'intelligence sociale de l'espèce humaine, même s'il n'y croyait pas vraiment. À la fin de son dernier livre, rédigé en 1875, *Critique du programme de Gotha*, il a écrit « *Dixi et salvavi animam meam* » (je ne dis ça que pour sauver mon âme). Les humanistes savent que tous les humains ne sont pas humanistes. Mais ils croient à une certaine intelligence sociale des humains. À tout le moins, poussent-ils dans cette direction.

Dans son ouvrage *Une brève histoire de l'avenir*, Jacques Attali réfléchit au type de gouvernement mondial qu'il dit penser inévitable dans un avenir lointain, tout en admettant n'y croire qu'à peine. Ce monde mené par une hyperdémocratie ne sera possible, écrit-il, que lorsque les femmes auront pris toute leur place en politique, celles-ci étant plus relationnelles que les hommes. Il insiste beaucoup sur un très grand espace de gratuité, un monde où beaucoup de valeurs seraient produites sans considération mercantile. Ce monde serait régi par une organisation renforcée des Nations Unies, sans pour autant que ne disparaissent les cultures, les nations, ni les langues. Au contraire, les entreprises relationnelles gratuites (syndicats, organismes de charité, regroupements de militants et autres organisations non gouvernementales) auraient obtenu un prestige beaucoup plus grand qu'aujourd'hui. Le gouvernement mondial serait financé en proportion précise du produit intérieur brut (PIB) de chaque pays, mais le pouvoir y serait distribué *per capita*. L'urbanisme y deviendrait une science majeure. L'autogestion serait encouragée partout : dans les entreprises, quartiers, etc. On déclarerait un nouveau droit universel et inaliénable : le droit à une enfance. Aucune organisation commerciale (Fonds monétaire international, Organisation mondiale du commerce) n'échapperait à l'autorité du gouvernement mondial et une banque centrale stabiliserait les monnaies de tous les pays. La microfinance et le microcrédit seraient fortement répandus. La culture serait subventionnée à l'échelle mondiale et Internet serait entièrement gratuit, tandis que le gouvernement mondial financerait et démocratiserait l'encyclopédie Wikipédia, ou un équivalent.

3.4. Humanisme et espéranto

Si le but de la langue est de communiquer avec ceux de notre espèce plutôt que de dominer, d'exploiter, d'exclure ou de mépriser des sous-groupes d'entre eux, alors il nous faudrait inventer une langue commune, universelle. C'est fait. Ludwik Lejzer Zamenhof ébauchait à l'âge de 19 ans, en 1878, un premier projet de *Lingwe Uniwersala*. Cet essai était la réponse d'un jeune homme sensible à un contexte linguistique politique et social extrêmement tendu dans lequel se trouvait la Pologne à cette époque, et en particulier sa ville natale, Bialystok, partagée par des Polonais, des Allemands, des Russes et des Juifs qui s'y côtoyaient sans même se comprendre. Cette première ébauche fut détruite par son père, qui craignait que, lors des voyages d'études de son fils en Russie, il soit pris pour un espion.

En 1887, il présenta une nouvelle version complètement retravaillée de son essai, sous le nom de *Langue internationale* et signée du pseudonyme Doktoro Esperanto (« Le docteur qui espère »). Dans sa préface du premier manuel, Zamenhof définit ainsi le but de la Langue internationale :

> Que chaque personne ayant appris la langue puisse
> l'utiliser pour communiquer avec des personnes
> d'autres nations, que cette langue soit ou non adoptée
> dans le monde entier, qu'elle ait ou non beaucoup
> d'usagers.

En plus de viser des objectifs humanistes, la nouvelle langue, construite de toutes pièces, fut pensée pour être la plus simple et la plus régulière possible.

L'enthousiasme pour l'espéranto a fait en sorte que des gens l'ont apprise et se sont mis à communiquer entre eux dans cette langue, d'abord surtout dans les pays slaves, ensuite en Europe, et ensuite partout dans le monde. Afin de protéger l'espéranto de toute dérive idéologique, le congrès de Boulogne-sur-Mer a adopté la Déclaration sur l'espérantisme, stipulant notamment que :

> L'espérantisme est l'effort pour répandre dans le monde entier l'usage d'une langue humaine neutre qui, sans s'immiscer dans les affaires intérieures des peuples et sans viser le moins du monde à éliminer les langues nationales existantes, donnerait aux hommes des diverses nations la possibilité de se comprendre ; qui pourrait servir de langue de conciliation au sein des institutions des pays où diverses nationalités sont en conflit linguistique ; et dans laquelle pourraient être publiées les œuvres qui ont un égal intérêt pour tous les peuples. Toute autre idée ou aspiration que tel ou tel espérantiste associe à l'espérantisme est son affaire purement privée, dont l'espérantisme n'est pas responsable.

Les démarches se sont poursuivies pour faire admettre l'espéranto comme langue à part entière dans l'enseignement et auprès des organisations internationales pour son adoption comme langue auxiliaire commune à tous. La Hongrie est présentement le seul pays d'Europe à proposer une épreuve d'espéranto au niveau du baccalauréat. Bien que dispersés aux quatre coins de la planète, les espérantophones ont su profiter des nouvelles technologies de communication telles que la messagerie électronique, les listes de diffusion, la VOIP (technologie permettant de communiquer par la voix, par Internet notamment) et un nombre toujours croissant de sites Internet. En 2001, la version espérantophone de Wikipédia fut lancée, créant ainsi la deuxième encyclopédie généraliste écrite dans une langue construite. Elle est devenue un des sites Internet espérantophones les plus populaires. On peut également noter la création de sites d'informations internationales tels que « Gangalo », qui a créé en 2005 une chaîne de télévision par Internet : Internacia Televido (ayant cessé d'émettre en août 2006). Le site « Farbskatol' » est consacré à la diffusion de vidéos en espéranto. D'autres vidéos dans cette langue sont également diffusées sur le site « YouTube ». On trouve des traces de l'affinité des humanistes et des athées pour l'espéranto même au Québec : le libre penseur québécois Martin Lavallée publiait, par exemple, un plaidoyer pour l'espéranto dans la revue québécoise *La libre pensée* en 1990 (n° 12)…

3.5. Humanisme et naturisme

Si tous les humains sont de dignité égale, alors il n'y a pas un style vestimentaire ni un environnement architectural qui devrait prévaloir sur les autres. Les signes ostentatoires et absolus d'appartenance à quelque groupe que ce soit sont détestables. Le sentiment personnel de devoir porter, coûte que coûte, quelque signe culturel que ce soit est répugnant. Que l'intention soit ethno-identitaire, religieuse, esthétique, raciale, territoriale, nationaliste, âgiste, sexiste, séductrice ou peu importe, cela est offensant. Ce ne sont pas les signes, les vêtements de toutes sortes, les symboles qui posent problème, c'est plutôt l'obligation de les arborer. Une fois rendus obligatoires ou compulsifs, ils deviennent facteurs d'aliénation — qu'il s'agisse de la jeune fille qui fasse une crise de nerfs parce qu'on lui interdit de porter un accoutrement hypersexualisé comme son idole médiatique ou d'une femme qui exige de porter la burka pour voter.

Les mêmes considérations s'appliquent à la nudité : il faudrait être drôlement aliéné pour insister d'être nu en toute circonstance et à tout endroit. Personne n'est fanatique de la nudité intégrale et forcée. Par contre, il existe des gens qui pratiquent le nudisme. Cette pratique est souvent exercée dans des endroits naturels comme des parcs ou des plages. Il s'agit du naturisme. Le naturisme tel qu'il est pratiqué par les organisations à charte comporte une dimension humaniste. Le naturisme civilisé consiste en un regroupement de gens qui souhaitent se mettre nus ensemble dans la nature. Quiconque a visité un centre de naturisme à *membership* contrôlé (qui exclut les badauds et les pervers) sait que cette pratique est aux antipodes du voyeurisme ou de l'exhibitionnisme, qu'il ne s'y passe que très peu d'activités de séduction, bien moins que dans la plupart des regroupements humains, que l'atmosphère est en fait très pudique sur le plan de la sexualité. Comme l'érection y est strictement interdite, on évite les rapports affriolants. D'ailleurs, les femmes naturistes sont très peu ou pas maquillées. En réalité, ce que recherchent les naturistes, c'est la tranquillité et l'épanouissement des sensations simples, proches de la nature — une brise qui frôle les poils de jambes, le gazon sous ses fesses, la chaleur du soleil, etc. On y trouve une proportion importante de familles avec enfants en bas âge.

Et une fois qu'on a constaté tout cela, on est prêt à passer à une compréhension plus profonde de ce besoin qu'ont ces gens de se fréquenter nus dans un environnement pastoral. Ils cherchent à réintégrer leur humanité en se départissant, le temps d'un après-midi, du bric-à-brac ethnoculturel. Dans un centre de naturisme, personne ne domine, ne jalouse, ne manipule, n'exploite ou ne fait violence à quiconque. Personne ne fait bande à part. Il n'y a pas de quartiers cossus ni de quartiers pauvres, pas de vêtements bourgeois ni de signes de pauvreté et il n'y a rien à faire qui dépende de l'argent. Il n'y a pas de cliques, pas de chefs, pas de rituels, pas de signes culturels. C'est la douce rencontre de l'autre, d'égal à égal. C'est la rencontre de l'humain et de la nature sans que soit exacerbée quelque différence d'essence entre les deux. C'est donc l'acceptation sereine et digne de l'animalité de notre condition. C'est la réalisation du caractère incontournable et de la plénitude du corps. C'est l'aménagement d'un espace de rencontres sociales, de vie de famille et de vie de couple où la liberté et l'égalité sont exigées sans compromis.

Une journée de naturisme est une journée pendant laquelle on prend un bain de simplicité, de calme, de sérénité et de sensualité simple, ensemble. C'est très civilisateur. C'est définitivement humaniste, comme le précisent d'ailleurs la Charte québécoise de naturisme et la Charte de la fédération mondiale de naturisme.

C'est donc en l'honneur des naturistes que ce livre présente ici le logo international des humanistes. Il consiste en une lettre « H » façonnée par un être humain. Il n'y a pas de droit de propriété commercial ni même juridique sur ce logo. Nous sommes ici en mesure de comprendre pourquoi le logo humaniste représente un humain dépouillé, nu, sans sexe, sans âge, sans race identifiable. On peut se procurer pour quelques dollars une épinglette en forme de ce logo à l'Association humaniste du Canada ou à l'Association humaniste du Québec.

3.6. Petite histoire de l'humanisme explicitement athée et militant au Québec
Les traits humanistes (tolérance, respect, égalitarisme, immanentisme éthique, intégrité, compassion, fraternité, solidarité, optimisme, pacifisme, libéralisme, etc.) sont présents, à divers degrés, chez toute personne, à toutes les époques. On pourrait dire que l'humanisme n'a pas d'histoire, seulement des modèles d'humains particulièrement aimables. On pourrait

même penser que ce sont les gens de condition modeste qui peuvent le mieux nous inspirer l'humanisme : ces armées de bénévoles sans prétention, ces parents inconditionnellement aimants, ces humbles, doux et tranquilles citoyens qui abhorrent les conflits de toutes sortes, ces esprits simples qui n'adhèrent à aucun dogme, à aucun principe, parce qu'ils ne « savent pas »… Peut-être est-il vrai que l'humanisme ne peut être enseigné ?

Il a tout de même existé au Québec des porte-parole de ces gens. Ces représentants ont été en mesure de dire haut et fort la bonté humaine, et tout en reconnaissant à l'humain une nature bestiale, ils ont pu lui attribuer explicitement sa propre transcendance, sans passer par les dieux, et sont arrivés à créer des regroupements actifs pour l'avènement d'une société juste et égalitaire, plus libre, basée sur la seule dignité de la personne. Spécifions qu'il s'agit d'humanisme athée militant. Le premier regroupement explicitement humaniste au Québec fut lancé par un psychologue, professeur à l'Université McGill, Ernest Poser, ainsi que sa conjointe, Maria Jutta Cahn, durant les années 1950. Poser avait milité au Rationalist Press Association en Grande-Bretagne avant d'émigrer au Canada, en 1941. Le physicien montréalais d'origine indienne R.K. Mishra a créé la première association humaniste du Canada, la Humanist Fellowship of Montreal, en 1954, en plaçant une annonce à cet effet dans le *Montreal Gazette*. Dans les années 1970, cette association parrainée par les agnostiques Bertrand Russell (philosophe britannique) et Brock Chrisholm (psychiatre canadien, président de l'Organisation mondiale de la santé) comptait 350 membres, organisait des conférences publiques et offrait aux enfants des libres penseurs des formations aux valeurs humanistes. Le Montréalais Henry Morgentaler adhéra à cette association au milieu des années 1960 et présenta au nom de cette association en 1967 un mémoire au Federal Standing Committee on Health and Welfare, réclamant le droit à l'avortement et l'abolition de la loi fédérale sur l'avortement.

En 1968, Henry Morgentaler a fondé la Humanist Association of Canada et en est devenu le premier président.

Un des personnages les plus radieux de l'humanisme québécois fut le Montréalais Frank Scott (1899-1985). Scott n'a pas senti le besoin de se définir comme athée. Toutefois, il ne s'est jamais défini comme théiste ni déiste non plus. Ses poèmes et déclarations laissent croire qu'il était agnostique avec penchants athées — tout en chérissant l'esprit humaniste (issu de la Renaissance) du christianisme. Scott fut un redoutable avocat (il combattit vigoureusement et efficacement en cour la dictature duplessiste). Il fut un éminent professeur de droit à l'Université McGill: il a été reconnu comme un des grands constitutionnalistes et maîtres à penser politiques du Canada. Il fut aussi un grand poète: le critique Louis Dudek lui accorde la distinction d'avoir été le plus grand poète canadien. Scott fut homme politique sur le terrain, du côté de la gauche: il fut cofondateur de la Co-operative Commonwealth Federation (CCF), c'est-à-dire qu'il fut un des principaux initiateurs de la social-démocratie au Canada et au Québec. Il fut d'abord et avant tout un grand humaniste. Plusieurs livres lui ont été consacrés, incluant une magnifique biographie, en français, de Sandra Djwa. Le chanteur Leonard Cohen a repris un de ses poèmes et l'a mis en musique sur son album intitulé *Dear Heather*.

> Les cœurs en quête amère,
> Battant de désir et de douleur,
> Érigent une plus haute estrade,
> Pour faire entendre notre proclamation:
> Les hommes retrouveront le bien commun.
> Les cœurs en quête amère,
> Renonçant à facilité et complaisance,
> Main et cerveau affinés,
> Montent sur une plus haute estrade,
> Fidélités factices fustigées,
> Races et confessions éliminées.
> Les cœurs en quête amère,

Guidés par nulle cupide charte
Se moquant goulûment des masses,
Partant d'une plus haute estrade
Érigée aux multitudes sacrifiées,
Dépassent les borgnes lois et arts.
De la quête du cœur endolori,
Nous tirons un meilleur parti.
(*Villanelle For Our Time*, traduction libre de l'auteur)

Le Québec francophone a été beaucoup plus lent à engendrer des organisations explicitement humanistes. Trop occupés à combattre l'Église catholique, dans un contexte défensif, certains humanistes athées francophones du Québec ont joint des organismes laïques militants. Le but de ces organismes fut d'abord d'instaurer au Québec la liberté de conscience qui était alors gravement compromise par la censure et l'endoctrinement religieux obligatoire provenant presque exclusivement de l'Église catholique. Bien entendu, il a existé des organisations professant l'athéisme dans le contexte du militantisme politique (ex. : socialistes, communistes, anarchistes), ou l'incroyance aux dieux dans le contexte de l'échange intellectuel (le mouvement Libre pensée), ou l'athéisme revendicateur (les Brights de Montréal) ; mais aucun rassemblement québécois francophone ne s'est consacré exclusivement à la promotion de l'humanisme athée (ou incroyant) jusqu'à 2004. C'est pendant cette année que le Conseil national du Mouvement laïque québécois a adopté une résolution définissant le MLQ comme humaniste et comme rejetant toute croyance surnaturelle. Toutefois, ce ne fut qu'en 2006 que le MLQ s'affilia à la Humanist Association of Canada, et en devint le représentant québécois officiel. Un des membres du MLQ, Bernard Cloutier, ingénieur et homme d'affaires montréalais, a fondé en 2005 deux organisations humanistes athées : l'Association humaniste du Québec et la Fondation humaniste du Québec. La première est une plateforme de militantisme humaniste athée et la seconde est une organisation charitable accréditée pour donner des reçus d'impôt, reçus qui sont remis à n'importe quelle organisation menant des actions humanistes compatibles avec l'athéisme.

> Plus rien ne nous protège
> Notre-Dame s'est pendue[…]
> Le bondieu en lambeaux
> Dans sa cendre et poussière
> Dit « j'aime la place rien qu'en masse
> Mais j'préfère Toronto ».
> (Extrait d'une chanson de Richard Desjardins intitulée *Notre-Dame des scories*, sur son disque *Kanasuta*)

3.7. L'humanisme militant, au Québec, est non religieux

Que fait l'Église catholique, la plus importante au Québec, pour créer un monde meilleur ici-bas ? Les presbytères accueillent-ils les pauvres ? Les prêtres font-ils don de leurs revenus pour nourrir les démunis ? L'Église protège-t-elle concrètement les pauvres, les homosexuels, les prisonniers, les immigrants, les femmes, les enfants ? L'Église catholique veille-t-elle à la pérennité de l'environnement ? Donne-t-elle ses riches terres et ses magnifiques immeubles au bon peuple ? Les réponses à ces questions peuvent comporter quelques ponctuels et frustes « oui ». Mais dans l'ensemble, ce n'est pas, ou du moins, ce n'est plus l'Église catholique qui mène le front du progrès social ou de la solidarité sociale au Québec. Et que dire des œuvres de bienfaisance de l'Église catholique, renforcées par l'accréditation gouvernementale quasi automatique pour crédits d'impôt ? Qui bénéficie de ces œuvres ? Est-ce que ce ne sont pas seulement les ouailles qui se collent aux prêtres et aux laïcs religieux militants ?

Alors, si ce n'est pas l'Église catholique qui fait œuvre de bienfaisance humaniste au Québec, qui donc le fait ? Ce sont des dizaines de milliers de gens, majoritairement catholiques sans doute, qui se mobilisent, bénévolement, pour créer une société meilleure, ici-bas, au Québec, pour donner de leur temps et de leurs ressources aux autres, sans égard à leur appartenance religieuse. Mais ce n'est pas sous l'égide de l'Église catholique que cela se passe. C'est sous l'égide d'une multitude de regroupements laïques, dont les suivants.

Organismes de bienfaisance pour les personnes défavorisées

Mandat	Organisation	Site Internet
Défense des réfugiés	Conseil canadien pour les réfugiés (CCR)	www.ccrweb.ca
Défense des prisonniers	Amnistie internationale-Québec	www.amnistie.qc.ca
Soutien aux enfants dans le besoin	Opération Enfant Soleil	www.oes.qc.ca
Soutien aux femmes en difficulté	Le Chaînon	www.lechainon.org
Défense des travailleurs accidentés	Fondation pour l'aide aux travailleuses et aux travailleurs accidentés (FATA)	www.fata.qc.ca
Défense des travailleuses et travailleurs du sexe	Stella	www.chezstella.org
Défense des personnes avec troubles mentaux	Association des groupes d'intervention en défense des droits en santé mentale du Québec (AGIDD)	www.agidd.org
Défense des victimes d'abus par l'État et l'Église catholique	Comité des orphelins et orphelines institutionnalisés de Duplessis (COOID)	http://orphelin. users2.50megs.com/ accueil.html

Organismes de promotion de l'équité sociale

Mandat	Organisation	Site Internet
Droit à l'avortement	Fédération du Québec pour le planning des naissances (FQPN)	www.fqpn.qc.ca
Défense des droits de la personne	Equitas, Centre international d'éducation aux droits humains	www.equitas.org
Défense des groupes ethniques	Fondation canadienne des relations raciales (FCRR)	www.crr.ca
Promotion de l'accès au logement	Front d'action populaire en réaménagement urbain (FRAPRU)	www.frapru.qc.ca
Défense des personnes âgées	Association québécoise de défense des droits des personnes retraitées et préretraitées (AQDR)	www.aqdr.org
Coopération internationale	Le réseau québécois de la coopération internationale	www.aqoci.qc.ca
Protection des enfants	Oxfam-Québec	http://oxfam.qc.ca
Promotion de l'équité fiscale	Chaire d'études socio-économiques de l'Université du Québec à Montréal	www.unites.uqam.ca/cese
Protection des consommateurs	Coalition des associations de consommateurs du Québec	www.cacq.ca
Promotion de l'équité en commerce	ÉquiTerre	www.equiterre.com
Droits et libertés	Ligue des droits et libertés du Québec	www.liguedesdroits.ca

Promotion de l'équité internationale	Centre d'étude et de coopération internationale (CECI)	www.ceci.ca
Protection des enfants par quartier	Parents-Secours du Québec	www.parentssecours.ca
Promotion de la tolérance interculturelle	*Tolerance.ca* (Le webzine sur la tolérance)	www.tolerance.ca
Émancipation des femmes	Fédération des femmes du Québec	www.ffq.qc.ca
Philanthropie médicale	Médecins sans frontières	www.msf.ca
Philanthropie médicale	Médecins du Monde	www.medecinsdumonde.ca
Action bénévole	Fédération des centres d'action bénévole du Québec (FCABQ)	www.fcabq.org
Protection des consommateurs	Protégez-Vous	www.protegez-vous.qc.ca
Lutte contre la pauvreté	Centraide	www.unitedway.ca

Organismes de bienfaisance
pour la promotion de la qualité de la vie commune

Mandat	Organisation	Site Internet
Mouvement de déconsommation	Réseau québécois pour la simplicité volontaire	www.simplicitevolontaire.org
Promotion de la science	Association francophone pour le savoir (ACFAS)	www.acfas.ca
Promotion d'une langue universelle, l'espéranto	Société québécoise d'espéranto	www.esperanto.qc.ca

Éducation populaire en alimentation	Slow Food Québec	www.slowfoodquebec.com/
Promotion de la science	Les Sceptiques du Québec	www.sceptiques.qc.ca
Promotion des arts	L'Association des bénévoles du Musée des beaux-arts de Montréal	www.mbam.qc.ca/fr/benevoles/
Promotion du transport public	Transport Action Canada	www.transport2000.ca
Promotion d'une gestion responsable de l'eau	Coalition Eau Secours!	www.eausecours.org
Protection de l'environnement	Greenpeace	www.greenpeace.org/canada
Défense du patrimoine architectural	Héritage Montréal	www.heritagemontreal.qc.ca
Éducation populaire	L'Autre Montréal, collectif d'animation urbaine	www.autremontreal.com
Promotion de la santé publique	Association canadienne de santé publique (ACSP)	www.cpha.ca
Défense de la vie privée	Fédération informatique et libertés	www.vie-privee.org

Dans son très intéressant reportage sur l'entraide et la solidarité sociale au Québec, la journaliste athée Louise Gendron relève l'existence de 48 000 organismes sans but lucratif, 5 000 groupes communautaires (sans affiliation religieuse), 18 millions d'heures données bénévolement pour autrui, et 1,3 million de personnes qui bénéficient de ces largesses (*L'actualité*, juillet 2006).

Il a été expliqué plus haut que le problème éthique le plus important des temps modernes est le surpeuplement de la planète. Seul ce problème menace l'existence même de notre espèce. La destruction de la terre ne provient pas principalement de l'industrialisation ni de la surconsommation. Quels que soient nos modes de vie dans les années à venir, et même en retournant au féodalisme, si nous maintenons le taux de croissance de la natalité actuel, nous détruirons la planète.

Or, les grandes Églises sont toutes orientées vers la compétition intraspécifique (interculturelle, tribale), par le biais de la natalité. Au Québec, la grande Église que nous combattons est catholique. Or, cette Église met tout en œuvre pour favoriser la natalité. Elle s'oppose avec virulence à la contraception, à l'avortement et au suicide assisté. Ces trois batailles sont les principales batailles éthiques de l'Église catholique, partout dans le monde et notamment au Québec. Cette affirmation est facile à vérifier. L'Église catholique exprime son militantisme éthique et social sur son site Internet national, celui de la Conférence des évêques catholiques du Canada (CECC).

> Un athée s'aime lui-même ainsi que les membres de son espèce, plutôt que des dieux. (Mordecai Richler, romancier québécois athée)

3.8. Humanisme et athéisme : un couple naturel logeant dans la grande famille des philosophies matérialistes

> Les athées et les libres-penseurs affirment leur accord avec Protagoras : «l'Homme est la mesure de toute chose.» Nous n'avons nul besoin de nous référer au surnaturel pour déterminer la nature de la réalité, savoir qui nous sommes et comment nous devrions agir. Notre intelligence et notre conscience sont des guides suffisants. Le Paradis, s'il existe, doit être accompli sur Terre et non dans un royaume éthéré au-delà de la mort. C'est ici et maintenant

que nous devons être humains et vivants. En tant qu'athées
et libres-penseurs, nous croyons que l'humanité n'a plus
besoin des religions primitives, surannées, dangereuses et
dégradantes. (*Manifeste international pour un humanisme
athée*, Fédération Nationale de la Libre Pensée, France)

L'humanisme laïque est une conception du monde à
part entière. Le philosophe montréalais athée Mario Bunge
(d'origine argentine) insiste sur la portée universelle de cette
grande famille de pensée provenant des Lumières et inspirant
les meilleures réformes que nous ayons connues depuis,
partout dans le monde. Pour en souligner la portée formellement, Bunge la subdivise en sept thèses :

1. Du point de vue cosmologique : tout ce qui existe est soit
    naturel, soit produit pour l'homme. Formulé de façon
    négative : il n'est rien dans la réalité qui soit surnaturel.

2. Du point de vue anthropologique : les différences
    individuelles parmi les humains ne sont rien par
    comparaison avec les caractéristiques communes qui
    font de nous tous les membres d'une même espèce.
    Ou encore, négativement : il n'est pas de surhommes
    ni de races supérieures.

3. Du point de vue axiologique : bien que diverses
    sociétés puissent privilégier des valeurs différentes,
    il existe de nombreuses valeurs universelles, telles
    que le bien-être, l'honnêteté, la loyauté, la solidarité,
    la justice, la paix ou la connaissance, méritant qu'on
    travaille ou même qu'on lutte pour elles. Négative-
    ment : en matière de valeurs, le relativisme radical est
    faux et dangereux.

4. Du point de vue épistémologique : il reste possible de
    trouver la vérité au sujet du monde et de nous-mêmes
    avec l'aide exclusive de l'expérience, de la raison, de
    l'imagination, de la pensée critique et de l'action.
    Négativement : scepticisme radical et relativisme
    épistémologique sont faux et nocifs.

5. Du point de vue moral : nous devons rechercher notre salut en ce monde, le seul qui soit réel, par le biais du travail et de la pensée plutôt que par celui de la prière ou de la guerre, et nous devons jouir de la vie et faire notre possible pour aider les autres à vivre au lieu de les blâmer.
6. Du point de vue social : liberté, égalité, solidarité et compétence dans la gestion du patrimoine commun.
7. Du point de vue politique : tout en défendant la liberté d'adhérer (ou non) à la religion ou au parti de son choix, nous devrions travailler à l'instauration et à la préservation d'un État laïque, ainsi qu'en faveur d'un ordre social pleinement démocratique, exempt d'inégalités injustifiées et de mauvaises décisions, techniquement évitables.

(Mario Bunge, *Matérialisme et humanisme*)

Nous avons vu en détail que l'humanisme est l'éthique naturelle des athées. Nous entrevoyons à peine par cette citation de Bunge que c'est le matérialisme en ontologie (la nature des êtres) et le réalisme en épistémologie (théorie philosophique de la connaissance) qui complètent la grande famille philosophique des athées (et des scientifiques). L'élaboration de ces conceptions dépasse l'objectif de ce livre.

> La vraie origine du sentiment moral [...] ne va pas [la] chercher dans des sentiments religieux ou mystiques, [...] [elle se] trouve dans le simple sentiment de sympathie. (Pierre Kropotkine, philosophe anarchiste russe)

3.9. La science a-t-elle quelque chose à dire sur la moralité ?

Non seulement la science a-t-elle des tas de choses à dire sur la moralité, mais c'est elle qui alimente depuis longtemps ce qui se passe de plus excitant sur le terrain de l'exploration et de la compréhension de la fonction morale. Depuis qu'existent les méthodes d'imagerie cérébrale fonctionnelle, on a commencé à repérer les circuits spécifiques du cerveau qui sont engagés dans diverses opérations mentales de nature éthique et divers vécus à caractère moral. Même la psychiatrie fournit toutes sortes de pistes d'investigation intéressantes. Par exemple, on sait que la psychopathie est une maladie mentale caractérisée entre autres et principalement par un immoralisme exacerbé. On sait aussi que c'est surtout le cortex orbitofrontal (juste au-dessus des orbites des yeux) qui est le plus dysfonctionnel dans la psychopathie congénitale et que ce sont les lésions de cette même aire qui, le plus souvent, transforment instantanément un bon citoyen en psychopathe. De même, il existe une maladie de l'hypermoralisme qui se dénomme trouble obsessionnel-compulsif. La forme congénitale de ce syndrome comporte des dysfonctions des noyaux gris de la base, un circuit situé près du milieu du cerveau. Lorsque le trouble obsessionnel-compulsif est abruptement causé par une lésion cérébrale, la lésion est presque toujours située dans cette même région du cerveau. Cette façon de voir la fonction morale est très éclairante. En effet, aucun philosophe n'a jamais eu l'idée que l'on puisse être trop moral, sauf peut-être l'athée Nietzsche. Mais les neurologues et les psychiatres sont souvent confrontés à des personnes souffrant de délires moralisateurs et moralistes. Ces cas extrêmes du répertoire comportemental humain sont très révélateurs quant à la nature profonde de la fonction morale.

L'analyse des syndromes psychiatriques de la psychopathie et du trouble obsessionnel-compulsif en tant que désordres opposés de la fonction morale révèle que cette fonction est immanente, c'est-à-dire qu'elle ne vient pas de Dieu, qu'elle est présente dans la nature chez les animaux sociaux, incluant l'humain, qu'elle est gérée par des systèmes cérébraux spécialisés, qu'elle est influencée par une multitude de paramètres biologiques, cérébraux, neurochimiques, endocriniens, génétiques, etc. Finalement, l'étude scientifique de la fonction morale montre que l'essentiel de la moralité humaine consiste en nos efforts pour cultiver les aspects prosociaux et pacifiques de notre nature, et dominer ses aspects brutaux et agressifs.

Hypomoralité | Hypermoralité

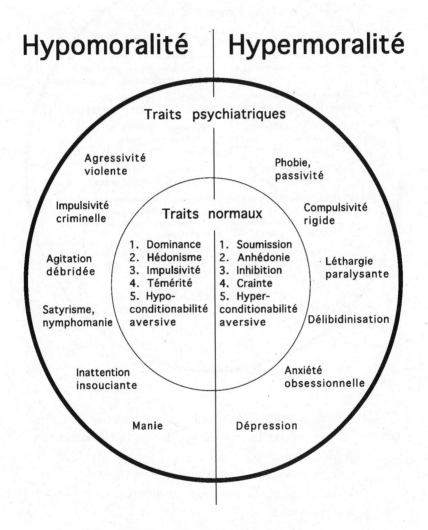

Traits psychiatriques

Agressivité violente

Phobie, passivité

Impulsivité criminelle

Compulsivité rigide

Traits normaux

Agitation débridée

Léthargie paralysante

1. Dominance
2. Hédonisme
3. Impulsivité
4. Témérité
5. Hypo-conditionabilité aversive

1. Soumission
2. Anhédonie
3. Inhibition
4. Crainte
5. Hyper-conditionabilité aversive

Satyrisme, nymphomanie

Délibidinisation

Inattention insouciante

Anxiété obsessionnelle

Manie

Dépression

Hypomoralisme et hypomoralité | Hypermoralisme et hypermoralité

Traits biologiques

Spectre antisocial	Spectre obsessionnel
−Hypométabolisme cortico-orbitofrontal et caudé	Hypermétabolisme cortico-orbitofrontal, hypométabolisme putaménique
−Hyperandrogénisme et hypocortisolisme sériques	Hypoandrogénisme et hypercortisolisme sériques
−Hyperdopaminergisme et hyposérotoninergisme (métabolites en LCR)	Hypodopaminergisme et hypersérotonisme (métabolites en LCR)
−Faible concentration de noradrénaline en urine	−Forte concentration de noradrénaline en urine
−Réseau sérotoninergique éparse en caude, réseau dopaminergique dense en striatum	Réseau sérotoninergique dense en caudé, réseau dopaminergique éparse en striatum
−Prévalence d'allèles géniques codant pour la dopamine	Prévalence d'allèles géniques codant pour la sérotonine
−Répond aux antidopaminergiques	Répond aux agonistes sérotoninergiques

Ces schémas sont tirés de la thèse de maîtrise de Cathy Léveillé (2005, département de psychologie, Université du Québec à Montréal).

> Les religions sont des fanatismes mortifères. (Laurent-Michel Vacher, philosophe québécois athée, *Une petite fin du monde*)

Quand on est mort c'est qu'on est mort
Quand on ne rit plus c'est qu'on ne vit plus
Quand j'aurai coupé la ficelle

Mettez-moi dans une poubelle.
(Extrait de la chanson *Le chat du café des artistes* de
Jean-Pierre Ferland provenant de son album *Jaune*)

3.10. Mourir sans dieux

Presque tous les athées conviennent qu'il est plus facile pour
un croyant à la vie éternelle (déiste ou théiste) que pour un
athée d'accepter la mort lorsqu'elle nous regarde en face.

Maman maman tout est bien fini il n'y a pas de
paradis pas de ciel pas de purgatoire pas d'enfer pas de
saint Pierre pour t'accueillir là-haut pas de jugement
dernier comme il n'y a pas eu de jugement premier
pas de bon Dieu pour te faire justice pas de seigneur
selon l'expression moyenâgeuse pour te distribuer
ses bienfaits. (Extrait du roman *Belle-Moue* de la
romancière québécoise Huguette O'Neil)

J'ai peur de la cendre sur mon visage. J'ai peur de la
friction des atomes de mon cœur. J'ai peur du sang
qui pue dans mes pieds, de mes oreilles qui éclatent
de bruit. J'ai peur de la maison des morts d'à côté,
de l'infini ramené à la dimension d'un croquis.
Ensanglanté de soleil, je cherche la lumière au risque
d'être aveuglé. Hanté par la faute de quelques religions,
je reste démuni devant l'azur, sans foi ni avenir, avec
un grand rêve qui vient de s'écrouler. Et comme j'ai
peur du temps qui court à sa perte, je marche sur les
coudes en plein noir vers tous les froids où j'ai envie de
chanter. (Extrait de *Ô Nord, mon amour*, du poète et
médecin québécois Jean Désy)

C'est le cas par exemple de Laurent-Michel Vacher,
philosophe québécois athée qui a publié un compte rendu de
son vécu personnel face à sa propre mort imminente (il était
atteint du cancer) et de ses réflexions philosophiques face à la
mort en général :

J'admets que la mort paraît souvent plus facile à apprivoiser pour ceux qui croient profondément en une survie de la personne ou de l'«âme». (Laurent-Michel Vacher, *Une petite fin du monde*)

Mais en est-il vraiment ainsi? A-t-on vraiment mesuré le degré d'angoisse et de détresse des athées et l'a-t-on comparé à celui des déistes et des théistes une fois mourants? Qu'est-ce qui est le plus angoissant au moment de mourir? D'avoir vécu sa vie en la sacrifiant à des préceptes surnaturels et de miser sur l'éternel avec le doute que cela comporte souvent, ou d'avoir vécu selon son plaisir et son éthique personnelle, en ne misant sur rien pour la suite, quitte à aller ailleurs sous une autre forme où revivent les gens de bonne foi, de bonnes mœurs, et de bon gré (dans le cas où on se serait trompé et qu'un ou plusieurs dieux existent réellement)?

Est-il possible de mourir sans peine? Je ne connais personne, même parmi les plus convaincus de la résurrection ou de la réincarnation, qui accepte de mourir «sans peine». (Yves Lever, jésuite québécois défroqué et athée)

Les athées croient que la contradiction entre un dieu bon et miséricordieux et le châtiment éternel pour incroyance est une telle énormité que le déni de ciel n'a aucune crédibilité. Les athées qui ont vécu une vie moralement exemplaire devraient n'avoir aucune crainte des feux de l'enfer. Ceux qui ont été moins exemplaires moralement, contrairement aux croyants, doivent sûrement peu craindre l'enfer, car ils ne croient pas à son existence. Ils ne seront confrontés alors qu'à une nausée spéculaire: ils n'aimeront pas l'image que leur renvoie le miroir.

On trouve chez Pierre Bourgault, un des plus célèbres athées du Québec, quelques énoncés testamentaires qui sont essentiellement athées et humanistes. Sachant qu'il allait mourir, Bourgault a exprimé une nette sérénité devant cette incontournable réalité:

Je n'ai plus de besoins… que de vagues désirs.
C'est ce qui m'arrive de plus extraordinaire.

Longtemps avant d'être rendu à l'article de la mort, Bourgault avait exprimé sa conception de la mort sans le réconfort des divinités, ni de l'après-vie, ni de la tribu, ni des passions, ni des richesses :

> Je veux mourir sans raison, tout simplement, un jour,
> comme on meurt partout et depuis toujours, comme
> un homme, parce que c'est fini, parce que c'est ainsi,
> sans drapeau, sans fusil, sans patrie, sans discours, sans
> larmes, tout nu, enfin désarmé, et pour toujours.

Il existe une dimension de l'approche athée de la mort qui est digne d'un intérêt tout particulier. Plaçons-nous dans le contexte de l'éthique humaniste (qui rappelons-le, est une éthique nécessairement athée puisque, par définition, elle situe l'humain comme plus haute valeur). Les athées humanistes prônent la mort digne, non seulement comme un droit, mais même comme une prérogative positive, presque un devoir. Peut-on vraiment prôner l'euthanasie et même le suicide assisté à un tel degré ? Non seulement on le peut, mais on le fait depuis longtemps. Et il devient vraiment toxique de rejeter cette prérogative sur la base de vieux préceptes bimillénaires, religieux par exemple, car la situation a drôlement évolué depuis lors. Peu de gens au Québec ont la chance de mourir doucement chez eux pendant leur sommeil. La réalité de notre façon de mourir et de notre système de santé nous amène presque tous à mourir douloureusement et longuement dans un lit d'hôpital. Et soyons francs : il est très courant que les proches et les médecins du Québec soient amenés à se questionner sur la pertinence de prodiguer des traitements aux mourants. La médecine moderne est si puissante qu'elle peut, moyennant des coûts astronomiques, prolonger la vie de pratiquement n'importe quel malade. Elle est souvent loin toutefois de pouvoir donner une *qualité* de vie à un mourant.

Cette situation comporte son lot de problèmes. Le plus important est celui de l'acharnement thérapeutique : prolongation indue de vies dépourvues de plaisir, d'avenir, de qualité ; prolongation de souffrances, d'attente de libération, de perturbation familiale. Le second problème engendré par cette évolution de nos mœurs mortifères est le coût faramineux que cela engendre : il est typique pour le Québécois d'aujourd'hui de coûter plus cher au trésor public en soins de santé pendant les six derniers mois de son existence que pendant tout le reste de sa vie. Ironiquement, ce sont souvent aussi les mois de la plus grande souffrance, du plus grand inconfort, de la plus grande tristesse et de la plus piètre qualité de vie. Et au-delà de l'acharnement thérapeutique, nous avons le devoir, en tant que société, de réfléchir et d'évoluer dans notre façon de gérer les maladies pénibles et incurables, interminables et insupportables autrement qu'avec une attitude de passivité et de fatalisme démuni. Ce n'est plus tenable !

> Il arrive qu'en phase terminale le tableau devienne celui d'un quotidien intolérablement grevé par de multiples maux impossibles à maîtriser : lassitude extrême et déperdition des forces ; grandes douleurs plus ou moins bien contrôlées, au prix d'une sérieuse perturbation de l'activité psychique ; oppression et étouffement ; insomnie nocturne et abrutissement diurne ; nausées et vomissements ; crachats de salive ; soif constante ; double incontinence humiliante ; état végétatif passager ou persistant ; épuisement moral et psychologique ; angoisse intense ; chagrin, amertume, rancœur et agressivité ; révolte et refus ; désir manifeste d'en finir. Une personne qui, placée dans ce type de conditions limites, réclame une fin douce et rapide, paraît clairement dans son droit de vivant libre et responsable. On peut même estimer que celui ou celle qui sentirait approcher cette étape « terminale » et préférerait l'éviter en abrégeant ses jours avant d'en arriver à un tel degré de détérioration, jugé intolérable,

serait également dans son droit à une mort digne.
(Laurent-Michel Vacher, *Une petite fin du monde*)

Existe-t-il une façon particulièrement humaniste de mourir? Bien sûr que oui. Et cet humanisme est observé à divers degrés dans toutes les familles québécoises aux prises avec un mourant à l'hôpital. Il vient un temps où le mourant partage son vécu mortifère avec ses proches : il s'occupe de son testament pour ceux qu'il aime ou envers qui il a des obligations, il s'arme de courage pour faire connaître la mort à ses proches (un des aspects importants de la condition humaine et qui mérite d'être connu, observé, partagé, discuté), il tente de combattre suffisamment sa souffrance pour rester en lien avec ses proches, par amour pour eux, et finalement, quand il en a assez de souffrir, et qu'il a fait ses adieux correctement, il contribue sciemment à réduire le calvaire de tout le monde en demandant au médecin, avec la compréhension et l'appui de ses proches, de faire le nécessaire...

Nous ne sommes pas fous au Québec. Nous réglons ces problèmes à la pièce. Toutefois, il arrive parfois que ces problèmes se règlent mal. Le désir du patient n'est pas toujours respecté par les proches ni par les médecins. Il est évident que la politique de l'autruche et l'action/inaction clandestine dans la chambre d'hôpital doivent cesser. En tant que société, nous devons mettre nos culottes, nous devons devenir plus transparents, nous devons débattre largement et nous devons légiférer sur la question de l'acharnement thérapeutique, du suicide assisté et de l'euthanasie. C'est exactement ce que font le Bloc québécois et le Nouveau Parti démocratique, deux partis fédéraux de gauche, au moment où ces lignes s'écrivent. Ensemble, ils appuient un projet de loi fédéral privé (proposé par la députée bloquiste Francine Lalonde : le projet C-407). Le chef de l'Alliance évangélique du Canada, une coalition de groupes religieux, a écrit au premier ministre Paul Martin pour lui recommander de « résister fermement à toute pression visant à légaliser ces pratiques et [de] favoriser une culture de la vie au Canada». D'ailleurs, un sondage Gallup effectué en 2002 a indiqué que le soutien à l'euthanasie avait augmenté régulièrement au Canada au fil des trois dernières décennies, une grande majorité étant actuellement en accord avec ce geste pour les gens ayant une maladie incurable et souffrant beaucoup, s'ils en font la demande formelle par écrit. La passation de cette loi sera un grand moment dans la marche de notre société vers une communauté plus humaine, plus humanitaire et plus humaniste.

> Quand monsieur l'curé raconte que la paroisse est
> pleine d'impies
> C'est pas à cause des péchés : c'est qu'la dîme est pas
> payée. (Félix Leclerc, chansonnier québécois, extrait
> de sa chanson *Attends-moi ti-gars*, de son album *Félix
> Leclerc et sa guitare*, vol. 1)

3.11. L'homo athéismus : du tempérament à l'orientation politique ?

Peut-on, à la lumière des chapitres précédents, brosser un portrait global de l'athée québécois ? Existe-t-il un tempérament, un style de vie, une éthique personnelle, un profil socioéconomique, un profil éducatif, une idéologie politique de l'athée québécois ? On s'engage dans de telles démarches à ses risques et périls. Il apparaît tout de même qu'il existe des traits chez l'athée québécois, comme chez l'athée de tous les pays. On pourrait même soupçonner que les athées des divers continents se ressemblent davantage que les coreligionnaires de ces mêmes continents.

L'athée semble avoir un tempérament de « tête forte », un style de vie libertaire et cosmopolite, une éthique humaniste, un profil sociodémographique de professionnel ou de métier à vocation, et surtout un haut niveau d'éducation formelle.

Il existe effectivement aussi des tempéraments athées. Cependant, une diversité de tempéraments offre un terrain fertile à l'athéisme, selon la culture dans laquelle on se trouve. Dans un pays officiellement athée, la croyance athée ne représente pas grand-chose et pourrait même relever d'une mentalité bêtement conformiste. Dans une culture où l'athéisme fut longtemps honni, comme au Québec, le tempérament offrant un terrain fertile pour l'athéisme consisterait en une indépendance d'esprit, une témérité certaine, une attitude idéaliste, une pensée critique et rationnelle. Cette proposition mériterait d'être étudiée scientifiquement...

D'ici là, on pourra se contenter d'un cas de figure pour mieux comprendre la nature du « tempérament » athée. Un tel cas de figure, remarquable, est celui de Geneviève. Alors qu'elle n'avait que 15 ans, Geneviève a mis sur papier sa déclaration d'athéisme. Sa déclaration est extraordinaire et révélatrice pour plusieurs raisons. Geneviève a été élevée dans un milieu familial où l'idée athée ne fut jamais exprimée. Elle est allée à l'école publique et fut inscrite dans les cours de religion plutôt que de morale au primaire. Aucun livre prônant l'athéisme, directement ou indirectement, ne se trouva dans son logement familial. Geneviève ne connaissait aucun athée. Personne ne l'a encouragée à prendre position pour l'athéisme. Elle a rédigé son texte seule et ne l'a jamais montré à qui que ce soit, jusqu'à récemment, ayant entendu dire que ce livre sur l'athéisme était en friche. Elle a fouillé dans ses papiers et a retrouvé son texte, qu'elle a remis à votre humble serviteur dans sa forme originale — en m'assurant qu'elle n'y avait pas changé un seul mot. Le contexte de la rédaction de ce texte est parfait pour nous aider à réfléchir sur l'idée du tempérament athée. Geneviève a un tempérament quintessentiellement athée. Elle arrive à l'athéisme contre toute probabilité, et contrairement à tous ceux et celles qui l'entourent. Son texte ne comportait aucune intention, sauf de mettre de l'ordre dans ses propres idées. Il est reproduit ici intégralement, avec les erreurs de français:

169

5 mai 1995

À midi (ben toute l'heure du midi), on a parlé de
la vie. Ben plutôt de toutes les questions qui s'y
rattachent. C'est écœurant comme Julie, Anne-Marie,
Nadia, Geneviève pis Isa croient à plein de choses.
Elles disaient toutes qu'on avait une âme, qu'il y avait
une vie après la mort, qu'on se réincarnait, plein de
trucs comme ça. Ça n'a pas d'allure. Elles disaient
aussi que c'était quelqu'un qui avait mit le monde
pis toute sur la terre. Quand tu y penses comme faut,
scientifiquement, rien de ça est vrai.

Le début de la terre, ça s'est formé d'une météorite
(à ce qui paraît). Mais peu importe, c'est pas rien de
vivant qui l'a mise là. Pis au début, y'avait peut-être
juste un petit microbe. Pis ça a commencé à former
des petits êtres, pis des gros animaux préhistoriques
(les dinosaures). Pis après, certains descendants des
dinosaures se sont transformés en d'autres animaux,
ceux qu'on voit aujourd'hui et entre ces deux étapes
sont apparus les humains, descendant du singe. Pis
c'est comme ça que ça a commencé. Pis sûrement,
dans une bonne couple de millions d'années (peut-être
avant), les humains vont laisser leur place à d'autres
êtres vivants, peut-être un peu ressemblants à nous.
La terre s'est simplement formée d'une réaction
chimique à cause de la distance de la terre par rapport
au soleil. Le soleil a fait naître de petites molécules.

Finalement, Dieu, Jésus et compagnie, c'est de la pure
histoire inventée. Jésus, s'il a vraiment existé, ça devait
être un gars convaincant. Il s'était fait une idée du
monde et il a réussi à la faire croire aux autres. Dans le
fond, Marie est pas tombée enceinte du Saint-Esprit.
Joseph et Marie étaient pas mariés, pis comme la

chasteté était une grande mode, ben ils ont menti. Ça paraissait mal de faire l'amour avant le mariage, puis comme Marie était enceinte, ils ne pouvaient pas le cacher la grossesse. Facque Marie a dit que le Saint-Esprit était venu la voir et qu'elle était enceinte. Quand Jésus est né, tout le monde était autour de lui parce que les gens pensaient que c'était un être surnaturel. Et Jésus s'est enflé la tête en croyant très fort qu'il était le fils de Dieu. Pis ça s'est rendu jusqu'à nous, en 1995. C'est comme une rumeur. Un matin, quelqu'un raconte un fait et le soir, ce fait n'est plus du tout celui qu'il était originalement. Habituellement, il est toujours exagéré et l'histoire est très souvent modifiée.

Le christianisme, c'est simplement une religion parmi tant d'autres. Chaque peuple croit que sa religion est la bonne, qu'elle explique tout. Si on réunit toutes les religions (chaque théorie à propos d'un même sujet), les religions perdent toutes leurs sens, leurs cohérences. Jésus y devait être naïf pour vraiment croire qu'il avait été conçu par un esprit. Ou peut-être qu'il s'était arrangé avec ses parents pour pas que ça se sache.

Pour en revenir au début de la terre, comme je disais, c'est sûrement une explosion d'une météorite. C'est la plus courante des suppositions. Ça a bien du sens. Je sais pas pourquoi le monde s'obstine à croire que c'est un être surnaturel quelconque qui l'ait mise là. Premièrement, qui ce serait, qu'est-ce qu'il serait et d'où il viendrait? Ça n'a aucune allure, de plus que les humains n'existaient pas encore à ce moment de la création de la terre.

La vie après la mort. Les gens se font à croire qu'il y a une vie après la mort souvent parce qu'un de leurs proches est décédé. Ils ne veulent pas croire qu'ils sont

morts et que leurs vies se terminent maintenant.
Et comme ils sont tristes, ils se disent que la personne
continue de vivre « au ciel ». Cette personne est
supposément bien et protège tous ceux qui étaient ses
proches. Quand les gens ont des problèmes, ils prient
cette personne pour qu'elle leur vienne en aide.
C'est un Dieu, mais sous une autre forme. Les gens
disent que c'est juste l'âme de la personne qui va
au ciel. Mais admettons que les êtres vivants aient
réellement une âme. Si cette âme va au ciel, cette âme
ne voit pas, n'entend pas, ne pense pas, elle n'a pas
de cerveau. Sans cerveau, rien ne fonctionne…

(triste) Les gens ne veulent pas rester seuls et
s'imaginent que leurs âmes sont toujours avec eux.
Ça les réconforte. Pour l'âme, les gens ne comprennent
pas que le cerveau puisse fonctionner seul.
Ils se disent que c'est quelque chose qui l'a fait et qui
l'aide à fonctionner. Un cerveau fonctionne à cause
de sa composition. C'est tout. Y'en a aussi qui disent
que tous les êtres vivants ont une âme, comme par
exemple un arbre. Ils comprennent pas que la réaction
est chimique entre une graine et de l'eau. Dans le fond,
il faut un peu de jugement et de connaissances en
sciences. Y'on juste à étudier la science, maudit !!!

Ça me fait penser aux gens qui se font hypnotiser et
qui sont « comme morts » et qui reviennent à la vie.
Maintenant, tous les gens qui subissent ce traitement
disent tous, ou à peu près, qu'ils voient un tunnel noir
et qu'au bout du tunnel, il y a une lumière blanche.
Ils disent aussi qu'ils se sentent bien. C'est le même
phénomène que les Ovnis. Un jour, quelqu'un s'est
imaginé voir une soucoupe volante. Depuis ce temps,
tous les gens voient des soucoupes volantes dans le ciel.

Admettons qu'il y ait d'autres êtres vivants quelque part dans l'espace (ce qui se peut fort bien, car il y a sûrement une autre étoile qui sert de soleil à un système planétaire comme le nôtre). Si ces êtres venaient visiter la terre, qu'est-ce qui dit qu'ils seraient dans des soucoupes volantes ? Pis sur cette autre planète, il n'y a sûrement pas d'humains. Cette planète n'est peut-être pas formée de la même matière (sol). Elle a sûrement été formée avant ou après la terre. Peut-être que l'évolution de cette planète est plus rapide ou plus lente que la nôtre. Peut-être y a-t-il seulement des végétaux. Peut-être, sûrement, si des êtres y vivent, qu'ils sont vraiment différents de nous. Peut-être sont-ils très primitifs, quoi qu'ils soient physiquement, ou peut-être très supérieurs à nous. Mais une telle distance nous sépareraient que même si leur existence était sûre à 100 %, je doute qu'ils pourraient se rendre à nous, et nous à eux.

Revenons à la vie après la mort. Je ne veux pas dire que les gens mentent ou inventent des histoires. C'est qu'avant de « mourir », les gens se font une image de ce qu'ils s'imaginent du ciel ou de la vie après la mort. Ils croient vraiment qu'il y aura un tunnel. Pendant leur « mort », leur cerveau, leur imagination et leur subconscient travaillent tellement qu'ils pourraient jurer que ce qu'ils ont vu était vrai. On croit tellement que c'est ce qu'il y a après la mort que notre cerveau nous fait voir ce qu'on veut.

L'athéisme est-il associé à une orientation politique ? L'athée typique est-il de gauche ou de droite ? La sociologie de l'athéisme, on le sait, est pratiquement inexistante. Un rare article scientifique portant directement sur cette question a été publié par le sociologue suisse Simon Geissbühler, qui a réalisé un sondage auprès de 3 000 répondants suisses en 2002. Sur ce nombre, 45,1 % étaient catholiques, 38,5 %, protestants et 11,5 %, athées. Geissbühler a comparé les théistes et les athées quant à leurs opinions, affiliations et comportements politiques. Comme prévu, les athées se sont déclarés davantage à gauche sur une échelle d'orientation droite-gauche en politique. Toutefois, même si la différence était statistiquement significative (il n'y avait qu'une chance sur cent pour que l'effet soit dû au hasard), cette différence n'expliquait qu'un pour cent (1 %) de l'ensemble de la variance. Une fois retranchés du modèle statistique, les effets de l'âge, des intérêts politiques et du revenu, la différence expliquait tout de même 9 % de l'ensemble de la variance. Plus concrètement par ailleurs, les athées étaient plus souvent sympathisants que les théistes de la social-démocratie suisse par rapport aux partis de droite, par 23 %. Les athées faisaient significativement moins souvent confiance aux Églises, aux forces armées, au système de justice, à la police, au parlement, aux partis politiques, aux banques, ainsi qu'à chaque palier de gouvernement. Les athées étaient statistiquement, et de façon significative, plus portés à écrire des lettres de protestation aux autorités, à participer à une démonstration, à parer un mur d'un slogan à la bombe de peinture, à participer à une grève, à endommager une propriété lors d'une manifestation, et à désobéir à un policier…

En est-il de même au Québec? La sociologie ne nous en dira rien, car aucun sondage de ce type n'a porté sur les athées québécois. Toutefois, à la lumière des chapitres qui précèdent, le lecteur pourra tout de même anticiper le résultat d'éventuelles études sur le sujet. Les athées québécois, me semble-t-il, ont été historiquement associés à la gauche: aux rouges davantage qu'aux bleus du temps des Patriotes, aux libéraux plus qu'à l'Union nationale du temps de Duplessis, et à la social-démocratie davantage qu'aux partis du grand capital depuis la Révolution tranquille. On constate cette tendance dans la liste des athées célèbres du Québec et du reste du monde du chapitre II dans les 21 biographies d'athées québécois transcendants du chapitre V, ainsi qu'un peu partout dans ce livre. Autre exemple bien québécois : le mouvement d'avant-garde de l'athéisme, au Québec francophone pendant les années 1980, fut la Libre pensée du Québec. Or, cet organisme a regroupé un bon nombre de femmes ; il spécifiait dans sa Charte une prise de position féministe. Une femme féministe, Danielle Soulières, en fut présidente pendant plusieurs années. L'organisme a souligné dans ses publications l'impact paternaliste et sexiste des religions, et il a proposé l'athéisme comme alternative à la religion. Il a mené campagne pour l'apostasie des femmes, appel auquel plusieurs milliers d'entre elles ont répondu publiquement, dans les médias.

Cependant, il ne faut pas exagérer l'élément politique de l'élan athée. L'éducation formelle (et jusqu'à un certain point sans doute, l'informelle aussi) est beaucoup plus importante, et pourrait même expliquer l'élément politique, comme tout le reste. Que serait-il resté de la différence politique entre athées et théistes dans l'étude de Geissbühler si l'auteur avait retranché de son modèle statistique l'influence de l'éducation ? Probablement rien de significatif. Ce sera un dossier à suivre lorsque la communauté scientifique commencera à prendre au sérieux l'athéisme comme objet d'investigation.

Chapitre IV
L'athéisme au Québec

J'ai vu… à l'église sise au coin de la rue, présentant
deux façades, qu'on y servait la mort comme de la
glace (Irving Layton, poète québécois athée, *Layton,*
l'essentiel: Anthologie portative d'Irving Layton)

L'homme québécois n'est pas encore né; il n'est qu'un
espoir vers quoi nous nous dirigeons en aveugles,
alourdis dans notre marche par le poids de ce Dieu
défunt que nous portons encore sur nos épaules
comme des bossus. (Pierre Maheu, cinéaste québécois,
Le Dieu canadien-français contre l'homme québécois)

4.1. L'athéisme au Québec

Le Québec est depuis peu une contrée très avancée
culturellement, socioéconomiquement et politiquement.
C'est l'élite intellectuelle anglophone qui s'est émancipée la
première, économiquement et du point de vue de l'éducation,
en s'affranchissant de la religion, à la suite de la conquête
du Canada par l'Angleterre en 1759. L'élite intellectuelle
francophone est restée arriérée, sur toutes ces questions,
jusqu'à la fin des années 1950, jusqu'à sa révolution, dite
« tranquille ». Le Québec est une société à majorité francophone, mais composée de plusieurs peuples, dont plusieurs
nations autochtones et une importante minorité linguistique
anglophone. Le Québec est une société qui avance maintenant à grands pas dans la voie de la laïcisation de ses institutions publiques. Elle reste tout de même très en retard à ce

point de vue par rapport à plusieurs pays comme la France, la Suède, etc. Le catholicisme a eu une emprise historique extraordinaire dans cette contrée du globe. Pour simplifier, la conquête du colonisateur français par le colonisateur anglais a mené à un repli défensif du peuple canadien-français, qui s'est rallié à l'Église catholique — laquelle a pris le mandat d'assurer la survie de la culture francophone en Amérique. Ceci fut encouragé par le conquérant anglais qui en tirait son plus grand profit.

L'entente entre le conquérant anglais et l'Église catholique francophone était la suivante : le conquérant n'exterminait pas le peuple canadien-français en échange de quoi, l'Église catholique devait maintenir le peuple dans la soumission, l'ignorance, la pauvreté et l'humiliation. C'est dans ce contexte qu'on retrouve au Québec, depuis les discours des Patriotes jusqu'au *Refus global*, certaines formes d'anticléricalisme des plus virulentes du monde entier. On peut lire à cet effet le premier de ces traités, celui du déiste Louis-Antoine Dessaulles, publié en 1868, ou le plus récent, celui du déiste Paul C. Bruno, publié en 2006. On retrouve aisément des milliers de pages d'anticléricalisme dans l'historiographie québécoise.

> Dans la mesure même où les Canadiens français
> ont été dominés, amoindris, déshumanisés, la
> société canadienne-française a été une théocratie.
> L'omniprésence de Dieu était corrélative à notre
> intériorisation de la défaite. Dépossédés de moyens
> d'agir sur le monde, nous nous sommes repliés sur
> l'être, et avons cru que l'essentiel, c'est le ciel, et non ce
> monde où nous n'étions pas aux commandes
> (Pierre Maheu, *Le Dieu canadien-français contre*
> *l'homme québécois*, 1973)

Soit. Mais les discours les plus anticléricaux du monde n'engendrent pas l'athéisme. La haine du prêtre fut intense et répandue en cette nation qu'on dénommait le Canada dès la conquête et jusqu'à ce jour. Deux cents personnes furent emprisonnées par le gouverneur général Haldimand dès 1779 pour sympathie avec les rebelles anti-britanniques, ou simplement, comme ce fut le cas pour l'imprimeur Mesplet et le journaliste Jautard, pour républicanisme, voltairianisme et esprit des Lumières. Pour résumer, l'Église catholique livrait à l'envahisseur anglais tout esprit raffiné qui ne se prosternait pas devant elle. C'est bien elle qui fit tout au XIXe siècle pour détruire l'Institut canadien, pour aucune autre raison que sa tentative d'exposer les gens à la culture mondiale. C'est encore elle qui fit rejeter, au tournant du XXe siècle, une subvention de 150 000 $ de la part du milliardaire Andrew Carnegie pour une bibliothèque francophone à Montréal, de peur que ce petit peuple ne grandisse. C'est elle qui refusa en 1872 une proposition de financement par l'État québécois de l'Université Laval, alors sous tutelle exclusive de l'Église catholique. C'est elle qui démonisa Éva Circé-Côté, grande Montréalaise, qui arriva néanmoins à fonder, contre la volonté des évêques, la première grande bibliothèque publique et laïque de Montréal. De quoi l'abhorrer, cette église, mais pas assez encore pour remettre en cause l'idée même de l'existence de Dieu. Mesplet et Jautard, Québécois aussi anticléricaux qu'ils fussent, au prix de leur liberté et de leur fortune, étaient et restèrent déistes jusqu'à la fin, comme Voltaire, c'est-à-dire pas du tout athées. On trouve même des Québécois qui ont été prêts à donner leur vie pour la laïcisation du Québec et qui étaient néanmoins croyants. Le Québécois Arthur Buis a pris les armes avec Garibaldi contre le Vatican sans pour autant être mécréant. Borduas, semble-t-il, après avoir fustigé avec virulence l'Église catholique dans son manifeste *Refus global* et avoir été contraint à l'exil, serait resté croyant (d'après Marcelle Ferron qui était proche de lui à la fin de sa vie).

Le Québécois entretient un rapport bien particulier à la religion à cause du rouleau compresseur religieux sous lequel il est passé. Notre résistance à la religion n'a d'égal que notre soumission. Encore aujourd'hui, une proportion importante de Québécois exprime une émotion intense (surprise, joie, colère, frustration, etc.) de préférence par un blasphème religieux. On entend régulièrement un « hostie de calice de tabernacle » prononcé « esti de kâlisse de tabarnak », ce qui nous a valu le surnom de « tabarnakos » sur les plages du Mexique.

L'athéisme ne naît pas de la persécution ni de l'obscurantisme, mais de la liberté de l'esprit et de l'avancement des sciences. Le Québec n'a pas été une terre fertile pour l'athéisme. Des pages explicitement athées, alors qu'elles existent chez les Grecs depuis 700 ans avant le Christ, sont très rares dans l'écrit québécois en ce troisième millénaire. Bien sûr, nous avons aujourd'hui une élite scientifique, truffée d'athées, qui développe en catimini une culture laïque et matérialiste. Mais personne ne prend la peine d'en tirer les conclusions explicites qui seraient parlantes pour les masses de gens qui se croient encore catholiques, qui s'identifient à cet ensemble de dogmes, et qui, dès que confrontés aux mystères qui y sont inhérents, les renient un à un tout en se déclarant encore, malgré tout, catholiques… faute de mieux.

Aujourd'hui, même si les églises catholiques québécoises sont vides, la proportion de la population québécoise qui se déclare sans religion (environ 12 % selon plusieurs sondages sociologiques) est anormalement faible compte tenu des autres indicateurs du degré d'avancement de sa civilisation. Le nombre d'athées à proprement parler, au Québec, n'a jamais été connu. L'athéisme est occulté à ce point que les maisons de sondage ne posent même pas la question. On demande aux gens simplement s'ils sont « croyants » ou pas, s'ils n'appartiennent à aucune religion [sic] — ce qui, techniquement, est décevant, puisqu'il faudrait tout de même spécifier, à un moment donné, en quoi on croirait sinon à une religion. La proportion de la population québécoise qui est franchement athée tourne probablement tout au plus autour de 5 %. Le gouvernement du Canada commet un affront aux athées en ne les recensant pas. Voici les catégories théogoniques relevées par le recensement canadien de 2001 :

- 83,2 % des Québécois se disent catholiques (parmi lesquels on pourrait distinguer les croyants pratiquants, les croyants non pratiquants et ceux qui, bien que rejetant la plupart des dogmes, se déclarent catholiques par identification culturelle);
- 5,6 % déclarent n'avoir aucune religion;
- 4,7 % se disent protestants;
- 1,5 % se disent musulmans;
- 1,3 % se disent juifs;
- 0,1 % se disent sikhs;
- 3,6 % se réclament d'autres religions minoritaires.

On notera que selon le recensement canadien, les athées et leurs émules représentent tout de même le deuxième groupe en importance au Québec, dans la catégorisation que l'on a bien voulu faire des croyances théogoniques. L'athéisme serait en progression (lente) au Québec. Environ 26 % des 18-24 ans se déclaraient sans religion selon un sondage du quotidien *La Presse* il y a quelques années. Un autre sondage, rapporté par *La Presse* en 2005, stipule que 33 % des Québécois ne croient pas à la vie après la mort. Un autre sondage du même quotidien estimait en 2008 à 45 % les gens de 30 ans et moins qui ne croient pas en Dieu. Malgré cette évolution, une culture explicite de l'athéisme semble inexistante au Québec. On en trouve que de très rares expressions ponctuelles dans les médias et dans notre littérature. Le Québécois reste très gêné d'affirmer sa croyance, sauf si elle est catholique. L'athée québécois reste remarquablement timoré. Personne n'est reconnu comme porte-parole des athées au Québec. Un article est récemment apparu sur l'athéisme dans la revue populaire québécoise *L'actualité*. Son auteure, Louise Gendron, n'a pas été en mesure de présenter aux lecteurs un seul représentant québécois de l'athéisme, pas une seule citation, pas une seule lecture. Comment expliquer le gigantesque écart entre le taux de déclaration d'athéisme au recensement canadien et aux sondeurs privés? D'après Bernard Cloutier, fondateur de l'Association humaniste du Canada, les athées auraient tout simplement peur des représailles ou de l'opprobre en avouant leur athéisme aux recenseurs de l'État, de crainte d'être fichés et maltraités par leur propre gouvernement.

Comparons le Québec, avec son chétif 5 % d'athées « officiels », à la Palestine sous occupation israélienne. Les sondages sur les croyances religieuses ne sont généralement pas autorisés ni pratiqués dans les pays arabes. On trouve une exception en Palestine occupée dans la bande de Gaza, la bande Ouest et le Jérusalem arabe. Un tel sondage a été effectué en 1993. Le résultat pourrait en étonner plusieurs. Le pourcentage d'hommes « séculiers » atteignait 20 % et de femmes, un stupéfiant 30 % ! Ces pourcentages étaient plus élevés que l'adhésion à l'activisme islamique sur ces mêmes territoires, et cela même dans les camps de réfugiés de la bande de Gaza (Heiberg, Ovensen et coll., *Palestinian Society in Gaza, West Bank and Arab East Jerusalem : A Survey of Living Conditions*, 1993).

À l'échelle mondiale, Wikipédia estime à entre 805,2 millions et 1,5 milliard le nombre des « sans religion ». Ceux-là sont donc presque aussi nombreux que les catholiques (1 074 878 941) et deux fois plus nombreux que les musulmans (410 998 160). Mais attention, cet estimé de Wikipédia n'inclut pas les bouddhistes, pour qui aucun dieu n'est évoqué. Or, Wikipédia estime à 350 millions le nombre d'adhérents au bouddhisme. Les « sans religion » seraient donc plus nombreux que n'importe quelle dénomination religieuse à l'échelle de la planète. Toutefois, on ne sait pas quel pourcentage exact des « sans religion » est spécifiquement athée, car la croyance athée n'est presque *jamais* sondée, à proprement parler.

Ce livre vise à montrer aux Québécois que le 5 % (ou plus) de notre population qui est athée est en pleine forme, que l'athéisme québécois a une histoire fascinante, qu'on y trouve de bien nobles et colorés représentants, et que cela vaut la peine de s'intéresser à ce riche univers, que l'on soit déjà de cette inspiration ou pas. Dans son analyse de l'athéisme pour *L'actualité*, Louise Gendron a fait une excellente remarque : les athées sont nombreux, mais ils sont comme des chats. Vous en assembleriez 50 000 qu'ils ne chercheraient qu'à se disperser. Généralement, à l'instar d'un Foglia par exemple, chroniqueur du quotidien *La Presse* (et athée avoué), ils détestent se faire confronter sur leur athéisme et préfèrent généralement se tenir cois sur la question de la religion — du moins en présence de croyants. Mais ils ne sont pas si individualistes que Louise Gendron le laisse entendre. Ils ont commencé à se regrouper. Ils se fréquentent de tout temps en petits groupes, par amitié. Et ils participent à la vie sociale avec autant d'intensité que n'importe quel autre groupe, confessionnel ou pas. Il existe bel et bien un Québec athée.

Il est vrai que les athées n'aiment pas discuter avec les gens de la religion. Ça les agace parce qu'ils ont l'impression de dialoguer avec des gens passablement rationnels sur tout autre sujet, mais qui deviennent exaltés et excités dès qu'il est question des thèmes intimes et existentiels. Les athées québécois doivent souvent trouver leurs compatriotes très irrespectueux et prétentieux sur la question de la religion ou des croyances surnaturelles. Ces derniers oublient la bienséance à l'égard des athées qui sont en leur sein, car ils oublient leur existence, ils ne croient souvent pas à la possibilité d'une authentique et pleine croyance athée. Ils réduisent l'athéisme à une « réticence » et ne s'en émeuvent aucunement, ni ne lui accordent le moindre intérêt. Ils ne pensent pas au fait que leurs affirmations solennelles et leurs rituels puissent offenser les athées. On comprend que ces comportements ne sont pas mal intentionnés. Ils sont le résultat de deux siècles d'hégémonie culturelle absolue de l'Église catholique. Compte tenu de ce genre d'attitude désagréable encore très répandue au Québec, il n'est pas étonnant que les athées québécois tendent à éviter le sujet de la religion dans les conversations.

4.2. Les personnages athées dans la littérature québécoise

La littérature, et en particulier le roman, est précieuse pour un exercice tel que se veut le présent livre. Nous voulons nous représenter l'athéisme au Québec. Sauf que dans la plupart de ses retranchements, l'athéisme fut clandestin. Comment en retrouver les traces? Dans la littérature, pardi! Car même s'il fut longtemps et s'il est encore parfois dangereux de se déclarer athée, on a tout de même pu dépeindre des mécréants dans les romans, et cela, sans être relégué à l'Index de l'Église catholique. Aujourd'hui, on ne manque pas d'essais écrits par des Québécois sur les raisons de leur athéisme. Mais il reste à savoir comment vivait ou comment vit vraiment aujourd'hui un athée au Québec. Quelle est sa vie intérieure? Quelle est la composition de sa personnalité? Le roman est un excellent outil pour déterminer comment ont évolué les représentations que les gens se faisaient de l'athéisme, et cela, par la plume de gens éloquents de surcroît. Le roman présente l'avantage d'être marqué chronologiquement par sa date de publication, de laisser libre cours à son auteur de dépeindre les circonstances socioéconomiques et leurs répercussions, les rouages intérieurs, l'éthique, la vision du monde, les conditions de vie de ses protagonistes. Et tout cela se fait dans un espace naturel, sans discours, sans les contraintes par trop «académiques» de l'essai. Vivement qu'un professeur d'études littéraires invite un de ses étudiants à réaliser une thèse de doctorat sur l'athéisme dans la littérature québécoise. Allons-y tout de même à la faible lueur de nos propres compétences en la matière avec quelques cas de figure de personnages athées dans le roman québécois, en ordre chronologique.

GEORGE VAUGHAN. Le romancier québécois Jules-Paul Tardivel a publié en 1895 un roman intitulé *Pour la patrie*. Dans cette œuvre, l'auteur, moraliste ultramontain radical et enflammé, affuble ses personnages de traits grossièrement moraux ou immoraux selon leur appartenance religieuse. L'action se déroule environ 50 ans dans le futur. Ainsi, certains personnages franc-maçons sont dépeints en immondes adorateurs du démon et perfides traîtres de la nation québécoise. Les personnages catholiques sont de raisonnables et admirables personnages veillant à la protection et à la perpétuation de la bonne race canadienne-française. On pourra alors s'étonner que l'auteur ait choisi de placer dans son roman un sympathique mécréant… Mais entendons-nous bien. Un sympathique mécréant, pour Tardivel, ne pourra être qu'un innocent, prêt à être converti au catholicisme tout en frisant l'abandon de sa propre langue au profit du français et de son électorat au profit des *Canayens*… Le personnage en question est un député anglophone de Toronto de la Chambre fédérale canadienne du nom de George Vaughan:

> C'est une âme naturellement droite et belle; mais
> malheureusement, il n'a pas la foi. — Il croit au moins
> en Dieu? — Non, il ne semble croire en rien du tout en
> dehors et au-dessus de cette vie. — C'est un monstre
> alors? — C'est un malheureux plutôt. Encore une fois,
> son âme est naturellement belle. Prions pour que Dieu
> lui accorde le don inestimable de la foi.

Tardivel le décrit ensuite comme un «jeune Anglais à la figure ouverte et agréable» en visite au Québec dans un contexte de perfides grenouillages politiques des Anglais contre la nation canadienne-française. Le premier dialogue du roman, entre Vaughan et le héros canadien-français, Lamirande, est le suivant:

> — Comment trouves-tu le procédé de ton honorable
> chef? — D'abord, répliqua le jeune Anglais, il n'est
> pas mon chef. J'ai des idées politiques qui me guident,
> mais des chefs politiques qui me mènent, je n'en ai
> pas. Du reste, tu sais jusqu'à quel point j'abhorre ces
> abominables manigances qu'on appelle la diplomatie.
> Tout cela est honteux et indigne de la nature humaine.

— Pourtant mon pauvre ami, la nature humaine
devient esclave de ces manigances du moment que la
religion cesse de la soutenir et de la fortifier. — Sans
vouloir me vanter, je puis dire que le seul respect de
ma dignité humaine me protège contre ces bassesses.
— Tu n'as pas fini de vivre. Attends l'avenir avant de te
prononcer définitivement. Tu n'as peut-être pas encore
rencontré une tentation sérieuse sur ta route. Pour
moi, je suis convaincu que, tôt ou tard, tu te jetteras,
soit dans les bras de l'Église, soit dans quelque abîme
effroyable. Car le sentiment de sa dignité, sans la grâce
divine, ne saurait soutenir l'homme et le prémunir
contre les chutes jusqu'au bout de sa carrière.

Un peu plus loin, Tardivel ramène son héros canadien-
français avec une autre onctueuse tirade à laquelle Vaughan
réagit de façon conciliante, c'est le moins qu'on puisse dire :

D'un autre côté, il y a trop d'ordre, trop d'harmonie
dans le monde visible pour qu'un homme raisonnable
puisse parler du hasard. Admets donc un Dieu
Créateur de toutes choses ; une divine Providence qui
surveille et gouverne toutes choses ; une vie future où
chacun sera récompensé selon ses œuvres ; une chute
originelle qui a gravement affaibli et vicié la nature
humaine ; un Dieu Sauveur qui a racheté l'homme
déchu et lui a donné les moyens de reconquérir
l'héritage céleste ; admets ces vérités et tu pourras
résoudre tous les redoutables problèmes que nous offre
l'humanité. — J'admets volontiers que ton système est
d'une logique rigoureuse ; tout s'y tient et s'enchaîne.
S'il y a quelque chose de vrai en fait de religion, c'est la
doctrine catholique.

Tandis qu'un peu plus tard, le mécréant, écrasé par la
puissance de l'argument clérico-nationaliste de son interlocuteur, chemine dans la bonne voie :

> Vaughan s'en allait lentement du côté opposé. Il était
> pensif. Les paroles de Lamirande l'avaient étrangement
> bouleversé. Un malaise vague, indéfinissable, comme
> le pressentiment d'un malheur, l'oppressait. Des
> aspirations confuses, qu'il ne pouvait pas analyser,
> agitaient son âme.

On découvre plus tard que Vaughan n'est pas vraiment athée, mais plutôt sceptique ou agnostique, voire déiste, un homme néanmoins « spirituel », mais influencé de travers par les « écoles publiques où il fit ses études et divers séjours dans les vieux pays ». Vers la fin du roman, Vaughan se convertit au catholicisme, impressionné par « l'abnégation » de Lamirande lors du décès de sa fille. Il épouse alors tout naturellement la cause de la nation candienne-française dans l'arène politique.

Pour résumer donc, à la fin du XIXe siècle, il était inimaginable d'être athée au Québec. Si le malheur s'abattait sur quelqu'un pour le faire douter le moindrement de quelque aspect de la doctrine catholique, il pouvait être considéré aimable et sympathique seulement à condition de répliquer à d'insultantes litanies, à des discours paternalistes et ramenards, à de mièvres propositions d'une éthique autoritariste et de résignation, par des commentaires strictement approbateurs, tout en cheminant rapidement vers la trahison de son groupe ethnique, l'adoption de la mythologie d'un autre peuple, et l'expression de singeries dénaturant miraculeusement la structure de personnalité que l'auteur aura lui-même pris la peine de lui impartir...

ALAIN DUBOIS. Le romancier québécois André Langevin a publié, en 1953, un roman intitulé *Poussière sur la ville*. Le style de l'auteur est diamétralement opposé à celui de Tardivel. Au fait, on lui a décerné, à l'occasion de la remise du prestigieux prix littéraire Athanase-David, l'honneur d'avoir introduit la modernité dans le roman québécois. Plus particulièrement, c'est lui qui a introduit le roman existentiel au Québec. Dans *Poussière sur la* *ville*, un jeune couple s'installe dans une petite ville minière qui, petit à petit, amène les deux personnages aux strictes limites de la bonne conduite et de la bienséance. L'homme, Alain Dubois, médecin athée, voit sa femme Madeleine, rongée par l'ennui, s'éloigner de lui pour chercher une aventure avec un autre. L'homme, malgré les accès de colère, tolère, au nom de l'amour, de la pitié et de la bienveillance, la conduite de sa femme. La ville réagit, par l'intermédiaire du gros marchand et du curé, pour empêcher, au nom de la réputation et de la morale, la relation dite ignoble. Par cela, elle mène la jeune femme désespérée au suicide. Dans une discussion difficile avec Dubois, le curé le semonce en ces termes :

> Je vous avertis loyalement que j'emploierai tous les
> moyens honnêtes, même si je dois vous forcer à quitter
> la ville. Tout le monde est au courant des agissements
> de madame Dubois et en parle. Et personne ne
> comprend votre attitude.

Le thème central du livre est sans doute la difficulté et la complexité du vécu d'un homme bienveillant, ne tirant sa force que de lui-même et qui veut encourager la libération de la femme — reportée avec finesse dans ce roman sur la situation spécifique de l'épouse du bon docteur. C'est un jeune homme intelligent, pensif, consciencieux, judicieux, circonspect, d'une vue incisive et pénétrante, très critique, d'esprit analytique. Malgré l'aliénation très vive qu'il ressent à l'égard des citoyens de sa ville adoptive (aliénation intellectuelle, morale, culturelle, existentielle, religieuse, etc.) et après moult souffrances, mais aussi un cheminement intérieur d'une richesse inouïe, notre héros athée se résigne, plus envers que contre tous, à servir, malgré tout, cette population comme médecin. Après quelques mois de réclusion au loin, ayant perdu presque toute sa clientèle, Dubois rentre à la ville pour continuer le combat. Il a changé. La colère et la rage, la lassitude et le désespoir de l'impuissance ont disparu. Dubois a d'autres armes : celles de l'amour et de la pitié.

> Dieu et moi, nous ne sommes pas quittes encore [...]
> en les aimant eux, c'est Madeleine que j'aime encore.

Dans ce roman, l'athéisme du héros coule de source. De nombreux traits du personnage de Dubois sonnent vrai, car ils sont tissés avec finesse par l'auteur. Le héros est cultivé et œuvre en médecine, une discipline où l'on retrouve une grande proportion d'athées. Il est d'origine urbaine. Il est égalitariste en matière de rapports entre les sexes. Il est humaniste. C'est peut-être le premier authentique héros athée de la littérature québécoise.

HUGUETTE O'NEIL. Femme de lettres, féministe professionnelle, militante péquiste, la Québécoise Huguette O'Neil décrit le décès de sa mère dans un récit intitulé *Belle-Moue* (1992). La narration est du style du journal intime, en ordre chronologique inversé. Le bref récit de seulement 95 pages se résume à une biographie de la mère de l'auteure et une autobiographie de l'auteure, en face à face. L'intérêt du livre est peut-être davantage d'ordre psychologique que littéraire. On y trouve une riche caractérisation de deux personnalités diamétralement opposées, *Belle-Moue,* la mère, et la narratrice. *Belle-Moue* représente un cas de figure de la personne pieuse du Québec du début du siècle, dépendante affective, morose, naïve, ignorante, passive, fermée sur le monde, apeurée, démunie, tandis que sa fille laisse entrevoir une personnalité autonome, ouverte sur le monde, politisée, militante, expressive, éduquée, impossible à intimider, épanouie, et explicitement athée. L'auteure prône l'euthanasie de compassion en imaginant un propos de sa mère. On notera que O'Neil utilise le stratagème de se départir de la ponctuation lorsqu'elle passe du registre du narrateur à celui du relevé direct de ses pensées personnelles ou de celles de sa mère :

> Si seulement j'étais morte ce serait chose faite j'étais
> prête à mourir je me suis faite à cette idée je m'en allais
> tranquillement au bout de mon sang cette mort douce

me convenait si seulement les docteurs avaient compris
que je ne voulais pas de leurs soins si seulement ils
n'avaient pas cette mauvaise habitude de guérir tout
le monde même ceux qui préfèrent mourir je serais
morte ce serait chose faite[...]

L'athéisme de l'auteure est on ne peut plus explicite.

Maman maman tout est bien fini il n'y a pas de
paradis pas de ciel pas de purgatoire pas d'enfer pas de
saint Pierre pour t'accueillir là-haut pas de jugement
dernier comme il n'y a pas eu de jugement premier
pas de bon Dieu pour te faire justice pas de seigneur
selon l'expression moyenâgeuse pour te distribuer ses
bienfaits[...]

Vers la fin du livre, l'auteure décrit la cérémonie de mariage de sa propre mère et de son père. En ce temps, l'évêque envoyait aux curés des lettres pastorales, dont l'une d'entre elles devait être présentée par le curé pour l'édification des couples en voie de se marier. Dans le cas qui nous concerne, apparemment, le curé respectait avec enthousiasme ces directives de son évêque.

N'oublions pas, dit-il, que les femmes émancipées,
libérées de l'autorité paternelle et maritale, libres de
poursuivre leurs propres buts et d'administrer leurs
revenus ne seraient pas intéressées à élever une famille
nombreuse, gage de la survivance du Québec.

FRÉDÉRIC LANGLOIS. Le romancier québécois Sylvain Trudel a publié en 2001 un roman intitulé *Du mercure sous la langue*. Le héros est un adolescent québécois, francophone et athée qui se meurt à l'hôpital d'un cancer des os. Le petit eût été poète. On peut difficilement imaginer un meilleur campement pour l'expression romanesque de l'élan athée. L'athée sera ici confronté à l'ultime tentation sacrée, celle d'échapper à la mort. L'athéisme rebelle, représentant de la toute petite minorité exécrée et isolée, pourra s'exprimer ici à la manière émotionnelle et vive typique de l'adolescence.

Frédéric sait qu'il va mourir, il n'y a aucun doute là-dessus ; et vous vous retrouvez à vivre avec lui ses derniers jours, à penser ce qu'il pense, à trembler devant l'inconcevable, à écrire des lettres destinées à vos proches qui devront les lire quand vous n'y serez plus, à rager devant l'impuissance de la médecine, de la religion, de toute forme de foi.

> Finalement, j'aime pas les épîtres. Je raffole pas de
> saint Paul non plus, c'est un névrosé. Et puis j'aime
> pas la Bible : il y a trop de magie dans cet almanach du
> peuple. À vrai dire, j'aurais peut-être suivi le Christ
> s'il ne m'avait pas soufflé au visage cette poudre de
> perlimpinpin qu'on appelle « miracle » et qui humilie
> tant. Car si le miracle est possible, pourquoi pas
> toujours le miracle ? Pourquoi pas ma guérison ?
> Et pourquoi pas la vie éternelle sur la terre plutôt qu'au
> ciel ? Je l'aime énormément, moi, cet astre qui est le
> berceau de mes jours et le lit de mes nuits. Le ciel devra
> revêtir ses plus beaux atours s'il veut me faire oublier
> ma petite terre, mais je le dis tout cru : le ciel rêve en
> couleurs. Là-haut, l'éternité doit être longue comme
> une journée sans pain.

L'athéisme du jeune protagoniste mourant est non seulement à toute épreuve et hautement articulé, mais il explore en plus de multiples nouveaux terrains de dérision de l'élan religieux. Par exemple, alors que Frédéric assiste cyniquement à une messe à son hôpital, il réfléchit à la fonction soporifique des rituels religieux :

> En croquant ma dernière chip sacrée, j'ai songé
> aux infinis champs de blé qu'il a fallu faucher pour
> confectionner toutes les hosties qui ont été avalées
> depuis que les communautés sillonnent l'univers, et
> je me suis dit qu'il suffit de répéter sans cesse le même
> geste pour qu'il perde tout son sens. C'est le même

phénomène qui détruit les mots. J'ai mâché longtemps mon prénom dans ma tête : Fré-dé-ric, Fré-dé-ric, Fré-dé-ric ; après quinze ou vingt fois, j'avais perdu toute ma saveur, comme une vieille chique de gomme.

Dans ce roman, le héros maudit la compassion et la complaisance, le narrateur fustige l'espoir, l'amour, le bonheur, l'âme, la religion, c'est-à-dire toutes les illusions dont les hommes ont besoin pour adoucir leur condition tragique :

[…] franchement ça me fait peur, comme son [il s'agit de saint Paul, CMJB] *Où est-elle, ô mort ta victoire ?* Je me demande si la survie dans un monde si faux ne serait pas plus effroyable que l'anéantissement pur et simple dont le pressentiment m'égorge déjà dans mon lit. Oui, j'ai très peur de ce monde de saints, de prêtres, de prophètes qui vivent une vie inhumaine, ce monde qui veut nous dire comment exister et comment voir, mais qui n'a même pas le courage d'être limpide et qui nous perd dans ses miroirs ; et le monde de saint Paul est un monde malsain ou l'inversion des choses pourrit l'homme, où ma vérité est un mal et mes élans, des péchés — et c'est ce monde truqué qui voudrait détruire notre espoir de bonheur dans le présent, nous troubler à l'infini ? Ces stupidités me rendent agressif, et, le grand face à face annoncé par saint Paul, je le veux cul à cul, et même mieux : face à cul, avec mon cul dans sa face.

Le lecteur est un peu dérangé par la lucidité par trop mature d'un protagoniste d'un âge si tendre, mais Trudel se rattrape à l'occasion en insérant, ici ou là, des propos suffisamment teintés d'émotion vive, de maladresse et de désespoir adolescents pour qu'on y croie. Un exemple de cela se trouve au moment où Frédéric envoie paître le prêtre catholique d'office de l'hôpital qui tient pour acquis, il va sans dire, que le patient croit en Dieu, ce qui ne manque pas d'irriter ce dernier :

> Ça me fait de la peine de vous dire ça, monsieur l'abbé,
> mais j'ai pas à rougir devant les saints immortels parce
> que je suis pur comme la pluie, comme ma mère qui
> est parfaite, elle aussi, ma mère qui sait pardonner
> mieux que le bon Dieu, et essayez surtout pas de me
> faire accroire que parler fort et dire ce qu'on pense sont
> des péchés, parce que le vrai péché du monde, le plus
> grave c'est Dieu qui l'a commis en créant les hommes,
> et c'est lui qui devrait demander pardon pour tout le
> mal qu'il a fait à l'humanité depuis toujours, lui qui
> devrait jeûner pendant le carême et aller à la confesse,
> lui qui devrait se fouetter dans les rues et demander
> qu'on le crucifie, et venez pas me parler de la liberté
> des hommes, parce que c'est trop facile à dire, ça, et
> puis je déteste votre liberté à en vomir, parce que ce
> sont toujours les mêmes qui en parlent et qui y croient,
> ce sont les riches qui radotent, et puis au fond, il y a
> peut-être juste des accidents, partout, tout le temps.

D'ailleurs, comme tout adolescent incandescent, celui-ci porte souvent de sévères jugements moraux sur lui-même et sur les autres. Dans un de ces jugements, il s'en prend à la morale chrétienne de soumission :

> [...] le mal n'est pas ce qu'on croit : le mal, c'est cette
> idée vache qu'un homme ne peut pas se sauver lui-
> même.

Et pour finir, le dernier poème du poète en herbe, poème qu'il apparente à « l'accouchement d'un cochon d'Inde par l'Himalaya » :

> On meurt comme on émigre,
> Rêvant de paix et de richesses,
> Le cœur gros d'une terre natale.

Le roman de Trudel est l'apothéose de la vision du monde et du vécu athées, magnifiquement poétisés, authentiques, présentés de façon innovatrice, spectaculaire et crâneuse... une occasion unique de se mettre littéralement dans la peau d'un athée et de vivre son monde de l'intérieur au moment précis où son univers est le plus menacé.

N.B. On trouve dans le roman suivant de Trudel, *La mer de la tranquillité* (2006), une panoplie, pour ne pas dire un carrousel de personnages athées qui ne se gênent aucunement pour rendre explicite la teneur de leur athéisme. Le livre est composé de plusieurs histoires courtes. Les personnages athées incluent l'oncle Bernard, mécréant qui dévergonde son neveu qui lui en est éternellement reconnaissant ; le mécréant timoré, voisin de l'aviateur Maurice Gagnon, acceptant d'accompagner sa femme à un site miraculeux et n'osant pas exprimer son désaccord ; Alain, l'adolescent intellectuel déboussolé, nihiliste, narcissique et suicidaire ; le grand-père mourant qui écrit à son fils entre deux vapes alcoolisées...

Mon histoire préférée dans ce livre est celle qui met en face à face deux clochards. Le premier est un jeune homme ordinaire de la classe moyenne qui est soudainement saisi d'une transmutation psychologique religieuse : il quitte le foyer familial pour vivre une expérience semblable à celle du Christ. Exalté, il erre pour sauver le monde. Comme il va vite manquer de sous, il sera bientôt réduit à la mendicité. Ce sera en demandant l'aumône dans une station de métro qu'il fera la rencontre d'un mendiant aguerri et endurci. Cet alter égo se dénomme Magloire. Désabusé de Dieu et des hommes, agressif, haineux, voleur, Magloire domine son interlocuteur médusé qui l'invite au restaurant avec les quelques sous qu'il a réussi à quêter. Après avoir mangé à sa faim, Magloire va déguerpir du restaurant non sans avoir assailli un prêtre, voisin de table, et surtout, en laissant la facture du repas à son compagnon d'infortune.

JULIEN. Le romancier québécois Guy Lalancette a publié en 2001 un roman intitulé *Les yeux du père*. Le titre est astucieux. Les yeux du père sont ceux du père d'un garçon de sept ans, Jüg. Ce père décède et toute l'intrigue du livre porte sur la quête de Jüg pour comprendre, la culpabilité dans l'âme, pourquoi il n'aimait pas son père et n'arrivait pas à décoder le regard de son père. L'action porte sur les trois jours après le décès, jusqu'aux funérailles. La quête de Jüg est passablement théologique, puisqu'il s'agit des grandes questions de la vie, de la mort, de l'amour. De plus, l'Église catholique est omniprésente à l'occasion de ce décès qui survient à l'époque des années 50 dans un village reculé du Québec. Les yeux du père sont donc aussi ceux de Dieu, que Jüg n'arrive pas davantage à décoder.

Le mélange de naïveté, de raisonnement critique, et d'observations innocemment accablantes pour la religion venant de l'esprit d'un si jeune enfant est parfaitement trituré. L'auteur se distingue donc de Sylvain Trudel qui a fait de son héros un expert en la matière dans *Le Mercure sous la langue*. L'ami de Jüg, Julien, fait partie d'une famille athée, aisée, professionnelle, hautement éduquée, aimante et tolérante, et Julien est premier de classe en plus d'être fils unique. Jüg, par contre, est d'une famille nombreuse et quelque peu dysfonctionnelle (alcoolisme paternel, superstition maternelle). Le pauvre Jüg est presque le dernier de sa classe.

Toutefois, le personnage de Julien n'est qu'un moyen de faire raconter ses réflexions par Jüg, qui envie Julien, l'aime et voudrait adopter sa « religion » athée. C'est donc Jüg qui fait vivre au lecteur la joie de se faire raconter ses tribulations cosmogoniques religieuses et athées infantiles : les deux discours virevoltent en dialectique dans le délire explicatif immature. Le résultat est hilarant et d'un naturel autant crédible que destructeur pour la religion — ce dont l'enfant n'a, évidemment, aucune conscience.

Lorsque son père meurt, le brouhaha autour du décès va rapidement gêner le petit Jüg et le déconcerter :

> Les curés sont des corneilles qui volent au-dessus des villages pour trouver où sont les morts et le dire à tout le monde.

Jüg est le narrateur du livre. Il raconte, il placote, il réfléchit.

> [...] ils n'étaient pas très polis parce qu'ils n'ont pas enlevé leurs bérets blancs [les Bérets blancs sont une secte laïque fondamentaliste catholique québécoise].
> [...] Mais les Bérets blancs c'est peut-être comme les femmes et les filles, quand ils vont à l'église et qu'ils n'ont pas le droit d'enlever leur chapeau.

> La religion athée, c'est bien parce qu'on a rien à faire : pas de confirmation, pas de confession, pas de chapelet, pas de messe, pas de prière, pas de sacrifice ; on peut manger des bonbons quand on veut et on ne fait pas de péché. Mais dans la religion de Julien, on ne va pas au ciel. J'espère que ça vaut la peine, le ciel, parce que tout ce qu'il faut faire pour y aller, c'est plate.

Si le ciel consiste à contempler Dieu pour l'éternité, par exemple, comment tout le monde fera pour avoir une bonne vue ? Jüg se console en se disant que, timide comme il est, ce ne sera pas grave d'être au loin. Et il a de la suite dans les idées, le petit...

> Quand on meurt, c'est saint Pierre qui attend [...]
> Dieu n'a pas le temps de répondre à la porte du ciel parce qu'il faut qu'il se fasse regarder toute la journée.

Il a aussi une attitude très concrète...

> C'est certain que le curé Brassard, c'est le plus riche du village. Le presbytère [...] c'est la plus grosse maison du village avec plus que deux portes, une galerie qui fait presque tout le tour, et plein de fenêtres blanches

très grandes, même si le curé Brassard est tout seul
avec une servante. Ma mère dit qu'il y a beaucoup de
chambres pour recevoir monsieur l'évêque [...] Je ne
sais pas pourquoi les évêques aiment beaucoup les
chambres.

Dans la religion catholique, on peut commettre tous les
péchés et néanmoins aller au ciel, à condition de reconnaître
Dieu au tout dernier moment. Le principal ennemi de l'Église
est donc le mécréant. Selon la Bible, saint Pierre aurait renié
la déité de Jésus, mais serait néanmoins devenu saint et même
gardien des portes du ciel. Le petit Jüg interprète ce mystère
avec son cœur d'enfant.

En tout cas, saint Pierre n'a pas reconnu Jésus, mais
il a tellement pleuré que personne n'était capable de
l'arrêter, et c'est comme ça qu'il est devenu un saint, je
pense.

Ce stratagème de Lalancette est très efficace. L'élan infan-
tilisant de la religion est viré sur sa tête et c'est ici l'enfant
qui nous explique, à nous, adultes, ce qu'est la religion. Voici
un exemple de Jüg qui nous décrit un rituel paternaliste du
catholicisme, ou plus précisément, un rituel de soumission au
mâle alpha :

On ne peut pas manger avant parce qu'on va avoir
l'hostie [...] C'est comme avec mon père quand il
vient s'asseoir à la table pour manger avec son journal,
il faut toujours que ce soit lui le premier.

Une fois, sœur Lucie a dit que Dieu voulait leur
apprendre à obéir pour montrer qu'ils l'aimaient [cela
concerne l'interdiction à Adam et Ève de manger la
pomme]. C'était comme si Dieu était leurs parents.

Finalement, par une magnifique réflexion innocente
d'enfant, Lalancette montre au lecteur toute la décadence de

l'Église catholique en transformant son attachement apparent pour les pauvres en délaissement, tournant du même coup en dérision l'arbitraire des postures imposées pendant la messe (assis, à genoux, debout) :

> Je pense que le curé Brassard a vendu tous ses bancs
> […] Même si on a acheté un banc, on ne peut pas
> l'apporter chez nous parce que c'est interdit […]
> sinon on est obligés de rester debout, en arrière, avec
> le monde qui sont trop pauvres. Quand on est pauvre,
> je ne sais pas si on fait plus de péchés parce qu'on peut
> pas suivre la messe comme il faut quand c'est le temps
> de se mettre à genoux ou de s'asseoir.

Le même procédé est mobilisé pour ironiser l'attachement du catholicisme à l'amour et à la paix :

> Dans la Bible, c'est drôle, mais on dirait que tout le
> monde veut se tuer, même si c'est pour rire.

ANDRÉ. On trouve toutes sortes d'autres mécréants, habituellement non identifiés comme tels, dans la littérature romanesque québécoise. Dans le roman de Gil Courtemanche, *Une belle mort* (2005), c'est Noël et on célèbre le repas du réveillon. Toute la famille est réunie autour du père et de la mère. Hier encore, figure imposante qui terrorisait ses enfants, le père, victime de la maladie de Parkinson, est aujourd'hui prisonnier de son corps. Les paroles qui résonnent dans sa tête n'arrivent plus à franchir ses lèvres. Les mouvements qu'il veut faire le trahissent. André, l'aîné de la famille, artiste et intellectuel de gauche, aliéné par sa famille de terre à terre et confiné dans le silence de son athéisme innommable, approche la soixantaine. Il n'a jamais aimé son père, celui-ci ayant trop abusé de son pouvoir, trop menti, trop manipulé ses proches pour sauvegarder son image de toute-puissance. Pourtant, André ne peut s'empêcher d'être profondément touché en étant le témoin de la déchéance de cet homme. Que faire quand on est en présence de quelqu'un à qui désormais tous les plaisirs sont interdits ? Faut-il prolonger sa vie, ou plutôt l'aider, à sa propre demande, à l'abréger ? Autour de la table, les avis sont partagés. La résolution du dilemme sera athée et humaniste. Le rapprochement entre le sacrifice miséricordieux d'un être humain et la légende chrétienne de la crucifixion n'échappe pas à la sensibilité poétique de l'auteur de ce roman. Il profite de cette occasion pour ajouter une deuxième couche à l'analogie, celle de la famille dysfonctionnelle :

> La nuit de Noël est une invention géniale issue d'une légende dont on ne connaît pas l'origine. Que sait-on au juste ? Qu'un rebelle ou un fou ou un illuminé s'appelait Jésus et qu'il se proclamait le fils de Dieu, qu'il scandalisa les pharisiens, provoqua le ressentiment des bien pensants dont on ne connaît pas les noms, qu'il fréquentait une prostituée, n'avait pas vraiment de père, donc sans doute une mère monoparentale, et qu'il possédait une douzaine d'amis. Il fallut vingt siècles pour que la célébration de sa naissance anonyme se transforme en symbole de l'unité familiale.

4.3. La littérature utopiste du Québec

La gamme québécoise de l'utopisme va du « jovialisme » grossier jusqu'au roman nationaliste, en passant par la simplicité volontaire et les collectifs anarchistes de décroissance.

On retrouve dans la grande tradition mondiale du roman utopiste de nombreuses réflexions sur l'éventualité que le paradis, ce soit dans sa tête qu'on le retrouve (particulièrement dans *Île* de Huxley ou dans *L'impératif hédoniste* de Pearce). Serait-ce au Québec que cette idée aurait atteint son développement le plus spectaculaire ? Depuis plus de 30 ans, Jean-Marc Chaput, motivateur professionnel qualifié de « jovialiste » (magnifique néologisme québécois), sillonne la province, donnant 150 conférences par année, surtout dans les entreprises, mais attirant aussi un vaste public, remplissant de grandes salles telles que la Place des Arts de Montréal et le Grand Théâtre de Québec. Il offre une série de six conférences dont les titres sont les suivants : « Réussir au Québec », « C'est toi qui mènes », « Mets-y du cœur », « Le champion c'est toi », « Aide les autres et le ciel t'aidera », « Fais-toi confiance ». Il propose l'utopie mentale en quelques heures d'illumination. Le phénomène Chaput illustre à quel point le paradis séculier peut voler à ras de mottes. Un opium est si vite remplacé par un autre...

Le Québec en arrache. Il est souvent vécu par ses propres citoyens comme une dystopie... peuple conquis et exploité, castré par sa propre religion, hiver urbain déprimant... Mon pays, c'est la *sloche*. Le Québec d'aujourd'hui rivalise avec le Brésil pour le plus grand nombre de psychologues par tête de pipe. Les sectes foisonnent. Le ton culturel, tant dans ses téléséries que dans son cinéma et ses romans, est lourdement, extraordinairement misérabiliste. Son taux de suicide est un des plus élevés au monde. Admettons, humblement, que le projet social d'un paradis terrestre pour toute l'humanité ne saute pas aux yeux chez nous, ne saisit pas la conscience de beaucoup de Québécois.

Dans un élan utopiste diamétralement opposé à celui de Chaput, notons tout de même le roman utopiste de la Québécoise Francine Lachance, *La Québécie*. Cette utopie représente l'état d'esprit particulier des Québécois face à l'invasion du Québec par la culture marchande américaine. Mais elle est un calque, aussi, de la résistance plus ancienne des colons français à la culture marchande britannique... Malheureusement, le fait qu'aucune copie de ce livre ne soit disponible au Québec en commerce ni dans les bibliothèques universitaires de Montréal, pas plus qu'à la Bibliothèque nationale laisse pantois quant à l'élan utopiste au Québec (heureusement, une des bibliothèques de l'Université du Québec à Trois-Rivières en possède une copie).

Ce qui fonde la résistance vis-à-vis de l'hégémonie du modèle utilitaire américain et de la rationalité est, justement, la capacité d'affronter ludiquement et collectivement le destin. Hasard, aventure, sens du tragique, vénération de dame Fortune, sont les ingrédients majeurs de la « rêverie » en question qui ainsi s'apparente à toutes les utopies, faisant ressortir le pivot central à partir duquel se structure l'âme d'un peuple. (Michel Maffesoli commentant le roman de madame Lachance, dans *L'instant éternel. Le retour du tragique dans les sociétés postmodernes*, 2000, p. 126-127)

L'œuvre de Francine Lachance est extraordinaire. Le genre littéraire utopiste, au Québec, repose entièrement sur cet unique ouvrage, mission dont l'auteure s'acquitte avec brio. D'abord, l'œuvre est essentiellement québécoise. Ensuite, l'auteure évite le piège d'un utopisme abrupt qui ferait décrocher trop de lecteurs. En fait, la structure narrative comporte un constant croisement entre la dystopie du présent et l'utopie d'un certain passé, mais d'un passé qui n'est pas encore tout à fait disparu. La construction narrative est extrêmement ingénieuse. Par exemple, les protagonistes ont des dialogues de type socratique (mais sans l'allure pompeuse, prétentieuse du philosophe) : du même coup, la narration exploite un artifice bien connu des littérateurs utopistes, la transformation des choses en leur contraire pour favoriser la réflexion, pour aider à créer une atmosphère de relativisme et d'ouverture révolutionnaire... L'auteure introduit aussi une valeur bien féminine dans le genre littéraire utopiste : la convivialité spontanée. Finalement, l'œuvre est novatrice aussi du point de vue du contenu. Elle est une source de profondes et délicieuses réflexions sur la condition humaine et sur l'avenir de l'humanité.

Le livre consiste en une série de notes personnelles préliminaires à une thèse de doctorat sur une époque vite oubliée de l'histoire récente du Québec. L'action est située dans l'axe Québec/Montréal/Boston, sans oublier la campagne québécoise. L'époque pourrait être estimée à environ 2050 — car les gens ne se donnent plus de poignées de main en se saluant, et les provinces du centre du Canada ont été fusionnées avec les États-Unis, mais aucune innovation technologique n'est mentionnée. Le genre se situe à la jonction de l'onirisme, du surréalisme, du drame (l'héroïne meurt tragiquement), de l'aventure, de l'essai de morale, du compte rendu chronologique... L'utopie est autant nostalgique du paradis agraire perdu (l'auteure cite l'*Utopia* de More et l'*Atlantide* de Platon au début du livre) que de l'urbanité futuriste. Le temps narratif se situe dans un futur peu éloigné, mais l'objet de la narration est une utopie qui a atteint son apogée dans le passé pas très lointain (il en subsiste toutefois de nombreuses traces, incluant des survivants âgés). L'utopie est autant objective que subjective, et le lien entre les deux registres n'est jamais simplifié ni rendu tout à fait explicite. L'utopie comporte des éléments de droite et de gauche, classiques et rudement futuristes.

L'utopie en question consiste en quelques générations de Québéciens, Québécois s'étant séparés du reste du Canada pour créer une société meilleure que la précédente et ayant été renversés par le reste du Canada... une deuxième conquête, pour ainsi dire. Et quelle conquête ! D'abord parce que les Québéciens ne sont pas arrivés à établir le consensus en leur propre sein, malgré tous les efforts déployés, et ensuite parce que l'envahisseur a radicalement réprimé la culture de ce peuple, détruisant ainsi son âme, et qu'il continue à miner toute tentative de résurrection par le jeu de l'espionnage, de la manipulation (on dit de la Québécie qu'elle fut communiste) et des sales manœuvres (assassinats).

D'abord, la Québécie n'est pas une démocratie dans le sens habituel. Le citoyen naissant n'a aucun droit absolu, même pas à ses parents biologiques, même pas à sa propre vie... On euthanasie les bébés qui n'ont aucune chance d'avoir une vie intéressante (bébés lourdement handicapés) et l'exercice n'est pas caché. On retire le droit parental à ceux qui s'en montrent indignes et on remet le bébé à des parents désignés, désireux et méritoires, dans un grand rituel social ressemblant à une fête. On ne donne pas le droit de vote à ceux qui refusent ou sont incapables d'apprendre le sens de la citoyenneté québécienne. Plus on est éduqué, plus on a de « pointage » lors des votes pour la représentation politique. La jurisprudence est radicalement émondée, limitée à l'essentiel, de façon à ce que chaque citoyen puisse la connaître explicitement. Cela a pour effet de réduire radicalement le pouvoir judiciaire, le nombre d'avocats et de juges, ainsi que la complexité et le coût de l'appareil judiciaire. La constitution ne relève pas du pouvoir judiciaire, ni législatif ni exécutif, mais de la religion dénommée *Lumières*. La religion est athée. Elle est limitée strictement à la composante rituelle, c'est-à-dire à l'exercice convivial et collectif des symbolisations des valeurs de la population. L'euthanasie (suicide assisté) est acceptée et elle est même fortement ritualisée par une grande cérémonie publique — ce qui va de pair avec une priorité donnée à la bonne vie, la dédramatisation des maladies et de la mort imminente, et la mise de côté massive de la médecine hospitalière et de la médecine industrielle. Le système d'éducation est radicalement décloisonné, éclaté, diversifié et amplifié de telle sorte qu'une proportion importante de la population est en éducation continue à tous les niveaux, rythmes, couleurs qui puissent lui convenir. Un salaire minimum est donné à chaque citoyen méritoire. Le mérite est déterminé par un principe central, inscrit au cœur de la constitution : « Le mérite du Québécien est la mesure de sa contribution à la culture. » L'État assure ainsi que chaque citoyen puisse se donner à la collectivité de la manière qui lui convienne — de façon à rendre aussi diverses que possible les visions du monde des citoyens. Cette diversité se reflète d'ailleurs dans la grande variété des accoutrements, vêtements, jardins, architectures (les boulevards et les centres commerciaux sont démantelés) caractérisant le pays. Personne n'est obligé de travailler, sauf s'il refuse de contribuer par un important effort à sa propre éducation et à l'amélioration de la culture. Évidemment, l'État récompense ceux qui acceptent d'exécuter des travaux pénibles ou peu motivants et qui sont nécessaires pour la collectivité. Le libertarisme est exacerbé en Québécie : le hasard est élevé au statut de principe universel et est célébré solennellement par les rituels sociaux. Par exemple, les notations données aux élèves, même dans les domaines hautement techniques, sont légèrement pondérées par le hasard... Et l'organisation sociale des Québéciens paraît *chaotique* aux visiteurs étrangers...

> Vous me comprendrez quand vous aurez trouvé tous
> les autels des Québéciens voués au Dieu Hasard. (p. 76)

En Québécie, la richesse n'est pas une valeur. La monnaie fondamentale est le pointage citoyen aux fins du vote, monnaie qui n'est pas convertible. Et finalement, le livre se termine au moment où l'envahisseur (le reste du Canada, et bien entendu, le Québec actuel) commence à harceler la narratrice, détruit son ordinateur par virus électronique, prépare pour elle un « accident » mortel. Surgit alors une magnifique image de la Québécie, de la fonction de l'utopie en littérature, de l'amour de la nation, et de l'humanisme : un des derniers survivants de la Québécie, le père biologique longtemps perdu de la narratrice, l'aide à récupérer l'unique disquette ayant échappé à la répression, et contenant ses notes de thèse. Ce faisant, il lui explique sa théorie de l'antivirus informatique, celle de « l'idée-graine ». Elle consiste en une façon d'éduquer et d'édifier son prochain, non pas par le discours systématique, exhaustif, formalisé, rigoureux, précis, etc., mais par l'enchantement, la patience, l'engagement soutenu, le dialogue, la révélation progressive, conforme à la capacité d'absorption de l'interlocuteur. Internet représente aussi, un peu, l'univers de la Québécie : il est ambigu, il est diversifié, presque chaotique, il est virtuel, il est gratuit et libre, il est spontané, il contient les fleurs du bien comme du mal. Il est humain.

On devrait faire du livre de Francine Lachance une lecture obligatoire dans les cours de français, au niveau secondaire de l'école publique du Québec. Que ce livre ait été complètement ignoré au Québec est une tragédie. Et quelqu'un devrait écrire un *Québécie II* au plus vite.

Il faut réclamer le statut de romancière québécoise pour l'athée Margaret Atwood, puisqu'elle a habité de nombreuses années au Québec. Elle figure parmi les grands, à l'échelle mondiale, dans le genre dystopique avec ses romans *The Handmaid's Tale* et *Oryx and Crake*. Ce sont aussi des lectures intéressantes pour comprendre la vision du monde athée. Mais la dystopie ne correspond pas au ton prévu pour le présent volume, qui se veut positif et optimiste. Alors, le lecteur sera laissé à lui-même en ce qui concerne les magnifiques romans d'Atwood.

Qu'en fut-il des chantiers de construction d'une société paradisiaque dans le Québec d'hier? Notre modèle serait-il celui du curé Labelle (1833-1891) qui a voulu coloniser le pays d'en haut pour reprendre du poil de la bête face aux protestants? Enfant d'un peuple conquis et agenouillé, opérant dans l'étroit corridor du piège sinistre du catholicisme tendu par les conquérants, reculant jusqu'aux arrières-contrées les plus revêches, fourmillant de maringouins, terres arides et glaciales, lieux hostiles dont le conquérant ne voulait pas, le curé Labelle a voulu fonder un paradis. Nul besoin de dire que ce fut un échec (voir Jacques Beauchemin, «Dix utopies qui ont forgé le Québec. Antoine Labelle et le pays à faire», *Le Devoir*, 2005, p. A7). L'utopie ratée du curé Labelle est d'ailleurs la marque, l'archétype même, de la culture québécoise. Ceci est reflété dans l'œuvre du romancier québécois Claude-Henri Grignon, *Un homme et son péché* (1933), qui est centré sur un maire misérable et avaricieux menant vers le néant le destin rabougri des colons du pays d'en haut. Depuis la défaite de Montcalm par Wolfe en 1759, et à fortiori, depuis l'œuvre de Claude-Henri Grignon, la majorité des romans, poèmes, téléséries et films québécois ont été misérabilistes...

Qu'en est-il des chantiers de construction d'une société paradisiaque dans le Québec aujourd'hui? Les projets sont bien petits, bien fragmentaires, largement ignorés. Le terrain de la gauche électorale est occupé exclusivement par des partis qui ne remettent aucunement en question l'importance critique de l'argent dans la lutte électorale, ce qui a pour effet qu'aucun parti n'ose confronter l'*establishment* bancaire, commercial, industriel. Les partis radicaux de gauche sont tellement marginaux qu'ils n'arrivent à récolter que des poussières de vote et aucune couverture médiatique. Les coopératives anarchistes, projets d'autogestion, programmes d'autoproduction, ressemblent davantage à des économies de subsistance d'indigents qu'à des projets de société. Il ne semble pas y avoir de limites à la proportion du territoire, toujours croissante, dédiée aux centres commerciaux et à la publicité. La télévision, à laquelle est rivée la population, impose environ la moitié du temps d'antenne en publicité, temps que les autorités prévoient augmenter dans les années à venir. L'idéologie de la décroissance n'est mise en pratique que par quelques collectifs fondamentalistes catholiques pratiquant la simplicité (mentale et économique) volontaire sous forme de retour à la terre, et le Québec se démarque par un style de vie parmi les plus néfastes de la planète pour l'environnement.

Qu'en est-il des intellectuels? Ceux qui rédigent des manifestes révolutionnaires, des plans pour le futur? Il semblerait qu'au Québec ce terrain ait été presque entièrement occupé par l'élan nationaliste. Accorderions-nous le statut d'utopie à la *Déclaration d'indépendance* du Parti patriote de 1838 (http://www.independance-quebec.com/patriotes/ declaration_independance.php)? Cette déclaration fut en effet extraordinairement progressiste, consacrant la laïcité de l'État, l'égalité des sexes, l'interdiction de la discrimination raciale, l'abolition de la peine capitale, l'abolition des institutions féodales (le régime seigneurial en cours), l'indépendance de la presse, le droit généralisé au procès par jury, le droit universel à l'éducation, le scrutin secret, la nationalisation des terres de la couronne et du clergé, le bilinguisme de l'État. Accorderions-nous le statut d'utopie au manifeste *Refus global* de 1948 (http://pages.infinit.net/histoire/refus-gl.html)? Il encourage pourtant la liberté et la modernité, même si nombre de ses élans poétiques peuvent paraître bien obliques à n'importe quel lecteur... Accorderions-nous le statut d'utopie au *Manifeste du Front de libération du Québec* de 1970 (http://pages.infinit.net/histoire/manifst_flq.html)? Il proclame bien une société socialiste, même si le gros du texte est de la rage à l'état pur.

On voit bien que l'utopie militante du Québec ne fut, depuis la défaite, que revendication nationaliste — toujours de nature radicalement anticléricale, puisque l'Église catholique s'est opposée à la rébellion. Les auteurs de ces déclarations, Robert Nelson, auteur de la *Déclaration d'indépendance*, et Émile Borduas, n'étaient pourtant pas athées. L'utopie québécoise a donc été, jusqu'à ce jour, impossible. C'eût été une trahison de l'impératif de survie des Québécois, de l'appel primaire de la nation.

Or, un nouvel idéalisme semble poindre à l'horizon, en réaction à une nouvelle débâcle menaçant maintenant directement la société québécoise. C'est la menace environnementale globale. Dans ce contexte, même si la population reste largement inerte, certains intellectuels québécois, anarchistes pour la plupart, commencent à mettre au point un programme utopiste à caractère fortement quoique non exclusivement écologique. On retrouve sur Internet une expression de cette utopie dans un texte d'intellectuels québécois, surtout des professeurs d'université, datant de 2007, intitulé *Manifeste pour une décroissance conviviale* (http://www.decroissance.info/Manifeste-pour-une-decroissance), et dont voici un extrait:

> Détachons-nous des structures existantes et des
> pseudo-contraintes économiques pour concevoir
> un projet vraiment humain, un projet vraiment

réaliste, celui de vivre en fonction de nos besoins et
de nos ressources réelles, en harmonie avec notre
environnement. Puisant dans notre expérience de la
simplicité volontaire, nous sommes convaincus qu'une
société de décroissance, qui reposera sur la prise en
charge de leurs besoins par les populations, à petite
échelle, entraînera l'amélioration de la qualité de vie en
favorisant des environnements sains, la participation
du plus grand nombre aux décisions, l'entraide et les
échanges humains gratuits, la créativité et les occasions
d'épanouissement. À quoi ressemblerait cette société?

Ce projet est maintenant appuyé par un livre qui est magnifiquement utopiste d'un couvert à l'autre : *Objecteurs de croissance* (2007), sous la direction de Serge Mongeau. On trouve dans ce livre des chapitres d'une dizaine d'auteurs, tous Québécois, qui entrent dans le détail d'un plan de société fortement articulé, traitant d'histoire, d'agriculture et d'alimentation, de santé, de politique, d'économie, de styles de vie, de modes relationnels, d'éthique... tout ce qu'il faut pour imaginer concrètement un paradis terrestre, le tout développé autour de l'idée du salut par la décroissance. La saveur est, bien entendu, nettement anarchiste (les thèmes d'autogestion, d'antiautoritarisme, de liberté, d'autoproduction ne sont pas négligés et plusieurs des auteurs trouvent même le moyen d'y professer leur anticléricalisme). Toutefois, même si on peut supposer que presque tous les auteurs de ce livre sont athées, seul Jean-Marc Fontan va jusqu'à l'affirmer explicitement :

Ni Dieu ni Maître extérieur ne sont là pour nous
imposer notre destinée. Cette dernière est plus que
jamais entre nos mains. S'il a fallu se résigner à
accepter les guerres, les privations, les résistances et les
révoltes pour conquérir un mieux-être et une existence
améliorée; s'il a fallu composer avec les inégalités sous
toutes leurs formes; si nous observons régulièrement

le déploiement de violences sous des types variés,
force est de constater que cet héritage nous a permis
d'atteindre un niveau élevé de développement que
nous ne pouvons plus soutenir. Nous n'avons plus
besoin de poursuivre dans la barbarie la voie du
progrès pour le progrès. Il convient plutôt, en toute
humilité et avec simplicité, de faire le point sur la façon
dont nous voulons gérer notre héritage et construire
un nouveau patrimoine sur des bases éthiquement
encadrées.

4.4. L'athéisme dans le cinéma québécois

Il n'y a nulle raison, aux fins du présent essai, d'outrepasser les travaux d'Yves Lever sur l'influence de la religion dans le cinéma québécois. Ainsi, la structure de l'analyse qui suit, et presque tous les contenus qui s'y trouvent, proviennent de ses travaux.

1) La préhistoire bondieusarde descriptive. Dans une analyse du phénomène religieux dans le cinéma québécois, Yves Lever (*L'univers religieux du cinéma québécois*, 1973) souligne à quel point la religion est amplement présente dans les premières décennies du cinéma québécois, c'est-à-dire pendant les années 50 et 60.

L'extrême iconographisme et ritualisme de l'église
catholique au Québec furent irrésistibles aux cinéastes.
On ne trouve presque pas de film qui ne montre pas
son « curé » (en soutane) ou sa « bonne soeur »
(en costume blanc et noir farfelu). Celui-ci (ou
celle-ci) fait tout naturellement partie du décor, mais
le plus souvent, il (elle) n'a aucune part à l'action
principale du film, i.e. à la vie des gens. Les caméras
accrochent à peu près toutes les manifestations visibles
de l'expression religieuse : affirmations théologiques,
réponses du catéchisme, croyances populaires, prières
(chapelet surtout), rites (baptême, funérailles, messe et
mariages sont privilégiés), objets (crucifix, vêtements

liturgiques et cléricaux, croix du chemin), coutumes (jeûne, «faire ses pâques», rameaux, Noël et messe de minuit, etc.), cantiques, lieux de culte (les clochers d'église sont inévitables dans un panoramique sur la Terre-Québec). Ces représentations vont même au-delà de la réalité descriptive, car les directeurs artistiques se servent toujours des mêmes symboles traditionnels (soutanes, chapelets) même après qu'ils soient à peu près disparus de la vie ordinaire. On note toutefois que le traitement qui est fait de cette riche iconographie ne cherche en rien à valoriser l'église catholique, ni à rendre sublime le sentiment religieux, ni à approfondir l'appartenance religieuse. Les représentations religieuses dans le cinéma québécois sont davantage un banal «bourrage» visuel qu'un enchantement. Ceci témoigne du fait que déjà, la religion est en sérieux déclin au Québec.

2) La préhistoire bondieusarde évocatrice. Toujours selon Lever:

[…] dans l'analyse de problèmes vitaux où la religion avait chez nous des réponses définitives (sens de la vie et de la mort, liberté, éthique, sexualité, pauvreté, avenir de l'homme), certains films apportent un vocabulaire neuf (images) et des solutions implicites, différentes de celles proposées traditionnellement. De même, l'établissement d'un nouveau panthéon d'idoles cinématographiques (personnages filmiques et comédiens-vedettes) vient bousculer les élites traditionnelles dont faisaient partie les personnages religieux. Certaines caractéristiques de ces nouvelles idoles (dogmatisme, ton prêcheur, réponses à tout) reproduisent singulièrement celles des anciennes. Retenons surtout ici qu'on ne se débarrasse pas facilement de la manie d'adorer (ou de brûler, ce qui revient à admettre leur existence) des idoles.

Sans que les cinéastes s'en aperçoivent trop
bien, certains films reproduisent des modèles de
compréhension et de comportement directement
hérités du monde religieux. *Pour la suite du monde*
(1962) de Pierre Perrault et Michel Brault épouse la
structure de l'histoire du salut menant au Christ.
Dans *Les Colombes* (1972), sans aucune référence
directe ou indirecte à la religion, Jean-Claude
Lord reproduit néanmoins à travers les gestes et
paroles désespérés de ses personnages la conception
théologique traditionnelle de la nature humaine
corrompue (péché originel) que seul un sacrifice
d'innocents peut racheter. *Taureau* (1973) de Clément
Perron reprend le mythe « vétéro-testamentaire » du
bouc émissaire. On peut se débarrasser de certaines
paroles et pensées, mais on ne se libère pas facilement
d'une façon de penser.

3) L'anticléricalisme dénonciateur. Si quelqu'un risque de
savoir si l'athéisme franc a été représenté dans le cinéma québécois, c'est bien Yves Lever, expert en la matière. Au cinéma
québécois, selon Lever, le sujet a semblé être un tabou jusqu'à
tout récemment :

Certains cinéastes ont tourné des films pour exprimer
une indigestion de l'Église catholique du Québec.
Certains de ces cinéastes sont des chrétiens frustrés,
tandis que d'autres sont simplement hostiles à l'église
catholique. Néanmoins, jusqu'aux années 2000 aucun
cinéaste québécois ne prend ouvertement parti pour
l'athéisme à proprement parler. Typiquement, le
film se contente de dénoncer, dans notre histoire,
l'alliance entre les pouvoirs religieux et les pouvoirs
politiques. Dans *La mort d'un bûcheron* de Gilles
Carle (1972), le monseigneur mange de la dinde avec
les « boss » pendant que les bûcherons mangent des
« binnes » (fèves au lard) après la messe de minuit.

Dans le film *Duplessis et après...* (1972), Denis Arcand établit un parallèle audacieux entre la campagne électorale indépendantiste de 1970, au Québec, et celle de Maurice Duplessis (qui deviendra premier ministre ultramontain et autoritariste), en 1936. Grâce à des extraits soumis à un montage serré, quasi-pamphlétaire, faisant appel à du matériel cinématographique tourné sur le vif ainsi qu'à des documents historiques comme le catéchisme des électeurs et le rapport Durham, le cinéaste examine le bouillonnement d'espoir que font apparaître les élections provinciales de 1970 et poser une question sans réponse : la Révolution tranquille a-t-elle vraiment changé quelque chose au Québec ? Est-il possible que se lève un homme nouveau, en politique, au Québec ? Dans *Quelques arpents de neige* (1972), Denis Héroux dénonce l'influence négative de l'église catholique dans la rébellion de 1836 dénommée « soulèvement des patriotes ».

D'autres films ont l'anticléricalisme plus agressif et plus naïf : *Q-Bec my love* de Jean-Pierre Lefebvre (1970) et *IXE-13* de Jacques Godbout (1972). Dans d'autres cas, il suffira de montrer les vécus religieux des Québécois comme « niaiseux » : *L'Apparition* de Roger Cardinal (1972), *Les Colombes* de Jean-Claude Lord (1972), *Les Corps célestes* (1974) de Gilles Carle.

4) Le désenchantement religieux et athée. Dans une partie intitulée « Entre le désengagement et l'utopie : *Le bonhomme*, un film de Pierre Maheu », Yves Lever livre la magnifique analyse suivante (dont le propos sur ce film est à peine abrégé) :

Pierre Maheu a tourné en 1972 un film intitulé *Le bonhomme* avec comme objectif de montrer les possibilités d'émancipation pour un simple Québécois si seulement il pouvait lâcher la religion.

Le protagoniste, chauffeur d'autobus québécois (Claude Lachapelle), révèlera non seulement ses aspirations, ses rêves et ses utopies, celles du « vrai monde », mais aussi ce qu'il réalise et vit quand il incarne ces utopies. Maheu cherche à tracer des pistes pour le « nouvel homme ».

La première séquence du film représente un baptême « conventionnel » dans une église, et aussitôt, un bref plan de Claude se baignant dans un lac coupe cette séquence et révèle une autre sorte de baptême. Immédiatement après, une astrologue (incarnation d'une nouvelle « providence ») prophétise et « théologise » pour notre héros le départ d'une nouvelle existence. Les dernières images feront voir des bébés et des poupées, affirmant par là que l'homme nouveau n'en est encore qu'à ses premiers balbutiements. Entre ces deux séries d'images, le vécu de Claude illustre la genèse de l'homme nouveau.

Avant de décrocher du monde du travail, Claude était donc chauffeur d'autobus. Cela veut dire d'abord travailler continuellement « dans le trafic », dans la plus grouillante des mécaniques ; l'attention constante aux mouvements de son véhicule (et à ceux des autres) se transforme souvent en tension, ça veut dire aussi se trouver continuellement au milieu de la plus grande densité de pollution, aussi bien sonore que de l'air. Un chauffeur d'autobus porte un costume spécial, un uniforme : la fantaisie vestimentaire est refoulée, comme dans l'armée où Claude s'est déjà trouvé. Chauffer un autobus, cela signifie aussi rencontrer des centaines, peut-être des milliers de personnes par jour, mais toujours de façon impersonnelle et sans communiquer avec aucune d'entre elles ; remarquons que c'est aussi un bon lieu pour se rendre compte visuellement de toutes les misères et laideurs. Ajoutons à cela la routine de parcourir toujours la même « run » (circuit), de voir les mêmes murs bloquer l'horizon. Finalement, comme dit Claude, il est toujours « watché » (surveillé) par un surveillant qui est « watché » par un inspecteur qui est « watché » ; un lieu idéal pour connaître viscéralement les effets de la bureaucratie. En résumé, c'est un monde de contraintes et de stéréotypes ; aucune créativité possible mais la répétition des mêmes gestes et l'ennui.

Les engueulades entre Claude et Yolande fournissent les images les plus fortes du film. Elles nous révèlent une situation familiale intenable, un climat d'agressivité insupportable. De la famille Lachapelle, le film s'attarde surtout à montrer l'échec complet du couple parental. Leur mariage a été une bataille de vingt ans, dit Claude. Aucune tendresse ou affection ne marque leurs rencontres. Éclatent seulement, en un langage très coloré, le mépris de l'un pour l'autre et une volonté de destruction (à deux reprises, Yolande force Claude à l'embrasser : celui-ci s'exécute du bout des lèvres et aussitôt après s'essuie la bouche du revers de la main. Images terribles). Des enfants, on ne sait que peu de choses. Il y en a dix, mais on ne voit au foyer qu'une adolescente qui paraît assez équilibrée et qui nous dit qu'il est impossible de savoir qui, du père ou de la mère, a le plus tort ou raison. Yolande affirme qu'elle a dû s'occuper toute seule de la marmaille (se lever la nuit, etc.) et que Claude ne s'est jamais dérangé pour apporter un verre d'eau à l'un d'eux. On apprend aussi que la grand-mère maternelle en élève quelques-uns. Mal engagée (un mariage forcé parce que Yolande,

à quinze ans, était enceinte ; Claude en avait dix-huit),
aux prises avec des problèmes économiques constants,
cette famille d'ouvriers se disloque parce qu'elle ne
peut pas être un lieu d'épanouissement. Elle apporte
la vie matérielle (mal), mais aucune vie spirituelle
et relationnelle. On y vieillit vite. Lieu du réalisme
matériel, mais d'un réalisme qui tue. La quotidienneté,
dans ses préoccupations brutes, s'y concentre, mais
ne peut pas y être dépassée ; elle poursuit le couple
jusque dans le club où le spectacle (de strip-tease)
ne réussit pas à couper l'engueulade. Pour Claude,
la famille fait partie du « vieil homme », du monde
ancien dont il faut se débarrasser. Et l'homme nouveau
dont il sera question ne parle pas de la famille, même
améliorée. Il aspirera plutôt à la vie en « commune »
comme en un lieu de recherche spirituelle, d'ouverture
à l'imagination, à la fantaisie, à la fête, un lieu
d'épanouissement pour l'homme, la femme et les
enfants.

Indirectement, la ville, surtout dans certains quartiers,
apparaît comme un lieu castrateur. Conventions,
saleté, pollution empêchent la nature (dans tous les
sens du mot) de se manifester au grand soleil.

Pendant trente ans, Claude est allé dans les églises.
Mais il n'y a jamais rencontré le Bonhomme
(Dieu) comme dans la nature. Parce que les curés
n'« expliquaient » jamais. Ils savaient peut-être,
continue Claude, mais ils n'expliquaient jamais, parce
qu'alors on n'aurait plus besoin de curés !

Une première série des images du film explique
le désengagement de Claude Lachapelle. Mais il
s'y trouve aussi un autre désengagement qu'il faut
mentionner. Maheu en fait un prototype de l'homme

qui apprend à couper les ponts et à s'engager dans des vies résolument neuves. L'analyse du «vieil homme» permet de comprendre pourquoi il sera séduit par l'homme nouveau qui, lui, se donne une nouvelle conscience cosmique par la drogue ; part en moto ou autrement vers des horizons nouveaux, éprouvant à la fois l'enivrement de la vitesse et la puissance brute des mécaniques, découvre de nouveaux pôles de sensibilité avec la musique pop et réapprend à entendre les bruits de la nature, peut se promener tout nu, sans honte ou gêne, dans un champ, se baigner nu·dans des eaux cristallines, regarde le soleil en face et se laisse pénétrer de sa chaleur, contemple de vraies fleurs, fait l'amour avec les arbres et touche de vrais animaux, s'engage dans une recherche spirituelle et entre dans les lieux sacrés, veut devenir un guerrier de l'amour et rencontre des femmes jeunes et belles, ne travaille que pour assurer le minimum vital, n'a comme seule ambition que d'être heureux dans la simplicité.

L'homme nouveau se libère de tous préjugés et de toutes contraintes pour accéder à la liberté, à la communication par la beauté. Pour Claude, c'est d'autant plus merveilleux qu'il trouve des frères pour rechercher et partager ça avec lui.

Au milieu de tout ça, la redécouverte du Bonhomme (Dieu). Non pas celui de la tradition chrétienne ou musulmane ou hindoue ou quoi que ce soit, mais un Dieu antérieur à toute religion. Un Dieu fascinant, mais non sans ambiguïtés. Les merveilles des fleurs, des feuilles, des arbres, des reflets du soleil sur l'eau limpide du lac évoquent pour Claude le Dieu créateur. Créateur plus que génial, car malgré ses fusées propulsées dans le ciel, l'homme ne pourrait jamais créer tant de beauté. Non seulement la nature évoque-t-elle Dieu, mais elle-même est Dieu qui se laisse ainsi toucher, sentir, goûter dans le déblocage des émotions et des instincts primitifs. Les personnes aussi font partie de ce grand tout divin (sacré) : « si t'as du plaisir, il a du plaisir – si t'es contente, il est content ; si t'es ben, y'é ben. » Seigneur de la beauté, de la fantaisie, de la fête, de la joie, du plaisir, il fait de tout lieu un lieu sacré. Incarnation en plénitude. Tout cela reçoit la caution théologique d'un Lanza del Vasto aux déclarations aussi solennelles qu'hermétiques.

Pourtant, ces élans mystiques ne tiennent pas le coup toute la journée. Son Bonhomme (Dieu) ne sert qu'à justifier ses désengagements. Car il exclut trop rapidement la nature de la ville et les personnes enlaidies et vieillies. Il accepte trop facilement le salut individualiste des plus forts et des plus « fins ». Il encourage beaucoup les beaux voyages, mais ne se préoccupe pas beaucoup des laissés-pour-compte. Il ne pousse pas très fort à l'engagement collectif en faveur des pauvres et des opprimés. Il laisse trop facilement la « bonne conscience » devenir absence de conscience et de responsabilités.

Dans un texte intitulé « *Jésus de Montréal* de Denys Arcand : de la religion comme esthétique… », paru dans *Relations* (1989), Yves Lever tient un propos, minoritaire parmi les analystes, voulant que le film *Jésus de Montréal* du cinéaste québécois Denys Arcand, comporte une intention purement athée :

Comme il l'a répété dans des dizaines d'interviews, si Denys Arcand a écrit son film *Jésus de Montréal* (1990), c'est pour voir ce qui lui reste de l'éducation religieuse de son enfance, pour savoir s'il n'y a pas quelques idées-force à retenir de ce monde où tout était clair, bien défini, sécurisant. Arcand affiche clairement sa position dès la première séquence. On y assiste à une pièce de théâtre qui transpose *Les Frères Karamazov* de Dostoïevski ; l'extrait montre le suicide de Smerdiakov et lui prête les paroles du double d'Ivan dans le roman : « Il faut détruire l'idée de Dieu dans l'esprit de l'homme ! Alors seulement, chacun saura qu'il est mortel, sans aucun espoir de résurrection, et chacun se résignera à la mort avec une fierté tranquille. L'homme s'abstiendra de murmurer contre la brièveté de la vie et il aimera ses frères d'une affection désintéressée. L'amour ne procurera que des jouissances brèves, mais la conscience même de cette brièveté en renforcera l'intensité autant que jadis elle se diluait dans les espérances d'un amour éternel, au-delà de la mort. »

Pour s'assurer d'être bien compris, quelques minutes plus tard, il cite un long commentaire d'un film sur l'astrophysique, dont voici la finale : « Le monde a commencé sans l'humanité et il s'achèvera sans elle. La durée de la vie telle que nous la connaissons n'aura été qu'un minuscule instant, pendant lequel nous aurons existé et, à la disparition du dernier esprit sur la terre, l'univers n'aura même pas senti sur lui le passage d'une ombre fugitive. » Voilà pour le credo essentiel : il n'y a pas de Dieu, la vie et l'intelligence ne représentent qu'un minuscule point dans l'évolution de la matière depuis le Big Bang. Jésus-Christ, quant à lui, n'est qu'un homme, un sage qui a su intégrer le meilleur de la religion de son temps et le traduire en quelques paroles prophétiques dont l'intérêt persiste après deux millénaires.

Le point de départ du scénario est simple : un jeune comédien, de retour d'un long voyage et chômeur, accepte l'invitation du curé du « sanctuaire » (on ne dit pas « l'oratoire », mais on montre celui du mont Royal) de «moderniser», de «rafraîchir» le chemin de la croix que l'on joue chaque été dans les jardins. Pour lui, manifestement, ce n'est pas du tout affaire de foi, mais simplement une occasion d'exercer son métier de comédien, donc de communicateur. Consciencieux, il se met d'abord à l'étude du personnage Jésus, puis il compose son texte, recrute quatre collègues et joue la pièce. Elle a beaucoup de succès et on en parle dans les médias. Mais la «modernisation» est poussée trop loin et les autorités du sanctuaire interdisent la représentation. Voulant la jouer une dernière fois, les comédiens bravent l'interdiction, mais peu avant la fin, un imposant service d'ordre vient tout arrêter. Il y a bousculades avec la foule, et Daniel-Jésus tombe avec sa croix par-dessus, subissant un choc crânien qui provoque sa mort.

Le film de Bernard Émond *La Neuvaine* (2005) se veut une réflexion sur l'espérance. Rappelons que l'espérance, avec la charité et la foi, est une des trois valeurs cardinales du christianisme. De son propre aveu, le cinéaste, un athée nostalgique du christianisme de son enfance, s'offre avec ce film un retour sur ce qu'il a perdu avec la lucidité.

Femme médecin exerçant dans un centre hospitalier de Montréal, Jeanne se croit responsable de la mort d'une patiente et de son bébé assassinés par un mari violent. Désespérée, elle quitte la ville au volant de sa voiture pour un périple aléatoire sans réelle destination. Elle se retrouve à Sainte-Anne-de-Beaupré, au bout d'un quai, alors qu'elle se voit tiraillée par la tentation du suicide. Elle rencontre sur ces entrefaites François (Patrick Drolet), venu faire une neuvaine (période de neuf jours consacrés à la prière) au sanctuaire pour sa grand-mère mourante. Ouvertement athée, Jeanne garde ses distances envers la foi exprimée par ce dernier, mais elle se sensibilisera peu à peu à l'apparente simplicité de ce jeune homme pieux. Sensible à la paix intérieure abritant le jeune homme, à sa simplicité (y compris d'esprit) et à sa générosité toute naturelle et sans arrière-pensée, Jeanne s'en verra peu à peu renforcée, sans pour autant renoncer à son athéisme.

Bref, le film d'Émond présente un personnage québécois et athée comme une personne accomplie (médecin), sensible (elle se sent coupable d'un geste professionnel à conséquences fatales), sympathique (elle est douce avec un jeune étranger un peu simple d'esprit), mais ce personnage athée, à l'instar de son créateur, a besoin du renfort du fonds culturel religieux de sa culture ambiante, tout en ne remettant aucunement en cause son athéisme.

Le dernier film québécois à traiter de l'athéisme est présenté par le réalisateur au public, lors d'interviews, de façon tordue, presque hypocrite, probablement sardonique. En l'occurrence, le jeune réalisateur montréalais, Julian Samuel, décrit l'intention de son film documentaire *Atheism* (2006) comme étant une explication de « comment un athée, comme moi, devient religieux ». Mais en réalité, ce qui est livré est le contraire, et deux fois plutôt qu'une. Car le film penche fortement vers l'athéisme, et ne laisse que très peu d'oxygène à la religion qui n'est représentée que par un seul protagoniste parmi de nombreux athées : un chrétien avec une vision castratrice de sa propre croyance. Le film est une série d'entrevues avec des savants et des intellectuels de haut niveau. Le documentaire nous plonge rapidement dans les réflexions et positions émanant des interrogés. Cette démarche produit un remarquable tableau de divers ancrages religieux : les croisades, les guerres, l'inquisition et le mystère. Par opposition, elles sont suivies par d'intéressantes interrogations du réel, d'ordre scientifique et philosophique. À travers ces interviews, Julian Samuel sonde subtilement les sensibilités de ses interlocuteurs pour ensuite les confronter avec les siennes, qui relèvent d'un athéisme abouti. Ce qui empêche le film de nous plonger dans l'aridité de l'intellectualisme verbeux, c'est l'imagerie iconoclaste et allégorique, l'exploitation de calligraphies et de gestuelles saisissantes, d'icônes évocatrices, d'images judicieusement choisies, qui renforcent les propos. L'humour est aussi au rendez-vous et les propos sont mordants. Le point de vue religieux n'a aucune chance dans ce film d'atteindre quelque crédibilité. Par contre, le film illustre comment les thèmes religieux, aussi fascinants soient-ils dans le cadre de la religion, le sont encore plus dans les cadres scientifique et philosophique.

> Quand cet homme était roi sur ces lacs et ces terres
> Avant les croix, la France et l'Angleterre.
> (extrait de la chanson *Inuksut* de Claude Gauthier, sur
> son album *Un homme passait par là*)

4.5. La poésie prométhéenne au Québec

Dans la mythologie grecque, Prométhée est ce héros qui vola le feu aux dieux pour le remettre aux humains et qui dut payer son outrecuidance par une souffrance éternelle. On sait que les poètes sont souvent des êtres épris de liberté, qu'ils ont souvent l'imagination vive, et qu'ils ont besoin de créer par eux-mêmes leur propre vision du monde. On devine aussi que l'athéisme ne risque pas de faire l'objet de beaucoup de poèmes. Plutôt, on s'attendra à trouver dans le patrimoine poétique québécois des comptes rendus païens du monde, et peut-être quelques images irrévérencieuses à l'égard de la religion, des questionnements sans doute sincères sur la nature de l'être, de l'humain et des dieux, des remises en question du dogme religieux, en oblique. Un bel exemple d'une telle remise en question se retrouve chez le poète québécois Octave Crémazie (1827-1829) dans son poème « Le Potowato-mis », dans lequel il prend parti pour les Amérindiens qui se sont fait conquérir et qui ont connu la déchéance aux mains des envahisseurs, les colons français — le tout justifié par le dogme catholique :

> — Mais le vent souffle en vain dans la forêt sonore ;
> En vain le rossignol, en saluant l'aurore,
> Fait vibrer dans les airs les notes de son chant ;

Car l'enfant des forêts, toujours pensif et sombre,
Regarde sur le sable ondoyer la grande ombre
De l'étendard de l'homme blanc.

— Aux bords des lacs géants, sur les hautes montagnes,
De la croix, de l'épée invincibles compagnes,
Les pionniers français ont porté les rayons.
Et quand son œil noir voit l'étendard de la France,
On lit dans son regard tout un drame sanglant;
Et quand il va dormir au bord des larges grèves,
Il voit toujours passer au milieu de ses rêves
Une croix près d'un drapeau blanc.

Sur le même thème, le poète québécois Gilles Hénault (1920-1996) va plus loin : il parodie, dans son poème « Je te salue », la prière catholique intitulée *Je vous salue, Marie*, en prenant la défense des peuples amérindiens écrasés par l'envahisseur, et du même coup, il prend parti pour leur paganisme contre l'Église catholique :

Peaux-Rouges
Peuplades disparues
dans la conflagration de l'eau-de-feu et des
tuberculoses
Traquées par la pâleur de la mort et des Visages-Pâles
Emportant vos rêves de mânes et de manitou
Vos rêves éclatés au feu des arquebuses
Vous nous avez légué vos espoirs totémiques
Et notre ciel a maintenant la couleur
des fumées de vos calumets de paix.
Nous sommes sans limites
Et l'abondance est notre mère.
Pays ceinturé d'acier
Aux grands yeux de lacs
À la bruissante barbe résineuse
Je te salue et je salue ton rire de chutes.
Pays casqué de glaces polaires

Auréolé d'aurores boréales

Et tendant aux générations futures

L'étincelante gerbe de tes feux d'uranium.

Nous lançons contre ceux qui te pillent et t'épuisent

Contre ceux qui parasitent sur ton grand corps

d'humus

et de neige

Les imprécations foudroyantes

Qui naissent aux gorges des orages.

J'entends déjà le chant de ceux qui chantent :

Je te salue la vie pleine de grâces

le semeur est avec toi

tu es bénie par toutes les femmes

et l'enfant fou de sa trouvaille

te tient dans sa main

comme le caillou multicolore de la réalité.

Belle vie, mère de nos yeux

vêtue de pluie et de beau temps

que ton règne arrive

sur les routes et sur les champs

Belle vie

Vive l'amour et le printemps.

(extrait du recueil *Totems*)

Le poète et chansonnier québécois Félix Leclerc (1914-1988) n'a pas claironné publiquement sa position théogonique. Mais son poème « L'alouette en colère » aurait pu être écrit par un athée. Le poème est riche d'ambiguïtés et est extraordinairement évocateur. Il amalgame l'humiliation de l'humain déchu du paradis terrestre à celle du Québécois vaincu, à celle du fils révolté, à celle du père endeuillé. Le poème laisse croire que l'intention de Leclerc était, entre autres, d'amener le lecteur à comprendre qu'il fallait rompre avec l'Église catholique pour affranchir le Québec. Le fils meurtri et révolté est athée. Mais comme il est innocent, son

père l'aime. Il s'identifie à son fils. Il le rejoint dans sa révolte.
Le rejoint-il dans son athéisme?

> J'ai un fils enragé
> Qui ne croit ni à dieu
> Ni à Diable ni à moi
> J'ai un fils écrasé
> Par les temples de la Finance
> Où il ne peut entrer
> Et par ceux des paroles
> D'où il ne peut sortir
> J'ai un fils dépouillé
> Comme le fut son père
> Porteur d'eau, scieur de bois,
> Locataire et chômeur
> Dans son propre pays
> Il ne lui reste plus
> La belle vue sur le fleuve
> Et sa langue maternelle
> Qu'on ne reconnaît pas
> J'ai un fils révolté
> Un fils humilié
> Un fils qui demain
> Sera un assassin
> Alors moi j'ai eu peur
> Et j'ai crié «À l'aide
> Au secours quelqu'un»
> Le gros voisin d'en face
> Est accouru armé,
> Grossier, étranger
> Pour abattre mon fils
> Une bonne fois pour toutes
> Et lui casser les reins
> Et le dos et la tête
> Et le bec et les ailes
> Alouette ah…
> Mon fils est en prison

Et moi je sens en moi,
Dans le tréfonds de moi
Pour la première fois, malgré moi,
Entre la chair et l'os
S'installer la colère.

Le poète québécois Gilles Vigneault, né en 1928, ne met pas davantage à l'avant-scène son orientation théogonique. Il a tout de même publié un poème, intitulé « Le poète », que l'on pourrait qualifier de « théogoniquement » irrévérencieux. Il y assimile le poète à Dieu, poète qui, dans un fantasme sans fin, rêve de créer un pays pour lui-même et pour son peuple dépossédé. Comble du désespoir, pour ce faire, c'est un autre monde qu'il faudrait créer. En attendant, et avant Kundera, nous sommes dans l'insupportable légèreté de l'être. Cette insupportable légèreté, c'est la québécitude.

Je prendrai dans ma main gauche
Une poignée de mer
Et dans ma main droite
Une poignée de terre,
Puis je joindrai mes deux mains
Comme pour une prière
Et de cette poignée de boue
Je lancerai dans le ciel
Une planète nouvelle
Vêtue de quatre saisons
Et pourvue de gravité
Pour retenir la maison
Que j'y rêve d'habiter.
Une ville. Un réverbère.
Un lac. Un poisson rouge.
Un arbre et à peine
Un oiseau.
Car une telle planète
Ne tournera que le temps
De donner à l'Univers

La pesanteur d'un instant.

(Extrait du recueil *Balises*, 1964)

La haine du prêtre et de l'Église catholique sont rampants
dans le Québec d'antan et d'aujourd'hui. Là n'est pas le propos
du présent volume... plutôt l'amour de notre prochain. Mais
recensons tout de même la limite de la démarche anticléricale
en poésie québécoise avec Michèle Lalonde. Cette poète
reprend la célèbre expression « Speak white » comme titre et
thème de son poème. Le 12 octobre 1899, au cours des débats
à la Chambre des communes, Henri Bourassa s'est fait huer
par des députés anglophones. Quand il tenta de s'expliquer
en français, il se fit crier : « Speak white ! » Le felquiste [Front
de libération du Québec] Pierre Vallières reprit cette image
esclavagiste de l'oppression culturelle des Québécois en les
dénommant les *nègres blancs d'Amérique*. La poésie de l'expression « Speak white » n'échappe à personne : dérober sa
langue à un peuple le réduit à l'esclavage, ou, à l'inverse, si un
peuple est déjà en esclavage, il ne reste plus qu'à lui dérober
sa langue. Bref, pour revenir au poème de Michèle Lalonde,
l'amalgame est enrichi à divers niveaux dans un élan vengeur
puissant. La langue de l'oppresseur y est assimilée non seulement à la race et au racisme, mais aussi à l'argent, à l'impérialisme, et bien entendu, à la religion (par église interposée,
s'entend) :

Speak white
tell us that God is a great big shot
and that we're paid to trust him
speak white
c'est une langue riche
pour acheter
mais pour se vendre
mais pour se vendre à perte d'âme
mais pour se vendre
[...]
ah ! speak white

226

big deal
mais pour vous dire
l'éternité d'un jour de grève
pour raconter
une vie de peuple-concierge
mais pour rentrer chez-nous le soir
à l'heure où le soleil s'en vient crever au-dessus des ruelles
mais pour vous dire oui que le soleil se couche oui
chaque jour de nos vies à l'est de vos empires
[...]
speak white
c'est une langue universelle
nous sommes nés pour la comprendre
avec ses mots lacrymogènes
avec ses mots matraques
speak white
tell us again about Freedom and Democracy
nous savons que liberté est un mot noir
comme la misère est nègre
et comme le sang se mêle à la poussière des rues
d'Alger ou de Little Rock

Les rôles du poète sont nombreux : éveiller les consciences, prévenir l'avenir, mobiliser la beauté, surprendre, illuminer, libérer, et... narguer. Avec son poème intitulé « Père et fils », le poète québécois Guy Rancourt (1948-) nargue les croyants, semble-t-il, puisqu'il transforme en humains béats et innocents tant le père que le fils :

Père et fils
Réunis sous un pommier
Le même planté par Yahvé
Au médian du jardin d'Éden
Le père et le fils
Fixant l'oeil du Dieu-Photo
Scrutant l'horizon
Souriant au soleil...

Réunis dans un champ de tournesols
Le même peint par Van Gogh
Au midi de la vieille Provence
Le père et le fils
Blaguant à qui mieux mieux
Narguant les humains et les dieux
Souriant au soleil…

Il ne serait tout simplement pas poétique d'écrire sur l'athéisme. C'est pourquoi on ne doit s'attendre qu'à l'entrevoir dans un contexte soit anticlérical, soit humaniste. On retrouve tout de même une affirmation explicite de la non-existence de Dieu dans plusieurs poèmes du grand humaniste, juriste, politicien et poète agnostique québécois Frank Scott (1899-1985) :

Le monde est mon pays
L'humanité est ma race
L'Esprit humain est mon Dieu
L'avenir de l'humanité est mon paradis
(Extrait de son poème « Creed »)

On pourrait dire que chaque phrase publiée par le poète québécois Irving Layton est un poème. On y trouve de nombreuses affirmations explicitement athées et anti-théistes. Elles sont citées, ailleurs dans ce livre, en exergue de chapitres et dans sa courte biographie.

4.6. La chanson prométhéenne au Québec

Le paradis, c'est ici. Y a pas d'autres vies.
(Paroles de la chanson *Une chance qu'on s'a* de
Jean-Pierre Ferland, auteur-compositeur-interprète
québécois)

Le Québec a soif de laïcité tout en refusant de pulvériser son passé culturel. Personne ne réclame la démolition des églises, bien au contraire. Tous s'entendent pour vouloir préserver les plus belles d'entre elles. Pourquoi ne pas nationaliser purement et simplement toutes les églises et leurs terrains lorsque les communautés religieuses souhaitent s'en débarrasser, comme ce fut le cas en France? Nous ne nous sentirions pas authentiques si notre passé hyper religieux était escamoté de notre historiographie. Et nous aimons continuer à digérer tranquillement notre libération de la religion catholique. Nous ne voulons pas jeter le bébé avec l'eau du bain. C'est pourquoi nous écoutons avec joie des chansons qui abordent le thème religieux par le doute, par l'antithèse dialectique, par l'opposition-fusion métaphorique, etc. On trouve ainsi dans la chanson populaire québécoise de nombreuses remises en question de l'hégémonie religieuse. Mais souvent, on y détecte une complainte nostalgique. La chanson populaire québécoise a eu, depuis la Révolution tranquille, somme toute, un effet de rouleau compresseur désacralisant. On tire l'énergie enchanteresse de la religion pour la transposer dans la vie de tous les jours et dans les valeurs humanistes et laïques, pour de nouveaux enchantements, ceux de l'amour, de la solidarité, de la nation, de la liberté. L'impact de la chanson populaire est immense. Elle emplit notre espace culturel. Une chanson populaire est entendue de nombreuses fois par des millions de Québécois, tandis que les plus beaux des romans, les plus beaux des poèmes ne touchent que quelques milliers de personnes tout au plus. Le message subliminal de chaque chanson populaire finit par se faire une niche dans la mentalité des gens.

Que l'interprète soit elle-même athée ou pas, lorsqu'on entend la chanson *Les yeux aux ciel* interprétée par Isabelle Boulay, on enregistre inconsciemment la phrase mécréante stipulant que lorsqu'on interpelle Dieu, on n'a en retour que de l'écho.

> J'ai les yeux au ciel
> Y a quelqu'un là-haut?
> J'appelle

Et j'entends que l'écho
(Paroles de Damien Ruzé, musique de Jacques
Romenski, sur le disque *États d'amour*, 1999)

Chaque ligne d'une chanson populaire peut être un poème en soi, si elle est bien faite. Des extraits plus particulièrement prométhéens de ce type de chanson sont placés en exergue des divers chapitres et sections du présent volume. Inutile de reprendre ces contenus ici. Toutefois, pour permettre au lecteur de mettre en contexte le phénomène, le tableau suivant ordonne chronologiquement les auteurs, les titres et dates de publication de quelques-unes de ces chansons, ainsi que les titres des albums sur lesquels on peut les trouver.

Auteur de la chanson	Titre de la chanson	Date de parution	Album sur lequel se trouve la chanson
Félix Leclerc	Attends-moi, ti gars	1957	Félix Leclerc et sa guitare, vol. 1
Claude Gauthier	Ton nom	1961	Québec Love
Jean-Pierre Ferland	God is an American	1970	Jaune
Jean-Pierre Ferland	Le chat du café des artistes	1970	Jaune
Yvon Deschamps	Aimons-nous	1970	Le p'tit Jésus / Le fœtus
Jean-Pierre Ferland	Une chance qu'on s'a	1995	Écoute pas ça
Leonard Cohen	Anthem	1999	The Future
Claude Dubois	Les petits cailloux	2001	Dubois qui chante live
Claude Dubois	Si Dieu existe	2001	Dubois qui chante live
Pierre Lapointe	Le colombarium	2004	Pierre Lapointe
Frank Scott	Villanelle For Our Time	2004	Dear Heather
Richard Desjardins	Notre-Dame des scories	2005	Kanasuta
Richard Desjardins	Jenny	2005	Kanasuta
Caïman Fu	Wow	2005	Les charmes du quotidien

Il reste une dimension à la démarche prométhéenne dans la chanson québécoise : le blasphème. Le blasphème, ou « sacre » en argot québécois, représente un refus de Dieu. Lorsqu'on « sacre », on est athée le temps du juron. C'est de la *catharsis* en direct. C'est grossier, mais c'est efficace. Pour beaucoup de Québécois, ce type de démarche fait rire, car on y reconnaît l'émotion que l'on a soi-même vécue dans un moment de colère, de frustration, de découragement, d'excitation, etc. On rit peut-être aussi de la transgression d'un tabou. Dans la chanson populaire, bien qu'il relève de la pitrerie, le juron a un impact psychologique colossal. Le phénomène atteint son apogée avec le chanteur québécois Plume Latraverse qui, avec Renée Claude, a élaboré en 1983 une chanson la plus blasphématoire possible en hommage à l'anarchiste et athée français Georges Brassens. On y propose une version québécoise de la très blasphématoire chanson de Brassens, *La Ronde des jurons*. Plus précisément, Plume a rédigé le deuxième couplet du deuxième refrain de la chanson :

> Tous les joual vert, les gériboère
> Les saint ciboère et les saint cimonaque
> Et pis gee wiss, tous les maudit Christ
> Les hostie d'câlisse
> Tous les bon-yenne, tous les enfants d'chienne
> Les cré batêche et les maudits taboère
> Pis dans l'même sac tous les tabaslak pis les tabarnak
> Sans oublier les maudit verrat, les nevermind et les crif
> et les crim
> Les tabarnouche, les maudit soda
> Les viarge, mon cul, cibole pis shit pis fuck
> Tous les saudine, tous les câline de binne
> Les maudite marde pis sacrement des fesses
> Pis calvenus, moé j'en dis pas plus
> J'ai fini mosus
> (Extrait de la chanson *La Ronde des jurons* sur l'album
> *J'ai rendez-vous avec vous. Renée Claude chante Georges*
> *Brassens*)

On en profitera pour noter que malgré sa discrétion, en public, sur sa propre orientation théogonique, la célèbre chanteuse Renée Claude est la Québécoise qui a peut-être le plus chanté de chansons affirmant l'athéisme dont, très souvent, la chanson de Léo Ferré *Ni dieu ni maître*.

4.7. Sociologie de l'athéisme contemporain dans le monde et au Québec

L'athéisme n'est à peu près jamais étudié scientifiquement. Mais ce problème est partiellement contournable. La façon la plus simple et la plus commune pour les sociologues d'étudier les paramètres de la croyance religieuse en rapport avec les autres variables démographiques et biographiques est de mesurer le degré de religiosité (intensité subjective de la croyance religieuse, fréquence des pratiques religieuses) de groupes de participants. Il existe donc une importante littérature sur la religiosité. Supposons que les athées se situent au pôle zéro de cette mesure quelle qu'en soit l'opérationnalisation détaillée. Il s'ensuivrait que tout lien entre religiosité et une autre variable pourrait être interprété comme étant caractéristique de ce que l'athée n'est pas. Dit autrement, le contraire de ce qui caractérise l'individu hautement religieux caractériserait automatiquement l'athée. Il faut ajouter un détail important : les études sur les corrélats de la religiosité dépendent fortement du type de société et du groupe social dans lequel l'étude est réalisée (Scheepers et coll., 2003). Les observations qui suivent s'appliquent à des groupes raisonnablement représentatifs de sociétés hautement laïques telles celles de l'Europe, du Canada et des États-Unis. Les études sociologiques de la croyance religieuse aux États-Unis, pour ne citer que celles-là (faute de données canadiennes et québécoises), montrent que les traits qui démarquent l'athée du croyant sont les suivants :

– haut niveau d'éducation (Wimberley, 1985 ;
  Johnson, 1997 ; Stark, 1963), auquel tous
  les suivants peuvent se rattacher :

- sexe masculin (Gunnoe & Moore, 2002 ; Levin & Taylor, 1993)
- attachement intense à la liberté personnelle (Regan, 1990)
- revenu élevé (Zafirau, 1974)
- dossier criminel vierge (Ellis, 1985)
- absence de honte (Quiles & Bybee, 1997)
- antiautoritarisme (Cunningham et coll., 1991)
- anticonformisme (Eckhard, 1974)
- pacifisme ou antimilitarisme (Eckhard, 1974)
- sensualisme (hédonisme) et libertinage modéré (Hardy & Raffaelli, 2003 ; Boaert, 2004 ; mais notez qu'aux États-Unis on a trouvé que le taux de divorce est moins élevé chez les athées (21 %) que chez les chrétiens (27 %) : Ontario Consultants on Religious Tolerance, « U.S. divorce rates for various faith groups, age groups, & geographic areas », 2002.)
- ouverture et tolérance raciale et ethnique (Duriez & Hutsebaut, 2000)
- tolérance à l'égard des minorités de toutes catégories (Reynolds, 2003)
- égalitarisme à l'égard de l'autre sexe (Glick et coll., 2002)
- mentalité libertaire et progressiste (Saroglou, Delpierre & Dernelle, 2004)
- mentalité avant-gardiste sur l'euthanasie (Singh & Chen, 2001)
- attitude tolérante à l'égard du droit à l'avortement (Petersen, 2001)
- tolérance à l'égard de l'homosexualité (Wills & Crawford, 2000)
- compassion à l'égard des personnes atteintes du SIDA (Cunningham et coll., 1991)
- opposition à la peine capitale (Evans & Adams, 2003)
- faible taux de suicide (Lester, 1988)
- faible taux d'homicide (Lester, 1988)

Que peut-on glaner des traits sociologiques des athées québécois? À défaut de recherches scientifiques sur la question, où les couches de la population seraient méticuleusement échantillonnées et représentées proportionnellement, il devient possible et justifiable d'utiliser un instrument qui puisse tout de même nous éclairer quelque peu, mais pas de la façon scientifique habituelle. Il existe depuis de nombreuses années un site Internet québécois de rencontres (surtout amoureuses), Réseau Contact, qui a pris une ampleur impressionnante. Tout membre y complète une fiche assez détaillée le décrivant, incluant ses croyances religieuses. L'athéisme y est, depuis le début, une option explicite. Une fois créées, les fiches sont disponibles pour une fonction « Recherche d'une personne », et ce, même lorsque l'utilisateur annule son abonnement au réseau en cessant de payer les frais d'inscription. Ainsi, on peut compiler des statistiques croisées quant à un grand nombre de qualificatifs autoattribués par les membres, et ceci sur quantité de membres actifs ou inactifs. Les passages qui suivent rendent compte d'une recherche effectuée en 2006 sur l'ensemble des fiches: une base de données de plus de 900 000 personnes. La proportion de Québécois sur le site est légèrement inférieure à celle des membres habitant d'autres pays. Les membres de ce réseau ne sont pas représentatifs de la population en général: ils sont plus souvent célibataires et ils ont tous accès à un ordinateur. Mais tout de même, cette cohorte révèle d'intéressantes caractéristiques des athées, que l'on peut mettre en parallèle avec des personnes croyantes.

D'abord, les Québécois se distinguent-ils des internautes d'autres pays? Ça dépend du pays. Sont compilées séparément ci-dessous des statistiques pour l'ensemble des membres depuis le lancement du site, et pour les membres actifs (qui ont consulté le site depuis moins de 30 jours). Il est entendu que plusieurs années séparent les données provenant des deux groupes.

Pourcentage d'athées inscrits à Réseau Contact par région du globe en ordre décroissant

ENSEMBLE DES MEMBRES

France	17,4 %
Europe (autre que la France)	13,5 %
Québec	8,4 %
Océanie	7,1 %
Amérique du Nord (sans le Québec)	5,9 %
Afrique	0,96 %

Nombre total de membres
se décrivant comme athées : 75 832 personnes

MEMBRES ACTIFS SEULEMENT

France	18,4 %
Europe (autre que la France)	17,2 %
Québec	10,4 %
Océanie	9 %
Amérique du Nord (sans le Québec)	5,9 %
Afrique	0,6 %

Nombre total des membres actifs
ayant indiqué qu'ils étaient athées : 9 413 personnes

On constate deux choses importantes. D'abord, le Québec ne semble pas constituer dans Réseau Contact la cohorte la plus athée ; ce sont la France, et ensuite le reste de l'Europe, qui remportent la palme dans cet échantillonnage bien particulier. Mais les Québécois ne forment pas non plus la cohorte la moins athée : l'Océanie, le reste de l'Amérique du Nord et l'Afrique comptent à Réseau Contact moins d'athées proportionnellement à leur *effectif*. Ensuite, on constate que partout au monde, sauf en Afrique, la proportion d'athées s'est accrue avec les années.

Le contraste des membres québécois athées de Réseau Contact et du groupe religieux le plus important au Québec, le groupe catholique, est particulièrement révélateur. Ce qui ressort de ces analyses est qu'au-delà du coefficient statistique Chi^2 (un indice de l'importance d'une différence entre catholiques et athées au Québec) de l'ordre de 483 (ce qui est énorme) et d'une probabilité plus petite qu'une chance sur mille que l'effet soit dû au hasard, les différences suivantes sont bien établies pour l'*effectif* québécois de ce réseau : les 46 984 athées québécois ainsi auto-identifiés sur Réseau Contact comportent dans leurs rangs, en contraste aux 255 220 catholiques, et cela proportionnellement bien entendu, davantage de gens hautement scolarisés, davantage de personnes de sexe masculin, davantage d'homosexuels et de bisexuels, davantage de jeunes (18-30 ans versus 50-99 ans), davantage de citoyens habitant la métropole (Montréal), moins de personnes divorcées (probablement en partie parce qu'ils se sont moins souvent mariés). De surcroît, les athées ont moins d'enfants, ils ont de meilleurs emplois (professionnels plutôt qu'employés), ils ont une situation financière plus aisée, et ils ont davantage de loisirs de type intellectuel (lecture) que non intellectuel (sport, plein air). Les données brutes, les pourcentages et les tests statistiques sont en annexe, car il serait fastidieux d'élaborer davantage cette recherche dans le corps du texte. Toutefois, l'ampleur relative de chacune de ces différences est illustrée en présentant en abscisse de la figure suivante le Chi^2 pour chaque test :

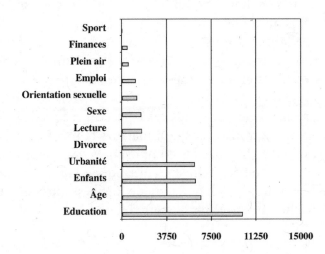

On peut conclure que les données provenant de Réseau Contact corroborent systématiquement et sans exception les caractéristiques observées dans les sondages scientifiques réalisés aux États-Unis... N'importe qui peut s'abonner à Réseau Contact et effectuer ces mêmes analyses.

L'anthropologue québécois Daniel Baril a récemment publié un excellent livre intitulé *La grande illusion. Comment la sélection naturelle a créé l'idée de Dieu* (2006). Dans cet ouvrage, l'auteur s'intéresse au phénomène religieux, et pas à l'athéisme. Toutefois, on devine par le titre que l'optique de l'analyse est elle-même athée. Il est intéressant de noter que Baril cherche à expliquer, dans un chapitre sur les différences entre les sexes, pourquoi les femmes adhèrent davantage à la religion que les hommes. Dans son analyse, on retrouve chez les croyants et chez les femmes un bon nombre de traits qui vont dans le sens contraire de ceux dégagés par l'analyse des athées inscrits à Réseau Contact ainsi que par les sociologues et religiologues scientifiques. Voilà un paradoxe qui mérite réflexion... Dans leurs essais attaquant la religion, les athées ont fortement tendance à s'en tenir aux aspects dogmatiques des religions, d'une part, et aux actions des institutions religieuses, d'autre part. Mais il existe un autre registre du vécu religieux auquel sont sensibles les ethnologues et anthropologues, celui de la fonction psychosociale de la religion, et particulièrement du rituel religieux. Ce registre n'est ni celui du dogme ni celui de l'action des églises : il est celui de la posture psychoaffective de l'individu (ex. : prière) et de la fonction socioaffective des communautés (ex. : rencontres comme les messes, rituels de groupe, etc.). De l'avis de Daniel Baril, les femmes, plus conviviales que les hommes, recherchent davantage cet aspect du vécu religieux. À l'inverse, les hommes, plus dominateurs et plus agressifs, sont davantage attirés par les composantes dogmatique et institutionnelle du vécu religieux, ainsi que l'aspect patriotique, tribal ou territorial. L'analyse de Baril est illustrée à la figure suivante, tirée avec permission de son livre :

Arrimage des facteurs proximaux et des causes ultimes

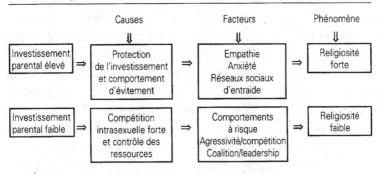

	Causes ⇓		Facteurs ⇓	Phénomène ⇓
Investissement parental élevé ⇒	Protection de l'investissement et comportement d'évitement	⇒	Empathie Anxiété Réseaux sociaux d'entraide	⇒ Religiosité forte
Investissement parental faible ⇒	Compétition intrasexuelle forte et contrôle des ressources	⇒	Comportements à risque Agressivité/compétition Coalition/leadership	⇒ Religiosité faible

Alors qu'il est lui-même un homme, et athée de surcroît, Daniel Baril fait paraître les athées comme pas très ragoûtants, ainsi que les gens de sexe masculin d'ailleurs. Consolons-nous messieurs. Les femmes suivent la tendance masculine en matière de croyance religieuse à travers les décennies, mais avec 30-40 ans de retard. Il y a de plus en plus de femmes incroyantes. Toutefois, l'écart entre les hommes et les femmes, en matière de croyance religieuse, ne semble jamais vouloir s'estomper.

Faisons un retour sur le plus important facteur qui caractérise l'athée, au Québec comme ailleurs : son haut niveau d'éducation. L'éducation explique tout de même bien plus de variances que le sexe… Dans son livre *The God Delusion*, Richard Dawkins s'est questionné sur les croyances des scientifiques de haut niveau. Sur plusieurs centaines de personnes ayant reçu le prix Nobel (excluant le prix de la paix qui n'est pas scientifique), on n'a pu trouver que six croyants. Dawkins a vérifié la croyance de ces six individus : quatre se sont déclarés athées, et un autre était un pratiquant « social » seulement. D'ailleurs, des centaines de membres de l'Académie américaine des sciences, seulement 7 % seraient croyants. Ceci illustre bien à quel point l'éducation formelle, particulièrement dans les secteurs scientifiques, est un facteur de promotion de l'athéisme…

La plupart des scientifiques dédaignent le dialogue avec les croyants à la recherche d'un terrain commun. Car il n'y a pas de terrain commun. La science porte sur l'observable et sur la raison. La religion porte sur ce qui n'est pas observable et elle est irrationnelle. La plupart des scientifiques restent cois sur la question religieuse. Ils ne brassent pas la cage. Mais leur attitude intime et secrète est probablement beaucoup plus hostile à la religion qu'on tendrait à le croire. Prenons l'exemple d'Alfred Nobel comme cas de figure. L'institution qu'il a fondée est la plus prestigieuse institution du monde des sciences. Alfred Nobel fut lui-même un grand scientifique : il a contribué à des œuvres importantes sur les plastiques et les explosifs. Vers la fin de sa vie, au moment où il se savait mourant, il a rédigé un ouvrage intitulé *Némésis*, d'après la déesse de la vengeance. L'ouvrage est un essai-roman, écrit sous la forme d'une tragédie en quatre actes, portant sur la papauté du XVe siècle, qu'il dénonce comme étant dépravée, criminelle, incestueuse, violatrice, assassine, tarée. Il s'y moque des vérités chrétiennes, dénonce les vertus attribuées à la foi. Peut-être ne connaissait-il que peu les diverses autres religions pour se permettre dans cet essai l'affirmation suivante : « Le catholicisme est la plus horrible des abominations. » *Némésis* n'a été publié pour la première fois qu'en 2003, simultanément en suédois et en espéranto, et n'a été traduit en français qu'en 2008.

> Il pressentait déjà tout le désordre que les humains allaient mettre dans son chef-d'œuvre. Cela désespérait Dieu. Il tenta d'abord d'y mettre fin par le déluge, puis se ravisa et fit appel à la dernière minute à Noé avec son arche. Il pensa rester anonyme, pour échapper aux reproches qui ne manqueraient pas de surgir. Il valait peut-être mieux qu'il demeure à jamais introuvable, ou même qu'on ne sache pas qu'il existe. (Hervé Fischer, essayiste québécois athée, *Nous serons des dieux*)

> Si Dieu existait, il n'y aurait pour lui qu'un seul moyen de servir la liberté humaine, ce serait de cesser d'exister. (Michel Bakounine, essayiste russe, *Dieu et l'État*)

4.8. Une alternative québécoise, païenne et humaniste à la croyance divine

L'athéisme vous laisserait-il le cœur un peu froid? Dans votre conception, l'humanisme serait-il à l'homme ce que le «fourmillisme» est aux fourmis? Vous resterait-il encore, malgré toutes vos désillusions, une soif de transcendance? Une soif de quelque chose qui vous dépasse, à quoi (mais plutôt toujours à qui) vous puissiez vous identifier?

Ou aimez-vous garder une part de mystère à votre vie, de quoi avoir peur, de quoi vous amuser? Pourquoi ne pas reprendre possession de la trame païenne qui est derrière chaque culture, et qui est derrière la nôtre? Après tout, nos fêtes religieuses tirent leur origine des fêtes païennes, celles des solstices et des équinoxes, celles des moissons, etc. Les Québécois ne sont d'ailleurs pas complètement étrangers au paganisme. Ils célèbrent massivement la fête de l'Halloween, qui valide l'existence d'elfes, de lutins, de druides et d'autres créatures mythiques, à la manière des Anglais, et cela, probablement plus qu'ils n'assistent à la plus courue des célébrations catholiques, la messe de minuit. Les fondamentalistes catholiques, soit dit en passant, détestent la fête de l'Halloween et la considèrent comme un blasphème.

Pourquoi ne pas alors reconnaître que de grands hommes et de grandes femmes de chez nous peuvent combler ce besoin? Rien n'empêche d'ailleurs de les glorifier un petit peu. Les Grecs anciens ne s'en sont pas privés. Avec humour, imagination, finesse, drame, ainsi que tout autre délice provenant des meilleurs distillats de la culture populaire, ils se sont donné une mythologie. Ce fut une belle mythologie de chez eux, chargée de personnages fantastiques et concrets en même temps. Le Québec regorge aussi de tels personnages mythiques.

Louis Cyr, l'homme le plus fort du monde, ne vaut-il pas Héraclès? Notre sieur d'Iberville, maître de la guerre et grand capitaine, déroutant des Anglais, vainqueur de toutes ses batailles, ne vaut-il pas Arès, le dieu grec de la guerre? Notre

Félix Leclerc, beau comme un cœur, grand et fort, pourvu d'une voix de miel et de noix ne vaut-il pas Apollon, le dieu des arts de la scène? La belle-mère d'Aurore notre enfant martyre, Marie-Anne Houde, horrible et hypocrite marâtre et assassine, ne vaut-elle pas en méchanceté féminine celle de Héra, la déesse de la jalousie? Pierre Péladeau, magnat des affaires, ne vaut-il pas Hermès, dieu des marchands et des voleurs? William Osler, celui qu'on dénomme encore aujourd'hui le plus grand médecin de tous les temps, ne vaut-il pas le dieu de la médecine, Asclépios? Le caporal Cloutier, héros de la crise d'Oka (confrontation entre une tribu d'Amérindiens et les Forces armées canadiennes) et ensuite vedette du cinéma érotique, ne vaut-il pas le dieu Priape, patron de la fertilité et de la virilité? Alice Roby, élégante diva et trépidante séductrice, ne vaut-elle pas Aphrodite? Louise Arbour, une des plus hautes magistrates du monde entier, juge à la Cour suprême du Canada, récemment à la tête du Haut-Commissariat aux droits de l'homme des Nations Unies, ne vaut-elle pas Thémis, la déesse de la justice et de la loi? Nos méga-ingénieurs Bombardier, Beaudoin, Lavalin ou Lamarre ne valent-ils pas Héphaïstos, le dieu forgeron? Moïse (Thériault), notre fanatique religieux, tortionnaire et assassin, n'est-il pas aussi sinistre que n'importe quel Hadès ou dieu des ténèbres? Notre magnifique œnologue et gastronome François Chartier ne vaut-il pas Dionysos, le dieu du vin? Louis-Joseph Papineau, père de notre nation, plus grand que le géant Beaupré, formidable tribun, sage et délicat athée, dieu de nos dieux, ne vaudrait-il pas Zeus?

4.9. En quoi les athées sont-ils magnifiques?
Lorsqu'on devient athée, on fait un saut, les yeux ouverts, dans le tourbillon existentiel. C'est le début d'une vie authentique.

Ce livre vise d'abord à révéler aux Québécois l'importante partie de leur culture qui est d'inspiration athée. Suit donc un tableau systématique des célébrités québécoises qui vivent ou ont vécu sans religion. La plupart sont athées.

Quelques-uns se définissent comme agnostiques, libres-penseurs, ou esprits indépendants. Il semble exister un engouement pour les listes d'athées célèbres sur Internet. Toutefois, il n'existe pas à ce jour de liste d'athées québécois célèbres, semble-t-il. L'athéisme reste clandestin au Québec. Malgré nos chartes québécoise et canadienne des droits et libertés, qui nous protègent contre la discrimination sur la base des croyances religieuses, beaucoup d'athées hésitent à affirmer leur athéisme en public, comme naguère (et encore) les gais.

Merci à ces grandes gueules québécoises qui ont admis publiquement leur athéisme, dans une entrevue, sur un blogue, dans un essai, etc. Dans quelques cas, c'est un proche qui a confirmé la cosmogonie athée ou agnostique de la célébrité en question. Par exemple, toute la carrière du psychologue Donald Hebb laisse croire à une orientation cosmogonique athée ou agnostique. C'est sa fille, lors d'un appel téléphonique, qui a confirmé la cosmogonie de son célèbre père. Évidemment, le positionnement cosmogonique d'une personne est sujet à changement ou peut être incorrectement relevé dans les médias ou autres lieux publics. Il se peut que certaines personnes citées aient changé d'idée entre-temps. On a demandé la permission de toutes les personnes vivantes citées dans les tableaux qui suivent, afin de les nommer, mais on n'a pas réussi à les rejoindre toutes.

En exprimant une cosmogonie athée, ces personnes ont assumé une liberté qui devrait aller de soi dans une société évoluée, mais qui ne va pas encore de soi dans la nôtre. Cela dénote donc un certain courage. Nul besoin de reprendre ces éléments biographiques ici.

> Plus on est ignorant, plus on est dogmatique. (William
> Osler, médecin montréalais athée *Aequanimitas:*
> *With Other Addresses to Medical Students, Nurses and*
> *Practitioners of Medicine*)

4.10. Célébrités athées ou agnostiques dans le monde scientifique

Profession	Au Québec	Dans le monde
	Nom	Nom
Astronome	René Doyon Édouard Boily	Stephen Hawking Carl Sagan
Chercheur en psychologie ou en sciences du comportement	Donald Hebb Ernest Poser Steven Pinker Jacques Beaugrand Étienne Harnad Serge Larivée	William James Jean Piaget B.F Skinner Henri Wallon John B. Watson Ivan Pavlov
Physicien	Yves Gingras R.K. Mishra	Albert Einstein Marie Curie
Médecin	William Osler Norman Bethune Jacques Ferron Henry Morgentaler Philippe Panneton Réjean Thomas	Sigmund Freud Alfred Adler Jack Kevorkian Ernesto « Che » Guevara Benjamin Rush François Rabelais
Vulgarisateur scientifique	Yanick Villedieu	Natalie Angier
Biologiste	Nabil Seidah Cyrille Barrette	Charles Darwin James Watson
Microbiologiste	Félix d'Hérelle Hans Ackermann	Francis Crick Larry Moran
Écologiste	Pierre Dansereau	David Suzuki
Ethnologue	Marius Barbeau Marcel Rioux	Franz Boas James George Frazer
Sociologue	Gérard Bouchard Céline Saint-Pierre	Auguste Comte Jürgen Habermas
Politologue (économie politique)	Jean-Marc Piotte Louis Gill Bruno Munier	Karl Marx John Maynard Keynes Milton Friedman

Anthropologue	Serge Bouchard Daniel Baril	Richard Leakey Stephen Jay Gould
Historien	Jacques G. Ruelland Stanley Ryerson	Eric Hobsbawm Sir Stephen Henry Roberts
Mathématicien	Marco Bélanger	Simon de Laplace
Psychiatre	Brock Chisholm Pierre Mailloux	Sigmund Freud Robert L. Spitzer

« Ton nom est plus fort que le mien. Ton nom, c'est ma seule religion… » (Extrait d'une chanson de Claude Gauthier intitulée *Ton nom*, sur son album intitulé *Québec Love*)

« Tes petits mots doux oubliés dans mes boîtes à lunch pour me donner l'espoir, c'est mieux que la bible. » (Extrait d'une chanson de Richard Desjardins intitulée *Jenny*, sur son album *Kanasuta*)

« Même ton flirt aérien n'aura servi à rien sauf à quelques cailloux à devenir des étoiles. Il faut être malin pour introduire l'esprit dans un caillou si petit. » (Extrait d'une chanson de Claude Dubois intitulée *Les petits cailloux*, sur son album *Dubois qui chante live*)

4.11. Célébrités athées et agnostiques dans le monde des arts

Profession	Au Québec — Nom	Dans le monde — Nom
Poète	Frank Scott Irving Layton Henry Beissel Michel van Schendel Claude Gauvreau Yves Préfontaine	Pablo Neruda Percy Bysshe Shelley William Butler Yeats Wallace Stevens Alfred Tennyson Emily Dickinson
Peintre	Jean-Paul Riopelle Marian Dale Scott Marcelle Ferron Guido Molinari Fernand Leduc	Pablo Picasso Fernand Léger Raffaello Sanzio, dit Raphaël Vincent Van Gogh Diego Rivera
Conteur	Jacques Ferron	George Orwell
Sculpteur	Armand Vaillancourt Jérémie Giles	Auguste Rodin Pablo Picasso
Chanteur	Luck Merville Raymond Lévesque	John Lennon Georges Brassens
Acteur de théâtre	Louisette Dussault Jean-Louis Roux Albert Millaire Christian Vanasse	Richard Burton John Malkovich Marlon Brando Marlene Dietrich
Acteur de cinéma	Luc Picard Gérard Poirier Alexis Martin André Montmorency	Donald Sutherland Keanu Reeves Katharine Hepburn Coluche
Cinéaste	Jean-Pierre Lefevbre Pierre Maheu* Bernard Émond Jacques Godbout	Alfred Hitchcock Charles Chaplin Luis Buñuel Woody Allen

* Vers la fin de sa vie, Pierre Maheu aurait frayé avec l'occultisme.

Romancier	Arlette Cousture Christian Mistral Mordecai Richler Pierre Gauvreau Sylvain Trudel Yann Martel Gérard Bessette Ringuet (Philippe Panneton) Jean-Francois Beauchemin Margaret Atwood Neil Bissoondath Huguette O'Neil Monique Proulx Aline Apostolska Yves Thériault	Johann Wolfgang von Goethe James Joyce Kurt Vonnegut Joseph Conrad Marcel Proust Milan Kundera Salman Rushdie Ernest Hemingway Mark Twain José Saramago Victor Hugo Émile Zola Albert Camus André Gide
Écrivain pour le théâtre	Jacques Ferron Michel Tremblay Claude Gauvreau Éva Circé-Côté	George Bernard Shaw Oscar Wilde Eugène Ionesco Noël Coward
Compositeur-interprète	Raymond Lévesque	Tori Amos
Compositeur de musique symphonique	Rodolphe Mathieu	Johannes Brahms
Clown	Luc Provost (Mado Lamothe)	Charles Chaplin
Humoriste	Guy A. Lepage François Avard Yvon Deschamps Martin Petit Ghislain Taschereau	W.C. Fields Rodney Dangerfield Lenny Bruce Dieudonné Bill Maher
Critique d'art	Pascal Tremblay	Northrop Frye

God is an American (Jean-Pierre Ferland, extrait d'une chanson du même titre, sur son album *Jaune*)

4.12. Célébrités athées et agnostiques dans le monde de la politique et de la culture

	Au Québec	Dans le monde
Profession	**Nom**	**Nom**
Essayiste	Hervé Fischer Yves Lever John Ralston Saul Jean Larose Aline Apostolska	Thomas Paine Gore Vidal Michel Eyquem de Montaigne Richard Dawkins Daniel C. Dennet
Philosophe	Mario Bunge Normand Baillargeon Laurent-Michel Vacher Gaétan Soucy Kai Nielsen Louise Mailloux	Michel Onfray Héraclite d'Éphèse Ludwig Feuerbach André Comte-Sponville Denis Diderot Daniel Dennett
Chef d'État	Louis-Joseph Papineau René Lévesque	Abraham Lincoln Thomas Jefferson
Chef ou fondateur de parti politique	Albert Saint-Martin (POQ, PSQ) Pierre Bourgault (RIN) Jacques Ferron (Parti rhinocéros) Frank Scott (NPD) Gilles Duceppe (BQ)	Vladimir Lénine Fidel Castro Mao Tsé-Toung Mikhaïl Gorbatchev Salvador Allende Francois Mitterrand Léon Trotsky

Chroniqueur	Pierre Foglia Yves Lalonde Patrick Lagacé Steve Proulx Daniel Laprès Francois Parenteau Josée Blanchette Louise Gendron	George Orwell Oriana Fallaci Polly Toynbee Ambrose Bierce Thomas Paine Christopher Eric Hitchens Henry Louis Mencken
Orateur	Louis-Joseph Papineau Pierre Bourgault	Robert G. Ingersoll Helen Keller
Syndicaliste	Albert Saint-Martin Henri Laberge	Annie Besant Mary Hynes Swanton
Animateur de télévision	Claude Charron Janette Bertrand Jean-René Dufort Isabelle Maréchal	Walter Cronkite Phil Donahue Bill Maher Pierre Berton
Prêtre ou nonne	Jacques Hertel Robert Vachon Yves Lever Ray Drennan Victorien Théorêt Andréa Richard	Curé Meslier Lucilio Vanini Dick Hewetson Joseph McCabe Alistair Horne Claudine Guérin de Tencin
Avocat (militant pour les droits humains)	Louis-Joseph Papineau Joseph Doutre Julius Grey	Ralph Nader Michael Newdow Clarence Seward Darrow
Éditeur	Albert Lévesque Jacques Godbout	Denis Diderot Camille Flammarion
Réalisateur de télévision	Fabienne Larouche	Walt Disney
Gens d'affaires et philanthrope	Pierre Péladeau* Bernard Cloutier Dov Charney Yves Lasnier	George Soros Andrew Carnegie Bill Gates Warren Buffett

* Péladeau est devenu déiste à la toute fin de sa vie

Éditorialiste	Pierre Foglia (*La Presse*) Lise Bissonnette (*Le Devoir*) Richard Martineau (*Voir*) Jean-Louis Gagnon (*La Presse*) Lysiane Gagnon (*La Presse*) Mario Roy (*La Presse*) André Pratte (*La Presse*)	George Monbiot (*Guardian*) Madalyn O'Hair (*American Atheists*) Polly Toynbee (*Guardian*) Thomas Paine (*Pennsylvania Magazine*) Michael Shermer (*Scientific American*
Féministe	Éva Circé-Côté Janette Bertrand Louisette Dussault Arlette Cousture Françoise David	Simone de Beauvoir Taslima Nasrin Gloria Steinem Mary Wollstonecraft Germaine Greer

Chapitre V
Les grands athées du Québec

5.1. Les athées transcendants à travers l'histoire du Québec

Voici maintenant, par ordre de date de naissance, les mini-biographies de plusieurs athées extraordinaires, tous des célébrités, tous des êtres d'une très grande valeur pour le Québec. La vie et les œuvres de chacun de ces personnages méritent d'être étudiées et méditées par la communauté des athées québécois. Ils figurent chacun sur un piédestal dans le panthéon virtuel des grands hommes et des grandes femmes athées du Québec. Quels seraient donc les critères par lesquels des athées pourraient être jugés sympathiques... en tant qu'athées ?

1. Élan de liberté (pas de ficelles tirées par Dieu) ;
2. engagement moral (être en relation sociale par goût) ;
3. courage (détermination à se construire soi-même jusqu'au bout) ;
4. sensualité (une seule vie à vivre, recherche du plaisir) ;
5. spiritualité (intérêt envers les causes éloignées, pour le sens de la vie et les raisons de vivre, le tout développé par sa propre réflexion) ;
6. rationalité (refus de l'obscurantisme, amour de la science, suite dans les idées) ;
7. stoïcisme (regard direct sur la mort, acceptation de la mort) ;
8. esprit critique (résistance à l'hypnose, besoin de comprendre par soi-même) ;

9. responsabilité (maturité morale, aptitude à recon-
    naître ses erreurs);
10. curiosité (le désir de compréhension n'est pas
    compulsif, mais jouissif, ou à tout le moins spontané
    et naturel);
11. générosité (avoir travaillé non seulement pour soi,
    mais aussi, gratuitement, sans avantage personnel,
    pour ceux qui ne sont pas de notre famille immédiate:
    communauté, nation, peuples étrangers);
12. élan de modernité (vision de l'avenir, construction
    d'une société meilleure).

Le contenu des minibiographies qui suivent ne doit pas
être crédité à l'auteur du présent volume, mais aux sources
citées à la fin de chacune d'elles. Les entrevues, les recherches
en archives, l'important travail de vérification des détails
historiques sont exclusivement l'œuvre de ces vaillants auteurs.
Les contenus qui suivent ont seulement été sélectionnés,
puisés de ces œuvres, pour répondre autant que possible aux
12 critères spécifiés plus haut. Le lecteur est fortement encouragé à lire les œuvres d'origine pour placer de façon précise
les contenus dans leur contexte.

5.2. Louis-Joseph Papineau (1786-1871)

Pas un Québécois francophone n'ignore
le sens de l'expression « tête à Papineau »,
signifiant intelligent. Louis-Joseph
Papineau fut le porteur de ladite tête.
Élevé dans une famille aisée et culti-
vée, il aurait pu s'enrichir facilement et
vivre sans tracas. Il choisit plutôt d'être
un intellectuel de calibre mondial
d'abord, et ensuite de devenir le plus
grand chef du peuple canadien-français, un chef politique à
portée mythique. Il fut notre plus grand héros et notre chef
le plus adulé. Papineau naît au moment où le conquérant

anglais cherche à stabiliser la colonie en y installant un régime parlementaire. Le Bas-Canada est le territoire du peuple canadien-français et le conquérant lui accorde un parlement, émasculé, mais un parlement tout de même. Louis-Joseph Papineau, jeune avocat de profession, adhère au Parti canadien (qui deviendra plus tard le Parti patriote), se fait élire député dès 1809, est réélu régulièrement presque à l'unanimité, et devient président de la chambre en 1815. Homme de grande taille, corpulent, panaché et noblement habillé, doté d'une voix puissante, sûr de lui, insolent, toujours bon prince, grand orateur, toujours inspiré, extrêmement éloquent, Papineau inspire partout le respect. Sa principale orientation politique est la défense des intérêts du peuple canadien-français.

> Cette nationalité franco-canadienne est le premier
> de nos droits d'hommes et de citoyens. La première
> cause des nationalités de chaque peuple, c'est la langue
> maternelle… Peuples, soyez peuples et l'on vous
> respectera. Soyez courtisans et l'on vous méprisera et
> vous l'aurez bien mérité. (Louis-Joseph Papineau)

L'évolution de sa mentalité, de colon d'éducation bourgeoise (quoique déjà libérale) jusqu'à la plénitude de son destin de partisan proto-révolutionnaire, se fait lentement. De monarchiste britannique convaincu (en 1812, il participe à la guerre contre les États-Unis en tant que capitaine de milice), Louis-Joseph Papineau finit par absorber et prôner les valeurs de la Révolution française, des Lumières, et du système constitutionnel américain juste avant la période révolutionnaire. En 1832, Papineau se déclare républicain. Il désire instituer une république du Bas-Canada par des moyens pacifiques, en faisant pression sur le gouvernement britannique. Les « 8 Résolutions », présentées à la chambre le 17 février 1834, ont pour but d'exposer les aspirations politiques de Papineau. Il réclame un gouvernement responsable élu qui contrôlerait les revenus et voterait les lois du Bas-Canada. Contrairement à plusieurs de ses camarades du Parti patriote (Wolfred Nelson, Robert Nelson, Olivier Chénier, etc.), il n'a jamais vraiment été capable de croire à la capacité du peuple canadien-français d'assumer sa propre libération, ni de mener seul son destin. La prise du pouvoir ne lui semble possible qu'avec l'annexion aux États-Unis (ce qu'il souhaite longuement) ou avec l'aide des Français, voire (avec une naïveté désopilante) de certains Anglais qu'il croit démocrates et influents.

Louis-Joseph Papineau veille toujours à la bonne représentation et à la bonne gouvernance de son peuple, à la défense des intérêts agraires, démocratiques, laïques des Canadiens français contre les marchands anglais, éventuellement contre la monarchie anglaise elle-même, et finalement contre l'Église catholique.

La première cible de sa haine et de ses railleries est l'affairisme des Anglais et des Écossais fraîchement débarqués sur notre sol. Il s'indigne devant « les mœurs grossières et brutales des parvenus qui commencent par décrotter des souliers et balayer des comptoirs, pour un peu plus tard siéger au Conseil législatif ».

Louis-Joseph Papineau est incroyant. Mais plus passionnément nationaliste que laïque, il adopte une attitude conciliante à l'égard de l'Église catholique, qu'il voit comme une instance incontournable et essentielle de l'identité nationale. Il souhaite sincèrement que l'Église catholique veille à la vie spirituelle du peuple.

> Les rouges précipitent leur servage par leur
> anticléricalisme et leur antiseigneurialisme, car le
> clergé et les seigneurs sont la sauvegarde du pays.
> (Lettre à son fils Amédée, décembre 1854)

Louis-Joseph Papineau a de l'affection pour le rituel religieux, qu'il singe (il assiste aux messes, dirige des rituels religieux pour sa famille lors des décès et mariages, bâtit une église dans sa seigneurie, etc.). Sa seule attaque contre l'Église

catholique est de vouloir qu'elle se retire des affaires temporelles (éducation, mariages, affaires de l'État, etc.).

> Ce clergé [dit-il à l'Assemblée législative] se croit le
> maître de l'autorité civile, croit encore pouvoir exercer
> une plénitude de pouvoirs dont il a abusé, et dont,
> après en avoir été dépouillé, il ne doit jamais redevenir
> le possesseur. Il faut distinguer entre l'Église et ses
> droits temporels. L'autorité ecclésiastique, quant à
> ses droits, n'est valide qu'autant qu'elle l'obtient de
> l'autorité civile (Louis-Joseph Papineau, 1831)

Son accommodement avec l'Église catholique, pour
raisons culturelles et ethniques, ne va toutefois pas jusqu'à
l'ethnocentrisme. Louis-Joseph Papineau a une mentalité
profondément laïciste, au point même de défendre les
droits religieux de tout autre groupe religieux ou ethnique.
Rappelons l'aventure d'Ezechiel Hart, ce compatriote de
religion juive du début du XIXe siècle, élu puis réélu député
de Trois-Rivières, à qui on interdisait systématiquement le
droit de siéger jusqu'à ce que, à la faveur d'une loi proposée
par Louis-Joseph Papineau, il devienne le premier juif à siéger
dans un parlement de l'Empire britannique. Victoire de la
démocratie sur l'intégrisme institutionnel.

Dans ses discours, qu'ils fussent en Chambre ou en
assemblée populaire, Papineau frise toujours le zèle révolutionnaire dans la dénonciation des perfidies des ennemis.
Dans ses écrits, le ton est nettement plus terne. Il n'envisage
jamais vraiment la révolte armée. Au plus prône-t-il le
boycottage commercial des marchandises anglaises. Pourtant, lui, plus que tout autre, est responsable d'une exaltation
populaire touchant aussi des élites politiques, et qui culmine
en une véritable rébellion (1835-1837), qu'il redoute bien plus
qu'il ne l'espère. Cette contradiction n'est-elle pas la plus
essentiellement caractéristique de l'*homo québécansis* de tous
les temps ?

Dans les quelques années précédant la rébellion et surtout pendant celle-ci, Louis-Joseph Papineau est dépassé par son aile gauche, ne peut se rallier à la charte antiseigneuriale du Parti, ne peut mener les troupes et est absent lors de la déclaration d'indépendance. Le pauvre homme est exilé pendant huit malheureuses années, sa famille et lui-même étant réduits pendant cette période à la misère.

Quand il revient au pays, amnistié, en 1845, il est dépassé par sa droite. L'humeur frondeuse et revendicatrice de la Chambre du Bas-Canada est chose du passé. Les deux Chambres (Haut-Canada des anglophones et Bas-Canada des francophones) ont été fusionnées — ce qui enlève au Bas-Canada toute chance de se démarquer du colonisateur anglais plus puissant et désormais plus populeux, ce contre quoi Louis-Joseph Papineau ne cesse de se battre jusqu'à la fin. Sa posture de résistance à la domination anglaise le met en minorité et finit par compromettre sa carrière politique, carrière qu'il abandonne finalement en 1854 pour aller bâtir et faire fructifier sa seigneurie (Montebello) pendant les années qui lui restent à vivre.

> Oh! Hommes et femmes qui ne savez jamais ce qui vous attend au lendemain. C'est à présent qu'il est déplorable que j'aie cédé à ceux qui ont voulu me rejeter au Parlement où je ne puis faire germer une seule bonne idée, où elles sont jetées à des têtes arides et à des cœurs pourris... (Louis-Joseph Papineau, 1851)

Les années seigneuriales de Louis-Joseph Papineau (1854-1871) témoignent aussi très bien de la personnalité de l'homme. Il travaille avec acharnement à bâtir un magnifique village où il fait bon vivre et qui est fructueux. Il se comporte en digne époux, excellent père, employeur tendre, respectueux et généreux. Il lit de grands ouvrages (dont un grand nombre sont à l'Index de l'Église catholique) et est abonné à de nombreuses revues. Il lit souvent à la lumière de la chandelle lors d'insomnies nocturnes, aime la discussion intellectuelle, et cultive jalousement une grande bibliothèque personnelle. De bon prince de la politique, il devient bon seigneur de la terre.

En 1867, alors que Louis-Joseph Papineau a 81 ans, il donne un discours à l'Institut canadien, un centre de haute culture avec une immense bibliothèque, dont il avait été président. On dit de ce discours qu'il est le testament politique de Papineau :

Vous me croirez, je l'espère, si je vous dis : j'aime mon pays. L'ai-je aimé sagement, l'ai-je aimé follement ?… Au dehors des opinions peuvent être partagées. Néanmoins, mon coeur puis ma tête consciencieusement consultés, je crois pouvoir décider que je l'ai aimé comme il doit être aimé. Ce sentiment, je l'ai sucé avec le lait de ma nourrice, ma sainte mère. L'expression brève par laquelle il est le mieux énoncé : «Mon pays avant tout», je l'ai balbutiée sans doute sur les genoux de mon père. Dès qu'il m'eut entendu dire un mot, il vit que son fils ne serait pas muet, et qu'il fallait donner une bonne direction à son instruction. Cette direction, au temps où le pays était plus moral que spéculateur, était connue dans nos bonnes vieilles familles, et nous inspirait l'amour du pays et l'estime pour tout ce qui pourrait être pour lui une source de bien-être et de grandeur. J'aime donc l'Institut canadien, l'une de nos gloires nationales ; l'Institut qui a servi la patrie avec tant de persévérance, avec un si entier dévouement, avec tant de généreuse ardeur, par de vraiment grands et utiles succès.

Je ne saurais me trouver dans une réunion plus agréable et plus intéressante pour moi qu'en celle des membres de cet Institut et de leurs nombreux amis, justes appréciateurs des services qu'il a rendus au pays, et reconnaissants admirateurs du judicieux programme qu'il a adopté, pour conserver les bribes de liberté politique conquises durant un passé glorieux, dans des luttes parlementaires longues, ardues et souvent périlleuses. Ces bribes avaient été arrachées d'une part au mauvais vouloir du gouvernement aristocratique de l'Angleterre, toujours hostile aux droits populaires; et, d'autre part, à une oligarchie, faible en nombre, nulle en mérite, venue de la veille d'outre-mer et que la métropole, par une arbitraire partialité, avait constituée puissance locale dominatrice.

[…] Messieurs de l'Institut, vous avez accepté l'apostolat de proclamer, de faire aimer, de défendre le droit de libre examen et de libre discussion, comme le meilleur et le plus légitime moyen de parvenir à la connaissance de la vérité, à l'amour de tout ce qui peut être bon et utile à l'humanité en général, à la patrie en particulier. Ce n'est que par le libre examen que l'on peut acquérir des convictions assez fermes pour qu'elles deviennent, en matières importantes, une véritable foi très ardente, dont on veut la propagation et le triomphe à quelques risques et à quelques désagréments personnels qu'elle puisse nous exposer.

Au nombre des vérités les plus importantes et les plus utiles, celles qui se rapportent à la meilleure organisation politique de la société sont au premier rang. Elles sont de celles qu'il est honteux de n'avoir pas soigneusement étudiées, qu'il est lâche de n'oser pas énoncer, quand on croit que celles que l'on possède sont vraies et dès lors utiles. Les bonnes doctrines politiques des temps modernes, je les trouve condensées, expliquées et livrées à l'amour des peuples et pour leur régénération, dans quelques lignes de la Déclaration d'indépendance de 1776, et de la Déclaration des droits de l'homme et du citoyen de 1789.

Vous allez vous récrier et dire : Est-il possible que
les droits de l'homme et du citoyen ne lui aient été
révélés que d'hier ? Non, non, Messieurs, le génie
émancipateur du genre humain, le génie de la Grèce,
le plus judicieux qui ait surgi sur la terre pour
diriger l'humanité dans la voie du progrès, les avait
compris, codifiés et pratiqués. Aristote, l'esprit le
plus vigoureux de son temps, et peut-être de tous
les temps ; le plus méditatif, le plus créateur, le plus
encyclopédique ; Aristote explique comme on le fait
depuis hier, depuis les déclarations du Congrès et
de l'Assemblée nationale, depuis 1776 et 1789, tout
ce qui a rapport à la science du gouvernement. Il la
connaît à fond. Il a étudié et fait connaître plus de
formes diverses de gouvernement qu'il n'en existe
aujourd'hui dans l'Europe et l'Amérique entières.
Il dit les avantages et les désavantages qui étaient
attachés à cette infinie variété de gouvernements. Il
dit pourquoi la monarchie adoptée dans l'enfance des
nations, adoptée par tous les États de la Grèce dans
les siècles antérieurs, y a été très sagement rejetée
plus tard. Il décrit toutes les espèces de monarchies :
absolue, tempérée, constitutionnelle, héréditaire ou
élective, accompagnées d'un, de deux, de trois corps
indépendants pour la rendre durable et protectrice.

Lorsque Louis-Joseph Papineau est à l'article de la mort,
on tente frénétiquement de le convertir, ce qui est peine perdue, pour assurer le salut de l'âme du grand homme. Il écrit
alors : « Si l'on me refuse le repos dans ma chapelle funéraire auprès de ma femme, de mon père, de plusieurs de
mes enfants, enterrez-moi dans la tour de ma bibliothèque ;
qu'elle soit un asile sacré dont je recommande le respect à mes
enfants et petits-enfants et que je place sous la sauvegarde des
lois de mon pays... ».

Sources:

CIRCÉ-CÔTÉ, Éva, *Papineau. Son influence sur la pensée canadienne. Essai de psychologie historique*, Montréal, Lux, 2002 [1924].

LAMONDE, Yvan et Claude LARIN, *Louis-Joseph Papineau. Un demi-siècle de combats. Interventions publiques*, Montréal, Fides, 1998.

PAULIN, Marguerite, *Louis-Joseph Papineau. Le grand tribun, le pacifiste*, Montréal, XYZ, 2000.

5.3. Joseph Doutre (1825-1886)

Joseph-Euloge Doutre est né de François Doutre et Élisabeth Dandurand, à Beauharnois, le 11 mars 1825. Il fait des études au Collège de Montréal, puis étudie le droit chez Norbert Dumas, chez Augustin-Norbert Morin, puis chez Lewis Thomas Drummond. Doutre n'a que 18 ans lorsqu'il publie *Les fiancés de 1812*, un roman d'aventures inspiré des classiques venus d'Europe, ceux d'Eugène Sue, de Walter Scott et de Dickens, pour n'en nommer que quelques-uns. *Les fiancés de 1812* est l'un des premiers romans canadiens-français, mais surtout le premier d'un auteur québécois publié à Montréal. Déjà, dans sa préface, Doutre défend l'idée de l'autonomisation de la littérature canadienne. Il est reçu au barreau en 1847. Il commence sa carrière journalistique et littéraire en même temps qu'il fait ses études. Il collabore à *L'Aurore des Canadas* et à *L'Avenir*. Il est aussi l'un des fondateurs du journal *Le Pays*. Ces journaux sont des marmites de libre pensée, de pensée républicaine et de militantisme libéral face à un clergé omnipuissant et ultramontain.

En 1852 et 1853, il est président de l'Institut canadien de Montréal où il prononce plusieurs conférences et discours. L'Institut canadien, société littéraire, scientifique et politique, est fondé à Montréal le 17 décembre 1844. L'Institut connaît son apogée dans les années 1850-1860, sous l'impulsion de Doutre qui en est son président, avec une bibliothèque de plus de 10 000 livres et un musée de numismatique, d'œuvres d'art et de gravures. Il est situé dans un bel édifice spacieux de la rue Notre-Dame construit en 1865-1866 et occupé jusqu'en 1881. L'Institut compte au milieu des années 1850 plus de 600 membres. Victor Hugo devient membre honoraire de l'Institut canadien le 29 mai 1870, et lui apporte ainsi son appui moral. L'Institut cesse ses activités au début du XXe siècle à cause des attaques de l'Église catholique.

En 1858 et 1861, Joseph Doutre est défait au Conseil législatif, ce qui termina sa carrière politique. Pendant plus de 20 ans, il est membre du Conseil du barreau.

Le libéralisme, le républicanisme et l'entichement continentaliste de l'Institut canadien irritent le très puissant archevêque ultramontain de Montréal, Mgr Bourget. À l'apogée de sa rage contre l'Institut, Mgr Bourget refuse l'enterrement de Joseph Guibord, humble imprimeur de l'Institut canadien et catholique, dans le cimetière catholique Côte-des-Neiges. Catholique avec sympathies libres-pensistes, Guibord n'avait pourtant jamais prononcé de discours public ni publié quoi que ce soit de sa plume. L'archevêque s'en prend à lui simplement parce qu'il était membre de l'Institut canadien. Joseph Doutre prend l'affaire en main, au nom de la veuve de Guibord et de l'Institut. En Cour supérieure, le juge Charles Mondelet ordonne au curé d'inhumer les restes de Joseph Guibord dans la partie honorable du cimetière où un lot lui est réservé. L'évêque et son clergé refusent d'obtempérer et la cause est portée devant deux instances supérieures qui renversent la décision du juge Mondelet. Infatigable, Joseph Doutre s'adresse au Conseil privé de la reine Victoria. Londres reconnaît comme juste l'appel, et un décret, signé le 28 novembre 1874, ordonne aux autorités ecclésiastiques de permettre l'inhumation du corps de Joseph Guibord dans la partie honorable du cimetière, comme l'avait prescrit le juge Mondelet six ans plus tôt. Ayant reçu copie de ce décret le 12 août 1875, l'Institut fixe les funérailles au 2 septembre suivant. Décédée deux ans auparavant, la veuve de Joseph

Guibord repose dans l'espace où devaient aussi être déposés les restes du mari. Quand le cortège funèbre se présente devant les grilles du cimetière, un millier de manifestants armés de revolvers, de bâtons et de cailloux empêchent l'entrée de la dépouille de l'imprimeur. C'est le résultat des sermons du dimanche précédent. Les curés de Montréal et des environs avaient en effet exhorté leurs paroissiens à ne pas laisser profaner le cimetière où seuls les justes attendaient la résurrection. Le journal de l'évêque, *Le Nouveau Monde*, dénonce la présumée persécution dont est victime l'Église en raison de la décision du Conseil privé. Face à l'émeute ourdie par l'évêque, la douzaine de voitures du cortège rebrousse chemin. L'Institut reporte les funérailles au 16 novembre suivant, cette fois sous la protection d'un millier de soldats et de policiers. Pour diminuer la fureur des gens ignorants qu'il avait fanatisés et donner suite à sa propre rage, l'évêque Bourget, dans une lettre pastorale parue le 8 septembre, avertit ses ouailles qu'il venait lui-même de maudire l'espace de terrain où serait enterré Joseph Guibord et que, de ce fait, l'ensemble du cimetière ne serait pas profané par la présence, précisa-t-il, des restes d'un « infortuné catholique décédé dans la disgrâce de l'Église ».

> La religion, qui passe de l'action du cœur et de la raison à celle de la propagande brutale dans les faits extérieurs, cette religion, au lieu d'être entre les hommes un lien d'amour ou de bienveillante tolérance, devient l'inspiratrice du crime, sans en excepter le fratricide et le parricide, ainsi que l'enseigne l'histoire — elle devient le fléau de l'humanité. À cette religion de haine et de proscription nous n'appartenons pas. Nous sommes au contraire de cette religion qui a dit : Paix et amour aux hommes de bonne volonté. (Joseph Doutre)

Joseph Doutre est d'un tempérament fougueux et téméraire. Athée, il déteste le clergé ultramontain dont l'apogée dominateur atteint son zénith avec Mgr Bourget. Il publie une louange des Amérindiens qui ont pris la vie de Brébeuf. Doutre est un libéral rouge et il appuie avec grande énergie le parti républicain de Papineau.

> Doutre agoniste avec son fantôme Guibord fut
> peut-être le premier philosophe moderne : à la fois
> le surhomme, le fou, et la personne morale qui a
> nommé notre passion, notre avenir contre toutes les
> néo-orthodoxies. (Robert Hébert, *Le procès Guibord ou
> L'interprétation des restes*)

Les membres de l'Institut canadien forment dès 1853, sous la présidence du libraire et patriote Édouard-Raymond Fabre (1799-1854), ancien maire de Montréal, un comité pour l'érection d'un monument en l'honneur des Patriotes victimes de 1837-1838. L'histoire des restes funèbres de certains Patriotes de 1837-1838, comme ceux des Patriotes exilés François-Maurice Lepailleur, François-Xavier Prieur et Léon Ducharme, qui furent inhumés en 1891 et 1897 dans des fosses au pied du monument, est connue et documentée. Par contre, pour ce qui est des Patriotes Joseph-Narcisse Cardinal, François-Marie Chevalier De Lorimier et les autres, leurs restes funèbres auraient été placés dans un caveau dit « caveau des Patriotes » dès 1861, au pied du monument. Suivant un règlement municipal de 1853, les inhumations dans le vieux cimetière de la ville, le cimetière Saint-Antoine ouvert en 1799, sont dorénavant interdites. Les familles de Montréal se mettent donc en frais de transporter les restes funèbres de leurs parents dans le nouveau cimetière de la montagne. On transporte les restes des Patriotes qui y avaient été inhumés en 1838-1839 dans la partie non consacrée, sur le lot des familles Doutre et Dandurand. Y repose également la dépouille de l'honorable Raoul Dandurand (1861-1942), sénateur et diplomate. Ce caveau familial, qui appartenait aux frères Joseph, Gonzalve et Alphonse Doutre (tous membres de l'Institut canadien), serait la voûte du monument aux Patriotes (mentionné dans deux manuscrits et de rares articles publiés), c'est-à-dire le lieu où l'on aurait fait la translation des restes de ces Patriotes. Parmi les frères Doutre, Joseph est l'un des principaux instigateurs de l'érection du monument, et c'est lui qui en assure la conservation jusqu'à sa mort en 1886. Par la suite, à sa demande, Honoré Beaugrand, fondateur de la feuille libérale et radicale *La Patrie* et maire de Montréal en 1885, prend la relève.

Ironiquement, Joseph Doutre, le grand homme aux funérailles duquel assistent 120 personnes, repose dans le caveau du lot F-1261 du cimetière protestant Mont-Royal. C'est sur l'autre flanc de la même montagne que repose Guibord — ce petit imprimeur catholique qui fut vilipendé et maudit pour avoir osé imprimer de splendides textes de l'Institut canadien. La tombe de Doutre, ce géant de l'histoire du Québec, est tout aussi dénudée et anonyme que celle de son humble protégé : pas un mot n'y figure. On pensera au moins à Doutre en visitant la tombe de Guibord, car le Mouvement laïque québécois y a fait installer une plaque de bronze en l'honneur des membres de l'Institut canadien, leur accordant le prix Condorcet.

Joseph Doutre est donc protagoniste d'une littérature québécoise indépendante. Il est recteur de la première université francophone québécoise, qui ose loger la plus belle collection de livres en français d'Amérique sous le nez d'une Église catholique obscurantiste et adepte de la mise à l'Index. Les brûlots de Doutre sont précurseurs du manifeste *Refus global* (voir son plaidoyer dans l'affaire Guibord). Il est défenseur de la mémoire des Patriotes. Il se retrouve souvent en sympathie avec les protestants chez qui il est enterré. Il prône avec Papineau l'annexion du Québec aux États-Unis (pensant y trouver une plus grande autonomie émancipatrice pour son peuple que celle offerte par l'Église catholique). Il ameute, sous la protection de la couronne britannique, la police de Montréal et une partie de l'armée canadienne pour imposer à une foule importante de francophones catholiques en colère l'enterrement de son protégé Guibord. Il voit le nombre d'anglophones membres de l'Institut canadien graduellement dépasser celui des francophones. Il est nommé conseiller de la reine en 1863. De sa tombe, il aurait pu voir la sompueuse et érudite collection de livres de l'Institut canadien (ni plus ni moins que le patrimoine littéraire complet du Québec) passer à l'Institut Fraser, une institution anglophone, après la faillite de l'Institut. On notera avec joie toutefois que les archives de l'Institut canadien ont enfin été rapatriées à Bibliothèque et Archives nationales du Québec, sous la direction de l'honorable Lise Bissonnette (qui s'est publiquement affichée comme incroyante), en provenance de l'Institut Fraser qui, ironiquement, ferme ses portes.

Malgré tous ses échecs, Joseph Doutre est un homme universellement respecté, comme en témoigne un de ses ennemis idéologiques, dans son éloge funèbre :

> Il ne sera hélas ! qu'un très funeste exemple pour plusieurs qui s'autoriseront de sa persistance à rester jusqu'à la fin adepte de la libre pensée, pour mépriser l'enseignement chrétien… Certes ! Nous nous donnons bien de juger le défunt. M. Doutre a été compatissant et charitable ; il a servi de père à plusieurs familles d'orphelins. Dans ses relations professionnelles et sociales, il était intègre, honorable et il laisse de bons souvenirs. Il était de ceux qui, en bien des circonstances, ont agi le plus énergiquement pour conserver au Barreau les saines traditions de l'honneur professionnel et encourager l'étude sérieuse du droit, plutôt que la pratique de la charlatanerie et de la spéculation professionnelle. Espérons que le bien qu'il a fait lui a valu le salut. (Extrait de l'éloge funèbre de François-Xavier Trudel, avocat ultramontain et opposant de Doutre dans l'affaire Guibord)

Il existe une rue Joseph Doutre à Ville Saint-Laurent. À quand une grande place et un monument en son honneur ?

Joseph Doutre fut le premier grand athée humaniste francophone de l'histoire du Québec. Et quel athée ! Il nous a aimés de toutes ses forces, nous ses concitoyens, pour aucune autre raison que parce qu'il en avait le goût, et d'une manière qui était au moins 150 ans en avance sur son temps !

Source:

HÉBERT, Robert, *Le procès Guibord ou L'interprétation des restes*, Montréal, Triptyque, 1992.

5.4. William Osler (1849-1919)

Cet enfant de l'Ontario fait ses études de médecine à l'Université McGill et enseigne longtemps à cette même institution. Il étudie aussi dans divers pays auprès des plus grands médecins de son temps, dont Virchow. Il est professeur dans d'illustres universités dont Johns Hopkins et finalement Oxford, vers la fin de sa vie. De nombreux commentateurs disent de lui qu'il est le fondateur de la médecine moderne, le père de l'humanisme en médecine, le médecin le plus influent de son époque et le plus adulé de tous les temps. Plusieurs sites Internet lui sont affectueusement dédiés. Son précis, *The Principles and Practice of Medicine*, publié pour la première fois en 1892, est la principale référence pour deux générations de médecins à l'échelle planétaire. On lui doit plus de 1 500 publications et de nombreuses découvertes scientifiques, dont la plus célèbre est celle des plaquettes sanguines.

Mais la raison du culte qu'on lui voue aujourd'hui partout dans le monde est sans doute l'extrême profondeur de son humanisme. Car Osler est effectivement un grand sage. Son mot fétiche était « l'équanimité », signifiant sérénité constante. Le mot « humanisme », dans le sens fort, signifie « doctrine plaçant l'humain comme plus haute valeur ». Rien ne prévaut, pour Osler, sur l'humain; est-il besoin de dire qu'il est aussi athée?

> On peut se demander si plus de réconfort ou plus
> de mélancolie fut donné à l'humanité depuis que
> l'homme a peuplé le monde invisible d'esprits pour le
> bénir et de démons pour le damner. (William Osler)

Ses étudiants et patients le vénèrent, lui qui reste toujours modeste et respectueux. Il est d'une suprême intelligence et lit avec une délectation évidente les plus grands ouvrages de l'Antiquité aux contemporains, dans tous les domaines de la pensée. C'est d'ailleurs sa bibliophilie qui le pousse à léguer aux Montréalais une des plus belles bibliothèques d'histoire de la médecine du monde: la bibliothèque Osler de l'Université McGill. Il croit fermement que la plus noble des missions ne peut consister en autre chose que le soulagement de la souffrance de ses congénères et leur éducation, et il y dévoue toutes ses énergies, sans calcul et sans gain personnel non mérité, jusqu'à son dernier jour.

Osler amène les élèves au chevet des malades. C'est là qu'ils apprennent à devenir des «soignants», en examinant, en touchant et en écoutant les malades. Son expertise dans divers domaines scientifiques comme la bactériologie et la physiologie lui permet de mieux comprendre le fonctionnement interne de l'organisme. Il est considéré comme le meilleur diagnosticien de son temps. Osler joint à son savoir l'art de guérir et de traiter les gens avec compassion. Il inspire confiance à tous ses malades et les réconforte. Lorsque ses collègues et ses élèves tombaient malades, c'est Osler qu'ils voulaient avoir pour médecin. Il est le médecin des médecins. Il est connu comme le principal artisan de la médecine scientifique et de la codification de la compassion en médecine. Il a aussi été sympathisant, bien avant l'heure, de la montée des femmes en médecine. Pour saisir l'importance de la contribution d'Osler, il faut comprendre qu'avant lui la médecine était grinçante et lugubre et offrait refuge à d'innombrables et sinistres charlatans. Guerrier des tranchées le jour, Osler se retire le soir, après une longue journée de sacrifices bienveillants, dans la joie de sa vie familiale et de ses lectures dont il ramène les bijoux dans son enseignement.

> Il y a une forme de rire qui jaillit du cœur, qu'on
> entend dans les tintements joyeux des enfants, un
> esprit d'amour défiant l'analyse philosophique, sans
> rigidité ni mécanisme, sans signification sociale,
> bouillonnement spontané… sans égoïsme et empli
> de sentiment, le rire est la musique de la vie. (William
> Osler)

On dit d'Osler qu'il a le génie du bonheur, qu'il ne connaît jamais une mauvaise journée, qu'il ne dilapide jamais une seule minute de son temps.

> Ne vivez ni dans le passé ni dans le futur, mais laissez
> chaque journée de travail absorber toutes vos énergies
> et satisfaire vos plus grandes ambitions. (William
> Osler, conseil aux étudiants lors d'une allocution)

> Nous sommes ici pour ajouter ce que nous pouvons
> à la vie, pas pour en retirer ce qui peut en être retiré.
> (William Osler)

Osler a une bonhomie et un humour « païens ». Adolescent, il se fait expulser de la Dundas Grammar School pour mauvais coups blagueurs. Adulte, lors de conférences dans les plus prestigieux amphithéâtres des institutions de haut savoir à travers le monde, il cite avec poésie jouissive et remarquable aisance la mythologie grecque pour justifier son curieux mélange de génie scientifique et de bienveillance extrême. Il est ironique que cet enfant cancre ait épousé corps et âme la cause, la vocation, la mission touchée de grâce de l'éducation, en plus de la médecine et de la recherche scientifique.

Qu'est-ce, après tout, que l'éducation ? qu'un changement
subtil et lent, dû à l'influence des autres, de l'histoire
écrite des grands esprits de tous les temps, de la beauté
et l'harmonie de la nature, des arts, et des vies, bonnes
ou mauvaises, de nos pareils. Ce sont eux seuls qui nous
éduquent, eux seuls qui moulent les esprits naissants.
Ce campus mènera les générations successives de jeunes
à l'Art, à la Science et à la Charité. L'Art qui vient de
l'amour des idéaux, du feu qui nous consume tous.
La Science, cette logique froide qui garde notre esprit
indépendant et libre des tourments de l'autodéception
et demi-vérités. La Charité, dans laquelle nous, de la
profession médicale, devons marcher dignes d'elle.
(William Osler, *Æquanimitas*, p. 95)

À 55 ans, alors que ses obligations cliniques ont atteint des sommets dangereux pour sa santé, il accepte un poste prestigieux à Oxford, question de survie personnelle. Mais il se repose à peine, et les 15 dernières années de sa vie restent tout aussi productives et heureuses. La couronne britannique le nomme d'ailleurs baronnet en 1911, et c'est alors qu'il se fait graver des armoiries sur lesquelles figurent un castor et un fleurdelisé, et son symbole personnel, le mot « Æquanimitas » (sardines de Cornouailles), ses ancêtres étant des marins de Falmouth, ainsi que la main rouge d'Ulster en signe du baronnet. On notera qu'Osler s'est souvenu de son passage dans la francophonie mondiale et québécoise et lui a attaché une grande valeur. Le fleurdelisé témoigne de l'attachement d'Osler à la francophonie en général et au Québec en particulier... C'est tout à notre honneur.

Sources :

BLISS, Michael, *William Osler : a Life in Medicine*, Oxford, Oxford University Press, 1999.
KING, Lester S., *Transformations in American Medicine : from Benjamin Rush to William Osler*, Baltimore, John Hopkins University Press, 1991.

5.5. Albert Saint-Martin (1865-1947)

Albert Saint-Martin est né dans le faubourg Hochelaga de Montréal, d'un père québécois francophone de cinquième génération, petit commerçant, et d'une mère québécoise de souche. Il s'installe comme sténographe dans le centre-sud de Montréal à 20 ans et se marie avec une catholique pratiquante, Marie Emma Dufresne. Ils ont six enfants, dont quatre meurent en bas âge. La naissance de leur fille est enregistrée en 1893 civilement, et sur cet acte, Albert Saint-Martin fait scandale en se déclarant sans religion. En secret, sa conjointe fait baptiser sa fille non plus avec le prénom choisi par le père, Graziella Flora, mais avec celui, jugé plus pieux, de Marie Flora. Pendant les années 1890, Albert Saint-Martin apprend l'espéranto et devient une personnalité internationale dans ce mouvement, formateur et prosélytiste. L'espéranto, une langue simplifiée, conçue pour être universelle, est prisé à cette époque par les humanistes, socialistes et internationalistes.

Albert Saint-Martin participe aux activités de nombreux clubs ouvriers dont le plus important se dénomme « Chevaliers du travail ». Il est cofondateur et secrétaire du Parti ouvrier indépendant en 1904. Il prononce très souvent des discours politiques de nature anticléricale et socialiste, et se présente à plusieurs reprises comme candidat à des élections pour le Parti ouvrier, et ensuite pour le Parti socialiste du Canada — section Montréal (dont il est aussi cofondateur et dirigeant en 1907). Il organise des parades du premier mai lors desquelles on lève le drapeau rouge, on chante la *Marseillaise* et l'*Internationale*, on crie « À bas la calotte » et où on se fait disperser par la police au milieu de huées et de contre-manifestations. Il organise aussi des grèves ouvrières, pendant lesquelles les manifestants se font généralement disperser à la matraque.

Les parades, manifestations, fanfares, cours et conférences organisés par Saint-Martin attirent surtout des ouvriers immigrants européens, russes, juifs, syriens, à l'occasion par milliers. On note aussi une proportion élevée de femmes parmi les camarades de Saint-Martin ainsi que dans les auditoires, incluant des chefs, des conférenciers, des têtes de parade, etc., ce qui a pour effet de choquer les bien-pensants et les sanctificateurs.

Il arrive souvent que Saint-Martin et ses camarades se fassent menacer par les autorités, refuser toute demande d'accès aux espaces publics, harceler par la police, matraquer, invectiver et vandaliser par les opposants. En 1906, Albert Saint-Martin fonde une imprimerie coopérative qui publie, entre autres, une revue en espéranto intitulée *La Lumo*. En cette année, il enregistre aussi un disque en espéranto. Saint-Martin se fait vilipender en chaire par monseigneur Bruchési, archevêque ultramontain extrêmement réactionnaire. En 1907, la famille Saint-Martin fonde une commune dans laquelle des adultes vivent collectivement et ouvrent une coopérative alimentaire. Saint-Martin intervient en 1908 dans un litige juridique employeur/ employés. En 1918, le couple Dufresne-Saint-Martin se sépare. Toute la famille désapprouve les idées athées et socialistes du père. Albert Saint-Martin offre de payer ses études de médecine à l'université protestante McGill à son fils Théode. Ce dernier décline l'offre, préférant payer ses propres études à la catholique université de Montréal.

Revendications d'Albert Saint-Martin qui ont reçu une réponse favorable seulement après sa mort

Éducation gratuite et obligatoire
Suffrage universel
Loi sur les accidents du travail
Loi sur l'accès aux tribunaux
Impôt progressif sur le revenu
Prohibition du travail d'enfants de moins de 14 ans
Déconfessionnalisation des écoles
Règlements éthiques sur l'attribution de contrats gouvernementaux
Interdiction du travail le dimanche
Dépénalisation de l'amour libre, possibilité de vivre en commune, etc.
Université populaire
Activité économique coopérative (alimentation, finances, agriculture, services culturels)

En 1918, Albert Saint-Martin prononce des discours très courus, mais aussi très dénoncés contre la conscription, et il prône même publiquement le refus de porter les armes. Nombre de ces activités anti-conscription subissent les foudres de la police, et les dirigeants de ce mouvement populaire, le châtiment des juges.

La bataille suivante de Saint-Martin sera la défense de la révolution soviétique, bataille qui occupera beaucoup de ses forces pendant plusieurs années. Saint-Martin, chef du Parti socialiste, se rend compte à regret que le nouveau Parti communiste du Canada est insensible aux aspirations nationales des Québécois, voire à la langue française tout court. Alors que presque tous les partis socialistes du pays se fondent dans le nouveau Parti communiste canadien, Albert Saint-Martin demande que son parti, le Parti socialiste, puisse adhérer directement à l'Internationale communiste.

La demande est rejetée, et la classe ouvrière québécoise devra désormais s'occuper seule de ses affaires. Il faudra des décennies avant qu'un parti communiste puisse faire adhérer des francophones du Québec, et la solution consistera à chaque fois en la création d'un parti francophone, la barrière de la langue restant infranchissable.

Maîtrisant parfaitement trois langues (français, anglais, espéranto), ayant voyagé en Europe, Albert Saint-Martin est un homme cultivé, voire érudit. Il est reconnu comme un excellent orateur et donne hebdomadairement des discours publics à la demande de diverses organisations de gauche. À 50 ans, il a été commerçant, éditeur et rédacteur, professeur d'espéranto, il a appris les rouages du droit, de la structure des États et du monde politique par l'entremise de son métier de sténographe pour la cour ainsi que pour le gouvernement. Il a reçu la meilleure éducation que la culture communiste mondiale puisse offrir. Il est depuis très longtemps engagé dans l'éducation populaire, même s'il a peu d'éducation formelle. Il est donc naturel qu'il devienne le fondateur, en 1925, ainsi que le principal pilier de l'Université ouvrière de Montréal. Les dimanches, Saint-Martin ou un de ses camarades monte sur une boîte à savon dans un marché public et se met à haranguer la foule, en anglais aussi bien qu'en français, à la défense du bolchévisme ou de l'athéisme. Le sujet peut être plus placide: littérature, astronomie, art oratoire, histoire de la Russie ou de la France, médecine, géographie, etc., et le conférencier, assez redoutable, tels Emma Goldman, célèbre anarchiste américaine, et Alphonse Desjardins, protagoniste du coopératisme financier. La conférence ne dure que 30 minutes, laissant amplement de place à la discussion. La formule, très appréciée par les gens ordinaires, attire 200 personnes en moyenne. On y tient aussi des activités du samedi soir, dont des pièces de théâtre. On y organise une bibliothèque itinérante, dans le but d'éduquer les masses. On peut être membre à vie de l'Université ouvrière pour la modique somme de un dollar... «Les pouilleux sont invités à venir s'épouiller pendant les conférences », disait Saint-Martin. Il est d'ailleurs apprécié pour sa bonhomie et son humour lors de ses conférences et tractations. À l'Université ouvrière, on le nomme « curé dans son église ». La teneur est très souvent anticléricale et surtout, il est important de le souligner, antithéiste, et Saint-Martin se prête souvent au jeu de défier Dieu de l'empêcher de fumer sa pipe — ce qui impressionne grandement l'auditoire, comme le ferait un tour de prestidigitation, ce après quoi il s'emploie à développer des arguments plus fins contre l'existence de Dieu. Les partis socialiste et communiste collaborent sans heurt à l'Université ouvrière dont émane même une revue éditée par le Parti communiste.

En 1929, Albert Saint-Martin a 64 ans et est plus actif que jamais, à l'Université ouvrière, à publier des brochures et journaux, à animer le mouvement « Spartacus » (sympathies trotskystes), à gérer une coopérative d'imprimerie, et à vivifier l'Association humanitaire, une organisation d'aide aux chômeurs. C'en est trop pour l'Église catholique. Selon le biographe de Saint-Martin, Claude Larivière, c'est l'Église catholique qui lance contre Saint-Martin un commando de jeunes de l'Université de Montréal qui saccage l'immeuble de l'Université ouvrière et détruit sa bibliothèque. Les clercs tonnent en chaire contre le bolchévisme et l'Université populaire de Saint-Martin. Les syndicats ouvriers catholiques en rajoutent, réclamant que soit rendue illégale toute assemblée communiste, l'arrestation des organisateurs, la déportation des agitateurs « étrangers ». La table est mise pour la Loi du cadenas que mettra en place le premier ministre réactionnaire et antidémocratique Maurice Duplessis, des années plus tard, pour pulvériser le communisme au Québec. Des groupes se mettent à matraquer les conférenciers et les étudiants de l'Université ouvrière, ou à défaut de cela, à chahuter assez pour rendre l'apprentissage impossible. Les médias capitalistes, dont le journal *Le Devoir*, réclament que soit fermée l'Université ouvrière. Le Parti communiste est déclaré illégal par la cour en 1931. Les officiers de l'Université ouvrière sont persécutés l'un après l'autre, certains coffrés. Albert Saint-Martin n'y échappe pas. La publication de son essai *Les sandwiches à la shouashe* en 1932, dans lequel il s'attaque aux organisations de charité religieuses qui offrent des sandwiches aux chômeurs, le mène à deux procès, un pour libelle blasphématoire et l'autre pour libelle séditieux. La loi spéciale Arcand est adoptée pour forcer la fermeture de l'Université ouvrière en 1933. Saint-Martin se défend sans avocat à ses procès. L'ironie de son réquisitoire est savoureuse et fait rire juge, avocats, procureurs et auditoire. Les sandwiches de la charité, argumente-t-il, font convulser de douleur les malheureux chômeurs affamés. Le procureur plaide que l'essai de Saint-Martin est « de nature à jeter du discrédit, du ridicule sur Dieu, la foi, la religion et les institutions de charité que l'on tournait au ridicule, ce qui était susceptible de faire naître la haine et le mépris ». Dans sa réplique, Saint-Martin nie « avoir attaqué Dieu, la foi, choses qui ne l'occupent pas puisque dans son opinion, elles n'existent pas ». La fin du plaidoyer de Saint-Martin inspire un profond silence dans la salle :

> Père, regardez votre enfant. […] Votre enfant a-t-il attaqué Dieu, la foi ou la charité parce qu'il a tenté de remédier à un état de choses déplorable en disant que ceux qui se voilent en arrière de ces mots sont des criminels et des assassins ? Ne pensez-vous pas qu'au cours de sa vie, il ne fut pas témoin d'injustices criantes à la vue desquelles il n'a pu réprimer le flot de colère et d'indignation dont son cœur était gonflé ? Pardonnez-lui s'il ne sait châtier son langage et employer un verbe académique, car il est de la plèbe où l'on appelle, à tort ou à raison, un chat un chat.

Albert Saint-Martin sera acquitté de la première accusation et la seconde sera abandonnée. Toutefois, l'homme de 68 ans n'est pas au bout de ses peines. En route vers le site d'une conférence qu'il doit prononcer, il est assailli par un groupe de jeunes fascistes, ce qui l'amène à l'hôpital avec de nombreuses blessures à la tête. Il arrive la même chose à l'un de ses camarades alors en route vers la même conférence. La police tient une garde permanente devant les quelques locaux du Parti socialiste afin d'assurer qu'ils restent fermés et inoccupés. Des propriétaires autrefois plus conciliants refusent de louer des espaces à Saint-Martin. Celui-ci tente par poursuite judiciaire d'obtenir un espace public pour ses activités éducatives, mais on le lui refuse. Ses blessures à la tête sont sérieuses et il est maintenant considérablement affaibli. L'Université ouvrière cesse ses activités et sa bibliothèque ferme officiellement en 1936. Le plus proche ami et ardent camarade d'Albert Saint-Martin, Gaston Pilon, se convertit au catholicisme. Albert Saint-Martin se retire de la vie publique après 50 ans de militantisme effréné. À 79 ans, il publie un dernier ouvrage à teneur communiste et humaniste, ce qui démontre qu'il n'a jamais dérogé de sa ligne de conduite ni de ses principes de jeunesse. Il rédige son testament dans lequel il lègue ses biens à la Ligue des consommateurs. Celle-ci devra utiliser les fonds, stipule-t-il, pour publier un dictionnaire et une grammaire d'espéranto et faire incinérer son corps. La Ligue renonce au legs, et contre ses dernières volontés, avec une permission spéciale du coroner, la famille d'Albert Saint-Martin le fait inhumer au cimetière protestant Hawthorn-Dale à Pointe-aux-Trembles, en banlieue de Montréal. Pour ajouter l'injure à l'insulte, sa pierre tombale serait erronée, indiquant 1864 comme date de naissance...

Albert Saint-Martin fut le plus grand militant athée de l'histoire du Québec. Proche du peuple ordinaire, des ouvriers, des femmes, des immigrants, des chômeurs et des miséreux, il avait parfaitement compris qu'il est inutile de parler publiquement de matérialisme historique dans la rue, que la religion est bel et bien l'opium du peuple. Il fut celui qui sut traduire les grands principes marxistes en termes qui pouvaient s'implanter dans les cervelles des gens. Il contribua bien plus au renversement du repli clérico-nationaliste de droite du peuple québécois en cours depuis la défaite des Patriotes que n'importe quel Borduas, aussi sublime que fût ce dernier. Qu'on ne sache pas cela aujourd'hui est dû à l'incroyable acharnement avec lequel le capital et le clergé ont voulu le faire taire, et certainement, le faire disparaître à jamais.

Revendications d'Albert Saint-Martin qui n'ont pas encore reçu de réponse favorable ou qui n'ont été satisfaites que partiellement

Que les biens des communautés religieuses soient taxés à l'égal de toute autre propriété
Municipalisation du gaz
Abolition de la propriété privée des moyens de se procurer la nourriture, les vêtements, le logement
Collectivisation du sol, des chemins de fer, des services publics, des usines, des mines et des inventions
Droit au travail

Sa vie adulte a été constituée d'un martyre au quotidien : trahisons à la chaîne, œufs pourris lancés au visage, agressions, vandalisme et saccages, tentatives d'emprisonnement, tentative de meurtre, profanation de ses droits parentaux, de son testament et même de sa pierre tombale, rejet par tous les membres de sa famille ainsi que par l'électorat, reniement vers la fin de sa vie par son plus proche ami et collaborateur, Albert Saint-Martin fut constamment vilipendé, chahuté. On ne torture ainsi que des hommes qui ne fléchissent jamais, et qui appellent effectivement un chat un chat. Les idées et les valeurs d'Albert Saint-Martin, aussi horrifiantes aient-elles pu paraître aux bien-pensants de la belle province de son époque, font partie de la banalité quotidienne d'aujourd'hui, et beaucoup d'entre elles sont maintenant considérées comme allant de soi. Les gens croient-ils que le Québec moderne est tombé du ciel ? Non. Il en a fallu de la douleur, dont une part incalculable a été portée par ce futé et entêté fils du peuple québécois, faisant de lui le plus grand héros de l'histoire de la gauche québécoise francophone.

Source:
LARIVIÈRE, Claude, *Albert Saint-Martin, militant d'avant-garde (1865-1947)*, Laval, Éditions coopératives Albert-Saint-Martin, 1979.

5.6. Éva Circé-Côté (1871-1949)

Fille d'Exilda Descarie et de Narcisse Circé, marchand, Éva fait ses études au couvent des sœurs de Sainte-Anne de Lachine.

Est-elle athée? On sait qu'elle est libre-penseuse puisqu'elle se définit ainsi, et franc-maçonne puisqu'elle est associée ainsi que son mari à la loge l'Émancipation et à la loge Force et Courage, qui promouvaient l'humanisme radical fondé sur le rationalisme et l'égalité. Elle est militante laïque: elle réclame la séparation des églises et de l'État. Bravant la réaction rageuse de l'Église catholique, elle a l'outrecuidance de faire incinérer au cimetière du mont Royal la dépouille de son mari (ainsi qu'il le souhaitait). Elle préconise l'éducation gratuite et obligatoire et fonde avec Gaëtane de Montreuil (Georgina Bélanger) la première école laïque au Québec. Malgré l'opposition de l'archevêque Bruchési, elle fonde en 1903 la première bibliothèque publique du Québec, la Bibliothèque technique de Montréal. Avec Hector Garneau, petit-fils de l'historien François-Xavier Garneau, elle fonde ensuite la Bibliothèque municipale de la Ville de Montréal. Garneau est nommé bibliothécaire et Éva Circé-Côté, bibliothécaire adjointe. Elle garde ses fonctions jusqu'en 1932.

Contre l'Église catholique réactionnaire, elle préconise l'abolition de la peine de mort, le refus d'obéissance et de soumission, la régulation des naissances, le droit des femmes au travail rémunéré, l'égalité des sexes, l'admission des femmes au barreau, la réforme du Code civil qui infantilise les femmes (par exemple financièrement) ainsi qu'un grand nombre de changements sociaux progressistes et avant-gardistes. Éva Circé-Côté défend le droit des femmes au travail au moment où l'Église catholique, le patronat et les médias commerciaux préconisent tous le retour des femmes au foyer pour laisser les emplois aux hommes qui reviennent de guerre.

> Si l'on croit avoir trouvé le moyen de faire réintégrer le foyer à celles qui se sont bâti un nid à elles et qui ont organisé leur existence pour vivre indépendantes, on se trompe grandement. Elles prendront un autre chemin que celui de la maison, et ce n'est pas celui qui conduit à l'église. (Éva Circé-Côté, 1934)

Elle lit avec affection et cite abondamment nombre d'ouvrages que l'Église catholique met à l'Index :

> Ici, pour être bien vu il faut dire que Voltaire est un écrivain de bas étage, Rousseau un être dépravé, Zola un pornographe, Michelet un historien de second ordre, et avoir soin de les faire tous mourir de mort honteuse. Pour avoir de l'esprit et du talent, il faut avoir son billet de confession dans sa poche. Triste mentalité que la nôtre... (Éva Circé-Côté, 1909)

Éva Circé épouse le Dr Pierre-Salomon Côté (1876-1909) en 1905 et a une fille, Ève. On surnomme le Dr Côté « médecin des pauvres », et les deux époux fréquentent les milieux avancés de Montréal : les francs-maçons et les plus progressistes des libéraux. Le Dr Côté meurt très jeune, laissant Éva avec une petite fille à élever, à faire vivre et à protéger, ce qu'elle fait avec brio.

Politiquement très active, Éva est militante d'inspiration nationaliste, féministe et fortement progressiste et égalitariste. Son action politique consiste surtout en billets, toujours publiés sous noms de plume. Ses noms de plume deviennent très connus au Québec (Colombine, Musette, Jean Nay, Fantasio, Paul S., Bédard, Arthur Maheu et Julien Saint-Michel) et ses billets sont beaucoup lus, mais la femme doit rester inconnue du public pour protéger sa vie privée et son enfant. Elle change de pseudonyme à mesure que les revues deviennent trop timorées pour l'ardeur et l'avant-gardisme de ses propos. La pamphlétaire Éva Circé-Côté passe près d'être complètement délaissée par l'histoire du Québec, n'eût été le travail de recherche remarquable de ses premières biographes qui sont aussi historiennes (Micheline Dumont, Louise Toupin et Andrée Lévesque). Aussi tôt qu'en 1900, Éva Circé envoie un premier texte à Louvigny de Montigny du journal *Les Débats*, avec lequel elle collabore pendant un an. Elle fonde la maison d'édition L'Étincelle en 1902 et écrit régulièrement dans les journaux libéraux *Les Débats*, Le *Pionnier*, *L'Avenir du Nord* et *Le Pays*, avant de passer au *Monde ouvrier* en 1916, pour publier au total plus de 1 500 chroniques, essais et poèmes, surtout dans les médias syndicaux. On lui doit quatre pièces de théâtre et, en 1924, le livre *Papineau. Son influence sur la pensée canadienne. Essai de psychologie historique.* Reconnue pour son style particulier, elle utilise l'outil qu'elle maîtrise le mieux, sa plume, pour éclairer et persuader. Ses pièces de théâtre sont jouées devant public et toutes gagnent des prix ; son *Bleu, Blanc, Rouge*, en 1903, et son *Papineau*, en 1922, sont acclamés par la critique. Ses nombreuses chroniques ont leur lectorat et provoquent des débats dans la grande presse.

Mais Éva Circé-Côté n'est pas une personne à se cacher et à se contenter de ratiociner dans un coin. Elle donne de nombreuses conférences publiques et des entrevues à la radio.

Nationaliste égalitariste, Éva Circé-Côté propose en 1911 que l'on remplace la fête de la Saint-Jean-Baptiste par celle des Patriotes. Elle dénonce l'impérialisme, l'antisémitisme, le pouvoir religieux et préconise un rôle actif et redistributeur de l'État.

Son égalitarisme va beaucoup plus loin que la lutte pour le droit de vote des femmes, l'instruction obligatoire et universelle, etc. Elle veut créer une société de véritable partage de la richesse, concept rarement exprimé de façon sincère au Québec. Elle veut se servir de sa plume comme d'un «outil de délivrance pour les plus dépourvus de la société».

Mais ce qui est encore plus extraordinaire chez cette femme élevant seule une enfant, c'est que, malgré une passion pour la lecture, la réflexion et l'écriture, elle ne se limite aucunement à cela. Elle crée des œuvres très concrètes et a l'énergie de les faire fructifier. Le système de bibliothèques publiques du Québec, le réseau des écoles laïques du Québec, l'édition francophone au Québec et les associations d'artistes et d'écrivains (elle est la première vice-présidente de la Société des auteurs canadiens) lui doivent tous une fière chandelle.

Elle se bat contre toutes formes d'incompétence, de corruption, de népotisme, et préconise des réformes pour assainir les mœurs politiques: «On ne peut exiger du peuple une délicatesse de conscience que la classe dirigeante ignore.»

Elle est profondément démocrate en cela qu'elle est convaincue que l'éducation et l'autonomie intellectuelle, économique et morale seraient souhaitées par chaque citoyen pour peu qu'on lui en offre la possibilité, grâce à des bibliothèques publiques gratuites, et à l'instruction gratuite, laïque et obligatoire. Elle exprime très clairement une croyance à la perfectibilité de l'humanité.

Son avant-gardisme est remarquable pour l'époque. À la différence de son mentor intellectuel, Louis-Joseph

Papineau, et contrairement au discours dominant du début du XXᵉ siècle au Canada français, on ne trouve chez elle aucune référence à l'agriculture ou à la campagne comme monde idéal que la ville devrait s'efforcer d'imiter, voire de reconquérir. Elle observe plutôt avec bonne humeur et entrain les changements dans les mœurs sociales, notamment le rôle imparti aux deux sexes, à condition que cela conduise à de véritables progrès sociaux. Dans ses articles, elle conteste notamment la notion de « chef de famille » (*Le Monde ouvrier*, nº 15, vol. IV, p. 16).

Son féminisme va très loin, et est extraordinairement visionnaire : elle préconise une éducation égale des garçons et des filles, et encourage toutes les réformes que nous avons connues depuis, affranchissant la femme québécoise comme citoyenne à part entière. Elle dénonce par exemple le harcèlement sexuel qui sévit sur maints lieux de travail.

> Il y a dans leur âme [celle des femmes] une sorte de lumière intérieure, comme des lueurs d'aurore qui jettent sur les choses des clartés anticipées. Cette vision directe […] provient de leur merveilleuse sensibilité. […] L'instinct des femmes est plus près que nous de la nature, est plus raisonnable que notre jugeote boiteuse. […] La femme moderne devra racheter l'humanité qui agonise sous un joug de fer. Le sort de l'univers est entre ses mains. (Éva Circé-Côté, entre 1922 et 1932, sous le pseudonyme de Julien Saint-Michel)

Femme d'esprit, femme de raison, et femme de cœur, Éva Circé-Côté eut tout pour elle […] et le redonna en entier au peuple québécois. Elle fut une véritable héroïne humaniste de chez nous.

Sources :
DUMONT, Micheline et Louise TOUPIN, *La pensée féministe au Québec*, Montréal, Éditions du Remue-ménage, 2003.
LÉVESQUE, Andrée, « Éva Circé-Côté », dans Maryse DARSIGNY et coll. (dir.), *Ces femmes qui ont bâti Montréal*, Montréal, Les Éditions du Remue-ménage, 1994.

5.7. Félix d'Hérelle (1873-1949)

Félix d'Hérelle est né à Montréal. Son père a 30 ans de plus que son épouse et meurt lorsque Félix n'a que six ans. Né à Montréal, le père de Félix est fortuné et bien entouré. Par exemple, Henri-Gustave Joly de Lotbinière, ministre fédéral du Revenu, est son ami. Le biographe de Félix d'Hérelle (Summers, 1999) décrit le père de Félix comme «libre-penseur». La mère de Félix, d'origine hollandaise, catholique dévote, vit des rentes léguées par son époux après le décès de ce dernier. Le frère cadet de Félix, Daniel, naît en 1875. Félix d'Hérelle fait ses études au lycée Condorcet et au lycée Louis-le-Grand, tous deux à Paris, jusqu'en 1890 ou 1892. Après avoir accumulé des retards dans ses études et obtenu de mauvais résultats scolaires, il quitte l'école vers 1890 sans avoir terminé ses études secondaires. Il entreprend néanmoins ensuite des études de médecine en France, à Paris puis à Lille, et en Hollande, à Leyde. Son autobiographie non publiée fait également état d'études de chimie à Bonn, en Allemagne. Il s'engage ensuite comme volontaire dans l'armée, en même temps que son frère Daniel. Il déserte pour des motifs inconnus et réside probablement en Belgique. Il voyage en Turquie et en Grèce. Il fait, dit-on, un tour de l'Europe à bicyclette.

Il revient au Québec en 1897, après s'être marié avec Marie Caire, rencontrée en Turquie, et s'intéresse de plus en plus à la microbiologie qu'il étudie seul en lisant des livres. Il s'installe un laboratoire amateur à domicile et y pratique des expérimentations. Il engendre deux filles avec son épouse. En 1899, le voici à Longueuil où il exploite avec son frère Daniel une chocolaterie. Il porte alors le nom de Félix Haerens d'Hérelle. Le ministre de Lotbinière lui confie alors un contrat pour concocter un alcool à partir des surplus de sirop d'érable! Il réussit d'ailleurs à mettre au point un procédé de fabrication d'un schnaps de sirop d'érable. À cette époque, Félix d'Hérelle est nommé «médecin» au Labrador, où il pratique une médecine rudimentaire dont il se lasse après un an. C'est aussi à cette même date que Félix publie sa toute première œuvre, un article intitulé «Comment surviendra la fin du monde?» qui paraît dans la feuille libérale et radicale *La Patrie*, fondée par Honoré Beaugrand. Le contenu de l'article illustre la quintessence de la mentalité libre-penseuse de d'Hérelle: il s'y moque des comptes rendus «superstitieux» de la fin du monde, en vogue à l'époque, et n'y fait aucune mention de la notion chrétienne du jugement dernier. La chocolaterie fait faillite en 1901. C'est en cette année qu'il publie son premier papier scientifique, qui témoigne d'une extraordinaire érudition et d'une grande naïveté scientifiques. C'est aussi à cette date que d'Hérelle est obligé, à l'âge de 24 ans, pour la première fois de sa vie, de gagner sa vie. Il a en effet englouti presque toute sa part du legs de son père dans la chocolaterie.

Curieusement, son expérience de distillation lui vaut par la suite des contrats au Guatemala, puis au Mexique. Au Guatemala, il obtient un poste de microbiologiste, discipline qu'il ne connaît pas, mais à laquelle il s'initie durant le voyage! Jusqu'en 1906, il étudie la microbiologie de manière autodidacte, puis travaille comme bactériologiste sur la fièvre jaune à l'Hôpital général du Guatemala. Du Guatemala, il voyage à travers la Méso-Amérique et, au Mexique, il découvre un coccobacille dans l'intestin de sauterelles mortes. Il continue à faire progresser l'art de la distillation en mettant au point des formules pour les bananes et pour le sisal (une forme d'agave). Serait-il le père de la tequila? Non. Les Aztèques avaient fermenté l'agave pour en faire de l'alcool depuis belle lurette. Sa contribution consiste à inventer le schnaps de sisal... Il propose de lutter contre les invasions de sauterelles par des moyens bactériologiques. Certaines sources affirment qu'il a échoué et d'autres qu'il remporte des succès en Argentine et en Afrique du Nord.

Le gouvernement mexicain l'envoie à l'Institut Pasteur à Paris (1908) pour qu'il puisse approfondir cette découverte prometteuse ou pour perfectionner ses méthodes de distillation (les biographes ne s'entendent pas sur ce point). En étudiant son coccobacille, d'Hérelle remarque des « taches vierges » rondes dans les cultures bactériennes. Il comprend rapidement qu'il s'agit là de trous causés par des virus bactériophages et commence à imaginer la possibilité d'utiliser ce « microbe invisible » pour combattre toutes les épidémies. Il est nommé chef de laboratoire à l'Institut Pasteur. Il démontre que les cultures sont détruites par un agent inconnu, invisible et passant à travers les filtres destinés à retenir les bactéries. Or, cet agent signifie la guérison des malades. Dans une note restée célèbre, cette observation est présentée en 1917 par le directeur de l'Institut Pasteur, Émile Roux. À l'époque, c'est le patron qui monte sur l'estrade et « présente » dans le sens très littéral. D'Hérelle a déjà 44 ans; sans doute est-ce un peu tard pour un rendez-vous avec la gloire. D'Hérelle en a bien conscience. C'est pourquoi il publie aussitôt une série d'articles sur sa découverte, puis un livre important. D'Hérelle participe à de nombreuses missions pour l'Institut Pasteur en Argentine, en Algérie, en Turquie, en Tunisie, au Mexique et en Indochine. Malgré ses prouesses scientifiques, d'Hérelle n'est jamais vraiment accrédité par l'Institut Pasteur, ne dispose que de ressources techniques dérisoires, n'a jamais d'assistants et n'est jamais salarié. Il y a une époque, écrit un de ses biographes, où d'Hérelle ne dispose que d'un tabouret. Et néanmoins, incroyablement, il persévère, jusqu'à ce qu'on le mette à la porte.

Pourtant, début 1919, il réussit à isoler des bactériophages chez le poulet, traitant avec succès par ce moyen un typhus du poulet. Après cette expérience réussie, il entreprend de soigner des patients humains. Un premier patient est guéri de la dysenterie par phagothérapie en août 1919. Pendant la Première Guerre mondiale, d'Hérelle, aidé entre autres par son épouse et ses filles, produit plus de 12 millions de doses de médicaments pour les militaires alliés. Les traitements médicaux sont alors rudimentaires comparés aux traitements actuels, et peu de vaccins sont disponibles.

. Félix d'Hérelle devient conservateur à l'Institut de médecine tropicale de Leyde (Hollande). Pendant les 12 années suivantes, il est professeur à Leyde, en Hollande (1923-1924), travaille en Égypte pour la Ligue des nations (1924-1926), et puis en Inde (Assam) pour le gouvernement britannique (1927). Il enseigne la « protobiologie » à Yale aux États-Unis (1928-1933) et fonde un Laboratoire du bactériophage à Paris (1933 ?) avec pour objet la production des phages thérapeutiques. Il est nommé chef du département de bactériologie au Conseil sanitaire, maritime et quarantenaire d'Égypte à Alexandrie pendant cette période. À cette époque, Sinclair Lewis (écrivain américain, Prix Nobel de littérature en 1930) publie son roman *Arrowsmith*, qui met en scène un médecin idéaliste, inspiré de Félix d'Hérelle.

Son biographe, le microbiologiste William C. Summers, est très clair sur la question de l'athéisme de d'Hérelle. En 1934, d'Hérelle se rend en Russie à l'invitation de son disciple G. Eliava pour y fonder des instituts de recherche sur les bactériophages à Tbilissi (en actuelle Géorgie), Kiev et Kharkov. De 1934 à 1936, il travaille en Union soviétique (Géorgie). Il demeure ensuite sympathisant bolchévique et dédie un de ses livres au « camarade Staline ». Le degré d'idéalisme de d'Hérelle se mesure ici. Pour servir les peuples de l'URSS et la révolution socialiste, et plus particulièrement une médecine socialisée (universelle et gratuite — ce qui était une première mondiale à l'époque et que l'on tient pour acquise aujourd'hui), d'Hérelle démissionne de son prestigieux poste de professeur, bien salarié et bien subventionné, à l'Université Yale. L'Institut de Tbilissi existe encore et ressemble beaucoup à l'Institut Pasteur de Paris par l'aspect de ses locaux et jusqu'à la verrerie de ses laboratoires de recherche. D'Hérelle aurait payé lui-même une partie du matériel. Il a le bon sens de déguerpir en France juste avant la grande purge de la « Yéchovtchina » en 1937. Son ami et principal collaborateur à Tbilissi, Eliava, figure parmi les victimes de cette répression pour avoir « tenté d'empoisonner un puits avec des bactériophages » (mais la vraie raison derrière cet assassinat est plutôt une histoire de femme). La mémoire d'Eliava et le sinistre rôle de Beria, son exécuteur, sont toujours commémorés à Tbilissi. D'Hérelle semble avoir beaucoup de chance. On peut supposer que Beria n'aurait pas fait d'exception pour un étranger.

De retour à Paris, Félix d'Hérelle fonde un laboratoire privé en association avec Nicolas Boulgakov, frère de Mikhaïl Boulgakov, l'auteur fantastique. Pendant la guerre, avec sa famille, il est mis en résidence forcée à Vichy par les autorités françaises pour cause de nationalité canadienne. Il y rédige son autobiographie (non éditée) : *Les pérégrinations d'un microbiologiste*. Il ne s'intéresse jamais à la rentabilité de son entreprise et ne s'enrichit pas. Il souhaite seulement assurer à l'humanité un accès à des médicaments efficaces et de bonne qualité. Plus concrètement, dans tous les pays qu'il visite, il prend parti pour la santé des populations, étudie leur culture et sympathise avec les gens ordinaires.

Félix d'Hérelle reçoit la médaille Leeuwenhoek en 1925. Ce prestigieux prix scientifique n'est accordé que tous les dix ans, et d'Hérelle en est très fier, puisque son idole, Louis Pasteur, en avait été le récipiendaire dix ans auparavant. D'Hérelle reçoit aussi le prix Petit d'Ormoy de l'Académie des sciences de France en 1948. Il meurt à Paris et est enterré dans le village où se trouve sa maison de campagne, à Saint-Mards-en-Othe (Aube), toujours comme citoyen canadien. La mémoire de ce grand homme de science et humaniste a presque été perdue. Au moment du décès de Félix d'Hérelle, les antibiotiques, dont l'action thérapeutique est large, connaissaient une popularité grandissante. Voilà qui est bien différent de la phagothérapie : à chaque maladie correspond son bactériophage. Mais on a utilisé à outrance les antibiotiques, au point que des maladies infectieuses comme la tuberculose montrent aujourd'hui des signes de résistance. L'étude des bactériophages connaît donc une nouvelle vie, ne serait-ce qu'en vertu des immenses enjeux commerciaux liés à l'apparition de médicaments. Plus de 50 ans après sa mort, Félix d'Hérelle obtiendra peut-être la légitimité qu'il s'est tant efforcé d'acquérir.

La découverte des bactériophages vaut à d'Hérelle une réputation mondiale et des doctorats honorifiques des universités de Leyde (1923), de Yale (1928), de Montréal et de Laval (1930) ainsi que de Tbilissi et de Baku (1934). Travailleur acharné, d'Hérelle publie 113 articles et 5 livres. Ses notes de laboratoire, très détaillées, permettent généralement aux chercheurs de refaire ses expériences. Ses écrits sont clairs et précis. D'Hérelle a surtout eu le mérite d'avoir compris la nature et la portée de ses découvertes. Il faut se souvenir qu'en 1915 quelques virus seulement étaient connus. Cependant, d'Hérelle n'est pas le premier à découvrir les bactériophages. Il fut en effet précédé par le bactériologiste anglais Frederick William Twort (1877-1950). Au service d'un institut vétérinaire à Londres, Twort observe en 1914 que la culture d'un « micrococque » subit une transformation vitreuse dont l'agent est transmissible et filtrable. Curieusement, Twort se désintéresse de sa découverte. Jusqu'en 1944, il s'acharne à vouloir cultiver des virus d'animaux sur des milieux inertes ce qui, nous le savons, est impossible. C'est donc d'Hérelle qui est le découvreur des virus bactériens. Durant sa vie scientifique, il découvre les phages de bactéries diverses: les agents de la dysenterie, de la typhoïde, de la peste humaine, de la peste aviaire, de la barbone du boeuf et du choléra, ainsi que des staphylocoques. C'est lui qui crée le terme « bactériophage » ou « mangeur de bactéries » et qui met au point les techniques de base pour leur manipulation. D'Hérelle est le premier à avoir formulé le concept de la multiplication intracellulaire des virus. Il invente aussi le principe de la culture des virus en couche monocellulaire, une des bases de la virologie actuelle. Il est bien reconnu que plusieurs des propositions microbiologiques de Félix d'Hérelle n'ont pas tenu la route. Par exemple, trop collé sur l'infectiologie, il reste lamarckien jusqu'à la fin. Ce qui demeure et qui se développe par la suite, c'est la redécouverte de ce virus filtrant et sa quantification rigoureuse, les retombées scientifiques du bactériophage, la caractérisation du cycle viral, l'assimilation gène-virus, les débuts de la génétique virale, le concept de prophage et de provirus, les premières images de virus en microscopie électronique, bref, les débuts de la biologie moléculaire. Par ailleurs, avec la lysotypie, les bactériologistes héritent d'une méthode très sensible de typage des souches bactériennes, fort utile en épidémiologie infectieuse.

Curieusement, tandis que le monde occidental a abandonné la phagothérapie depuis longtemps, l'Institut de Tbilissi fabrique toujours des phages thérapeutiques, depuis plus de 60 ans, à l'insu du monde occidental. Il s'agit surtout de phages de *Pseudomonas, Escherichia coli, Proteus, Staphylococcus, Streptococcus, Enterococcus, Klebsiella* et *Acinetobacter,* scellés en ampoules et administrés par voie orale ou par vaporisation. Jusqu'au démembrement de l'URSS, la fabrication des phages était considérable et le nombre d'employés de l'Institut atteignait le chiffre de 1 200. Depuis l'indépendance de la Géorgie, l'Institut a perdu ses marchés et ne travaille que pour les besoins locaux (lire à cet effet la biographie de Félix d'Hérelle par le microbiologiste québécois, et athée, Hans W. Ackerman, 1998). Alors que partout au monde depuis la Deuxième Guerre mondiale on traite les infections avec les panacées antibactériennes coûteuses et maintenant dangereuses, il reste des régions pauvres socioéconomiquement en Russie et en Pologne qui pratiquent à bon escient et de manière rigoureusement scientifique la thérapie très peu coûteuse par bactériophages — en identifiant l'hôte, patient par patient, et en sélectionnant son bactériophage spécifique. De plus en plus de scientifiques croient que le reste du monde sera obligé de suivre cette pratique lorsque les antibactériens auront engendré trop de résistances dans les populations humaines. Par exemple, au Québec, la collection de phages du microbiologiste québécois Hans W. Ackermann, considérée comme une archive et nommée «Collection Félix d'Hérelle», a été récemment sauvegardée d'un transfert aux États-Unis par une subvention gouvernementale accordée à l'Université Laval.

Le nom de Félix d'Hérelle s'est retrouvé, dans les années 1960, sur une liste publiée par la Fondation Nobel, qui comporte des noms de scientifiques qui auraient été dignes de remporter le prix du même nom, mais qui ont été évincés pour une raison ou pour une autre. Certains biographes disent qu'il aurait été nommé huit fois. Des rues portent maintenant le nom de Félix d'Hérelle à Longueuil (Québec), à Laval (Québec) et à Paris. Félix d'Hérelle fut intronisé au Temple de la renommée de la médecine canadienne en 2007. On maintient et on finance présentement des archives sur lui à l'Institut Pasteur à Paris et à l'Université Laval à Québec. Une œuvre charitable de soutien aux victimes du VIH, financée par le gouvernement du Québec et divers organismes, a pignon sur la rue Saint-Hubert à Montréal et se nomme la *Maison Félix d'Hérelle*, en l'honneur du grand microbiologiste.

On pourrait dire que c'est en dépit du Québec que d'Hérelle a pu se hisser au rang de géant dans le monde scientifique. N'a-t-il pas fallu qu'il aille s'éduquer lui-même dans de nombreux pays? Peut-on alors vénérer Félix d'Hérelle comme héros de chez nous? Il ne faut pas oublier que sa passion pour la microbiologie prend naissance et est incubée à Longueuil, et qu'il ne quitte sa patrie une deuxième fois que pour suivre sa passion scientifique. Rappelons que c'est son père, un Québécois de souche, qui lui a légué sa fortune, ses relations technoscientifiques et sa mentalité de libre-penseur. N'oublions pas non plus que c'est au Québec que d'Hérelle a accédé au monde de la médecine et de la biochimie professionnelles, qu'il a monté son premier laboratoire et qu'il a publié son premier article scientifique. Il faut se rappeler aussi qu'il ne s'est jamais départi de sa nationalité canadienne.

La vie personnelle de Félix d'Hérelle est très peu connue. On sait qu'il fut sympathisant communiste, qu'il fut authentiquement passionné par la microbiologie, qu'il voulut sauver d'innombrables vies par ses efforts scientifiques, et qu'il était philosophiquement « matérialiste », c'est-à-dire athée. Peut-on vénérer Félix d'Hérelle comme héros québécois ? Il mérite certainement le sobriquet de « Indiana Jones [québécois] de la microbiologie » qu'on lui colle aujourd'hui, affectueusement. Quant au titre de « fondateur de la microbiologie », dont le gratifie son hagiographe, le Dr Summers, le débat continue.

Sources :

ACKERMANN, Hans Wolfgang, « Félix d'Hérelle : découvreur des bactériophages », *Les sélections de médecine/sciences*, n° 8, 1998, p. 1-6.

SUMMERS, William C., *Félix d'Herelle and the Origins of Molecular Biology*, New Haven, Yale University Press, 1999.

VÉZINA, René, « La nouvelle vie de Félix d'Hérelle », *Interface,* no° 3, vol. 21, 2000, p. 1-4.

5.8. Marius Barbeau (1883 – 1969)

Né à Sainte-Marie-de-Beauce, Marius Barbeau apprend très jeune la musique avec sa mère. Il fait ses études classiques au collège de Sainte-Anne-de-la-Pocatière. Il passe une partie de son enfance aux États-Unis, où sa famille a émigré. De retour au Canada, il fait des études de droit à l'Université Laval en 1903 et s'inscrit au barreau en 1907. Boursier Rhodes, il part en Angleterre où il obtient un baccalauréat ès sciences d'Oxford et un diplôme en anthropologie. Il termine ses études à la Sorbonne, à Paris, en 1910. Il accumule les diplômes de doctorat (Montréal, 1941 ; Laval, 1952 ; Oxford, 1953). Engagé au Musée de l'Homme à Ottawa à titre d'anthropologue, il devient le premier Canadien à vouer ses recherches au folklore des Indiens et des Canadiens francophones. Il devient le premier ethnologue canadien-français. Il est très actif et obtient une reconnaissance internationale pour ses travaux. Marius Barbeau devient membre de la Société royale en 1916. Il est également cofondateur de l'Académie canadienne-française et de la Société historique de Montréal. Il inaugure aussi les sections québécoise et ontarienne de la Société de folklore en 1917, et il est membre et même président (1916-1917) de l'American Folklore Society, dont il coédite le *Journal of American Folklore*.

Marius Barbeau s'intéresse avant tout aux Amérindiens de l'Est, de l'Ouest et des Prairies, à leurs chansons, coutumes, légendes, à leur art et à leur organisation sociale. Ses recherches sur le Canada français englobent contes et légendes, chansons, art populaire et art traditionnel, et elles donnent naissance à des ouvrages de vulgarisation. Il travaille avec des artistes tels Alexander-Young Jackson, Emily Carr et Ernest MacMillan. Qu'il s'agisse de cultures amérindienne ou canadienne-française, ou encore d'œuvres artistiques, Marius Barbeau agit toujours en collectionneur invétéré. Il rassemble, entre autres, 2 000 objets de musée, en recueillant 400 contes et 7 000 chansons du Canada français. Véritable homme universel, il est versé à la fois en ethnologie, en anthropologie, en folklore et en histoire de l'art. Barbeau reçoit la médaille Parizeau (1946) lors du 14e congrès de l'Association canadienne-française pour l'avancement des sciences (ACFAS), la médaille du Conseil des Arts du Canada (1962), le National Award pour la musique de l'Université de l'Alberta (1965) et le diplôme d'honneur de la Conférence canadienne des arts (1968). Il est nommé Compagnon de l'Ordre du Canada en 1967. En 1963, au réseau français de la Société Radio-Canada, il présente ses souvenirs et ses découvertes dans une série de huit émissions radiophoniques, *Le Rossignol y chante*, dans le cadre de la série *Images du Canada*. Son vaste champ d'intérêt couvre non seulement les domaines de la musique, du folklore et de l'ethnologie, mais également celui de l'art en général — sculpture, architecture, broderie, art culinaire et peinture. Il s'intéresse aussi aux mâts-totems des Indiens du Pacifique, démontrant leur origine et leur histoire. Du côté linguistique, il établit la parenté entre les langues huronne et iroquoise. Il est le premier à recueillir une documentation précise donnant l'endroit, la date et le nom du chanteur de chaque chanson recueillie du folklore, à la transcrire de façon précise, à comparer les versions, à commenter la structure, la sémantique, la prosodie, etc. Il laisse derrière lui 13 000 textes originaux et des variantes de chansons indiennes et françaises, dont 8 000 avec la mélodie. Il transcrit au-delà de 3 000 chants indiens en notation syllabique pour le texte et il invente un système pour noter cette musique. Sachant qu'il n'a reçu qu'une formation musicale largement autodidacte, il est fascinant de constater qu'il peut transcrire la musique enregistrée sur cylindre et qu'il chante avec authenticité des chants indiens.

Il collabore à plusieurs revues, dont *La Revue canadienne*, *La Revue populaire*, *Scientific American*, *The Bulletin of the Geographical Society of Philadelphia*, *Le Canada français*, *Culture*, *La revue de l'Université d'Ottawa*, *Journal of American Folklore*, *Saturday Night*, *The Beaver*, *Canadian Forum*, etc. Auteur prolifique, il publie plus de 1 000 titres. Il laisse 12 mètres linéaires de manuscrits et plus de 30 mètres linéaires de notes de recherche. Avec Édouard-Zotique Massicotte, il lance les Soirées du bon vieux temps (1919) à la salle Saint-Sulpice (aujourd'hui Banque Nationale du Québec).

De renommée internationale, il est considéré comme l'un des plus grands savants du Canada. En 1937, il est nommé président du Comité consultatif national pour la protection de la faune du Canada. En 1939, il est membre de la Washington Academy of Sciences, de la Canadian Authors Association et de la Société des écrivains canadiens. En 1985, il est reconnu « personnage d'importance historique nationale » par la

Commission des lieux et monuments historiques du Canada, qui, en novembre 1990, officialise cette reconnaissance en apposant une plaque commémorative dans le salon « Marius Barbeau » du nouveau Musée canadien des civilisations. Au moyen de ses cours, il fait connaître le folklore dans les universités d'Ottawa et de Montréal ainsi qu'à l'Université Laval. En 1948, Barbeau publie un roman, *Le rêve de Kamalmouk*, inspiré de son œuvre ethnologique *The Downfall of Temlaham*. Une cime de montagne de l'île Ellesmere constituant le plus haut sommet de l'Arctique canadien et de l'Amérique du Nord, à l'est des Rocheuses, porte désormais le nom de « Barbeau Peak » en son honneur et le Musée ethnologique Marius-Barbeau en Beauce fait honneur à cette contrée et réciproquement, et justement, à cet homme.

> En 1916, j'ai pris mon phonographe et mes cylindres vierges, et je suis descendu dans le comté de Charlevoix. À la fin de cette saison, je suis retourné à Ottawa avec une collection de plus de 500 chansons, ce qui me semblait extraordinaire, parce qu'à cette époque j'avais l'impression, comme la plupart des gens, que toutes les chansons folkloriques canadiennes françaises avaient été recueillies par Ernest Gagnon en 1865. Mais les chansons que j'enregistrais m'arrivaient toutes les unes après les autres ; chaque fois c'était une surprise, et je m'en émerveillais. J'ai commencé à les transcrire en noir sur blanc, sur du papier à musique, et je me suis dit : « Je vais en faire un livre ! ». Je me suis accoutumé à transcrire, bien entendu. C'était toute une besogne au début, parce que je manquais d'expérience. Je connaissais la musique, mais pas tellement ce genre d'exercice. (Marius Barbeau, propos recueillis par le Musée canadien des civilisations)

Pour Marius Barbeau, documenter et faire rayonner le folklore national équivaut à une véritable mission sacrée.

Les chansons folkloriques et les traditions, celles qu'on
recueille aujourd'hui, sont les matériaux qui serviront
à bâtir l'avenir de l'art au Canada, qu'il s'agisse de
musique, de littérature ou d'arts plastiques. Ce sont
les matériaux de base. Ils sont à la disposition de
tous les Canadiens, et notre art moderne ne pourra
se développer de façon originale si nos artistes, nos
créateurs d'aujourd'hui ne connaissent pas leur
folklore, leurs traditions. Pour créer de la bonne
musique, il faut posséder les matériaux de base, et
dans notre cas il s'agit de notre musique folklorique,
qu'elle soit indienne, canadienne-française, écossaise
ou irlandaise. Les créateurs, les compositeurs doivent
étudier cette musique, ils doivent l'absorber, autrement
ils manquent le bateau. C'est ce qui s'est produit dans
le passé : tous les grands compositeurs se sont servis
de la musique qu'ils entendaient dans leurs propres
églises, ils se sont inspirés du plain-chant, du chant
grégorien. Depuis Vivaldi, ils se fondent tous sur
la musique de leur pays. (Marius Barbeau, propos
recueillis par le Musée canadien des civilisations)

Mais ce qui est tout à fait étonnant dans la démarche de
Barbeau, c'est son ouverture à toutes les cultures. Montaigne
a pu écrire qu'il n'y a pas de sot métier. Mais c'est Barbeau qui
fait valoir qu'il n'y a pas de sotte culture. Barbeau enseigne
à ses disciples que le plus humble des paysans peut être
détenteur d'une parcelle de vérité transmise par ce véhicule
presque magique de la tradition orale. C'est par l'intérêt porté
aux humbles que Marius Barbeau enseigne à ses disciples la
richesse d'information que l'on peut cueillir dans une seule
mémoire d'analphabète, à condition d'y mettre le temps, la
patience et la psychologie.

Le Canada est un pays très riche au point de vue
des traditions. Il a hérité, et il continue d'hériter, les
traditions de la Sibérie, de la Mongolie, de la Chine,

qui sont arrivées sur notre continent avec les Indiens, par le détroit de Béring ou par la mer, et qui sont aujourd'hui conservées dans notre pays. Notre pays a également hérité les traditions de l'Europe qui sont venues de l'autre côté de l'Atlantique avec les premiers colons, et que l'on retrouve partout ici. Et quand je dis que nous sommes riches en traditions, je ne parle pas seulement des manifestations concrètes, mais aussi des talents, des idées et des sentiments qui sont l'héritage de chaque famille, et dont l'importance est très considérable. C'est là-dedans que le pays va puiser sa principale richesse. Elles sont indispensables à l'existence même du Canada! (Marius Barbeau, propos recueillis par le Musée canadien des civilisations)

Marius Barbeau est athée convaincu, mais on ne retrouve pas la moindre trace d'anticléricalisme chez lui.

Un autre point m'avait frappé chez Marius Barbeau. Lui que la plupart des contemporains considéraient comme un incroyant, je ne l'ai jamais entendu dire un mot de mépris ou de dépréciation contre les prêtres, les religieux ou les religieuses. Nous étions parfois trois ou quatre prêtres ou religieux, en soutane, à ses cours; deux ou trois religieuses de différents habits suivaient les mêmes cours parmi les laïques. Jamais il n'a montré la moindre agressivité contre nous. Au contraire, il nous disait souvent que de grandes œuvres avaient été entreprises et menées à bien par les ordres religieux ou le clergé. Il nous interpellait parfois, en riant: «C'est sur vous, mes Sœurs, mes Pères, que nous comptons pour travailler à inventorier nos richesses paysannes, parce que vous n'êtes pas ralentis par le souci du pain quotidien!» (Père Anselme Chiasson, cité dans l'«Hommage à Marius Barbeau», *Les Archives de folklore*, 1947)

Marius Barbeau est un Canadien français parfaitement bilingue et biculturel comme on en voit peu. Il connaît les deux cultures ainsi que plusieurs autres cultures mieux que quiconque. Il démontre qu'un Québécois d'origine modeste peut aspirer aux plus hauts accomplissements intellectuels. En plus, il est exquisément sensible et connaisseur des diverses cultures autochtones du pays. Comment lui en demander plus? Tandis que les uns bâtissent des pays, les autres doivent en assurer la mémoire et, en ce faisant, expliquer aussi tout ce qui nous entoure. Il dévoue sa vie généreusement à redonner leur culture à nos peuples. Certains patriotes enflés par un zèle de mauvais aloi, les «cous bleus», voudraient croire qu'il n'y a qu'un peuple au Québec (les «pure laine» francophones). La plupart croient sincèrement qu'il n'y en a que deux (anglais et français). Les peuples autochtones ne seraient que des entités négligeables et leurs cultures, des bêtises? Faux! démontre Marius Barbeau. Il y a plusieurs autres peuples au Québec, d'autres langues, et d'autres magnifiques cultures.

Sources:
GAUTHIER, Serge, *Marius Barbeau: le grand sourcier*, Montréal, XYZ coll. «Les grandes figures», n° 31, 2001 [Biographie romancée].
NEWRY, Laurence, *Man of Mana: Marius Barbeau, a Biography,* Toronto, NC Press, 1995 [Ouvrage de référence. Biographie la plus complète à ce jour].
SWAYZE, Nansi, *Canadian Portraits: Jenness, Barbeau, Wintemberg, The Man Hunters,* Toronto, Clarke/Irwin, 1960 [Voir l'article sur Marius Barbeau, p. 100-140].

5.9. Norman Bethune (1890-1939)

Bien plus citoyen du monde que Québécois, ce grand médecin et humaniste vécut tout de même plus d'années à l'âge adulte à Montréal que n'importe où ailleurs. Il est né à Gravenhurst, Ontario, de parents évangélistes protestants. Très tôt, son sens de la compassion se manifeste. Par exemple, en famille, alors qu'il est tout jeune, on joue un jeu de définitions au repas du soir. Ses parents offrent cinq cents à celui des trois enfants qui donne la meilleure définition d'un mot. Norman gagne presque toujours, mais cède aussi presque toujours ce précieux butin à son frère ou à sa sœur. Il a un tempérament fougueux. On reconnaît dans un certain nombre de traits de son tempérament (besoin de très peu de sommeil, grands élans d'âme, vigueur intarissable, irritabilité à fleur de peau, confiance en soi inexpugnable, recherche de sensations fortes, intrépidité) l'enveloppe de l'hypomaniaque. Un jour, solennellement, le gamin refuse son prénom, Henry, et exige qu'on le dénomme Norman, d'après son grand-père chirurgien dont il est très fier. Sa mère glisse en catimini dans les livres d'école scientifiques de son fiston des tracts religieux pour combattre le darwinisme blasphémateur. Il lit ces tracts de bonne foi, et un jour, place en blague *L'Origine des espèces* de Darwin sous l'oreiller de sa mère. Elle brûle le livre. Mais c'est peine perdue, car la vision du monde de Norman ne peut déjà que s'accorder à la science.

En 1911-1912, il travaille comme bûcheron et enseigne au Frontier College, une école canadienne spéciale pour bûcherons et mineurs en régions éloignées. Collégien, il travaille aussi comme camelot, journaliste, enseignant, marin, garçon de table, pour payer ses études.

En 1914, il est sévèrement blessé au front lors de la Première Guerre mondiale, et y retourne aussitôt guéri. Il finance ses études en médecine, en Angleterre, de diverses façons peu orthodoxes, dont la vente et revente d'art. Devenu médecin, il sert la marine britannique. Il soigne ensuite les soldats canadiens en France. Il obtient le parrainage et des formations en chirurgie auprès de grands maîtres à Paris, Vienne et Berlin. Après la guerre, il pratique la médecine à Detroit accompagné de sa femme, Frances Campbell Penny. Il y travaille auprès des plus pauvres et des plus riches, les seconds finançant son engagement auprès des premiers.

En 1926, il contracte la tuberculose (sans doute d'un de ses patients non payeurs) et en serait mort si ce n'eût été d'une opération ésotérique à cette époque : l'affaissement du poumon. Il en est marqué. Il se forme passionnément, pendant des années, à la médecine des pauvres, spécialité tuberculose. Il obtient en 1929 un poste auprès du docteur Archibald à l'Hôpital Royal Victoria à Montréal, et ensuite devient chef de service à l'Hôpital Sacré-Cœur, toujours à Montréal. À cette époque, il apprend le français, car il est proche de ses patients, et enseigne à ses nombreux stagiaires à voir les patients comme des personnes avant tout. Bien qu'il soit athée, les sœurs qui tiennent alors l'hôpital lui vouent un culte, car il est d'une dévotion absolue et sait manier le charme. Il a un immense charisme. Il invente une douzaine d'outils chirurgicaux qui sont commercialisés et distribués à travers le monde entier et de nombreuses procédures (souvent mises au point par des recherches sur l'animal) pour soigner les tuberculeux. Il rage de penser que des patients meurent chez ceux, très nombreux, qui ne savent même pas ce qu'est la tuberculose ou qui ne peuvent se permettre le coût des services des médecins, alors que la maladie peut être soignée. Il rage aussi à penser que cette maladie persiste alors qu'une société plus égalitaire et une médecine plus socialisée pourraient l'éradiquer définitivement. Ses nombreuses conférences, publications et actions politiques ont sans doute planté des germes importants dans la population canadienne et québécoise, puisque le Canada adopte, province après province, dans les décennies qui suivent, des systèmes médicaux socialisés.

Bethune ouvre une clinique où les pauvres peuvent se faire soigner gratuitement par lui. Toujours grand amateur d'art, peintre, sculpteur ou poète amateur à ses heures, il ouvre aussi une école d'art pour les enfants pauvres de Montréal. Bethune paie le salaire des professeurs et l'école se tient dans son logement. Le samedi, il amène les enfants dans les galeries d'art et leur explique ce qui est devant leurs yeux.

Il aurait pu devenir riche dans le marché des arts, comme dans n'importe quel secteur d'ailleurs.

En 1935, il va en Union soviétique pour un congrès de physiologie. Il en revient illuminé. Il croit à l'aventure socialiste après avoir constaté de visu la mise en place d'une société égalitaire, et en particulier d'une médecine socialisée, universellement accessible et gratuite. Il présente à son retour des discours sur la nécessité de socialiser la médecine. Il affirme sans cesse le postulat, scandaleux à l'époque, mais parfaitement évident aujourd'hui au Québec, de l'obligation morale et concrète de tout médecin de veiller à la santé de chaque personne sans égard à sa capacité de payer. Il s'intéresse à tout : culture, économie, politique, science, et ses discours publics empruntent de plus en plus le ton révolutionnaire. Il entreprend de former sa vision du monde de façon caractéristique : il lit tout ce qu'il peut trouver pendant des années sur la politique, l'économie et toute question d'organisation sociale en tenant des cahiers dans lesquels il inscrit le pour et le contre, toujours dans un esprit pratique (sur une toile de fond essentiellement humaniste). Il doit choisir entre le capitalisme et le communisme. Il joint le Parti communiste canadien. Bethune est un être essentiellement pratique. Il carbure toute sa vie à l'effort, à l'aventure et au risque : « Les mots n'existent que pour l'action » (Norman Bethune, cité dans *The Scalpel, the Sword : The Story of Doctor Norman Bethune*).

En 1936, voyant la République démocratique d'Espagne (où un front populaire de gauche avait été élu) assiégée par les fascistes allemands, italiens et maures, il s'enrôle avec les résistants. Il introduit la notion de l'équipe médicale au front et sauve d'innombrables vies par des opérations et, surtout, des transfusions sanguines précoces. Il travaille pendant de nombreux mois sous le sifflement des bombardements et des balles ennemies. Ses camarades notent avec étonnement la chose suivante : lorsqu'il soigne les blessés, Bethune se place toujours dos aux tirs ennemis, pour faire bouclier. Lorsqu'il lance un appel à la population de Madrid pour des dons de sang pour les résistants, le lendemain matin, 2 000 personnes attendent à la porte de sa clinique. Lors d'un massacre de civils par les avions allemands sous le commandement du général Franco, Bethune écrit:

> Où êtes-vous maintenant, porte-étendards du dieu
> chrétien, porteurs de son amour et du salut, qui
> n'entendez les supplications de ses ouailles? Dans
> quelle sombre grotte l'amour de l'humain s'est-il
> retranché? (Norman Bethune, *ibid*)

Dans ses efforts pour rallier l'opinion publique et amasser des fonds pour l'équipement médical de la République d'Espagne, il réalise une tournée de conférences. À sa conférence de Montréal, 15 000 personnes se présentent, lui font un tonnerre d'applaudissements sans oublier d'accorder à sa cause d'importants dons. La plupart des Québécois francophones, las de l'oppression anglophone et se méfiant de l'impérialisme britannique, abrutis mentalement par une église pétainiste, franquiste, anticommuniste primaire, ne comprennent rien à l'enjeu universel et historique qui se joue en Espagne, en Allemagne, en Italie, au Japon, en Chine.

Bethune se sent à nouveau interpellé lorsque la Chine (Mandchourie) subit l'invasion des fascistes japonais en 1938. Il est accueilli par Mao Tsé-Toung et est aussitôt envoyé au front où il entreprend de créer un système de cliniques militaires et ensuite un vaste réseau d'hôpitaux répondant à des normes techniques et scientifiques que la Chine n'avait jamais connues. En arrivant à la localité où il allait installer sa première clinique, Bethune croise quelques moines bouddhistes qui psalmodient un hymne pieux. Il note ce soir-là dans ses mémoires:

> Ils [les représentants des dieux] m'inspirent toujours
> le dégoût, avec leurs visages gras, leurs manières
> onctueuses, leur futile servilité. (Norman Bethune,
> *ibid*)

Bethune ne quitte pas le front pendant deux ans, apprend un dialecte chinois, et adopte ce peuple dans la misère comme le sien. Il se fait adopter de même par le peuple chinois, puisqu'il est reconnu, encore aujourd'hui et à l'échelle planétaire, comme un des plus grands humanitaires de l'Histoire. Il vit là aussi pauvre que Job (refusant tout salaire et tout confort matériel), sans lecture (lui qui avait dévoré les journaux et les livres toute sa vie), sans femme (lui qui avait été grand coureur de jupons), sans alcool (lui qui buvait, fumait, mangeait en très bon vivant lors de ses années à Montréal), sans musique (lui qui fut mélomane accompli). Les Chinois de ces contrées ne connaissent pas la transfusion sanguine. Patiemment, Bethune leur explique la nécessité de ce don. La résistance est forte. Il ressuscite littéralement du coma un soldat en tirant son propre sang et en le lui transfusant aussitôt devant la communauté abasourdie qu'il avait convoquée à cette fin. Il donne souvent de son propre sang, et reçoit de la communauté locale par la suite toutes les transfusions dont il a besoin pour soigner les blessés. Sa capacité de travail est légendaire. Les blessés arrivent parfois du front en grand nombre. Sa plus longue poussée est une série d'opérations qui dura 69 heures sans interruption, sauvant la vie de 115 blessés. Il meurt à l'âge de 49 ans, en 1939, à la suite d'une incision, une fausse manœuvre, lors d'une opération sur un soldat blessé et infecté. Il n'a jamais levé une arme contre un autre homme, mais est personnellement et directement responsable de la survie de légions de simples gens, soldats, paysans, ouvriers qu'il considère comme ses frères. Pendant les batailles épiques contre les Japonais, les résistants chinois doivent capturer leurs armes, car les Chinois n'en ont aucune. Ils entonnent alors en s'époumonant :

Attaquez ! Bethune est là pour soigner les blessés !

Attaquez ! Bethune est avec nous !

Attaquez ! Bethune est avec nous !

(Norman Bethune, *ibid*)

Plusieurs films ont été tournés sur la vie de Norman Bethune. Une statue de pierre, offerte au Canada par la Chine, orne un petit parc boulevard de Maisonneuve à Montréal, en face de l'Université Concordia.

Le Montréalais Norman Bethune fut le plus grand héros, le plus reconnu à ce titre à l'échelle mondiale, de toute l'histoire du Canada. Il a triomphé à maintes reprises de la mort, a sauvé d'innombrables vies aux dépens de son confort personnel, et a dédié toute son existence à créer un monde plus équitable.

Sources:

ALLAN, Ted et Sydney GORDON, *The Scalpel, the Sword: The Story of Doctor Norman Bethune*, Toronto, Dundurn Press, 2009 [1952].
BETHUNE Norman, *Politique de la passion*, Larry Hannant (éd.), Montréal, Lux, 2006 [trad. par Dominique Bouchard et François Tétreau].
CLARKSON, Adrienne, *Norman Bethune*, Montréal, Boréal, 2009.

5.10. Marian Dale Scott (1903-1996)

Enfant de la bourgeoisie anglo-montréalaise, Marian Dale Scott se sera construit un destin tout autre que celui de sa lignée familiale. La mère de Marian Dale, Marian Barclay, encourage les élans artistiques de ses deux filles. Elle est elle-même artiste. Elle publie un roman portant sur les rapports entre les communautés franco-catholique et anglo-protestante dans un village fictif aux abords du fleuve Saint-Laurent. Marian Dale Scott est éduquée à domicile par une gouvernante française employée par la famille. Cela a pour effet d'imprégner la jeune Marian Dale d'une excellente culture, mais aussi d'un sentiment de frustration et de manque de moyens verbaux face à son futur mari, Frank Scott, qui possède une culture et un vocabulaire extraordinaires grâce à une éducation plus conventionnelle et beaucoup plus poussée. Un détail mérite d'être souligné concernant la gouvernante française. Cette femme, Mlle Boucher, a des dispositions artistiques, est résolument de gauche et est nationaliste francophone : ces élans aisément tolérés par la très libérale famille Dale sont directement transmis à la fillette.

Ainsi, élevée de façon quelque peu solitaire, mais dans une grande liberté et dans l'aisance, Marian Dale Scott se met à peindre de façon créatrice à l'âge précoce de 12 ans. La peinture est sa principale raison d'être et sa grande passion pendant les sept décennies qui suivent. On reconnaît deux grandes époques à son œuvre : la réaliste et figurative (1918-1958) et la non-objective et abstraite (1958-1993). Marian Dale Scott veut s'affirmer comme personne à part entière, et non seulement comme femme, activiste politique, canadienne, ou autre vecteur d'identification. Elle fait des études de beaux-arts au loin, et dans plusieurs pays, pour s'affranchir de ses origines bourgeoises et assurer son destin de peintre.

Un fils, Peter, naît de son mariage avec Frank Scott, époux avec qui elle vit une relation de profonde solidarité, mais aussi de grande liberté. Chacun a des amours hors mariage, elle avec Norman Bethune et un autre homme, lui avec de nombreuses partenaires. Mais malgré ces aventures risquées, le couple se retrouve toujours — ce qui n'épargne pas à Marian Dale Scott beaucoup de détresse.

> [...] Les hommes sont à la fois fidèles et polygames. Acceptons-le et ne nous considérons pas comme personnellement en cause. (Marian Dale Scott, citée par Esther Trépanier, *Marian Dale Scott. Pionnière de l'art moderne*)

Marian Dale Scott est très influencée par Norman Bethune. Celui-ci voit l'art comme un mécanisme de libération et de révolution. Il souhaite en dégager le potentiel humanisant en le démocratisant, en y introduisant les enfants, particulièrement ceux des milieux défavorisés. Il fonde, dans son propre appartement en 1936, le Children's

Creative Art Center où le peintre progressiste Fritz Brandtner, Bethune et Dale Scott se dévouent bénévolement pendant des années à organiser avec des groupes d'enfants des sorties en ville suivies de séances de peinture libre. Les enfants de cette école gagnent plusieurs prix internationaux pour leurs œuvres.

Marian Dale Scott conçoit la peinture-création comme une expression absolument personnelle. Malgré son orientation anarcho-socialiste, elle ne cherche jamais à faire de la propagande avec ses tableaux, ni n'adopte-t-elle le réalisme socialiste. En fait, elle touche à un grand nombre de styles, dont plusieurs de façon très innovatrice. Concernant l'importance du politique dans sa peinture, tout au plus veut-elle exprimer ses sentiments de solidarité avec les milieux qui ne sont pas ceux de ses parents : « Je voudrais être un peintre prolétaire. »

On retrouve dans nombre de ses tableaux des scènes de la vie quotidienne ouvrière et beaucoup de représentations de l'ouvrier au travail. L'activisme politique de Marian Dale Scott recouvre toutes les causes, dont celles, sociales-démocrates, de son mari et celles, communistes, de Norman Bethune. Elle est active entre autres dans les efforts de Bethune pour mobiliser la communauté artistique afin d'appuyer la démocratie espagnole contre l'agression fasciste. Marian Dale Scott est nettement plus à gauche, mais moins engagée directement en politique que son mari (il est cofondateur du Co-operative Commonwealth Federation [CCF], ancêtre du Nouveau Parti démocratique [NPD], principal parti de la social-démocratie au Canada). Elle écrit un traité intitulé *Validité du matérialisme dialectique* en 1935, que son mari, admiratif, dactylographie. Mais Marian Dale Scott reste farouchement indépendante face aux mouvements de gauche. Elle se méfie instinctivement du sectarisme toujours si rampant dans les gauches de tout pays, et même le déteste. Elle croit que sa meilleure contribution doit consister à peindre ce qu'elle ressent authentiquement.

Si la libération de l'homme est le but principal
de l'action, la fonction du créateur est tout aussi
essentielle que celle du politicien ou de l'économiste.
Le créateur libère au moyen du mot, de l'organisation
plastique, du rythme de la composition. Sa révolution
vise à la métamorphose complète du monde. (Marian
Dale Scott, citée par Esther Trépanier, *ibid*)

Marian Dale Scott lit Darwin à l'adolescence et en reste fortement impressionnée. Un ami du couple Scott, Hans Selyé, demande à Marian de peindre une grande murale pour un des amphithéâtres de l'Université McGill. Le thème doit être l'endocrinologie. Marian se plonge dans des lectures approfondies de la biologie. Pendant cette même année, le peintre communiste mexicain Diego Rivera crée une grande murale pour le Rockefeller Center, assimilant la science à la révolution socialiste. Marian Dale Scott a elle aussi beaucoup d'estime pour la science. On retrouve dans sa grande murale, explicitement, les idées de Norman Bethune auxquelles elle rend hommage. L'art est une spirale ascendante, la représentation artistique est une dialectique, une négation de la négation, etc. Quoi qu'il en soit, dans une grande et magnifique spirale, elle assimile le noyau cellulaire au corps humain, puis au chercheur scientifique combattant la maladie.

C'est le pouvoir de la volonté et de la raison humaine
[...] La science est une des forces qui ouvrent de
nouvelles voies à l'humanité. (Marian Dale Scott, citée
par Esther Trépanier, *ibid*)

Par la suite, de nombreux tableaux de Marian Dale Scott tireront leur inspiration du monde microscopique de la vie et des bonheurs intimes et transcendants des chercheurs scientifiques, cela de façon tantôt directe, tantôt oblique, parfois complètement subjective et abstraite. Elle a le sentiment (partagé par de nombreux scientifiques) que la science et l'art visent chacun à leur manière à voiler et dévoiler, c'est-à-dire à exulter dans la beauté du réel.

Le manifeste *Refus global* rédigé en 1948 par le peintre anarchiste Paul-Émile Borduas attaque brutalement l'Église catholique et l'État qui lui était assimilé. Marian Dale Scott estimait Borduas et ses propos, s'en fit solidaire, et fut vice-présidente de la Société d'art contemporain dont Borduas était président. Ils restèrent fidèles en amitié et en idées, même lorsque la société éclata en deux factions et que Borduas démissionna en claquant la porte.

Marian est la traîtresse par excellence, et cela, à cause de l'inébranlable fidélité qu'elle voue à la modernité. Elle trahit ainsi sa famille, sa classe économique, son sexe, sa religion, et même sa langue. Elle reste fidèle à la communauté des artistes prométhéens (sa famille adoptive), se solidarise avec les pauvres, ne condamne pas son mari infidèle, adopte l'humanisme athée et préfère les milieux indépendantistes francophones à la bourgeoisie anglophone dont elle est issue.

> Dans *Refus global*, ce sont l'Église et l'État qui sont principalement dénoncés et le manifeste était une clameur passionnée contre l'oppression. Un cri pour une liberté plus grande de l'humanité. (Marian Dale Scott, citée par Esther Trépanier, *ibid*)

> She is an FLQ cell all by herself. (Frank Scott, affectueusement, au sujet de son épouse)

Toutefois, quant à l'assimilation de l'automatisme à l'avant-gardisme proposé par Claude Gauvreau, Marian Dale Scott reste sceptique. Ce n'est que très lentement et de façon très graduelle qu'elle évolue vers la peinture non objective et qu'elle relève le défi et l'invitation que Claude Gauvreau lui fait en la disant « tentée par la spontanéité ».

La liberté et l'autonomie, mamelles de l'authenticité, sont très développées chez Marian Dale Scott, d'où son légendaire pouvoir de séduction. « Marian Dale Scott avait une séduction qui était celle de sa lumière intérieure», écrit Esther Trépanier au sujet de son amie, dans sa biographie). Elle quitte son mari en 1950 malgré le fait qu'une femme ne puisse signer seule un bail à cette époque au Québec. Elle en profite pour se dévouer à la peinture. Elle reprendra ensuite sa vie commune avec Frank, mais exigera que beaucoup de temps lui soit laissé pour peindre.

Marian Dale Scott est sympathisante de l'anticléricalisme canadien-français, mais elle ne sent pas d'acrimonie à l'égard des religions. Dans sa biographie autorisée, Esther Trépanier écrit:

> Elle croit, comme son mari, que toutes les grandes
> religions sont des poèmes épiques qui posent les
> questions demeurées sans réponse.

On peut donc penser que Marian Dale Scott est probablement athée, ou à tout le moins agnostique. Sa grande contribution fut d'être un des plus grands peintres de l'histoire du Québec, et même du Canada.

Dans une entrevue avec la biographe de Frank Scott, Jacques Ferron a dit ceci au sujet de Marian Dale Scott:

> Frank Scott était le plus éminent Canadien anglais,
> Québécois anglais de la période. Ce fut un brave
> homme, mais la meilleure part de Frank, c'était
> Marian. (cité par Trépanier, 2000)

Marian Dale Scott a participé à une quantité phénoménale d'expositions internationales, est reconnue comme une grande innovatrice et pionnière de la peinture par les experts de l'histoire de l'art, a fait l'objet d'une rétrospective du Musée national des beaux-arts du Québec, est honorée par les grands musées du pays qui possèdent ses tableaux, et Esther Trépanier, une excellente historienne de l'art, a fait une biographie empreinte d'affection pour son sujet.

Source:
TRÉPANIER, Esther, *Marian Dale Scott. Pionnière de l'art moderne*, Québec, Musée du Québec, 2000.

5.11. Irving Layton (1912-2006)

Originaire de Roumanie, la famille de Israel Pincu Lazarovitch, nom de plume Irving Layton, s'établit à Montréal dans le quartier « Red Light » alors que le bambin n'a qu'un an. La famille est très pauvre. Le père ne s'intéresse qu'à la religion et tient malhabilement un dépanneur qui rapporte peu. Il accorde le crédit à tous et se fait flouer. Tant le jeune Layton est loin de son père distant, tant il est proche de sa mère, affectueuse et cajoleuse. Elle n'apprécie pas toutefois que son fils adolescent débarque en bourrasque à la maison avec *L'Origine des espèces* de Darwin sous le bras, clamant : « Maman ! Cet homme dit que nous descendons des singes ! » Maladive, et habituellement étendue, elle se lève alors sur ses coudes, relate Layton dans son autobiographie, et lui crie : « Que tes os pourrissent sous terre, avec ceux de Darwin et des singes ! »

Irving Layton fréquente des institutions d'enseignement montréalaises (Collège Macdonald, Université McGill) avant de pratiquer lui-même le métier d'enseignant.

Sa jeunesse est empreinte d'idéalisme de gauche, tandis que sa maturité et sa vieillesse sont saturées d'un cynisme de gauche.

> Un idéaliste est un cynique en herbe. Seul celui avec
> un standard clair en tête peut être ainsi désappointé
> lorsque ce standard n'est pas respecté. (Irving Layton,
> *The whole bloody bird : obs, aphs & pomes,* 1969)

Adolescent, il fréquente le café Horn où une variété de poètes de taverne et d'intellectuels juifs débattent bruyamment et virilement de politique internationale et où l'atmosphère est naturellement de gauche. Jeune homme, il fraye avec les gens politisés, cherchant toujours le débat. Il rejoint brièvement la Young People's Socialist League, une organisation de jeunesse socialiste juive. Il connaît Norman Bethune (communiste), Frank Scott et David Lewis (sociaux-démocrates) ainsi que nombre d'anarchistes, socialistes et activistes de toute la gamme de gauche. Il a beaucoup d'estime pour Bethune en particulier. Ce dernier est un de ces très rares énergumènes non juifs qui, au début de la guerre d'Espagne, dénoncent l'antisémitisme fasciste. Irving Layton est un des plus précoces et violents dénonciateurs du goulag soviétique. En réalité, toute sa vie, son affiliation authentique est la social-démocratie. Le jeune Layton apprend très tôt à débattre avec des hommes adultes au discours articulé et devient ainsi excellent orateur, mais aussi un être assez crâneur et intempestif. Cet élan de gauche n'est pas du tout de famille qui, elle (à part le père), valorise le commerce et la richesse. Ce tempérament attire d'ailleurs des ennuis à Layton. Il est expulsé d'une de ses écoles pour cela. Au Collège Macdonald, ses activités déclenchent une enquête de la Gendarmerie royale du Canada à son sujet, et particulièrement ses écrits anticapitalistes enflammés dans les pages du journal étudiant, auquel il dévoue bénévolement la majorité de son temps pendant ses études. Cela lui vaut aussi un ban de passage de 15 ans aux États-Unis.

Seul le père de Layton fait quelque peu exception au conformisme et à la mentalité de simple survie de sa famille immédiate et étendue, préférant se détacher des biens du monde en méditant en solitaire les thèmes religieux, et fuyant l'échange avec les humains qu'il dédaigne pour la plupart.

> La conscience est de l'estime de soi avec une auréole.
>
> (Irving Layton, *The whole bloody bird: obs, aphs &*
> *pomes*, 1969)

Dès son adolescence, Layton développe un mépris pour les Britanniques au Canada et pour la mentalité de colonisateurs des Canadiens anglais. Ce mépris est particulièrement marqué en matière de poésie. Il se fait le champion d'une poésie authentique et affirmative, non nostalgique ou travestie. Du même coup, bien qu'il ne se gêne pas pour critiquer la culture québécoise francophone (surtout pour esprit de clocher et poltronnerie), il sympathise tout de même avec le souverainisme, ce qui est et demeure extrêmement rare chez les intellectuels anglophones du Québec.

> L'importance de Montréal pour le poète que je suis ne peut être passée sous silence. Cette ville me donna de la confiance, des outils, des amitiés et des rivalités enrichissantes [...] C'est à Montréal que les premiers sons de la poésie canadienne se firent entendre.
> (Irving Layton, cité dans *Layton, l'essentiel : Anthologie portative d'Irving Layton* de Michel Albert)

Un des événements les plus marquants de la vie du poète est l'Holocauste. Il fait la rencontre de nombreuses victimes en tant que professeur. C'est dans un esprit de résistance au nazisme et surtout par un besoin de lutter contre l'inhumanité qu'il fait un bref séjour dans l'armée canadienne (1942-1943). Il estime le milieu académique et poursuit ses études, malgré un manque douloureux de moyens financiers, jusqu'à une maîtrise en sciences politiques de l'Université McGill. Il obtient presque un doctorat à l'Université York, parrainé par Frank Scott, mais n'arrive pas à le terminer. Il donne des cours particuliers aux immigrants (surtout juifs, et dont plusieurs ont connu l'Holocauste), enseigne dans une école secondaire et obtient un poste de chargé de cours à l'Université Sir George Williams, à Montréal, où il devient par la suite professeur à temps plein. Les récits qu'il entend de l'Holocauste le remplissent d'une rage qui ne quittera plus jamais son cœur tant le jeune homme est blessé par cette ultime inhumanité.

> Le poète est au cœur de conflits profonds, et c'est dans son œuvre qu'il arrive à les résoudre (Irving Layton, *ibid*)

Irving Layton, exubérant, martèle des avertissements prophétiques à l'égard d'un monde à jamais reconnaissant.

Les poètes se trompent ou ils mentent. Les poèmes ne donnent pas la vérité, mais comme la foudre, ils révèlent la route fourchée qui y mène (Irving Layton, *ibid*)

Lui seul eût pu railler la tradition religieuse en disant qu'il était né naturellement circoncis et qu'il se révélerait donc peut-être un jour être le vrai Messie (puisque telle est la croyance juive populaire). Athée franc, il écrit des poèmes qui, croit-il, pourront changer le monde. Il a lu Nietzsche très attentivement : « Dieu est effectivement mort. Il est mort d'horreur lorsqu'il a vu la créature qu'il avait engendrée à son image » (Irving Layton, *The whole bloody bird : obs, aphs & pomes*, 1969).

C'est comme poète qu'il se fait le plus connaître. Aussi nouvelliste et essayiste, Irving Layton est peut-être le plus connu d'un groupe de poètes montréalais qui combattent le romantisme de la poésie des années 1940. Parmi ceux qui sortent de l'ombre à cette époque, Layton est le plus haut en couleur et ne mâche pas ses mots. Ses satires prennent surtout pour cible la lourdeur de l'esprit bourgeois, et ses célèbres poèmes d'amour donnent dans l'érotisme explicite. *Here and Now*, publié en 1945, est son premier recueil de poésie. Il publie ensuite de nombreux recueils d'une portée et d'une diversité peu communes, ainsi que quelques œuvres en prose.

Depuis son apparition dans les années 1940 sur la dynamique scène montréalaise de la poésie, Irving Layton demeure une figure dionysiaque au style robuste unique. Tout comme A. M. Klein, il ouvre la voie à une formidable abondance de poètes juifs à Montréal. Layton fait partie d'un groupuscule de jeunes qui entreprenaient une révolution contre le romantisme insipide et publiaient leurs poèmes dans *First Statement* (1942-1945), une revue dirigée par John Sutherland. Il demeure membre du comité de rédaction de *Northern Review*, qui succède à *First Statement* à la suite de la fusion, en 1945, de cette dernière avec *Preview*. En 1952, il aide Louis Dudek et Raymond Souster à créer Contact Press, une coopérative d'édition pour les poètes canadiens. Tout cela est fait à titre bénévole, et le condamne longtemps à la pauvreté. Pourtant, le jeune Layton aurait pu réussir très bien dans le commerce. Il est colporteur pendant quelques mois et réussit spectaculairement bien. Mais il a une mission : celle de la poésie. Non pas celle de tourner joliment de sympathiques mots, mais celle de frapper, de cogner dur, littéralement d'éveiller et de sauver les consciences par les mots. Layton est merveilleusement prolifique : pendant près de 60 ans, il publie chaque année un recueil de courts poèmes. Ses détracteurs, mais aussi ses défenseurs sont légion, et il aime toujours s'attaquer aux premiers dans ses poèmes. Lorsque les spécialistes traitent du fait que, dans les années 1940, la poésie canadienne-anglaise est passée de l'influence britannique à l'influence américaine, ils prêtent toujours une oreille attentive à la voix énergique d'Irving Layton. Après le recueil *Here and Now*, paru en 1945, Layton enfile les publications — plus d'une quarantaine — dans lesquelles sa vision critique de la société s'exprime à travers une multitude de thèmes. Son recueil de poèmes *A Red Carpet for the Sun* (1959) remporte le Prix du Gouverneur général. En 1967, Layton reçoit une bourse du Conseil des Arts du Canada qui lui permet de voyager en Israël, en Grèce, en Inde et au Népal. Il est poète-résident dans plusieurs universités canadiennes et professeur d'anglais à York de 1969 à 1978. L'Italie et la Corée le proposent pour le prix Nobel de littérature en 1981. Tout au long de sa carrière, il excelle dans l'interprétation de ses propres vers et certaines de ses représentations publiques sont enregistrées. Un film est tourné sur sa vie (*A Red Carpet for the Sun : The Life of Irving Layton*, 2002).

Irving Layton soutient que la poésie devrait être « vitale, intense, pénétrante et dramatique », point de vue que son œuvre illustre amplement. Elle peut percer le brouillard humain et détecter ce que les gens pensent vraiment, clame-t-il. C'est ce qui lui permet d'être le poète maudit et de s'en tirer sans trop d'écorchures. Ses poèmes érotiques choquent les prudes, car il est le premier grand poète canadien à traiter explicitement de sexualité dans sa poésie :

> Mon phallus bouche la béance et, en faisant l'amour,
> au lit ou au tapis nous transfigurons le néant
> noir d'ébène en un puma dont nous caressons les
> moustaches, entre deux envoûtants baisers. (Irving
> Layton, extrait de son poème « Le puma », *A Red
> Carpet for the Sun*, 1977)

Irving Layton ne fut pas aimé par tous. Il lui est souvent arrivé de prendre à partie de manière rebutante et avec une violence inouïe d'autres écrivains ou des politiciens :

> En Pierre Elliott Trudeau, le Canada a enfin produit un
> leader politique méritant l'assassinat (Irving Layton,
> *The whole bloody bird : obs, aphs & pomes*, 1969).

Beaucoup de commentateurs interprètent les frasques égocentriques, brutales ou extrêmement crues de Layton comme de l'expérimentation poétique :

> Le poète [...] songe gaîment à la bombe à neutrons,
> et son visage reprend l'allure fière et sereine qui jadis
> attirait par centaines les femmes en clameurs à sa
> couche. (Irving Layton, extrait de son poème « Sex
> Appeal » *The Gucci bag*, 1983)

D'autres mettent en doute la sincérité de la lignée même de l'ensemble de son œuvre, qui prétend vilipender l'inhumanité des hommes. L'humaniste est donc lui-même vilipendé, et très souvent écarté de nombreux cercles littéraires. Il est carrément ignoré et presque oublié pendant les 30 dernières années de sa vie. Irving Layton a vécu presque toute sa vie à Montréal. Il a épousé cinq femmes, et a engendré trois garçons et deux filles avec trois de ces femmes. Il a reçu l'Ordre du Canada en 1976. Il est décédé en 2006 de la maladie d'Alzheimer.

Irving Layton s'est soulevé contre les injustices, les anti-sémites, les communistes qui emprisonnaient les écrivains, les esprits étroits, les sans pitié, les arrogants, les catégoriques, les « marchands de tapis rusés à faces de rat », ceux qui ne vivent que pour l'argent, les hypocrites, et ceux qui n'ont jamais lu un poème. La plupart de ses poèmes et de ses écrits sont drôles, sont magnifiquement jolis, sont déchirants, et font réfléchir.

Source :
ALBERT, Michel, *Layton, l'essentiel : Anthologie portative d'Irving Layton*, Montréal, Triptyque, 2001.

5.12. Marcel Rioux (1919-1992)

Né dans une petite ville québécoise rurale, Marcel Rioux est un des seuls parmi ses frères et sœurs à poursuivre des études avancées, à part un frère qui devint philosophe. Son père, québécois de souche, est le premier de sa lignée à quitter l'agriculture : il devient associé dans une boucherie-épicerie. Deux traits le caractérisent, la bonhomie et la fierté du labeur. La mère de Marcel est d'origine bretonne, arbore une fierté d'être francophone, est très dévote et assez austère.

Le tempérament de Marcel Rioux lui fait rechercher à l'adolescence la compagnie des rebelles parmi ses compagnons de classe (« sniffeux » de tabac, léninistes de pacotille, blasphémateurs, et raconteurs d'histoires de femmes).

Le jeune Marcel, ayant été agressé sexuellement par un prêtre (surnommé au séminaire « le rat »), présente dès lors un terrain fertile pour le sentiment anticlérical qui fleurit dans bien des esprits épris de liberté dans le Québec de l'époque. Comme il a un esprit théorique naturel (de la suite dans les idées), il devient athée au début de l'adolescence. En bon ethnologue qu'il est, Marcel Rioux affiche tout de même très peu d'hostilité à l'égard du phénomène religieux. Il rapporte des observations sur la religion des Québécois dans son livre *Anecdotes saugrenues* (1989). Rioux entreprend de recueillir les rêves des villageois du Québec. Les hommes, trop terre à terre, ne veulent pas, mais plusieurs femmes acceptent. Rioux observe que cer dernières sont beaucoup plus dévotes que les hommes. Pourquoi donc ? Il remarque qu'elles semblent apprécier la propreté, l'élégance, les parfums d'encens, la beauté architecturale, la richesse des mobiliers, la pompe et le costume flamboyant des clercs et de leurs subalternes, l'élégance langagière du prêtre qui est souvent l'homme le plus éduqué du village, et formé à l'art de la rhétorique de surcroît. La messe présente une échappatoire à la dureté, à la laideur, à la puanteur de la vie domestique, au conjoint boueux et rarement rasé. En analysant le corpus des rêves de ces femmes, Marcel Rioux est convaincu que celles-ci font des rêves érotiques sublimés au sujet de leur prêtre qu'elles convoitent. Le récit du rêve est sublimé, mais Rioux n'est pas persuadé que le désir pour le prêtre est tout à fait inconscient.

Dans la mesure de son épanouissement intellectuel, Marcel Rioux s'attache à diverses idées, toujours réformatrices, promulguées par les partis politiques : d'abord l'élan anti-mercantile du Parti créditiste du Québec, ensuite les velléités nationalisantes (de l'électricité) du parti de l'Action libérale nationale. Par contre, lorsque arrive en poste en 1936 le premier ministre québécois Maurice Duplessis, grand chantre de la corruption, du conservatisme et de l'Église catholique, le jeune Marcel Rioux se transforme en opposant politique radical.

Un des biographes de Marcel Rioux, Jules Duchastel, est fort impressionné par un des traits de caractère de son sujet : « tête chaude, visage froid », disait-il de lui. Marcel Rioux avait en quelque sorte internalisé les tempéraments de ses deux parents, à l'envers. Le jeune homme avait la tête bouillonnante d'idées, mais il détestait les affrontements et restait peu démonstratif (autrement qu'intellectuellement) en compagnie des autres.

Il choisit de devenir journaliste parce qu'il n'existe pas d'études supérieures en sciences sociales au Québec et parce qu'il considère que les professions traditionnelles comme le droit, la médecine et la prêtrise sont dans le camp des exploiteurs. En 1939, alors qu'il se déclare athée, Marcel Rioux accepte de se faire payer des études de philosophie par l'Église catholique. C'est le seul moyen pour un Québécois sans moyens de poursuivre ses études. Il n'est pas converti, conserve son goût de la théorie et est rebuté par tout le reste. Quelques années plus tard, il découvre la famille de l'éminent ethnologue athée Marius Barbeau. Il s'attache fortement à cette famille et épouse la fille de Marius. C'est là que Marcel Rioux fait sa véritable éducation. Il trouve au domicile Barbeau une collection d'ouvrages de pointe des écoles françaises (entre autres) de sociologie et d'anthropologie, et nombre d'œuvres ethnographiques, littéraires et politiques. Il lit tout. Marcel Rioux évite la guerre en feignant la maladie et obtient un emploi insignifiant au gouvernement fédéral. Il y passe son temps à lire, tout ce qui peut l'aider à théoriser les phénomènes sociaux. Il s'amuse pendant ces années en compagnie d'intellectuels et de scientifiques d'inspiration anarchiste ou communiste. Lui-même se définit comme anarchiste à cette époque. Graduellement, Marcel Rioux réalise que sa communauté spirituelle est la gauche, mais au Québec et en Ontario, à cette époque, il est presque impossible de soutenir une telle identité, sauf dans la communauté anglophone. Marcel Rioux ne peut absorber ici et là que des fragments, et il lui faudra un séjour en France pour se construire une identité « socialiste » riche en contenu.

Marcel Rioux laisse sa femme à Ottawa et part donc étudier à Paris. Il loge à la cité universitaire, rue Jourdan. Paris est bouillonnante de vie intellectuelle. On s'engueule en pleine conférence, une allocution de Sartre mène à une émeute, etc. Marcel Rioux gravite naturellement vers les plus doués des intellectuels québécois (Trudeau, Riopelle, etc.) et français. Les Français qu'il fréquente sont presque tous de gauche.

Il s'entend bien avec Trudeau à cette époque, les deux trouvant le Québec arriéré. Marcel Rioux veut tout de même casser les chaînes de ce « pays », « foutre le bordel en l'air » (Jules Duchastel, *Marcel Rioux. Entre l'utopie et la raison*), tandis que Pierre Elliott Trudeau veut raccrocher cette « minable province » à la locomotive canadienne-anglaise qu'il juge plus éclairée. Pendant cette période, Marcel Rioux passe le gros de son temps à lire de l'anthropologie et de la sociologie. À son retour de Paris, il utilise son lien avec Marius Barbeau pour obtenir un poste au Musée national du Canada. L'anthropologie n'est pas encore enseignée dans les universités, et il a un deuxième enfant et une femme à faire vivre. Encore un poste « rond-de-cuir » ! Il en profite à nouveau pour lire, et en sus, il invente une façon originale et plaisante d'ethnographier le Québec. Chaque été, il choisit un village du Québec pour son « charme », s'y installe avec sa famille, et note systématiquement ses observations.

Il adopte une attitude scientiste et moraliste, compatible avec ses élans anarchistes. Il reçoit une licence en sciences politiques et sociales de l'Université de Montréal. Il publie ses observations sur les petites collectivités du Québec, sous forme de monographies et d'articles dans des périodiques en sciences sociales. Il participe à la revue *Cité libre*. Son travail d'ethnologue est brillant. Il obtient en 1956, à 36 ans, la médaille Parizeau de l'Association canadienne-française pour l'avancement des sciences (ACFAS), pour ses travaux scientifiques.

De 1958 à 1961, Marcel Rioux est professeur de sociologie à l'Université Carleton. Il milite au Nouveau Parti démocratique (NPD, social-démocrate) et s'investit dans les médias en tant qu'athée, socialiste et nationaliste francophone. Il préside l'Institut canadien des affaires publiques, une véritable marmite d'échanges intellectuels entre réformateurs de tout acabit, surtout des libéraux de gauche.

Tout cela représente un compromis pour Marcel Rioux. L'ennemi, c'est Maurice Duplessis (chef réactionnaire et autoritariste de l'État québécois à l'époque).

Le jour, l'heure, la minute, la seconde où on donnera
le Parti libéral gagnant, je deviens socialiste militant.
(Marcel Rioux, cité par Jules Duchastel, *ibid*)

C'est exactement ce qu'il fait, le 22 juin 1960. Il rompt ses
liens avec *Cité libre*, l'Institut canadien des affaires publiques
et le NPD, et fonde le Mouvement laïque de langue française.
Il réussit à se faire embaucher comme professeur de sociologie
à l'Université de Montréal, cette fois sans subterfuge et malgré
la réticence des gardiens catholiques de cette université à
charte canonique. Il doit accepter une invitation du cardinal
à domicile qui marque ainsi son statut de prince du Québec
et de maître de ses institutions de haut savoir.

Alors qu'il n'a pas encore rendu explicite la forme de
socialisme qui devait le définir pour la postérité, il adopte
tout de même de nombreuses positions et idées remarquablement originales et avant-gardistes, décrites partiellement par
son étudiant et biographe Jules Duchastel :

> Il va très loin dans son attaque du nationalisme. « Les
> nationalistes sont toujours des hommes de droite,
> des hommes qui conservent et qui voient le monde
> à travers leur optique nationale, qui ne sont pas
> d'abord pour la justice, mais pour leur justice, non
> pour l'avancement humain, mais l'avancement des
> leurs, non pour Dieu, mais pour leur religion. » Sa
> pensée est nettement universaliste et humaniste. Pour
> lui, la gauche consiste en la revendication du droit
> d'être des hommes. « S'élever contre l'immobilisme et
> l'irréalisme d'une idéologie, fossilisée, c'est avoir foi en
> l'homme, c'est tabler sur le désir de dépassement qui
> est apparu sur la terre avec l'homme et qui est l'un de
> ses plus beaux titres de noblesse. » (Jules Duchastel,
> *ibid*)

C'est en 1961 que Marcel Rioux rompt définitivement
avec le libéralisme capitaliste et s'éduque lui-même,

académiquement, en tant que socialiste. Il lit tout Marx ainsi que les auteurs secondaires du marxisme. Il inaugure le premier cours sur Marx à l'Université de Montréal. Il fait venir de France, par centaines, des textes pour ses étudiants. Les classiques de la littérature marxiste sont alors introuvables au Québec (la librairie du Parti communiste du Québec, Nouvelles Frontières, n'ouvre ses portes qu'au milieu des années 1970). En 1963, Marcel Rioux est cofondateur du Parti socialiste du Québec. Il donne des cours au Mouvement de libération populaire. Il crée une nouvelle revue, *Parti pris,* et aide à en fonder une autre, *Socialisme 64.* Sans adhérer au parti de l'athée Pierre Bourgault, le Ralliement pour l'indépendance nationale (Rioux avait une antipathie pour le nationalisme cru), Marcel Rioux fait néanmoins partie de son cabinet fantôme. Ce n'est qu'en étant saisi de l'analogie entre l'Afrique colonisée et le Québec que Rioux se déclare indépendantiste, en public, en 1964. Il donne de l'argent au Parti des travailleurs du Québec. Quelques années plus tard, il se joint au Parti québécois (PQ, parti indépendantiste québécois vaguement social-démocrate) fraîchement créé. Il joue à l'intellectuel de service pour le PQ et invente même la belle opposition : idéologie de rattrapage = Pierre Elliott Trudeau = fédéralisme ; idéologie de dépassement = René Lévesque = indépendance.

Il fonde et dirige une sorte de commune, non pas basée sur la promiscuité, mais simplement formée d'un groupe de voisins tricotés serré (Gérald Godin, Roland Giguère, Paul Ferron, Pauline Julien). Ce collectif s'appelle le « village dans le village » de North Hatley. Marcel Rioux ne quitte le village que lors, et à cause, de sa rupture douloureuse avec sa conjointe de très longue date, Hélène. Le collectif aura tout de même donné naissance à une revue intitulée *Possibles,* prônant une forme d'autogestion, c'est-à-dire une forme libertaire du socialisme. Marcel Rioux publie en 1978 son *Essai de sociologie critique.* Il y exprime sa propre mouture du marxisme. Il rejette une causalité trop forcée de l'infrastructure sur la superstructure.

Il attache beaucoup d'importance à la culture. Il adopte une posture optimiste sur l'humanité. Il croit à l'existence de valeurs collectives et à la force historique du facteur symbolique. Rioux incarne lui-même cette vision — celle où l'intellectuel, riche de l'actualité, s'engage dans tous les aspects de la culture, particulièrement auprès des artistes créateurs. Marcel Rioux multiplie donc ses interventions publiques dans les médias et dans les revues, s'alliant de plus en plus souvent avec les artistes contestataires. On lui reconnaît un fond marxiste en le voyant se justifier de cela en arguant que le secteur tertiaire (la culture) est en croissance par rapport aux secteurs de la production des matières premières ou de leurs transformations industrielles. En effet, qu'à cela ne tienne, si l'intellectuel veut avoir un effet sur le corps social, il ne peut se contenter d'interpeller le milieu syndical. Il doit occuper la scène académique, médiatique et artistique. C'est exactement ce que fait Marcel Rioux.

Le caractère extrêmement convivial de Marcel Rioux, sa bonhomie, son côté bon vivant, ses premières recherches « folkloriques », son optimisme, son regard porté vers l'avant, lui font qualifier son marxisme de « chaud » et son projet social de « festif ». Marcel Rioux se met d'ailleurs, le plus sérieusement du monde, à faire de la recherche subventionnée sur la fête populaire, pour en arriver, pense-t-il, à la « fête idéale ». Quel éternel adolescent que ce Marcel Rioux ! Et quel verbe :

> La fête nous apparaît dès lors comme un de ces multiples temps forts où s'expriment à la fois la richesse de l'imaginaire social et la dynamisation de la culture populaire. [...] L'instrument que nous proposons est un type idéal de fête qui représente ce maximum de conscience possible du phénomène de « totalisation » sociale [...] à savoir cette capacité d'autonomie et de contrôle par les acteurs sociaux des orientations de la collectivité, capacité à l'encontre des forces d'aliénation, d'exploitation, d'autorités dont

résulte au contraire l'aplatissement des significations.
(Marcel Rioux, cité par Jules Duchastel, *ibid*)

On comprend que son ancien élève et biographe, Jules Duchastel, s'inquiète d'un dérapage en fin de carrière qu'il a généreusement qualifié d'«utopiste».

Il reste que là où tant de sociologues, d'historiens, d'anthropologues et d'ethnologues se sont improvisés analystes du discours, psychanalystes, herméneutes et post-modernistes de tout acabit, devenant ainsi totalement non pertinents et décrochés de toute réalité contraignante, Marcel Rioux n'est pas tombé dans le piège.

On doit voir qu'il y a des classes sociales, des dominants. C'est cela qu'on doit étudier, non pas des paroles sacrées. (Marcel Rioux, cité par Jules Duchastel, *ibid*)

Marcel Rioux fut peut-être le premier et le dernier grand gourou de la gauche francophone québécoise. Il ne descendit jamais dans la rue. C'eût été une erreur. Le peuple avait besoin de lui à sa table de travail, à lire, réfléchir et écrire, avec rien d'autre en tête que le désir d'un meilleur destin pour les autres, que ce soit pour de petites bourgades, les peuples autochtones du Québec, des communautés diverses ou la nation québécoise, sans jamais perdre de vue l'intérêt de l'humanité au complet.

Sources :
BERNIER, Léon, *Hommage à Marcel Rioux. Sociologie critique, création artistique et société contemporaine*, Montréal, Éditions Albert Saint-Martin, 1992.
DUCHASTEL, Jules, *Marcel Rioux. Entre l'utopie et la raison*, Montréal, Les éditions Nouvelle Optique, 1981.

5.13. Jacques Ferron
(1921-1985)

Jacques Ferron, frère de Marcelle (présentée plus loin dans ce livre), fut la plus grande source d'inspiration de celle-ci, selon ses propres paroles. Il fut et est encore celle de plusieurs Québécois, et pas les moindres. Athée, activiste politique, conteur, écrivain, poète, polémiste, bête de médias (il écrit beaucoup aux journaux), historien, bouffon, médecin populaire, grand nationaliste, humaniste, socialiste, mythomane et surréaliste, mari et ami fidèle, père aimant et aimé, il porte beaucoup de plumes à son chapeau melon (oui, il a quelquefois porté cela devant le photographe).

C'est de famille. Le jeune Ferron, avec une tête tout aussi forte (dans tous les sens de l'expression) que sa célèbre sœur, se fait expulser du Collège Jean-de-Brébeuf à Montréal, pas une seule fois, mais deux! Rien ne peut être plus ferronien que cette anecdote. Il devient néanmoins médecin, peu après quoi il devient brièvement membre du Parti communiste. En 1957, il est emprisonné pour avoir manifesté contre le pacte de l'Organisation du traité de l'Atlantique Nord (OTAN). Son attirance pour la puissance libératrice de la littérature et sa vision d'aigle de l'histoire et des cultures se manifestent tôt, alors que, jeune médecin travaillant pendant la guerre pour les forces armées canadiennes, il sort illégalement de prison des textes cryptés d'un prisonnier allemand et les conserve pour les lui remettre après la guerre. Il ouvre ensuite une pratique rurale de médecine itinérante en Gaspésie, contrée qu'il affectionne beaucoup. Toutefois, l'âpreté de cette vie l'amène sur la Rive-Sud de Montréal où il ouvre un cabinet de médecine privée avec son frère Paul, dans un quartier ouvrier. À part de nombreuses promenades et activités à Montréal, il ne voyage plus beaucoup, se contentant de vivre une vie de famille avec sa femme, ses enfants et ses chats, de pratiquer la médecine et d'écrire. Sans le savoir, il était revenu de la Gaspésie tuberculeux. C'est en chantant l'*Internationale* (la chanson emblématique des communistes) qu'il se guérit tout seul, écrit-il. Attiré par l'appel humanitaire, Ferron décide de pratiquer la médecine dans une institution pour déficients mentaux, mais son individualisme et son goût de la solitude reprennent le dessus et il retourne après un an à sa petite pratique privée de la Rive-Sud de Montréal.

Le succès de ses écrits tarde à venir, et il ne s'enrichit pas par ses activités littéraires, mais il a tout de même de son vivant une influence énorme sur l'élite nationaliste francophone de gauche du Québec. Personne ne peut nier son talent, ni la beauté de certains de ses textes. Il reçoit le Prix du Gouverneur général en 1963. Son adhésion au Parti communiste est de courte durée, car à mesure qu'il apprend à connaître ce parti, il trouve que la question nationale québécoise y est escamotée. Il ne réussit vraiment à fusionner ses élans socialistes et décolonisateurs que par la littérature. Les textes qu'il écrit et qu'il veut faire lire représentent une extension des soins médicaux qu'il apporte à la population locale de son quartier. La langue française y est, aux oreilles du sensible docteur, atrocement meurtrie, contrairement à celle des ruraux Gaspésiens qu'il avait côtoyés auparavant. La langue de ses patients, voisins et compatriotes est à l'image de leur santé qui est, aux yeux du compatissant docteur, écorchée par leur dissolution culturelle. Il milite au Parti social-démocrate, se présentant même comme candidat aux élections, qu'il perd. Il milite aussi au Ralliement pour l'indépendance nationale (RIN, parti nationaliste de gauche fondé par Pierre Bourgault), se présente sous sa bannière à des élections provinciales en 1966, et est encore battu. Aux élections de 1970, il ne se présente pas, car il était devenu trop populaire, et aurait pu « malencontreusement gagner ».

Ferron s'engage dans des explorations historiques pour combattre la perversion de l'historiographie officielle qu'il sent blesser le peuple québécois. Sa plus belle bataille à ce chapitre est de réfuter, de massacrer même, la supercherie intellectuelle effectuée par le chanoine Groulx, historien « officiel », qui, fort de l'appui de l'Église catholique, monte de toutes pièces et avec une invraisemblance pratiquement surréaliste un héros national, un certain personnage historique nommé Dollard des Ormeaux :

> Ce fut un Français, un mistigoche qui avait été à
> la petite guerre contre les Iroquois, un brigand de
> l'Outaouais. (Jacques Ferron)

Dans ses monographies historiques, Ferron réécrit, ni plus ni moins, l'histoire de Montréal. Le comte de Chomedey de Maisonneuve se fait équarrir en poltron bigot qu'il était. Monsieur Jérôme Le Royer de la Dauversière, propriétaire de toute l'île de Montréal, est proposé comme source d'inspiration du Tartuffe de Molière. Jeanne Mance, la paresseuse, se fait décoiffer, etc.

En contrepartie, il propose comme héros national un honnête et brillant homme, martyr de surcroît, qui, en se défendant arme à l'épaule à la bataille de Saint-Eustache, dans une église, meurt pour sa patrie, envers et contre l'Église catholique, dans un grand élan de courage, encerclé par les soldats britanniques à l'occasion de la rébellion de 1837, rébellion porteuse de tout ce que le Québec deviendra 150 ans plus tard, un État moderne, un peuple conscient de sa valeur, une culture vibrante qui défend ses acquis, etc. Ce héros, totalement rayé des livres d'histoire, excommunié par l'Église catholique, dont le souvenir est occulté, est nommé héros national par Ferron : le bon docteur Jean-Olivier Chénier. Mission accomplie ! Cinquante ans plus tard, tout un chacun sait maintenant au Québec qui est Jean-Olivier Chénier, et la jeunesse a peine à dire qui fut l'éminemment oubliable Dollard des Ormeaux. Un émigré, nouvellement propriétaire d'un dépanneur au Québec pensant que la fête de Dollard était en fait la fête du « dollar », affichait, il y a quelques années, ses spéciaux pour la fête du « dollar ». Ceci se passait sur la route des Patriotes, dans la région de Richelieu.

Mais attention, un humaniste de gauche de l'envergure de Jacques Ferron n'aurait jamais donné dans un nationalisme étroit. Il est très conscient du fait que même si le peuple québécois souffre de la colonisation anglaise, ce même peuple opprimé a colonisé et colonise toujours, de façon bien plus brutale, les nations autochtones :

> L'erreur de ce brave homme [le chanoine Groulx] fut
> la suivante : il n'a pas compris que l'Amérique française
> n'était au fond que l'Amérique amérindienne.
> (*Historiettes*)

D'une grande ironie naturelle, parfois bouffonne, parfois dépressive (il est passé très près de se suicider), Jacques Ferron trouve sa force précisément dans le décalage hallucinatoire et délirant entre lui-même et ses concitoyens. Ces derniers lui reflètent douloureusement ce qu'il peine à combattre : colonisés, prostrés, anticommunistes primaires, francophones châtrés, ignares et exploités, à la dérive, malades, en voie d'extinction. Et malgré tout, il s'identifie totalement aux Québécois. D'une intelligence incroyablement vive, le bon docteur Ferron se rend graduellement compte que seule la littérature peut le préserver de la folie et de l'isolement, et il se met à écrire de petits contes et ensuite des grands, et quelques pièces de théâtre. Il écrit sur le Québec, pour le Québec, pour le grand pays qu'il craint de perdre. Mais ce dont son lecteur se délecte le plus, c'est de s'identifier à ses personnages qui sont les mille et une facettes de l'auteur lui-même.

> Seigneur, qu'adviendra-t-il de cette journée ? Donnera-
> t-elle lieu à ton apothéose ou à l'espace livide du temps
> noir, coagulé sur une croix dérisoire ? Aurai-je vécu
> inutilement dans l'obsession d'un pays perdu ? Alors,
> Seigneur, je te le dis : que le diable m'emporte. (*Les*
> *deux lys*)

Il fonde un parti politique satirique, le Parti rhinocéros, se donnant ainsi une plateforme pour railler les élites et constamment injecter de l'intelligence dans le discours public. Malheureusement, peu de ses concitoyens comprennent le sérieux, le désespoir même de son ironie et de ses bouffonneries, et le grand public voit plutôt Ferron comme un hurluberlu.

Mais Jacques Ferron réussit laborieusement, péniblement, avec une discipline quotidienne impitoyable, à créer un univers par ses écrits plus sérieux, moins imprégnés de la toxicité et de l'agitation des actualités, l'univers dit « ferronien », une sorte de thérapie littéraire automatiste. Thérapie, parce que Ferron crée un univers fantasmagorique d'une grande beauté et d'une grande poésie à l'intérieur même des peines et misères du petit peuple, mais où on ne s'ennuie jamais. Il exorcise ainsi les démons, « alchimise » les sortilèges, métamorphose l'avilissement, il repousse la mort en la transformant en rêve (*La charrette*) et y paganise la religion en montrant comment les protagonistes la saisissent, chacun à sa manière hirsute (*Papa Boss*) :

> Ce n'est plus un pays que mon pays. C'est une grande banlieue dispersée, stupide et sans défense. (*La charrette*)

> Quand on passe quatre ou cinq mois, par année, immobilisé par la neige, on développe une âme grégaire si exaltée, si absolue, qu'elle est naturellement religieuse et donne sa cohésion à la nation québécoise, d'ailleurs individualiste et portée à la dispersion, faute d'État. (*Ciel de Québec*)

Il crée des épopées nationales dans lesquelles tout Québécois retrouve une multitude de références qu'il pensait personnelles. En imprégnant ses œuvres d'une tonalité dépressive, voire tragique, il nous avertit que nous courons à notre perte. Mais tout ne peut être perdu, puisque ne s'y trouve de réelle que l'angoisse que l'on ressent comme dans un mauvais rêve, et qu'en plus tout ça est si drôle et est écrit avec une beauté telle qu'on en éclate en sanglots. Il donne un élan au Québec en passant par les sentiments cachés du lecteur, lequel s'y fait constamment surprendre.

> Grâce à Jacques Ferron le pays du Québec est
> désormais une terre aussi fabuleuse que l'Arabie.
> (Première phrase de la biographie de Ferron écrite par
> Jean Marcel)

On peut le dire automatiste, un peu à la blague, parce qu'apparemment, la plupart du temps, Jacques Ferron ne sait pas ce qu'il va écrire 15 minutes avant de le faire. Dans ses œuvres, il mêle l'éthique, le comique, le tragique, la description, l'esthétique, l'analyse dans la narration d'un rêve, narration dont il reste le seul auteur québécois à détenir la formule parfaite. Aujourd'hui, ses écrits sont de plus en plus lus, et on l'aime de plus en plus. Les exégètes découvrent une grande harmonie dans son corpus. Il écrit comme il est. Et il est vraiment un personnage extraordinaire, d'une sensibilité maladive, d'une détermination incassable et d'une compassion absolue.

Jacques Ferron est un homme pacifique, patient, humble dans ses rapports avec ses correspondants et interlocuteurs, et tolérant. Un de ses bons amis est un anglophone gai et francophile, John Grube. À celui-ci, il écrit un jour de sa manière toute personnelle :

> J'ai particulièrement apprécié cette notion des héros
> de la paix pour désigner les déserteurs ; je ne la
> connaissais pas. Peut-être ai-je préféré l'oublier ? Il
> fallait un homme comme vous, mon cher John, pour
> me l'apprendre ou me le rappeler. Mes amitiés.

Malgré sa fièvre anticolonialiste, Ferron reste toujours pacifique. C'est lui que tous acceptent avec soulagement comme médiateur lorsque certains felquistes (membres du Front de libération du Québec, une organisation révolutionnaire clandestine qui a commis un meurtre et un enlèvement) voulurent se rendre aux autorités. On devine que malgré sa réprobation de la violence, Ferron défend les felquistes avec toute la profondeur et l'intelligence qu'on lui connaît.

> Vous me demandez ce qu'est le Québec; c'est un monstre qui bouffe tout pour savoir ce qu'il est. (*Autre fragment*)

> S'en prendre à la conscience collective qui préside à celle de chacun, essayer de la modifier, c'est en soi une grande entreprise: elle donne satisfaction, qu'on réussisse ou pas. (*Le Devoir*)

> On peut tromper les vivants, on ne trahit pas les morts: ce sont eux qui font les mondes. (*Les grands soleils*)

Jacques Ferron a écrit pour la postérité. Celle-ci ne fait que commencer à se déployer. On s'aperçoit tout juste maintenant qu'il est un géant de notre littérature nationale. On publie biographie après biographie, on reproduit ses textes dans les grands journaux et on se souvient de lui avec nostalgie. On le découvre et le dévore et on ne peut rester indifférent. On l'aime. On le lit et relit et relit encore. Il fut le « druide du Québec» (expression du ministre péquiste et ami de Ferron, Gérald Godin).

Sources:

BEAULIEU, Victor-Lévy, *Docteur Ferron. Pèlerinage*, Montréal, Stanké, 1991.

FERRON, Jacques, *Une amitié bien particulière*, (Lettres de Jacques Ferron à John Grube), Montréal, Boréal, 1990.

MARCEL, Jean, *Jacques Ferron malgré lui*, Montréal, Éditions du Jour, 1970.

ROUSSAN, Jacques de, *Jacques Ferron: quatre itinéraires*, Québec, Presses de l'Université du Québec, 1971.

5.14. René Lévesque (1922-1987)

Le père de René Lévesque a sûrement contribué à l'évolution du jeune homme vers l'athéisme. Dominique Lévesque est un grand voyageur, un humaniste libéral, un homme honnête et bienfaisant, un père affectueux et généreux de son temps, un lecteur des grands ouvrages de la pensée des deux millénaires. Il possède une cache d'ouvrages mis à l'Index par l'Église catholique du Québec que son fils découvre très jeune et dont il fait ses délices, non pas par esprit pervers ou par une quelconque opposition au corps social ou encore par dépit, mais par curiosité et désir d'émancipation, par simple recherche du vrai. Une rencontre marquante est celle avec son professeur Rodolphe Dubé (alias François Hertel), un jésuite d'une extraordinaire érudition, révolté contre l'«aplatventrisme» ecclésiastique, défroqué et apostat, séparatiste, humaniste, athée bientôt exilé jusqu'à la fin de ses jours à Paris et grand essayiste, romancier et poète. C'est de lui que René Lévesque prend la désormais célèbre formule «le beau risque». Judith Jasmin, son amante et militante laïque (quoique discrètement chrétienne), a sans doute influencé Lévesque, avant qu'il ne se lance en politique, en lui faisant assumer sans hypocrisie son athéisme. Mais comment ne pas attribuer d'abord et avant tout à René Lévesque lui-même, à son tempérament intime et profond, le principal rouage de son athéisme? Car il est toute sa vie un inextinguible curieux, ne tolérant en aucun cas les réponses toutes faites, conventionnelles et faciles d'esprit. Il est d'une intelligence extrême (sait tout, comprend tout instantanément), libertin (mais combien discipliné et frugal lorsque devenu premier ministre), arrogant (mais assez socialisé pour témoigner d'un immense respect pour ses concitoyens les plus humbles une fois au pouvoir), même frondeur (mais toujours dans la plus totale honnêteté et transparence) et rebelle (pas de casse, mais ne laissant personne lui manger la laine sur le dos). Peut-être les nazis auront-ils enfoncé un dernier clou dans le cheminement de René Lévesque vers l'athéisme ? Jeune journaliste, il est un des premiers à pénétrer à Dachau, fraîchement abandonné par les tortionnaires, avec une garnison militaire américaine. Les suppliciés gisent partout, y compris dans le train de la mort, la tête pendant par en bas. Cette scène (ou sa simple évocation) en a rendu plus d'un résolument athée, mais déjà chez Lévesque, le terrain est fertile...

Quant à la sorte d'athée qu'il est devenu, eh bien, il est devenu humaniste, bien sûr ! Et quel humaniste ! Grand timonier du peuple québécois, nettoyeur à lui seul de la cupidité et de la malpropreté du monde politique (par sa résolution de prioriser le critère de l'honnêteté dans le choix de tous ses collaborateurs, et par l'étincelante législation anticorruption qu'il rédige et fait adopter), René Lévesque reste dans la mémoire collective des Québécois, avec Louis-Joseph Papineau, un de nos plus grands politiciens. On se souvient de lui comme de celui qui imagine et met en place l'inexorable et inarrêtable marche du peuple québécois, marche patiente, multifocale, englobante, totale, vers son émancipation, son affranchissement, sa libération, son destin. Ce petit homme, de morphologie gnomique, avec une mèche indisciplinée et malveillante sur la tête, avec un visage bourré de tics, que l'on surnomme « Ti-poil », cet homme conquiert la confiance d'un peuple presque totalement catholique... un peuple qui veut le suivre presque jusqu'au bout de sa démarche, non pas vers la traditionnelle abnégation, l'autorapetissement, le serrement de dents et le repli défensif, mais vers la libération festive et confiante. « On est capables », dit-il. Et nous le croyons !

Qu'elle est ironique cette situation des Québécois, plus catholiques que le pape, qui aiment l'athée Papineau et l'athée Lévesque, et qui finalement cèdent leur destin, pendant encore de nombreuses années, à l'athée Robert Bourassa, et finalement votent massivement pendant cinq élections de file pour l'agnostique Gilles Duceppe!

Le destin de René Lévesque lui apparaît probablement alors qu'il se fait encore les dents en journalisme. Lors d'un reportage sur l'Union soviétique, refusant de déblatérer les platitudes anticommunistes de règle, il décrit exactement ce qu'il a vu là-bas, ce qui, somme toute, ne lui apparaît pas si mal (il a déjà un respect pour les «aventures» politico-émancipatrices des peuples, et il respecte autant la révolution américaine que la russe). Ses patrons de la radio d'État d'alors (Radio-Canada) sont très mécontents de son reportage. Ils auraient voulu qu'il soit un fantoche comme les autres. Et pourtant, il est loin d'être socialiste et ne le devient jamais. Sa pire erreur en tant que chef d'État est d'ailleurs de juguler et d'écraser en 1982 les syndicats de sa propre fonction publique, en faisant assumer à ses seuls membres, d'un seul coup, les frais d'une crise budgétaire de son gouvernement. On ne le lui pardonnera jamais (moi non plus d'ailleurs). René Lévesque avait été usé par le pouvoir, et sa mèche était devenue trop courte. Ce fut la fin de son règne.

D'un autre côté, il faut donner à Lévesque le mérite d'avoir rapatrié nombre de puissants outils économiques (certaines de nos ressources naturelles) et d'avoir pris les moyens de les exploiter. Et même si ce n'est souvent que pour engraisser des capitalistes un peu plus proches de nous, ç'a quand même pour effet de nous enrichir collectivement. L'exemple le plus porteur est celui de la nationalisation de l'électricité, démarche que nous lui devons personnellement, même si ce mérite doit être partagé avec Jean Lesage, qui est alors chef de l'État québécois. Sur la ligne de démarcation entre la gauche et la droite, Lévesque est une girouette. Il s'entoure de gens de gauche, attiré par leur honnêteté et leur idéalisme, mais il les tient loin des leviers économiques. Juste avant de se lancer en politique, il accueille la nouvelle d'une grève des réalisateurs de la société de télévision d'État (Radio-Canada) par un «Gang de caves!» colérique. Mais il finit par se ranger du côté des grévistes, malgré le fait que son intérêt soit ailleurs (il est pigiste). Dès lors, en formidable tribun qu'il est, extra-ordinairement, il les mène au combat.

Humaniste impatient, mais révolutionnaire prudent, René Lévesque apparaît comme le paradoxe qui résume la vie intérieure d'à peu près tout Québécois. Il a sillonné en tant que journaliste tous les recoins du Québec, et il connaît très bien la diversité des tâches qui l'attendent. En tant que journaliste, il est un formidable vulgarisateur. Il croit à la capacité d'absorption des auditeurs et plus tard des téléspectateurs, et ne leur donne jamais que du bon, de l'édifiant, que le peuple se met aussitôt à avaler goulûment tout au long des quarante et quelques années de vie publique de ce charismatique maître à penser. Cet universitaire manqué, à lui seul, a davantage nourri l'intelligence de son peuple que tout autre intervenant de notre histoire. Bien qu'il ait été expulsé de son collège pour fainéantise, il anime, des années plus tard, ses émissions d'information au tableau noir, craie en main! René Lévesque n'est pas un nationaliste de garage. Il ne sort pas éméché lors de la parade de la Saint-Jean pour gueuler quelques inepties revanchardes unilingues bien arrosées d'alcool. Non. Il n'entretient aucune haine des Anglais (conquérants de la Nouvelle-France, oppresseurs de la nation canadienne-française). Il s'intéresse au sort de tous les humains et le prend à cœur. Chef d'État, il veille à l'émancipation de tous les groupes ethniques, culturels, et oui... même religieux. L'émancipation nationale, pour lui, passe par tous les secteurs de la vie sociale, et en particulier économique. René Lévesque, contrairement à nombre de gens croyant à l'infinie bonté d'un quelconque Dieu, et se croyant eux-mêmes bons, prend publiquement position contre la peine de mort lors de son propre reportage sur les ondes de la radio d'État, pendant un débat du parlement fédéral visant à décider si le Canada doit adopter ou éliminer la peine de mort (le Parti conservateur de John Diefenbaker, au pouvoir, était en faveur). Encore une fois, voilà un journaliste exceptionnel, qui ne peut pas être un pantin, qui, au risque de perdre son gagne-pain (risque qu'il prend à maintes reprises), ne peut taire son humanisme. Il a bien quelques moments bourrus (la crise de 1982), commet quelques imprudences (il a une fille qu'il ne reconnaîtra jamais), et il prononce quelques mots indélicats ici et là. Pierre Péladeau, cet autre athée célèbre (à l'époque), grand connaisseur des jeux du pouvoir, dit de lui qu'il est le seul premier ministre du Québec qui ne se sert pas de sa fonction pour s'enrichir. Somme toute, le bilan de la vie de René Lévesque n'est pas si mauvais pour un petit bonhomme sans Dieu ni maître.

René Lévesque avait un sens très aiguisé de l'histoire comme «aventure». Ses longues années en tant que reporter international, ses lectures gaillardes et inspirantes, son tempérament courageux et aventurier, le progressisme de son père et ses bonnes fréquentations de jeunesse ont fait qu'il entrevit une possibilité en politique que presque personne de sa génération n'avait vue: celle de piloter l'émancipation radicale d'un peuple.

Sources:
DESBARATS, Peter, *René Lévesque ou Le projet inachevé*, Montréal, Fides, 1977.
GODIN, Pierre, *René Lévesque, un homme et son rêve*, Montréal, Boréal, 3 vol., 1994.
PAULIN, Marguerite, *René Lévesque: une vie, une nation*, Montréal, XYZ, 2003.

5.15. Henry Morgentaler (1923–)

Henry Morgentaler naît à Lodz, en Pologne, de parents juifs qui avaient rejeté la religion juive pour adopter, comme système de valeurs, le socialisme démocratique.

Mon père et ma mère furent assez actifs dans le mouvement socialiste juif en Pologne, mouvement dont

les valeurs sont semblables à celles de l'humanisme
moderne, à savoir : la recherche de la dignité humaine,
individuelle, nationale, universelle ; la croyance que
l'homme, individuellement et collectivement, est
capable de devenir maître de son sort, qu'il doit être
un agent actif dans la vie et qu'il n'a pas à accepter
ce que le sort lui offre… comme l'ont enseigné les
religions juive et catholique. Il préconise un sentiment
de fraternité universelle, un désir manifeste de justice
internationale et une croyance en la bonté des hommes
mais non en celle de systèmes et de la société. C'est
donc la société qu'il faut changer pour que ce qui est
bon en l'homme puisse se manifester : le sentiment de
solidarité avec les classes opprimées, les pauvres de la
terre, les exploités et les prolétaires ainsi que le désir
d'une véritable justice dans une société nouvelle, plus
noble, plus douce, en un mot, plus humaine. (Sylvie
Dupont et Catherine Germain, *Entretien*)

Le père de Henry Morgentaler est chef d'un parti politique socialiste en Pologne. Il est secrétaire d'un syndicat des textiles, et il se fait incarcérer à cause de son militantisme. Il est aussi athée anticlérical. Son fils le tient en haute estime et le prend comme modèle.

Le jeune Henry subit les affres des camps de concentration. Il y perd toute sa famille, à part son frère cadet qui a survécu. Il y est blessé moralement. Il lui faut une psychanalyse pour vaincre les démons que ces horreurs ont fait germer en lui et pour libérer son potentiel de générosité. Il devient médecin par la suite, non pas comme tant d'autres pour s'enrichir (ça, on peut le croire en lisant la suite), mais pour rendre service à son prochain. Il s'installe à Montréal, se marie, élève deux enfants, devient actif dans des organisations humanistes et pratique la médecine. Henri Morgentaler a des opinions avancées et libérales sur la sexualité, et ceci l'amène à s'intéresser à la planification familiale et à la contraception.

Il pense avoir été le premier médecin au Québec à pratiquer des vasectomies. On ne peut pas lui enlever le mérite d'avoir été avant-gardiste, puisque personne ne s'offusque plus de cette opération, procédure qui est pratiquée à grande échelle maintenant au Québec. Il est aussi parmi les premiers à installer des stérilets et à prescrire des gélules contraceptives aux femmes non mariées et aux adolescentes, dans le but, justement, de prévenir l'avortement. À cette époque, Henry Morgentaler est déjà président du mouvement humaniste au Canada (les mouvements humanistes ne font que commencer à exister au Québec, grâce en grande partie à Morgentaler d'ailleurs, comme nous le verrons plus loin). Il présente un mémoire au gouvernement du Canada, au nom des organismes humanistes dans lesquels il milite, prônant la légalisation de l'avortement. Et c'est là que de gros problèmes viennent cogner à sa porte. Des femmes aux prises avec des grossesses non désirées commencent à venir le voir, le suppliant de les avorter. Sachant que c'est illégal, il refuse pendant des années, jusqu'à ce que cette loi, qu'il juge injuste, se mette à lui peser sur la conscience. Un jour, il y a une de ces femmes perdues de trop, alignée pour les broches non stérilisées d'un toubib de garage. Il décide d'aider cette femme, sachant pertinemment qu'il risque tout. Il est d'avis que l'incapacité objective ou subjective d'une femme à aimer et élever ses enfants est une option pire qu'une interruption médicale de grossesse, et qu'une interruption clandestine est dangereuse pour la femme. Il développe des techniques perfectionnées et se met à avorter des femmes. La suite est connue de beaucoup de gens : il est exclu de l'ordre professionnel des médecins, et est emprisonné. Il défend sa cause avec une telle sincérité et une telle ferveur qu'aucun jury (et il y en a beaucoup) n'accepte de le condamner, ni au Québec ni dans le reste du Canada. On commence par tolérer l'avortement hospitalier dans des conditions très restreintes, et on finit par reconnaître partout au Canada le droit de toute femme, sans le consentement de son mari, à l'avortement.

Il est estomaquant de voir dans le discours féministe et aussi dans l'historiographie féministe le peu de considération que l'on a pour cet héroïque médecin. Le discours féministe, à mon avis, n'associe pas assez le paternalisme et le sexisme à la barbarie tout court, c'est-à-dire aux formes primitives d'organisation sociale (tribalisme, féodalisme, capitalisme) dans lesquelles on maltraite les couches plus vulnérables de la population. C'est en cela que les féministes devraient surmonter l'impression d'hallucination qu'elles vivent lorsqu'elles entrevoient, avant de refouler cette vision, que c'est un homme, et non une femme, qui s'est le plus sacrifié pour leur libération, et de loin, au Québec. Henry Morgentaler considérait les femmes tout simplement comme des humains à part entière, et il les a défendues comme il a défendu tout autre groupe de la société qui est opprimé ou traité injustement, ou encore, plus simplement, qui souffre.

Henry Morgentaler a été président de l'Association humaniste du Canada et de la Libre pensée du Québec. Il a souvent cherché à aviver une flamme de militantisme humaniste activiste au Québec. Il a donné plusieurs conférences publiques sur ce sujet au cours des ans, dispensées en un excellent français. Au moment où le Mouvement laïque québécois lui accorde le prix Condorcet (1994), Morgentaler fait appel à ce mouvement (dont il est membre en règle de très longue date) pour qu'il édite une revue humaniste, et offre un don substantiel permettant de la financer pendant quelques années (en supposant, bien entendu, que tout le travail s'y fasse bénévolement). Fort de cet encouragement, la revue en est maintenant à son quinzième numéro.

Henry Morgentaler décrit l'humanisme qu'il préconise comme un humanisme scientifique. Cette formulation est inhabituelle. Voyons de quoi elle retourne :

> Nous devrions utiliser les connaissances humaines
> et scientifiques pour changer les institutions, pour
> éliminer les conflits, prévenir la destruction et bâtir
> une société où les gens pourraient vivre une vie

plus intéressante, plus enrichissante, à l'échelle de
l'humanité. En somme, une société où les individus
pourraient utiliser leur potentiel humain de façon
beaucoup plus poussée qu'ils ne le font jusqu'à
maintenant. Ceci a des implications dans tous les
domaines de la vie : l'éducation, les rapports entre
les parents et les enfants, entre les employés et
leurs employeurs, l'économie, les législations, les
institutions, toutes les relations humaines. Dans
presque tous les domaines, la philosophie humaniste
aurait son mot à dire en se basant sur les connaissances
réelles et non sur les dogmes, les livres saints ou
la tradition qui se réfère à un passé qui n'est plus
pertinent… nos conditions de vie ont tellement changé !

[…] l'humaniste ne rejette pas à priori,
dogmatiquement, tout ce qui vient de la religion ; au
contraire, il accepte les valeurs universelles que l'on
retrouve dans toutes les religions, mais il rejette la
spéculation, l'immaturité, l'infantilisme et tout ce qui
est basé sur les notions erronées, pré-scientifiques
on non scientifiques, proches de la superstition ; les
préjugés sont souvent ancrés dans la tradition religieuse.
(Sylvie Dupont et Catherine Germain, *ibid*)

On voit que Henry Morgentaler adopte un militantisme
à caractère hautement moral, volontariste, optimiste, où
le monde des sciences aurait un rôle important à jouer
parce qu'on peut lui faire confiance. La science est-elle un
humanisme d'emblée ? Ne la mobilise-t-on pas aussi pour
massacrer des populations innocentes et pour détruire
l'environnement ? Les scientifiques ne s'en lavent-ils pas
les mains ? Justement ! Peut-être Henry Morgentaler a-t-il
mis le doigt sur quelque chose d'important. Les médecins
doivent faire le serment hippocratique, mais les ordres
professionnels de médecine ne le font jamais respecter.

On accorde des diplômes de doctorat dans tous les autres domaines sans exiger que les diplômés ne s'engagent à n'utiliser les connaissances et le pouvoir conventionnel que leurs diplômes leur confèrent exclusivement pour faire le bien de l'humanité dans son ensemble. Peut-être serait-il temps en effet que les universités québécoises et canadiennes cessent de décerner des doctorats honorifiques à Henry Morgentaler et le nomment plutôt comme consultant pour améliorer leurs chartes… Peut-être le Collège des médecins du Québec devrait-il demander à Henry Morgentaler comment prendre au sérieux le serment d'Hippocrate, et en profiter pour humblement lui demander pardon pour l'affront qu'il lui a fait de vouloir l'exclure de ses rangs?

> Je pense à la surpopulation, au sous-développement, la famine, la pauvreté, la pollution, l'empoisonnement de l'environnement, aux dangers de la guerre atomique… il faut absolument que nous utilisions les sciences, notre sagesse, notre maturité pour trouver, inventer presque, des solutions nouvelles aux problèmes humains.
>
> Je suis convaincu que la vie que j'ai est la seule réelle: je ne crois pas à une vie après la mort; j'ai donc une obligation envers moi-même et envers ceux qui m'entourent ou sur qui je peux avoir une influence ou avec qui j'entre en relation, de mener une vie aussi enrichissante, aussi satisfaisante que possible. Ce qui est important pour moi, c'est de pouvoir mener une vie authentique qui réponde aux exigences de la philosophie humaniste, c'est-à-dire pratiquer ce que l'on prêche, mettre à exécution les valeurs que j'estime être bonnes et utiles, non seulement pour moi mais pour mon prochain. (Sylvie Dupont et Catherine Germain, *ibid*)

L'athéisme de Henry Morgentaler est un reflet de sa vision positive du sens de la vie, de son humanisme. Pour que la vie ait une cohérence universaliste, pour que l'on puisse régler de façon éclairée et avant-gardiste les problèmes concrets de l'humanité, pour que l'on puisse mobiliser sa volonté par la révolte notamment, pour qu'il soit possible de s'épanouir, il est nécessaire de pratiquer un avortement sur le cancer qu'est la religion. Henry Morgentaler est un des athées au discours le plus explicite et articulé de l'histoire du Québec. Il est fier d'être athée et ne manque jamais de proclamer son athéisme lorsqu'on lui demande de parler de lui-même.

> L'abandon de la religion [...] a provoqué, au Québec, comme à l'époque en Pologne, un renouveau extraordinaire qui se manifeste dans la liberté de parole, le théâtre, la littérature et dans des formes nouvelles d'expérimentation et d'expression. Je pense que la religion catholique fut au Québec ce qu'a été la religion juive pour les masses juives en Pologne et en Russie : un facteur de stagnation, de résignation et d'acceptation du sort sans broncher et sans se révolter.
> (Sylvie Dupont et Catherine Germain, *ibid*)

Alors que tant d'anglophones au Québec, confortablement installés dans la chaise du conquérant, profitant de la faiblesse de la nation québécoise francophone et se contentant de ne parler que leur langue au mépris de leurs compatriotes majoritaires, se déclarent contre l'indépendance du Québec (s'interdisant ainsi la moindre capacité de concevoir une justice naturelle des peuples), voici un immigré qui a parfaitement su développer une sensibilité à l'égard des deux nations colonisatrices du Canada (française et anglaise) ainsi que des peuples autochtones :

> Une fois la religion rejetée au Québec, l'accent a été mis sur l'autre facteur d'identification, celui de l'identité nationale. Lorsque la religion cesse d'être un facteur d'identification, ce sont les valeurs nationales c'est-à-dire la langue et la culture qui deviennent prépondérantes.

Dès ma plus tendre jeunesse, je fus membre actif dans
le mouvement socialiste. (Sylvie Dupont et Catherine
Germain, *ibid*)

Pour conclure, voyons en quoi Henry Morgentaler,
à l'instar de cet autre magnifique médecin athée que fut
Norman Bethune, a respecté le serment hippocratique
(serment qui inclut une clause d'engagement à ne jamais refuser un traitement à quelqu'un dans le besoin). Il a été obligé
d'opérer dans le cadre de la pratique médicale privée pour
réaliser des avortements. Lorsqu'une patiente s'avérait incapable de payer, il faisait le travail gratuitement. Mais il est allé
bien plus loin. Prônant la médecine entièrement socialisée, il
a soumis demande après demande pour que sa clinique soit
reconnue comme service d'État. Il serait alors devenu salarié
ou aurait été payé à l'acte selon un barème fixé par des fonctionnaires, et aucune patiente n'aurait eu à débourser pour
un avortement. Pensez à ce que ça signifie. Ce médecin aurait
pu devenir incroyablement riche, la table était mise. Il avait
été longuement enfermé et torturé dans les camps de concentration. Il a mené une bataille épique pour la libération des
femmes, entraînant son réemprisonnement et le redépouille-
ment de son humanité (expulsion de l'ordre des médecins). Il
était marié et avait deux enfants sous sa responsabilité. Il suffisait qu'il se comporte selon la plus haute norme de sa profession et qu'il facture un bon prix pour un avortement. Ça
ne lui suffisait pas. Ça manquait de générosité.

Henry Morgentaler s'est fait décerner le prix de l'Ordre
du Canada en 2009. Il a aussi reçu à 82 ans un doctorat honorifique de l'Université Western Ontario en droit et, en 2005,
le prix pour le leadership dans les politiques publiques du
Couchiching Institute on Public Affairs, dont la mission
est de promouvoir au Canada la sensibilisation aux affaires
nationales et internationales sans parti pris. Le prix lui a été
décerné pour ses efforts au nom des droits de la femme. En
recevant le prix Couchiching, il a dit :

L'Église catholique n'est pas la seule religion dominée par des hommes opposés aux droits de la femme ; l'islam y est également opposé. Ce n'est pas étonnant que dans la plupart des pays dominés par ces deux religions, les femmes sont opprimées et déniées de droits humains fondamentaux, parmi lesquels le droit à l'avortement qui est le plus visible exemple. Je pense que les lois basées sur des livres supposés saints comme la Bible devraient être l'objet d'un examen critique et enlevées si démontrées injustes et dépassées. (Sylvie Dupont et Catherine Germain, *ibid*)

Henry Morgentaler a un point de vue très pratique et assez technique sur le mode d'emploi de l'humanité : il est souhaitable de résoudre les problèmes concrets du mal vivre de l'ensemble de l'humanité en mobilisant avec compassion et prévoyance les forces vives de la science et de la technologie. C'est assez terre à terre comme orientation, mais pourquoi pas ? Henry Morgentaler a réglé à lui seul, avec quelques techniques, le problème des grossesses non désirées au Québec. Il pourrait bien, si on l'écoutait un tant soit peu, en régler plusieurs autres…

Sources :
DUPONT, Sylvie et Catherine GERMAIN, *Henry Morgentaler : Entretien*, Montréal, Éditions L'Étincelle, 1976.
HALPERN, Sylvie, *Morgentaler, l'obstiné*, Montréal, Boréal, 1992.

5.16. Marcelle Ferron (1924-2001)

Marcelle Ferron est la fille d'Alphonse Ferron, notaire, et d'Adrienne Caron, très belle femme et peintre du dimanche, qui est décédée assez jeune (33 ans) ; la petite n'avait que sept ans. Marcelle Ferron a eu deux frères et une sœur,

Paul, Jacques et Madeleine. Les deux derniers sont d'ailleurs devenus des écrivains célèbres.

Les grandes influences dans sa vie sont son père, son frère aîné Jacques (qui lui fait lire, adolescente, les plus belles des œuvres mises à l'Index par l'Église catholique) et Paul-Émile Borduas, tous hommes de gauche et libres-penseurs. Marcelle Ferron se décrit comme « gauchiste », ce qui est drôle, car c'est un qualificatif péjoratif qui n'est utilisé que par la droite pour décrire ce qu'elle conçoit comme l'extrême gauche (maoïsme, trotskisme, etc.). Enfin, il n'y a aucun doute qu'elle est effectivement tout à fait à gauche du spectre politique québécois, dans son cœur et dans ses valeurs profondes. Jeune adulte, Marcelle Ferron lit le journal *Combat*, journal du Parti communiste du Québec. Elle participe à d'innombrables manifestations lancées par les organisations de gauche et elle est membre de délégations à Cuba, en Chine et en Haïti, délégations d'inspiration humaniste. Malgré ses origines financièrement « aisées » (c'est tout relatif) et culturellement supérieures, Marcelle Ferron est toujours attirée par les simples gens, les ouvriers. Lorsqu'elle devient artiste pour de bon, c'est Jean-Paul Mousseau, un artiste plastique d'origine ouvrière émergeant du « faubourg à m'lasse » (quartier Sainte-Marie de Montréal), qui est son meilleur ami.

Elle se dit athée, mais il y a beaucoup plus que ça chez elle. Marcelle Ferron souffre terriblement de la mentalité, du pouvoir, de l'influence de l'Église catholique. C'est tantôt à cause du sexisme de l'Église, tantôt à cause de son conservatisme, parfois de sa bigoterie, et parfois simplement à cause de son omniprésence qu'elle se sent étouffer. Marcelle Ferron se fait expulser de deux des collèges (tenus par des religieux) qu'elle fréquente parce qu'on ne peut tolérer l'extrême liberté (sans aucune malice) de cette jeune femme.

Marcelle Ferron a trois enfants qu'elle ne peut se résoudre à élever au Québec sous le linceul de plomb de l'Église catholique. Elle part pour cette raison les élever seule en France, en 1953. Elle s'y consacre fiévreusement à la peinture. Sa principale inspiration est l'automatisme, un amalgame québécois de surréalisme et d'art abstrait. Elle revient au Québec 15 ans plus tard pour faire, entre autres, les magnifiques verrières qu'on retrouve dans le métro de Montréal, stations Champ-de-Mars et Vendôme. Elle se plaît énormément à développer l'art pour le peuple et l'art réalisé épaule à épaule avec les ouvriers d'usine, qu'elle aime fréquenter. Marcelle Ferron participe à toutes les expositions des automatistes, notamment à la rétrospective unanimement saluée par les critiques Borduas et les Automatistes au Grand Palais à Paris, en 1971. Son œuvre est présentée en Europe et aux États-Unis dans nombre d'expositions collectives comme L'Exposition des Surindépendants et Le Salon des Réalités nouvelles en 1956, l'exposition Antagonisme au Louvre en 1960, et au Musée d'art moderne de la ville de Paris, en 1962 et en 1965. Marcelle Ferron représente d'ailleurs le Québec à la Biennale de São Paulo en 1961, au Festival des Deux Mondes à Spoleto en 1962 et à l'Exposition universelle d'Osaka en 1970. Ses tableaux font l'objet d'une bonne trentaine d'expositions spéciales au Québec et au Canada, ainsi qu'à Paris, Bruxelles et Munich. En 1970, le Musée d'art contemporain de Montréal présente une rétrospective de ses œuvres, initiative qui est reprise en 1972 au Centre culturel canadien à Paris.

On la nomme professeure d'architecture à l'Université Laval à Québec. Elle s'acquitte de cette tâche dans le plus grand bonheur, semble-t-il. Cela est extrêmement étonnant. Voilà cette peintre automatiste très excentrique, pour ne pas dire bohème, qui débarque en salle de classe d'architecture universitaire. Tout un virage. Elle doit être suprêmement intelligente, cette automatiste... Un trait de tempérament chez Marcelle Ferron mérite d'être souligné. C'est une femme d'une incroyable détermination et d'un grand courage. Elle n'a peur de rien dans la vie et se bagarre plusieurs fois sérieusement pour défendre son intégrité contre des fonctionnaires véreux, contre une bourgeoise jalouse qui tente de la faire expulser de France, contre un puissant marchand d'art par trop exploiteur, etc.

Marcelle Ferron ne peut être décrite que comme un être intègre jusqu'au bout des ongles, une femme suprêmement sûre d'elle et éprise de liberté jusqu'à la limite du risque. Sa biographie en témoigne (Michel Brûlé, 1996). Bien sûr, Marcelle Ferron signe le manifeste *Refus global* rédigé par Borduas, mais de plus, elle entretient un lien avec ce document qui lui est unique : d'abord elle assume toute la signification de ce manifeste (plusieurs signataires, dont Borduas lui-même, semble-t-il, restent malgré tout croyants!) ; ensuite, Marcelle Ferron souligne que même si Borduas l'a rédigé, le texte est tout de même une création collective provenant du partage et de la friction des idées contradictoires et riches de plusieurs des signataires (ce qui n'a pas été assez dit au sujet de ce célèbre manifeste que l'on a signalé comme étant le symbole par excellence de la Révolution tranquille du Québec) ; finalement, un détail à ne pas oublier : Marcelle Ferron signe de son nom de famille personnel, ce qu'aucune autre signataire féminine n'était prête à faire en 1948, même dans les milieux les plus avant-gardistes de la métropole. Marcelle Ferron reçoit d'ailleurs le prix Condorcet du Mouvement laïque québécois, avec les autres signataires du manifeste le *Refus global*. Avec l'athée Pierre Gauvreau, elle est de ceux qui exprimèrent le plus de plaisir à recevoir ce prix.

Marcelle Ferron essuie quelques contrecoups de la répression capitaliste, qu'elle n'hésite jamais à dénoncer. Par exemple, elle est interrogée à la frontière américaine pour ses sympathies communistes. Elle loge chez un communiste avant de partir en France (le seul qui accepte dans ces années-là de loger une femme seule avec des enfants). Elle se heurte à la justice deux fois dans sa vie par son beau mélange de culot et d'humanité. Dans le premier cas, elle gifle un policier qui lui parle de façon méprisante. Dans le deuxième cas, elle apostrophe un juge en pleine cour alors qu'il formule une sentence (jugée trop lourde par Marcelle Ferron) à une misérable femme qui a volé un steak pour soulager sa faim. Elle ne sent pas le besoin de préciser qu'elle est antiraciste et ouverte à toutes les nationalités, à toutes les orientations sexuelles, à toutes les croyances intimes des gens. Elle fréquente toutes les sortes de gens possibles et imaginables, mais préfère les intellectuels, à gauche, athées, talentueux, dévoués, intègres, libres.

Parce qu'elle estime Bernard Lamarre pour son mécénat à l'égard de nombreux artistes, Marcelle Ferron accepte qu'il pilote la mise sur pied de la Fondation Marcelle-Ferron. Cette fondation charitable veille au bien-être et à l'habitation décente de personnes âgées en perte d'autonomie. La fondation gère des habitations sur la Rive-Sud de Montréal. On trouve devant ces habitations, avec vue imprenable sur le majestueux fleuve Saint-Laurent, une sculpture monumentale réalisée par Marcelle Ferron.

Elle n'est pas non plus faite que de miel. Elle passe des jugements durs sur plusieurs de ses professeurs, camarades, collègues artistes (Lemieux, Riopelle, Dali...) et raconte d'ailleurs une anecdote hilarante, et tellement dure, sur Pierre Elliott Trudeau... Cette anecdote est relatée dans la biographie de Marcelle Ferron citée ci-dessous.

Source :
FERRON, Marcelle [propos recueillis par Michel BRÛLÉ],
L'esquisse d'une mémoire, Montréal, Les Intouchables, 1996.

5.17. Janette Bertrand (1925–)

Janette Bertrand naît à Montréal de parents dont le mariage est contracté, écrit-elle dans son autobiographie, pour permettre à son père d'esquiver la guerre de 1914. Apparemment, Alma, la mère de Janette, n'aurait pas beaucoup aimé ni son mari ni sa fille. Elle leur aurait préféré ses trois fils. Cela aura été une des grandes souffrances de la jeune fille, la poussant compulsivement à vouloir plaire, par compensation. Le père de Janette, Armand, un commerçant au cœur tendre, aurait fait contrepoids à l'austérité, à la maladie chronique et à l'âpreté d'Alma. C'est Armand qui est la source première de l'émancipation de Janette Bertrand. Il transmet à sa fille sa vision politique (il est « rouge », tandis qu'Alma est « bleue »), et il lui donne une double dose de tendresse. Et il lui paie des études universitaires à une époque où cela ne se fait tout simplement pas. Ce type de père n'est-il pas fréquent chez les féministes ? Il y a environ 20 ans, la revue féministe québécoise *La Vie en rose* publiait un reportage sur le rapport des féministes à leur père. On y a appris que pour fabriquer une féministe à cette époque, au Québec, il fallait un père aimant, heureux et généreux, et une mère malheureuse.

> Autant j'aime ma mère, autant j'en ai eu peur. À cette
> époque, les enfants doivent craindre Dieu et leurs
> parents, les représentants de Dieu sur terre. (Janette
> Bertrand, *Ma vie en trois actes*)

La plupart des grands humanistes sont sûrement des gens qui, ayant été comblés dans leur enfance, veulent rembourser à la collectivité une dette de bonheur. Le cheminement de Janette Bertrand vers l'humanisme est à l'inverse. Elle semble vivre jusqu'à la quarantaine extrêmement frustrée de ne pas obtenir pour et par elle-même ce qu'elle veut. Sa vie est une lutte acharnée. Toute sa carrière se passe dans le domaine des médias, et son objet est toujours de rendre compte des choses intimes de la vie (elle est courriériste du cœur, rédactrice pour des émissions de télévision, directrice et fondatrice d'une agence matrimoniale, bénévole dans un centre de lutte contre le suicide, éducatrice populaire, etc.). Dans tous ses projets, Janette Bertrand se bat, en public, pour sa propre émancipation, et extraordinairement, comme elle se bat si bien, elle devient par le fait même architecte de l'émancipation de la nation québécoise.

Janette Bertrand est une boule incandescente de désirs, désirs d'amour, d'appréciation, de convivialité, de sensualité et de progrès social. De plus, certains traits culturels et de tempérament la démarquent des autres grandes dames des médias québécois : elle aspire passionnément, presque frénétiquement, à faire reconnaître l'égalité entre les sexes, elle est proche du peuple et comprend ses besoins et ses aspirations, et elle est profondément allergique à la duplicité et à l'hypocrisie. Elle appelle toujours un chat un chat et elle réussit, à force de discours patients et articulés, à démanteler un nombre astronomique de tabous et d'idées reçues. Parmi tant d'autres exemples, elle veille à l'émancipation des conjointes d'agriculteurs qui vivaient alors au Québec comme des « esclaves ». Elle aborde et même défriche le thème, complètement interdit, de la sexualité. Elle présente au peuple québécois une multitude de modes de vie hors normes (transsexualisme, clochardise, couples atypiques, personnes avec handicaps, etc.) et elle le fait dans un esprit parfaitement équilibré, à bonne distance tant de la complaisance servile que de l'intolérance et de la dénonciation. Sans que sa démarche n'ait été inspirée par trop de théorie ni d'esprit de provocation, sa longue quête de liberté et de convivialité la fait se heurter, bien malgré elle, à la hiérarchie des bien-pensants, suppôts guindés d'une société fermée, attardée, ignorante, hypertraditionaliste, mystifiée, résignée, bâillonnée, hypocrite, et somme toute... terriblement lugubre. Inévitablement, elle est confrontée à l'Église catholique et aux bourgeois pharisaïques qui s'en réclament. C'est ainsi qu'on comprend l'extrême anticléricalisme que se permet Janette Bertrand dans son autobiographie :

> L'Église et l'État tiennent à ce que les filles ne
> s'instruisent pas [parlant de l'époque précédant la
> Révolution tranquille au Québec].
> [...]
> Les prêtres prennent tous les moyens pour inciter les
> femmes à faire de nombreux enfants. Ils réprimandent
> les mères de famille qui espacent les naissances, leur

refusant l'absolution tout en leur rappelant qu'une bonne épouse ne peut se refuser à son mari sous peine de péché mortel.

[…]

Avaler le corps du Christ — Ouache!

[…]

Mon père je n'ai pas de péché [relate-t-elle se souvenant de son enfance]; et le prêtre de répondre… «Menteuse, orgueilleuse, effrontée» en triplant la pénitence.

[…]

Je compare les religieuses aux filles qui sont amoureuses de Tino Rossi et qui en parlent comme si elles avaient couché avec lui.

[…]

Trois jours enfermée avec un jésuite [qui essayait de la faire entrer dans les «ordres»]… ça me donne des boutons [elle y a fait une grave crise d'urticaire].

[…]

La télévision débarque chez nous… Le clergé n'est pas content… des danseuses de ballet y évoluent en collant qu'on-voit-tout…Voilà d'où viendra la perdition.

[…]

C'est moi qui ai claqué la porte du confessionnal. Enragée. Je n'ai plus jamais remis les pieds à l'église.

[…]

La religion est comme le théâtre: les hommes n'y vont que poussés dans le dos par les femmes.

[…]

Les femmes en ont ras le bol d'être considérées comme des inférieures par les hommes et comme des machines à faire des bébés par l'Église qui dit non au divorce, non à l'avortement et non à la pilule.

[…]

Pendant que le Québec s'émancipe, des fanatiques en Iran et en Algérie imposent le voile aux femmes, et

exigent la non-mixité absolue… Je souhaite de tout
mon cœur qu'elles se révoltent, qu'elles se battent pour
leur liberté. Elles ne le peuvent pas ; les filles […] sont
douces, obéissantes, conciliantes. Des Yvette !
(Janette Bertrand, *ibid*)

Il faut lire son autobiographie pour comprendre les
batailles épiques que Janette Bertrand a menées. Les thèmes
de ses recherches sont la violence domestique, le suicide, la
sexualité sous toutes ses formes (prostitution, MTS, SIDA,
homosexualité, transsexualisme, masturbation, contraception, avortement, inceste, plaisir, amour intime), anorexie
nerveuse, dyslexie, trouble bipolaire, itinérance, divorce,
paternalisme, etc.).

Janette Bertrand a été élevée dans un milieu
petit-bourgeois qui n'était pas particulièrement intellectuel et qui ne remettait aucunement en cause ni les
normes conventionnelles de l'époque ni la religion. Janette
Bertrand n'a jamais eu l'âme d'une révolutionnaire ou d'une
illuminée. Ce n'est qu'à force d'innombrables rebuffades à
ses modestes et ponctuels élans de liberté et de justice qu'elle
finit par évoluer vers l'athéisme, athéisme qu'elle ne déclare
publiquement d'ailleurs que durant la huitième décennie
de sa vie. Janette Bertrand est une Québécoise audacieuse
et avant-gardiste. Elle ose placer sa carrière à égalité avec
ses devoirs maternels (elle a trois enfants) ; elle ose quitter
son mari pour un homme beaucoup plus jeune (et marié
de surcroît) ; elle ose choquer les bourgeois empesés à l'eau
bénite. Tout ça sans jamais dire de mal de personne, sans
jamais déroger aux principes de la vérité, de l'intégrité, et de
la tolérance envers autrui.

Janette Bertrand poursuit présentement sa carrière
comme professeure à l'Institut national de l'image et du son.
Elle y enseigne l'écriture dramatique. « Ce que j'apprends,
je suis incapable de le garder pour moi », écrit-elle dans son

autobiographie, en avouant adorer aussi l'expérience de l'enseignement de haut niveau.

Janette Bertrand est un formidable cheval de trait pour le Québec. C'est au bord d'une table qu'elle écrivait, tout en surveillant ses trois enfants, gagnant ainsi sa vie, celle de ses enfants et, semble-t-il, en bonne partie, celle de son mari de l'époque. La liste de ses réalisations est hallucinante. Elle s'est fait décerner de nombreux prix et titres honorifiques : le prix de la Femme du siècle (Salon national de la femme), le Prix du Gouverneur général (communications), elle est nommée officier de l'Ordre national du Canada (celui-là, elle a hésité à l'accepter, se considérant bien plus Québécoise que Canadienne) et chevalier de l'Ordre national du Québec, et reçoit aussi le prix Condorcet du Mouvement laïque québécois (2003).

> J'ai tout. Rien ne me manque. Je suis dans la vie. Je crois que lorsque je vais mourir, il n'y aura plus rien. C'est pour cela que je veux tant vivre. Je n'attends pas d'être heureuse dans l'autre monde. Il n'y en a pas. Il n'y a que la vie. Je ne souhaite pas être immortelle, je ne demande pas la reconnaissance *post mortem*. Je la veux maintenant la reconnaissance. (Janette Bertrand, *ibid*)

Sur presque tous les fronts, Janette Bertrand est attaquée, ridiculisée, dénigrée, rejetée. Marc Lépine, ce meurtrier qui a tué des étudiantes de l'École Polytechnique de Montréal parce qu'il les prétendait usurpatrices, l'avait placée sur sa liste de cibles. Assoiffée d'approbation, Janette Bertrand s'expose souvent à l'opprobre. Dyslexique, elle devient auteure et même professeure pour d'autres auteurs. Amoureuse de la convivialité, elle devient la cible d'un assassin. Syndrome de Démosthène ? Tête de mule ? En tout cas, il lui en a fallu du courage et de la persévérance. C'est le moins que l'on puisse dire !

Source :
BERTRAND, Janette, *Ma vie en trois actes*, Montréal, Libre Expression, 2004.

5.18. Raymond Lévesque (1928–)

Raymond Lévesque vit ses premières années rue Saint-Hubert à Montréal. Son père est un intellectuel nationaliste et athée qui tente de gagner sa vie dans l'édition, en conformité avec ses principes. Malheureusement, ce père connaît un trop-plein de déboires: avortement de ses études de droit, longue maladie et décès de sa conjointe (la mère de Raymond) à l'âge tendre de 30 ans, échecs répétés en affaires, longue maladie et décès précoce de sa deuxième épouse. Raymond Lévesque sent donc qu'il n'est pas un bon père pour lui, qu'il ne connaît que l'amertume et que lui-même est de trop. Chargé de cette tristesse, il fugue de l'école et devient un petit truand. Ensuite, il fait de menus travaux dans les boîtes de nuit, commence à entamer ce qui devient une trajectoire d'alcoolique, de bohème et de vaurien. Il essaie de se suicider à 23 ans. Mais il y a une étincelle de transcendance chez ce garçon, malgré tous ses malheurs. Son père lui avait tout de même fait obtenir une éducation musicale, et Raymond Lévesque se met à écrire des chansons au début de l'adolescence.

Un soir, alors qu'il travaille dans une boîte de nuit, Raymond Lévesque présente de ses chansons à un des artistes qui donne un spectacle. Celui-ci donne suite, et une carrière d'auteur-compositeur-interprète commence pour le jeune homme. Cette carrière ne sera jamais facile pour lui, mais elle le fait tout de même vivre. En 1954, il prend le bateau pour la France. Ses talents de mélodiste et de parolier et son grand cœur sont aussitôt reconnus et appréciés par ses pairs (Gilbert Bécaud, Charles Aznavour, Eddie Constantine, Jacques Brel, Gilles Vigneault, Georges Dor, Félix Leclerc, Gérald Godin, etc.). Raymond Lévesque travaille au théâtre, à la radio, au cinéma, à la télévision et il écrit de la poésie. Il ouvre aussi un bar pour artistes.

Dès l'inauguration du Rassemblement pour l'indépendance nationale (RIN), Raymond Lévesque devient un membre militant.

> On va l'avoir l'indépendance. Les Anglais sont
> tellement stupides qu'ils ne sont même pas capables de
> nous reconnaître le moindre petit statut particulier :
> société distincte, qu'est-ce que ça peut bien leur
> chrisser ? (Sylvain Rivière, *Raymond Lévesque. On peut
> pas tout dire*)

Raymond Lévesque épouse toutes les causes en donnant une quantité astronomique de concerts gratuits (par exemple, en support à Paul Rose, felquiste et socialiste emprisonné, pour financer et faire connaître le RIN, pour les syndicats, etc.). Cela a d'ailleurs probablement pour effet de gâcher ses chances de faire les grandes salles, tandis que le deuxième facteur de cet échec, d'après son propre dire, est l'alcool qui entache sa fiabilité.

Raymond Lévesque est toute sa vie un fervent prosélyte de la démocratie, à laquelle il est attaché sans ambages. Bien que passionnément indépendantiste, il désapprouve les actes violents du Front de libération du Québec (il ne désavoue pas toutefois leur analyse ni leurs autres valeurs) :

> Ça prend la participation du peuple pour faire la
> révolution, chrisse, pas une gang ! (Sylvain Rivière,
> *ibid*)

La réalisation la plus célèbre de Raymond Lévesque est sa chanson *Quand les hommes vivront d'amour*. C'est la chanson de langue française la plus jouée de tous les temps. C'est une ode humaniste à la forme absolument pure, exprimant la tristesse et la fatigue du militant, l'ambivalence entre l'espoir et le désespoir.

Raymond Lévesque est un athée assez original :

Moi, je pense que l'homme a toujours existé. D'ailleurs le Christ n'a jamais dit «Je suis le fils de Dieu». Il a dit «Je suis le fils de l'Homme». (Sylvain Rivière, *ibid*)

Sa position cosmogonique est agnostique:

La foi ne prouve rien. Personne ne sait rien. D'où on vient, ni la raison du mal aux quatre coins du monde. (Sylvain Rivière, *ibid*)

Mais sur la question de l'âme, il est étonnamment matérialiste:

Je ne crois pas à l'âme individuelle [...] éternelle, quelque chose qui se dégage, qui se détache de notre corps [...] L'âme c'est tout l'individu, c'est dans le cerveau. (Sylvain Rivière, *ibid*)

Et sur la nature humaine et la moralité, il est résolument optimiste malgré tout, un véritable humaniste romantique:

Les peintres. Ils ne croient pas au bon Dieu. Mais ils aiment les gueux... Dieu referait la nature, il prendrait de la peinture aux peintres, pour refaire les étoiles. (Sylvain Rivière, *ibid*)

L'œuvre de Raymond Lévesque contient un important corpus de textes, aussi magnifiques les uns que les autres, presque tous moralistes... à l'image de la vie qu'il a menée.

L'espoir c'est le résultat des actions positives que l'on pose. Ça ne vient pas tout seul. Ça ne peut venir que des hommes. Les gens mettent leur espoir en Notre Seigneur Jésus Christ qui va descendre du ciel pour rendre la justice. Chrisse! Ils vont attendre longtemps. Plutôt que de faire des prières et d'attendre des anges, ils feraient mieux de s'impliquer pour aider la société à devenir plus juste. (Sylvain Rivière, *ibid*)

Raymond Lévesque donne ses dernières prestations sur scène et au théâtre en 1984 : il est alors devenu complètement sourd. Il reçoit un trophée de l'Association québécoise de l'industrie du disque, du spectacle et de la vidéo (l'ADISQ) pour l'ensemble de sa carrière. Il est aussi nommé « Patriote de l'année ». Depuis que la surdité lui impose de travailler en silence, il écrit. Il publie plusieurs essais, ainsi que ses mémoires. On lui décerne en 2005 le Prix du Gouverneur général du Canada, assorti d'un joli montant d'argent. Le gouverneur général du Canada est le représentant de la reine d'Angleterre et de l'Église anglicane au Canada. Raymond Lévesque, malgré l'âpreté de sa vie, refuse le prix. D'autres n'auraient pas eu ce courage et personne ne lui en aurait demandé tant. Une collecte est organisée pour remplacer la somme qu'il vient de refuser. Le bon peuple du Québec triple la somme.

Raymond Lévesque est un grand patriote québécois, un humaniste indéfectible, un être de partage, de justice et de liberté, avec une conscience sociale universelle toujours à vif. Quand il chante son espoir d'en finir avec la misère, personne ne peut douter de sa sincérité, ni qu'il ne sache de quoi ça retourne, la misère.

Source :
RIVIÈRE, Sylvain, *Raymond Lévesque. On peut pas tout dire*, Montréal, Triptyque, 1997.

5.19. Pierre Bourgault (1934-2003)

Pierre Bourgault voit le jour le 23 janvier 1934 à East Angus, dans les Cantons-de-l'Est. Il est le troisième d'une famille de cinq enfants. Il est pensionnaire jusqu'à 18 ans, notamment au réputé Collège Jean-de-Brébeuf. Il s'enrôle ensuite dans l'armée. Il tente une percée du côté du théâtre et tient quelques petits rôles dans les années 1950 et au début des années 1960. Il entreprend une carrière comme grand reporter au quotidien montréalais *La Presse*. Il est aussi régisseur à la télévision d'État Radio-Canada, à la même époque.

Militant du Rassemblement pour l'indépendance nationale (RIN) depuis 1961, il en devient le président en 1964. Il organise notamment la manifestation du « samedi de la matraque », lors de la venue de la reine d'Angleterre le 10 octobre 1964. À cette occasion, il déchire son certificat de l'armée canadienne. Le 24 juin 1968, lors du défilé de la Saint-Jean-Baptiste, le futur premier ministre du Canada, Pierre Elliott Trudeau, fédéraliste et méprisant à l'égard du peuple québécois, s'assoit à la tribune d'honneur. Pierre Bourgault, aussi invité sur l'estrade d'honneur, s'oppose publiquement à la présence de ce dernier et refuse de s'asseoir à ses côtés, préférant rester dans la foule. L'émeute éclate et Trudeau n'est que sourires, voyant là son capital politique s'accroître au Canada anglais. Bourgault est arrêté par la police et embarqué. Depuis lors, la fête nationale des Québécois se célèbre en l'absence de représentation fédérale. Pierre Bourgault est candidat du RIN aux élections provinciales de 1966 dans la circonscription de Duplessis, sur la Côte-Nord du Québec. Il récolte 31 % des votes exprimés. Il décide de mettre fin à l'aventure du RIN pour inviter les membres à adhérer au Parti québécois (PQ). Il milite pour le PQ jusqu'au milieu des années 1970, occupant d'ailleurs un poste à l'exécutif national. Il est candidat du PQ dans Mercier, contre Robert Bourassa (futur premier ministre) et recueille 37 % des suffrages. Un conflit avec René Lévesque l'incite ensuite à partir discrètement du PQ.

Au cours de cette période, il vit maigrement de quelques contrats et de l'aide sociale. Pierre Bourgault est alors un des plus grands tribuns du Québec. Il donne, dit-il, au-delà de 4 000 discours et réussit habituellement à soulever les foules. Ceux qui l'entendent sont émerveillés par la justesse de ses propos, par le côté édifiant de ses prescriptions, par la beauté solennelle de sa prose. Cependant, il ne cherche jamais à provoquer d'émeutes nationalistes, bien qu'il eût pu facilement le faire. Entre sa grande vanité et l'intérêt des foules et du peuple québécois, il choisit toujours ces derniers. Cela mène d'ailleurs à son emprisonnement pendant la crise d'Octobre 1970 (mise en tutelle du Québec par le gouvernement fédéral à la suite de l'assassinat d'un diplomate par le Front de libération du Québec). Il est embauché comme professeur au département de communications de l'Université du Québec à Montréal en 1976. Jusqu'en 2000, il enseigne la communication orale, le journalisme d'opinion et l'histoire du Québec contemporain. Pendant trois ans, Pierre Bourgault tient la barre de l'émission *Plaisirs*, à la radio de Radio-Canada, en compagnie de Marie-France Bazzo. Il joue un vieux libraire dans le film *Léolo* de Jean-Claude Lauzon, présenté au Festival de Cannes. Il est chroniqueur au journal *Le Devoir* de 1993 à 1994. À la même période, il écrit également dans le *Globe and Mail*. À intervalles irréguliers, il publie plusieurs essais, recueils et livres dont le thème central est invariablement l'indépendance du Québec qu'il juge si souhaitable.

Son rêve le plus cher est que le peuple québécois devienne une nation souveraine, fière, émancipée et libre. Il occupe brièvement, de 1994 à 1995, le poste de conseiller spécial du premier ministre Jacques Parizeau, jusqu'à ce qu'une déclaration sur le « vote anglophone monolithique » l'oblige à démissionner. Il signe de 1996 à 2003 une chronique trois fois par semaine dans le *Journal de Montréal*, jusqu'à quelques jours avant sa mort. Au cours de sa carrière, Pierre Bourgault collabore aussi, entre autres, à *The Gazette, L'actualité, Nous* et *Perspective*. Il tient une chronique quotidienne à l'émission *Indicatif Présent*, sur les ondes de la radio de Radio-Canada, de 2002 à 2003, jusqu'à quelques semaines avant son décès.

Pierre Bourgault est un des plus inspirants de nos souverainistes, un homme droit et intègre, un libertaire consciencieux, un grand humaniste :

> Personne n'est plus triste que l'apatride, rien n'est
> plus douloureux que l'amnésie. Être ardemment de

sa langue et de sa patrie, par toutes ses racines, c'est
l'unique et l'authentique voie vers l'universel. (Jean-
Marc Léger, hommage mortuaire à Pierre Bourgault)

La liberté, c'est pour les êtres humains. Les forts
comme les faibles, les heureux comme les tristes, les
généreux comme les égoïstes, les humbles comme les
fiers, les durs comme les faibles, les exaltés comme
les dépressifs. (*Écrits polémiques 1960-1981. 2. La
Culture*, 1996)

Il est presque normal d'être raciste, mais il est criminel
de le demeurer. (*Ibid*)

Il est aussi un homme de gauche (social-démocrate).
Les ratés des systèmes de santé et d'éducation ne justifient
pas, selon lui, l'inquiétante fuite en avant à laquelle bien des
esprits étroits semblent être sur le point de succomber :

Chialage de privilégiés et de sans-dessein ! Allez-y,
crissez tout à terre, privatisez-moi tout ça, et qu'on en
finisse, et vive la santé pour les riches, et l'école pour
les riches, et l'eau pour les riches, et la maison pour les
riches, et le pain et le beurre pour les riches, comme
le veut la Chambre de commerce ! (Cité par Louis
Cornellier, *Le Devoir*, 22 juin 2003)

Tout en critiquant la dérive corporatiste et la corruption dans les syndicats au cas par cas et sans exagérer, Pierre
Bourgault défend généralement le syndicalisme auquel il
attribue « tous les progrès que nous avons connus dans·le
monde du travail depuis cent ans ».

Si je dis faisons payer les riches, on se rira de moi en
me traitant de gauchiste nostalgique. Mais si je ne le
dis pas, on aura raison de me traiter de salaud (Cité
par Louis Cornellier, *Le Devoir*, 22 juin 2003)

Sur l'impérialisme américain, il maintient toujours le même discours. À Montréal, au début des années 1970, devant le consulat américain rue McGregor, au terme d'une manifestation particulièrement musclée contre la guerre au Viêtnam, il demande aux manifestants d'accueillir les jeunes déserteurs américains fuyant la conscription. Il explique que si, pour Richard Nixon, ces jeunes sont des lâches, pour nous, ces déserteurs sont des gens courageux qui quittent tout pour refuser de servir dans cette longue guerre impériale.

Son humanisme ne se limite pas aux discours tonitruants et s'applique également dans sa vie personnelle. Quoique assez reclus, surtout parce que grand lecteur, il aime les gens, a beaucoup d'amis avec qui il garde le contact et agit plusieurs fois généreusement et avec persévérance comme mentor.

Pierre Bourgault est excentrique au point de planter une forêt mature, sur sa terre de Saint-David, parce qu'il ne veut pas attendre qu'elle pousse, de maintenir un engouement pour les automobiles à 60 ans, de loger un kangourou dans son 4 ½, de cultiver les orchidées, d'entraîner des perroquets, et de se lancer dans tant d'autres aventures délirantes.

C'est un homme suprêmement intelligent, cultivé et fier, qui n'agit que selon ses convictions et seulement par conviction. C'est un moraliste. Il lit assidûment Alain et Valéry et on sent à tout coup leur influence dans ses interventions publiques. Personne ne peut intimider Pierre Bourgault. Il est le premier, et presque le seul, à oser et à pouvoir oser traiter Pierre Elliott Trudeau d'inculte. Il expose les fondements de sa morale dans un ouvrage paru en 1989, sous le titre de *Moi, je m'en souviens*. Voici sa grande maxime : « Est moral tout ce qui ne relève pas de l'exploitation. » Non, ce n'est pas la vulgate marxiste ! Aux yeux de Bourgault, l'employé syndiqué qui abuse de ses congés de maladie triche autant que la pétrolière qui hausse démesurément le prix de l'essence. Le citoyen qui s'amuse à consulter plusieurs médecins triche autant que le médecin qui multiplie inutilement les actes rémunérés. Seule une morale digne de ce nom, précise-t-il, peut nous mettre à l'abri d'un État policier : « Mais hélas ! ajoute-t-il, trop de gens croient que la morale est plus contraignante que la police. Nous paierons cher notre absence de morale. »

> Les voix prophétiques surgissent ainsi de manière cyclique dans l'histoire des peuples pour mettre au monde une vérité, un impératif que leurs contemporains pressentent confusément sans pouvoir, faute de mots, l'exprimer par eux-mêmes. Les voix prophétiques sont les sages-femmes de la liberté. Pour le Québec, durant la seconde partie du XXᵉ siècle, Pierre Bourgault aura été de celles-là. (Hélène Pelletier-Baillargeon, éloge mortuaire à Pierre Bourgault)

Les deux prix qu'il reçoit, le prix George-Émile-Lapalme décerné par le gouvernement du Québec et le prix Condorcet du Mouvement laïque québécois, illustrent à la fois son principal talent, sa maîtrise de la langue et de l'art oratoire et les fils conducteurs de sa pensée : un progressisme et un laïcisme militant, analogue à celui de Condorcet. Ardent défenseur de l'école laïque, il cherche à brasser « l'inertie des milieux politiques et cléricaux qui bloquent les réformes scolaires et empêchent la société d'avancer ».

Mais Pierre Bourgault est plus qu'un chantre de la laïcité : la toute-puissante Église catholique peut bien intimider nombre d'athées québécois, mais elle n'a aucune emprise sur lui. Au contraire, Bourgault la pourfend nombre de fois, et le répète à qui veut l'entendre. On lui doit d'ailleurs plusieurs beaux adages sur l'athéisme, des crus du Québec qui insèrent cette toute petite culture dans une longue et honorable tradition trimillénaire et multinationale :

> La science se trompe souvent. La religion, toujours.
>
> [...]
>
> La foi transporte les montagnes. C'est vrai. La raison les laisse là où elles sont. C'est mieux.
>
> [...]

Si Dieu a créé l'homme à son image et à sa
ressemblance, j'aime mieux croire qu'il n'existe pas.
[...]
Dieu vient de déclarer la guerre à Dieu. (À la suite
des attentats du 11 septembre 2001 au World Trade
Center)

Pierre Bourgault fut la bougie d'allumage du Québec. Il
crut tellement dans les possibilités de ce peuple, que ce peuple
se mit à y croire.

Sources :
BOURGAULT, Pierre, *Québec quitte ou double*, Montréal, Ferron, 1970.
BOURGAULT, Pierre, *Oui à l'indépendance du Québec*, Montréal, Quinze, 1977.
BOURGAULT, Pierre, *Le plaisir de la liberté*, Montréal, Nouvelle Optique, 1989.
BOURGAULT, Pierre, *Écrits polémiques 1960-1981. 1. La politique*, Montréal, Stanké,
1989.
BOURGAULT, Pierre, *Écrits polémiques 1960-1981. 2. La culture*, Montréal, Stanké,
1989.
BOURGAULT, Pierre, *Moi, je m'en souviens*, Montréal, Stanké, 1989.
BOURGAULT, Pierre, *Maintenant ou jamais !*, Montréal, Stanké, 1990.
NADEAU, Jean-François, *Bourgault*, Montréal, Lux, 2007.

5.20. Yvon Deschamps (1935–)

La mère d'Yvon Deschamps est
secrétaire de notaire et son père,
dessinateur industriel. Yvon est le cadet
des trois garçons qui naissent de cette
union. Les nombreux frères et sœurs
du père d'Yvon vivent à proximité,
dans le quartier pauvre de Saint-Henri
à Montréal. Le sens de la famille vient donc facilement et tout
naturellement au gamin. Yvon est un premier de classe. Cela
ne l'empêche pas de s'adonner à la petite délinquance à l'adolescence, comme tant d'autres dans son quartier.

Il devient athée à l'adolescence et s'ennuie trop à l'école
pour terminer son secondaire, duquel il décroche à 16 ans. Il

devient commis de banque, ce qui ne l'enchante guère, et il finit rapidement à l'assurance-chômage. Un hasard le fait postuler pour un emploi à Radio-Canada (la seule télévision et l'unique radio d'État à l'époque). Il démarre au bas de l'échelle, mais s'aperçoit vite qu'il vient de débarquer sur une autre planète. Le propos dégourdi de ses camarades de travail l'inspire et il sent alors le besoin de se cultiver, de lire. En plus, le ton humaniste des rapports de travail lui plaît et il absorbe ces effluves comme un grand poumon. Sa patronne lui offre des billets de théâtre. C'est le coup de foudre : il veut aussitôt devenir acteur. Il prend des cours privés pendant des années.

Plusieurs années plus tard, il quitte son emploi de commis à Radio-Canada et se lance dans son nouveau métier d'acteur de théâtre. Il touche à tout, et devient même le batteur de Claude Léveillée. C'est Yvon Deschamps qui réunit André Gagnon, Gilles Vigneault et Claude Léveillée lors d'un souper chez lui. Gagnon devient le pianiste de Claude Léveillée, lequel catapulte sa carrière de chanteur en mettant en musique des poèmes de Gilles Vigneault, avec le talentueux Gagnon aux arrangements musicaux. Yvon Deschamps impose à Claude Léveillée de se trouver un autre batteur : Léveillée est devenu trop performant et Deschamps veut se développer comme acteur plutôt que comme batteur. Progressivement, Yvon Deschamps s'occupe davantage des aspects de la gestion du théâtre que de donner lui-même des prestations. Il n'aime pas répéter plus d'une fois un spectacle et a du mal à éviter le fou rire. En 1964, il achète un restaurant dans le Vieux-Montréal. Il en fait une boîte à chanson, en plus d'un restaurant.

En 1967, à 32 ans, il rencontre sa future conjointe et mère de ses deux filles, Judy Richards. Elle n'a alors que 17 ans. Coup de foudre. Malgré quelques soubresauts, le couple est toujours ensemble 38 ans plus tard. L'entreprise de Deschamps fait faillite en 1968, ce qui le plonge dans une période de misère financière. En 1968, il présente son premier monologue dans *L'Osstidcho*, en collaboration avec Robert Charlebois et Louise Forestier : *Les unions qu'ossa donne?* Il faut dire que dans sa boîte à chansons, il avait joué un sketch-monologue de Clémence Desrochers et avait compris qu'il avait un talent certain pour faire rire. *L'Osstidcho* est un succès épique, en grande partie grâce aux chansons magnifiques de Robert Charlebois. La carrière de monologuiste d'Yvon Deschamps est lancée. Ses monologues tournent autour de la dérision nihiliste, sur fond humaniste, toujours en reflétant les conditions de vie des Québécois. Il multiplie les monologues, invente quelques chansons et donne des centaines de spectacles par année. Le public ne cesse jamais d'en redemander. Il présente des monologues sur les questions ethniques, sur la politique et le nationalisme, sur les médias, sur l'américanisation de la culture, sur les rapports employeur/employé, sur la religion, sur l'honnêteté, sur la liberté, sur l'environnement, sur l'engagement social et le messianisme, sur l'argent, sur les rapports entre les sexes et entre les groupes linguistiques, sur la guerre, et sur bien d'autres sujets. Il s'inspire beaucoup de l'actualité. Ses monologues sont complètement uniques et puissamment inspirants pour le peuple québécois : leur ton est toujours très chaud, et derrière le cabotin parlant joual, on devine toujours le penseur qui fait une digestion existentielle poussée, très critique, bien informée, intelligente et avant-gardiste de l'actualité et des questions de fond, des grands enjeux et défis de la vie moderne. Et puis surtout, Yvon Deschamps a toujours le génie de l'humour, le sens parfait du *punch*, du *timing*, l'art de conter parfaitement une histoire cocasse, avec l'œil coquin, la pose dramatique, l'expression faussement populaire, et il n'y manque rien.

Au début des années 1970, Yvon Deschamps se tient avec les artistes les plus en vue du séparatisme québécois. Il devient souverainiste, mais cet élan est toujours mou chez lui. Il ne veut pas être embrigadé et se méfie des idéologies et des partis politiques. Le succès commercial d'Yvon Deschamps comme artiste est stupéfiant. Rares sont les Québécois qui n'ont pas assisté à un de ses spectacles ou entendu un de ses disques.

Yvon Deschamps sent le besoin de remettre une dette au public, mais à sa façon. Il s'engage dans Oxfam, mais pas seulement comme donateur. Il en devient le porte-parole et un militant véritablement enthousiaste. Il siège à son conseil d'administration. Il participe par la suite tout aussi intensivement à plusieurs autres organismes de bienfaisance (pour femmes battues, etc.) et met même sur pied sa propre fondation, qu'il est seul à financer, par laquelle il vient en aide à d'innombrables Québécois dans la misère.

Pendant qu'il s'y consacre, Oxfam lui tire presque toute son énergie. Dans les années 1970, cet organisme était devenu très militant et gauchiste. Yvon Deschamps s'y consacre corps et âme, mais le stress que cela lui impose l'oblige à se retirer 5 ans plus tard.

> À un moment donné, OXFAM prenait toute mon
> énergie intellectuelle, à part mes shows. Les problèmes
> sont tellement grands quand on est dans un organisme
> comme ça. Tu te réveilles à toutes les nuits. Tu viens
> que ça n'a pas de bon sens, tu voudrais changer
> le monde en une journée. (Claude Paquette, *Yvon
> Deschamps: un aventurier fragile*)

Claude Paquette, le biographe d'Yvon Deschamps, dit de lui qu'il a toujours eu besoin de faire plein de choses en même temps, qu'il a une drôle de conception de la fatalité qui consiste à croire que ce sont les circonstances qui font une vie, qu'il faut savoir tout autant sauter sur les occasions que se sortir des ornières en se lançant, pour ainsi dire, dans le vide... Lorsqu'il découvre l'univers des femmes battues, il le vit intimement, en leur présence et à leurs côtés, en partageant leurs larmes. Il ne cesse jamais de se donner intensivement à cette cause. Il continue à toucher à toutes sortes de projets. Par exemple, il joue plusieurs rôles dans des films, au théâtre, il fait de la scénarisation, de la musique, des investissements financiers dans diverses réalisations artistiques. En 1972, il reçoit le titre de « Personnalité artistique de l'année ».

Les philosophes et autres spécialistes de l'éthique savent à quel point la justice et la liberté entretiennent des rapports complexes. Dans son monologue sur la liberté, Yvon Deschamps évoque, sur un ton faussement naïf, et sans jamais la nommer, la primauté de la justice — le tout dans la plus grande ambiguïté et en se parodiant lui-même. Il révèle là sa vraie nature, à l'aide d'exemples tirés de sa vie. C'est un homme de cœur.

Yvon Deschamps est un des rares humoristes québécois ayant su se moquer de la croyance religieuse sur scène sans y laisser sa peau. Sa stratégie est sublime : il joue l'innocent en racontant (parodiant) la genèse pour montrer l'infantilisme et l'absurdité des dogmes religieux :

> Dieu y s'dit : comme j'ai beaucoup de loisirs faudrait que j'me fasse plaisir car j'ai beau chercher où, tout scruter du regard, moé chus censé être partout, mais vu qu'y a rien, chus nulle part.
>
> [...]
>
> Parce que Dieu est infiniment intelligent, c'est le seul être qui a compris que six jours d'ouvrage dans une vie c't'assez. Y'a travaillé six jours, y'a pris une éternité d'vacances. Essayez d'avoir ça dans une convention collective.
>
> [...]
>
> Dieu crée. Y prend rien, y fait rien avec. Et c'est comme ça qu'il a créé le chef-d'œuvre à son image... Regardez-moi ! vous pouvez rire... Moi, chus pas méchant, mais lui peut venir comme un voleur par exemple pis dire :
> — C'est toé qui riais d'moé t'à l'heure ?
>
> [...]
>
> Si vous mangez des pommes vous allez comprendre des affaires... vous êtes mieux de rester de parfaits épais... et Dieu est parti. J'me suis toujours demandé où que tu pouvais partir quand t'es partout. J'ai toujours pas trouvé. (*L'histoire sainte, la création*, 1975)

Deschamps est au sommet de sa popularité aux moments des plus grandes effervescences nationalistes au Québec. Bien qu'il soit tout naturellement attaché à sa culture, il se méfie de la passion nationaliste. Il est aussi attiré par la tolérance et reste toujours pacifiste et lucide. C'est ainsi que, même si on le retrouve sur diverses tribunes souverainistes, dans certains de ses monologues, il ironise sur la « libération ». Il porte des jugements très durs sur le peuple québécois, qu'il associe à son personnage sur scène, incapable de se décider, incapable de s'engager, incapable de changer et même incapable de se représenter intelligemment sa nature, et encore moins son destin.

> On est six millions au Québec. Mais on est pas six millions de Québécois. Si t'enlèves les 20 % d'Anglais, les 10 % d'émigrés, les 30 % d'bandits pis les 40 % de crottés, on est rien qu'une p'tite gang. [...] Le vrai Québécois sait qu'est-ce qu'y veut. Pis qu'est-ce qu'y veut, c't'un Québec indépendant dans un Canada fort. Un vrai Québécois, c't'un communiste de cœur, c't'un socialiste d'esprit, c't'un capitaliste de poche. (*La fierté d'être Québécois*, 1977)

Bien que plus grand que les personnages mal dégrossis qu'il fait monologuer, on peut bien penser qu'il y a chez Deschamps quelque chose de la naïveté des personnages qu'il met en scène. C'est un homme impulsif et existentiellement angoissé, qui connaît plusieurs flambées de consommation, disons... complaisantes (voitures de luxe, maisons de luxe, peintures, etc.), qui passe beaucoup de son temps bien en dessous de son talent, qui manque parfois de discipline et se laisse aller à la dérive (à l'école par exemple, lorsqu'il était gamin, et pendant de longues années au début de sa carrière d'artiste, alors qu'il n'a pas été capable d'être solidaire des syndiqués de la Place des Arts et a traversé les piquets de grève pour donner son spectacle). Mais il se rattrape et transcende tout ça, réussissant à merveilleusement équilibrer sa vie.

Par exemple, malgré d'occasionnelles périodes de turbulence dans sa vie de famille, Yvon Deschamps demeure un père et un mari, un fils et un frère aimant et généreux. Il aura été et demeure toujours le plus grand fou du roi, ce roi qui loge en chacun de nous, et qui n'a pas le bon sens de se remettre en question.

Source:
PAQUETTE, Claude, *Yvon Deschamps, un aventurier fragile*, Montréal, Québec Amérique, 1997.

5.21. Daniel Baril (1952–)

Daniel Baril est né à Black Lake, au Québec, d'un père commerçant et d'une mère qui travaille auprès de son mari à l'entreprise familiale. Son statut de petit dernier d'une famille de huit enfants semble favoriser cette mentalité de frasque et de fronde que l'on retrouve souvent chez les cadets des grandes familles. La famille est d'inspiration progressiste et nationaliste, et on y lit beaucoup. Le père est un homme honnête et socialement engagé, naïf en affaires.

Dès l'école secondaire, au collège classique, Daniel Baril est engagé et meneur. Il dirige l'association étudiante de son école, organise des manifestations (dont une pour le droit de porter le jeans et les cheveux longs) et l'occupation de son collège. Il participe à des grèves ouvrières tandis qu'il est encore au collège. Plus tard, il gravite autour d'un groupe socialiste et devient membre de la ligue de jeunesse d'un parti marxiste-léniniste sans toutefois devenir membre en règle. Il est longtemps marxiste, mais il se définit aujourd'hui comme progressiste et démocrate et il vote pour les partis sociaux-démocrates.

Tout au long de sa vie, sa première motivation est de quérir le sens de la vie, de comprendre pourquoi il est en ce bas monde, et d'agir en conséquence. Cette quête est extrêmement intense, recouvrant les mondes de la politique, de la contre-culture (lecture de revues *anti-establishment*, naturisme, exploration psychédélique, bohème, etc.), de la spiritualité, de l'éthique, et surtout, de la connaissance. Il fait des études universitaires en sciences des religions, en journalisme et en anthropologie (il obtient une maîtrise à l'Université de Montréal). Il travaille comme animateur socioéconomique auprès des communautés culturelles, est professeur de morale et de français et journaliste pigiste. Il est présentement journaliste scientifique pour l'Université de Montréal.

Daniel Baril ne trouve réponse à ses intenses quêtes spirituelles que vers l'âge de 47 ans. C'est alors qu'il se reconnaît enfin comme athée. Auparavant, il chemine dans le catholicisme, pour le renier, à la fin de son adolescence. Quelques années plus tard, il renie le christianisme au complet, mais reste spiritualiste et ésotériste en s'intéressant à la Rose-Croix, à la réincarnation, à l'hindouisme, à la parapsychologie, au contrôle mental, etc. Il pratique la méditation transcendantale et reçoit son mantra d'un maître qui at été « initié » par le Maharishi Mahesh Yogi lui-même. Il s'intéresse aux voyages astraux, pratique le yoga, et est temporairement adepte du végétarisme.

Alors qu'il tente d'enseigner la formation morale aux élèves de secondaire, ayant renié le christianisme, il gravite tout naturellement en 1975 vers les associations militant pour la liberté de conscience au Québec et ne les quitte plus jamais. Lors d'un premier mandat comme président du Mouvement laïque québécois, il abjure formellement la religion catholique. Son engagement en éducation l'amène à siéger au Conseil supérieur de l'éducation, où il travaille, entre autres, pour la déconfessionnalisation du système scolaire. Il est président à de nombreuses reprises du

Mouvement laïque québécois, et publie un livre provocateur, mais profondément honnête intitulé *Les mensonges de l'école catholique*. Il rédige ou corédige d'innombrables mémoires adressés au gouvernement et mène des poursuites judiciaires pour la liberté de conscience et pour le respect de la Charte québécoise des droits et libertés.

La quête spirituelle qu'il mène durant ses temps libres se reflète dans les emplois qu'il occupe et quitte l'un après l'autre : il ne se sent pas assez assuré pour enseigner la « morale » aux étudiants du secondaire, ni l'abnégation assez ferme pour donner sa vie aux communautés culturelles, ni l'âme d'un journaliste culturel. Ce n'est que graduellement qu'il se trouve de plus en plus comblé à se tenir très près du monde de la recherche scientifique. Il s'intéresse tout particulièrement à la sociobiologie, qu'il considère comme l'expression la plus anthropologiquement « pertinente » de la théorie de l'évolution et sur laquelle il fonde son interprétation de la condition humaine. Il publie chez VLB un livre sur l'interprétation évolutionniste de la persistance de la religion, émanant de sa thèse de maîtrise en anthropologie.

C'est par son militantisme pour la laïcité, dans le combat pour la liberté de conscience, et plus particulièrement pour la déconfessionnalisation du système scolaire québécois, que Daniel Baril acquiert une notoriété nationale. Il est pendant 30 ans sur toutes les tribunes, radio, télévision, quotidiens nationaux, pour articuler calmement, intelligemment et patiemment le message laïque, ce qui a pour effet, évidemment, d'irriter les ecclésiastes et les conservateurs de tout acabit. L'un d'eux le dénomme, avec une intention dérisoire, dans une lettre à un grand quotidien, le « papicule québécois de la laïcité ».

Comment donc devient-il athée, après avoir consacré tant d'énergie à la quête de transcendance ? Diverses influences mènent à ce revirement. La première est sa constatation, purement intellectuelle, du charlatanisme des gourous qu'il côtoie et de l'absence d'esprit critique des discours mystiques.

La seconde est son absorption graduelle de connaissances scientifiques de plus en plus formelles et profondes, particulièrement en biologie et en anthropologie. La troisième se résume à de nombreuses rencontres et discussions, étalées sur plusieurs années, avec des membres militants de la Libre pensée du Québec, du Mouvement laïque québécois, des Sceptiques du Québec, de l'Association humaniste du Québec, qui, sans que Daniel ne le sache au début (car ces choses-là ne se disent pas), sont athées et humanistes. Les Sceptiques du Québec lui apprennent à peaufiner l'art de la pensée critique. Il assiste comme témoin fasciné, lors de réunions de ce groupe militant, au démantèlement intellectuel systématique de l'homéopathie et de bien d'autres mystifications, et ces exercices sont pour lui des prototypes d'une démarche qu'il applique à ses propres croyances spirituelles. Henri Morgentaler (Mouvement laïque québécois) lui montre qu'on peut être humaniste, humanitaire et athée. D'autres finissent par lui proposer que l'humanisme moderne se doit d'être athée. L'attitude de Daniel Baril à l'égard de l'existence de dieux, de l'âme, de causes premières, d'enfers et de paradis est maintenant la suivante:

> Aucune des formulations concernant l'existence de l'au-delà, des esprits ou des dieux ne résiste à l'analyse rationnelle. Avec l'anthropologie cognitive et la sociobiologie, nous pouvons en outre comprendre comment l'esprit humain en arrive à créer de telles croyances. Devant cette réalité, je n'ai aucune réserve à me dire athée.

Il continue toutefois à chérir non seulement la liberté de conscience, mais aussi le respect des diverses croyances existentielles et intimes qui répondent, selon lui, à des besoins profonds des gens. Le prix Condorcet lui est accordé en 2006 par le Mouvement laïque québécois pour son œuvre de laïcité au Québec et dans le monde.

Daniel Baril partage son temps entre le travail à Montréal et ses week-ends avec sa conjointe, Lucie Ducharme, qui est elle aussi une athée sympathique, à Saint-Antoine-de-Tilly, près de Québec. Leur mariage, célébré en 2005, est laïque : c'est le fils de Daniel, Frédéric, qui officie, sans représentation ni de l'Église ni de l'État, un magnifique et nouveau rituel social et humaniste. Les époux montrent qu'il est possible et souhaitable de célébrer solennellement leur engagement amoureux et de festoyer avec leurs amis et leurs grandes familles pour partager leur jeune bonheur, dont ils savent qu'il déborde le simple cadre de la vie de couple.

Daniel Baril est sans conteste l'une des personnes qui a donné le plus de son temps à la lutte pour la laïcité au Québec et qui a le mieux réussi à faire avancer la cause.

Sources :

BARIL, Daniel, *Les mensonges de l'école catholique. Les insolences d'un militant laïque*, Montréal, VLB, 1995.

BARIL, Daniel, *La grande illusion. Comment la sélection naturelle a créé l'idée de Dieu*, Montréal, Éditions MultiMondes, 2006.

BARIL, Daniel et Normand BAILLARGEON, *Heureux sans Dieu*, Montréal, VLB, 2009.

LABERGE, Henri, « Condensé de l'allocution prononcée par le président du MLQ lors de la remise du prix Condorcet à Daniel Baril », *Cité laïque : Revue humaniste du Mouvement laïque québécois*, vol. 8, 2007, p. 23.

Chapitre VI
Militance athée et laïcité au Québec

6.1. Le Québec est laïque

Marie-France Bazzo, éminente animatrice québécoise à la radio et à la télévision, demandait récemment, en toute sincérité, à un de ses invités : « Comment devons-nous dorénavant définir le "nous" québécois, comment nous identifier ? Est-ce par notre langue ? Ou est-ce plutôt par notre laïcité ? » Oui, en effet, le Québec a mué spectaculairement vers la laïcité en un temps record et cela est au cœur même de l'identité québécoise. Le Québec a effectivement expulsé l'Église catholique des affaires de l'État et de la vie publique tout court. Toutefois, les Québécois n'avaient certainement pas pleinement conscience de ce qu'ils faisaient. En effet, ce n'est qu'à l'Église catholique qu'ils ont tourné le dos, pas à leur culture imprégnée d'eau bénite. Lorsque sont débarqués récemment des multitudes de musulmans au Québec en quelques années d'immigration massive, et que quelques-uns d'entre eux (ainsi que quelques fondamentalistes de plusieurs autres religions) ont osé demander des accommodements « raisonnables » (poursuites judiciaires pour privilèges religieux), les Québécois ont été scandalisés. Les Québécois n'étaient et ne sont laïques que par dépit de l'Église catholique, pas par athéisme intégré. C'est pourquoi, face aux demandes des fondamentalistes religieux, s'est produit un ressac teinté d'un peu de xénophobie. L'élite culturelle du Québec et le peuple qui est à son écoute ne voudront jamais remettre en question la laïcité du Québec. Il n'y a pas de mouvement profondément réactionnaire, de retour en arrière, de réclamation d'une théocratie au Québec. Les Québécois comprennent, pour peu qu'on leur explique, que la laïcité s'applique, et doit s'appliquer, à toute religion également. On aurait tout de même préféré se débarrasser de *notre* religion en paix, sans être obligés de se battre, en plus contre les religions immigrantes. Essayons de comprendre en accéléré tout le poids de la marche du Québec vers la laïcité depuis 1682, c'est-à-dire depuis plus de trois siècles. Ce fut un immense effort d'autoconstruction de ce pauvre peuple de colons abandonnés. Ce fut aussi la belle réalisation d'un peuple qui est rapidement devenu culturellement avancé, riche, démocrate, paisible, éduqué, et qui a accédé à la révolution technoscientifique — avec le niveau de vie qui en découle. C'est une contrée où il fait bon vivre : une contrée n'épousant aucune velléité de retour en arrière. Pour ce faire sont résumés, dans les tableaux qui suivent, les moments forts de cette évolution.

6.2. Une petite histoire chronologique des moments forts de l'histoire du Québec en ce qui a trait à l'athéisme, à l'humanisme et à la laïcité

1682	Frontenac, gouverneur de la Nouvelle-France et libre penseur, s'oppose souvent à l'Église catholique. Sa tentative de faire jouer le *Tartuffe* de Molière est combattue avec succès par l'Église catholique, et la pièce ne sera autorisée que deux siècles plus tard.
1688-1692	Louis-Armand de Lom d'Arce, baron de Lahontan, publie plusieurs textes s'attaquant à la domination ecclésiastique. En particulier, on retient de lui son opposition à l'exploitation qu'on faisait des Autochtones et à la guerre que préconisait l'Église catholique contre les Iroquois.

1767	Fleury Mesplet, libre penseur et imprimeur, fait paraître dans son quotidien *La Gazette de Québec* le premier texte de Voltaire publié en terre québécoise. Valentin Jautard prend la relève de la *Gazette* qui devient la *Gazette littéraire*, d'inspiration voltairienne et anticléricale. Mesplet et Jautard seront bientôt jetés en prison, et la *Gazette littéraire* mise sous cadenas, à la demande du clergé. Le café des étudiants de littérature de l'Université du Québec à Montréal se dénomme le café «Mesplet et Jautard».
1826	Fondé en 1826, *La Minerve* est considéré comme l'un des journaux libéraux les plus influents de son temps. Il appuie trois événements majeurs de l'histoire du Québec et du Canada: les rébellions de 1837-1838, l'entrée en scène du gouvernement responsable et la Confédération. Il a souvent maille à partir avec le pouvoir ecclésiastique. Par exemple, il réclame la séparation des Églises et de l'État, ainsi que des services sociaux universels et gratuits d'éducation, de santé, etc.
1829	À l'instigation du Parti patriote est votée la loi sur les écoles de syndic, laquelle instituait, pour la première fois, un système scolaire laïque établissant l'accessibilité universelle à l'éducation de base et la gratuité scolaire. «Dès l'adoption de la nouvelle loi, l'éducation connaît un formidable essor dans le Bas-Canada. En 1829, dans les seules campagnes, 262 nouvelles écoles, fréquentées par près de 15 000 élèves, sont fondées. L'année suivante, on dénombre 752 écoles et près de 38 000 élèves. En 1831, on atteint 1 216 écoles et plus de 45 000 élèves… Le taux de fréquentation scolaire, qui n'était que d'un enfant sur 15 avant 1829, passe en quelques années à un enfant sur trois» (Pierre Graveline, *Une histoire de l'éducation et du syndicalisme enseignant au Québec*). En 1836, on peut compter 1 372 écoles du syndic, publiques et non confessionnelles contre à peine 68 écoles de fabrique catholiques et 22 écoles relevant de l'Institution royale (sous gouverne anglicane). Par la suite, l'Église catholique reprendra la mainmise complète des écoles du Québec.

1831	Louis-Joseph Papineau, alors chef des rebelles patriotes, prône publiquement la séparation de l'Église et de l'État, et réclame la déconfessionnalisation de l'école, des hôpitaux, et d'autres institutions maintenant publiques. Il sera exilé, à la suite de la rébellion bâclée.
1838	Le patriote Robert Nelson, obligé de fuir temporairement aux États-Unis, rédige la « Déclaration d'indépendance du Bas-Canada » ; le quatrième article proclame : « Toute union entre l'Église et l'État est déclarée abolie, et toute personne a le droit d'exercer librement la religion et la croyance que lui dicte sa conscience. »
1844	Fondation de l'Institut canadien de Montréal, organisme d'éducation populaire de haut niveau, d'inspiration libérale et libre penseuse, comprenant grande bibliothèque et centre de conférences. L'Institut rendait disponibles au public des livres mis à l'Index par l'Église catholique, dont les ouvrages des philosophes des Lumières. En 1854, il inscrit à son programme : « Séparation de l'Église et de l'État. [...] Écoles subventionnées par l'État et dépouillées de tout enseignement sectaire. » L'Église catholique réussira à faire fermer définitivement l'Institut canadien de Montréal en 1880.
1847	Fondation à Montréal, le 16 juillet, du journal *L'Avenir*, par Jean-Baptiste-Éric Dorion. Le journal est libéral radical et anticlérical. Au début, il défend un projet de fédération des provinces anglaises d'Amérique, mais très vite il réclame l'indépendance du Bas-Canada, puis, à partir de 1849, il prône l'annexion du Bas-Canada aux États-Unis. L'un des poètes porte-parole du journal les plus connus et les plus productifs est Joseph Lenoir. *L'Avenir* est l'organe de presse de l'Institut canadien de Montréal, et il sera suspendu quelques mois en 1852, à la suite des pressions de l'Église catholique.
1852	Le journal *Le Pays* appuie aussi l'Institut canadien de Montréal. Fondé en 1852, il cesse de paraître en 1870 sous la pression de l'Église catholique. Louis-Antoine Dessaulles en est le directeur.

1862	Louis-Antoine Dessaulles, militant laïque et membre de l'Institut canadien de Montréal, prononce son « Discours sur l'intolérance », dans lequel il critique sévèrement l'intolérance et l'obscurantisme de l'Église catholique du Québec. Le Mouvement laïque québécois a modifié en 2008 le titre de son prix Condorcet (pour honorer la personne qui pendant l'année aura contribué substantiellement à l'avancée de la laïcité au Québec) en prix Condorcet-Dessaulles.
1868	Dans le numéro du 12 novembre 1868 de la revue *La Lanterne canadienne*, Arthur Buies déclare sans ambages que « l'éducation cléricale est le poison des peuples ». Il dénonce aussi les abus de l'Église catholique dans les journaux *Le Réveil* et *L'Indépendant*.
1871	Louis-Joseph Papineau fait connaître publiquement son incroyance religieuse en refusant l'extrême-onction sur son lit de mort.
1873	Louis-Antoine Dessaulles publie *La Grande Guerre ecclésiastique*; *La Comédie infernale et les noces d'or*; *La Suprématie ecclésiastique sur l'ordre temporel*. Il y écrit : « Les hommes d'étude ont pu voir à quel degré de nullité intellectuelle, politique et nationale et d'infériorité morale, les clergés de tous les pays ont réduit les peuples qu'ils ont réussi à contrôler et à dominer. Ce fut longtemps l'apanage, en particulier, du Québec, du Portugal, de l'Espagne, de l'Italie, sans oublier le Tibet, et encore aujourd'hui de tous les pays sous domination musulmane. » Dessaules sera persécuté et devra s'exiler en France pour le reste de ses jours.
1880	Une vague d'anticléricalisme au Québec est provoquée par la parution du livre *Le retour de l'exilé* de Louis Fréchette. L'anticléricalisme est constitué d'une haine de l'aplatventrisme de l'Église catholique devant le conquérant anglais, d'un refus de l'obscurantisme intellectuel de l'Église, de l'influence généralement réactionnaire de cette dernière et de sa mouvance culturellement envahissante.

1885	Honoré Beaugrand, fondateur de la revue *La Patrie*, inspirée des Lumières, est élu maire de Montréal. Lors d'une grande épidémie de petite vérole, il instaure un programme de vaccination obligatoire de la population, encourant ainsi le courroux de l'Église catholique. Il ose alors faire intervenir l'armée fédérale pour mener son projet à terme.
1889	Aristide Filiatreault fonde le *Canada artistique*, qui prend le nom de *Canada-Revue* en 1891.. Ce journal libéral et anticlérical s'oppose à l'autorité de l'évêque, Mgr Édouard-Charles Fabre, et à l'ordre politique imposé par le Parti libéral-conservateur. Il est bientôt accusé de libelle et de diffamation (voir Wikipédia sur Aristide Filiatreault). En 1892, *L'Écho des Deux-Montagnes* de Godfroy Langlois se joint à la cause de Filiatreault. En tentant de lancer une nouvelle poursuite contre le diocèse, ses tirages s'effondrent et Filiatreault est ruiné financièrement. L'année suivante, il publie un long pamphlet dans lequel il attaque les Jésuites, les Sulpiciens, les évêques et les chrétiens fidèles à Rome. Filiatreault voulait en quelque sorte établir un gallicanisme canadien adogmatique. Ses écrits sont condamnés par le père Louis-Frédéric Colin, qui les juge hérétiques et en interdit la lecture. Le juge Charles Joseph Doherty déboute sa requête judiciaire contre l'épiscopat montréalais.
1894	Louis Fréchette fait paraître dans la revue *Canada Revue* un article intitulé « L'éducation laïque et l'éducation religieuse ». L'article attaque l'éducation religieuse en soulignant, entre autres, les crimes et abus de l'Église catholique, mais aussi l'incompétence académique du clergé. La revue s'en prend souvent par ailleurs à l'Église.
1896	Wilfrid Laurier se fait élire premier ministre du Canada. Il déclare que son gouvernement sera laïque, et qu'il sera au service des « hommes aimant la justice, la liberté et la tolérance ». Cela provoque l'opposition virulente de l'Église catholique.

1897	Félix-Gabriel Marchand, premier ministre du Québec, tente de créer un ministère de l'éducation. L'opposition cléricale est tellement virulente que l'Église maintiendra longtemps sa mainmise sur l'éducation, jusqu'aux années 1960.
1902	Fondation d'un groupement d'action scolaire, la Ligue de l'enseignement. La Ligue a été créée, entre autres, par l'avocat Honoré Gervais, professeur de droit, et par Godfroy Langlois, animateur de la loge maçonnique l'Émancipation et député à l'Assemblée législative. Olivier Faucher est nommé président, Langlois 1er vice-président (voir www.pages.globetrotter.net/yvon_dionne/dossier.html).
1905	Journaliste pour le journal *L'Union*, Télésphore-Damien Bouchard s'insurge publiquement contre le clérico-nationalisme antisémite du romancier Tardivel. Élu député en 1912, il mène combat pour la laïcisation du système scolaire, pour le vote des femmes, ainsi que pour de nombreuses autres formes de modernisation auxquelles l'Église catholique s'oppose.
1908	Éva Circé-Côté fonde la première bibliothèque publique au Québec, malgré l'opposition de l'Église catholique.

1916	Le typographe, syndicaliste et écrivain Gustave Francq fonde le journal *Le Monde ouvrier*, qu'il dirige durant un quart de siècle. Ce journal est aujourd'hui l'organe officiel de la Fédération des travailleurs et travailleuses du Québec. Le journal affronte souvent l'Église catholique. Bien entendu, le journal revendique l'instruction gratuite et obligatoire que les syndicats internationaux réclament sans succès depuis 1892, la création d'un ministère de l'éducation et l'uniformité des manuels scolaires. Les manuels variant d'une commission scolaire à l'autre, cela entraîne des coûts supplémentaires pour les enfants d'ouvriers qui déménagent souvent à cette époque, d'autant que l'île de Montréal est alors divisée en une trentaine de commissions scolaires. Le directeur de la Bibliothèque municipale de Montréal, Paul-G. Martineau, et le journal *Le Pays* sont les seuls à le supporter sur cette question des manuels scolaires. Signalons que Francq est l'imprimeur de ce journal et qu'il ne craint pas les foudres de Mgr Bruchési qui condamne *Le Pays* en 1912 (voir la rubrique sur Gustav Francq du site Internet de la Fédération des travailleurs et travailleuses du Québec)
1919	Le droit de vote est accordé aux femmes aux élections fédérales du Canada. L'Église catholique s'y oppose vivement.
1921	À Hull, 220 travailleuses et travailleurs, représentant 80 syndicats formés dans divers secteurs d'activité, se réunissent en congrès pour fonder la Confédération des travailleurs catholiques du Canada (CTCC). Cette confédération crée un forum de solidarité respectueux de la religion catholique, mais beaucoup moins à la remorque des prêtres et de l'Église. La Confédération deviendra laïque en 1960 et se dénommera désormais Confédération des syndicats nationaux.

1932	Le Mouvement des caisses Desjardins, consacré à l'origine à l'élite ultramontaine, était alors inspiré de préceptes moraux et religieux : « L'emprunteur devait être un honnête travailleur, bon père de famille, sobre, tempérant, solvable, digne de confiance. » En 1932, la création d'une fédération provinciale des caisses coopératives Desjardins a contribué à laïciser partiellement cette entreprise. Le gouvernement accepte de verser une subvention annuelle de 20 000 $ pour le financement d'un service d'inspection des caisses à la condition explicite que celle-ci soit administrée par une fédération provinciale.
1934	Idola Saint-Jean présente un mémoire à la Commission MacMillan du Canada, réclamant la possibilité pour les femmes d'ouvrir un compte en banque. Ce droit leur sera accordé. L'Église catholique s'y oppose. Jean-Charles Harvey, rédacteur en chef du journal *Le Soleil*, publie *Les demi-civilisés*, une œuvre dénonçant l'obscurantisme religieux. Il milite avec acharnement contre les clérico-nationalistes antisémites qui courtisent le fascisme hitlérien. Il revendique aussi l'éducation gratuite et obligatoire.
1940	Le gouvernement fédéral obtient l'assentiment des provinces pour modifier l'Acte de l'Amérique du Nord britannique de façon à pouvoir instituer un programme national d'assurance-chômage financé par les cotisations des employeurs et des salariés. Le programme devient pleinement opérationnel en 1942. Cette nouvelle solidarité sociale universelle fait ombrage à la démarche plus ponctuelle de « charité » de l'Église catholique. Soutenu par le premier ministre Joseph-Adélard Godbout, le projet de loi 18, sanctionné le 25 avril 1940, met fin à la discrimination électorale faite aux femmes. Les Québécoises peuvent désormais voter et se faire élire au Québec. L'Église catholique s'y oppose vivement. Ce même gouvernement instaure l'éducation gratuite et obligatoire.

1944	Le gouvernement fédéral adopte une loi instituant les allocations familiales pour chaque enfant jusqu'à 16 ans, financées au moyen des recettes générales, et en 1948, il instituera plusieurs subventions fédérales pour soutenir la mise sur pied de services de santé provinciaux. Cela contribue à réduire l'abandon des enfants aux orphelinats catholiques.
1945	Le Canada adhère à l'Organisation des Nations Unies, reconnaissant ainsi que l'humanité prime sur tout pays, toute culture, toute ethnie, toute religion. Le Vatican n'y adhère pas et n'y a que le statut de membre observateur à ce jour.
1948	Le peintre et professeur Paul-Émile Borduas rédige un manifeste intitulé *Refus global* qui sera cosigné par 16 artistes. Ce document attaque violemment l'Église catholique et le pouvoir politique qui lui est inféodé et hurle la nécessité et l'urgence de moderniser le Québec. Le texte a l'effet d'une bombe, et Borduas s'exile sous la pression de l'opprobre provenant principalement de l'Église catholique. Rétrospectivement, on accorde au manifeste *Refus global* le statut de charte initiatrice de la Révolution tranquille du Québec.
1952	Le gouvernement fédéral institue la sécurité de la vieillesse, programme de pensions universelles versées par lui à tous les résidents admissibles âgés de 70 ans et plus. Ainsi fortifiées, à l'approche de la mort, les personnes âgées du Québec ont sûrement moins ressenti le besoin de remettre leur destin entre les mains de Dieu et de se coller aux prêtres.
1954-1956	L'avocat Frank Reginald Scott remporte deux causes célèbres devant la Cour suprême, la loi du cadenas et Roncarelli contre Duplessis, cause qui opposait un restaurateur accusé d'avoir porté caution à des Témoins de Jéhovah à l'autocratique premier ministre du Québec, Maurice Duplessis. La loi du cadenas bâillonnait ceux qui auraient voulu exprimer des opinions politiques communistes ou religieuses non catholiques.

1959	Le soutien des services de santé publics est sensiblement élargi par l'institution d'un régime universel d'assurance-hospitalisation. Cela retire à l'Église catholique sa mainmise sur le système de santé au Québec.
1960	La Confédération des travailleurs catholiques du Canada (CTCC) se déconfessionnalise pour devenir la Confédération des syndicats nationaux (CSN), telle que nous la connaissons aujourd'hui. Fondation du Mouvement laïque de langue française. La rencontre fondatrice réunit près de 800 personnes à l'Université de Montréal. À cette occasion, Marcel Rioux pose une question toujours d'actualité : « Si le gouvernement du Québec n'est ni catholique, ni protestant, ni mahométan, qu'est-il donc ? Il est tout simplement laïque, neutre en matière de religion. » L'Union des cultivateurs catholiques du Québec (UCC) devient neutre en matière de religion et se transforme en 1972 en Union des producteurs agricoles du Québec (UPA). L'organisation acquiert la représentativité exclusive dans la profession par une loi de reconnaissance syndicale : la Loi sur les producteurs agricoles. La laïcité envahit même les campagnes du Québec : une vague irrésistible. Le gouvernement libéral de Jean Lesage établit l'assurance-hospitalisation du Québec, démantelant ainsi définitivement et complètement la mainmise de l'Église catholique sur le système de santé québécois.
1964	Création du ministère de l'Éducation : l'enseignement (celui du régime public) n'est plus exclusivement confessionnel, les parents conservent un libre choix. L'Église catholique s'oppose aux aspects laïcisants de la réforme.
1967	Abolition du Bureau de censure du ministère de l'Agriculture du Québec (eh oui !) qui a banni plus de films que le reste du Canada et la Grande-Bretagne réunis (8 500 films entre 1913 et 1967, dont *Frankenstein*, *Dr. Jekyll et Mr. Hyde* et *Les enfants du paradis* du génial tandem Carné/Prévert).

1969	Fondation d'une université d'État, l'Université du Québec à Montréal, officiellement laïque et dont le département des sciences religieuses adopte un caractère non confessionnel. Ce département est alors le seul au Québec à offrir un programme d'enseignement secondaire en « éthique et culture religieuse ». Tant par leurs recherches que par leur enseignement, les professeurs de ce département développent et maintiennent une expertise critique et neutre sur les enjeux religieux actuels au sein de la société québécoise. Le projet de loi C-150 du gouvernement du Canada rend légaux la contraception et l'avortement. L'Église catholique s'y oppose vivement.
1972	Fondation du bulletin trimestriel *Dialogue* par le jésuite Paul Morisset, qui se proposa d'en faire « un instrument de liaison [...], un centre créateur-de-liens entre tous ceux, croyants et incroyants, qui s'intéressent à cette rencontre des mondes croyants et areligieux ». Le bulletin devient une revue et est renommé *Nouveau dialogue* en 1975. Des athées sont régulièrement invités à y publier une analyse explicitement athée jusqu'au milieu des années 1990.
1975	L'Assemblée nationale adopte la Charte des droits et libertés de la personne du Québec dans laquelle la liberté de conscience est affirmée de façon radicale ainsi que l'égalité des droits, indépendamment de la croyance religieuse, du sexe, de l'âge, de l'ethnie, de l'orientation sexuelle, etc. La Charte brise de façon définitive toute velléité d'élan de théocratie au Québec.
1976	Abolition de la peine de mort au Canada. L'Église catholique s'oppose à cette mesure.

1977	La loi québécoise sur la protection de la jeunesse de 1977 crée une Direction de la protection de la jeunesse (DPJ). En 1944, une première loi de la protection de l'enfance avait été votée, mais n'était pas entrée en vigueur, entre autres à cause des résistances de l'Église catholique à l'intrusion de l'État dans le domaine de la protection de l'enfance. L'utilisation de foyers d'accueil laïques gérés par l'État met pratiquement fin à la prise en charge par l'Église catholique des enfants maltraités ou abandonnés. Les orphelinats catholiques ferment un après l'autre.
1978	La poète et dramaturge Denise Boucher présente sa pièce *Les fées ont soif* au Théâtre du Nouveau Monde. La pièce suggère un lien entre le christianisme et l'oppression de la femme. L'auteure gagne six procès contre des organisations catholiques qui s'opposent à sa pièce.
1979	Lancement de *La Raison*, bulletin rationaliste de libre critique. Son rédacteur-fondateur est le Québécois d'origine haïtienne Gabriel Dubuisson, un exégète athée et marxiste. L'orientation de la revue est proche de la libre pensée française et du Cercle Ernest Renan de France. Son contenu consiste en une diversité de moyens de promotion de la pensée athée et de critiques du phénomène religieux.
1981	Fondation de l'Association québécoise pour le droit à l'exemption de l'enseignement religieux (AQADER), regroupant des parents préoccupés par le respect du droit à la liberté de conscience de leurs enfants à l'école. L'AQADER fut le précurseur du Mouvement laïque québécois.
1983	Fondation de la Libre pensée du Québec, un rassemblement pour la rencontre entre athées, pour l'éducation athée et la promulgation de l'athéisme au Québec.

1985	Le père Denis Vadeboncœur, un prêtre catholique québécois, est mis en examen et condamné à 20 mois de prison pour viols sur mineur. Une vague de telles condamnations au Canada dévoile la longue tradition de masquage par l'Église catholique de délits par ses officiels et établit que l'Église catholique ne peut plus se placer au-dessus des lois du pays.
1987	Fondation de l'association Les Sceptiques du Québec. Son principal objectif est de promouvoir la pensée critique et la rigueur scientifique dans le cadre de l'étude d'allégations de nature pseudoscientifique, pseudoreligieuse, ésotérique ou paranormale. La corporation compte près de 400 membres à travers le Québec. Il est à noter toutefois que ce mouvement se montre hésitant à confronter le mysticisme religieux comme tel. Élection à Montréal des premiers conseillers scolaires du Mouvement pour une école moderne et ouverte (MÉMO). Augmentant son influence à chaque élection scolaire, le MÉMO a fait élire la majorité de ses candidats aux élections scolaires de Montréal en 1998. Auparavant, le système scolaire montréalais (comme ailleurs au Québec) était politiquement, techniquement et financièrement contrôlé par des organisations catholiques comme le Regroupement scolaire confessionnel (RSC).
1988	Après que chaque province du Canada eut poursuivi le Dr Morgentaler, sans qu'aucun jury n'accepte de le trouver coupable, la Cour suprême du Canada invalide les articles 251 et 252 du Code criminel : enfin, après 20 ans de lutte, les femmes qui avortent ne sont plus des criminelles. Depuis, toute femme résidant au Canada a le droit de décider par elle-même de recourir à l'interruption de grossesse. L'Église catholique continue à s'opposer au droit à l'avortement, en toute circonstance (viol, inceste, mère trop jeune, etc.).

1994	Depuis le 1er janvier 1994, les certificats de baptême ne sont plus considérés comme étant des actes de l'état civil. Pour voyager à l'étranger et pour d'autres fonctions officielles, il convient désormais d'obtenir une « copie d'acte » ou un « certificat de naissance » délivré par le Directeur de l'état civil du Québec. Les Églises catholique et protestante se voient ainsi retirer leur mainmise sur le registre des naissances du Québec. Du même coup, les Québécois désertent massivement la cérémonie du baptême.
1997	Déconfessionnalisation presque complète du système scolaire québécois. Les commissions scolaires ne sont plus identifiées par une religion, mais par la langue d'enseignement. L'Église catholique s'y oppose.
1999	Adoption du projet de loi 32 modifiant la définition de conjoint de fait dans 28 lois et 11 règlements afin d'inclure les couples homosexuels et, par conséquent, de leur accorder le même statut, les mêmes droits et les mêmes obligations que les couples hétérosexuels non mariés visés par ces lois. L'Église catholique s'y oppose.

2001	Au début du XXe siècle, les orphelinats et les écoles étaient sous la responsabilité du gouvernement provincial, mais une partie du financement des institutions psychiatriques provenait du gouvernement du Canada. Des années 1940 jusque dans les années 1960, le premier ministre du Québec Maurice Duplessis, en coopération avec l'Église catholique romaine qui gérait les orphelinats, a développé une stratégie secrète pour obtenir des subventions fédérales pour des milliers d'enfants. La plupart étaient devenus orphelins parce que leur mères, célibataires, étaient forcées de les « céder » à l'Église catholique. Dans certains cas, les orphelinats catholiques ont été reclassifiés comme des institutions de soins de santé ; dans d'autres, les enfants ont été déplacés vers des asiles existants. En 2001, les orphelins reçoivent une offre de la part du gouvernement de Bernard Landry (Parti québécois) pour une compensation fixe de 10 000 $ par personne, plus 1 000 $ pour chaque année d'incarcération injuste dans une institution psychiatrique. L'offre montait donc à environ 25 000 $ par orphelin ; elle était toutefois limitée aux 1 100 orphelins survivants que le gouvernement avait déclarés déficients mentaux, n'incluant pas de compensation pour les victimes d'agressions sexuelles ou d'autres formes de sévices. L'offre fut acceptée par ceux auxquels elle s'appliquait, tandis que les autres ne reçurent rien. Bien des gens soutiennent toujours que justice n'a pas été faite et qu'une infraction criminelle est restée impunie (voir « Les orphelins de Duplessis » sur le site Internet Wikipédia).

2005	Devant deux millions de spectateurs télévisuels, l'humoriste Ghislain Taschereau du groupe les Bleu Poudre se déclare apostat de l'Église catholique en disant que son baptême, c'est comme si on l'avait inscrit à l'âge de six mois comme membre à vie du Parti libéral du Canada (aux prises à ce moment-là avec un scandale de corruption faisant toutes les manchettes). La députée fédérale Francine Lalonde (Bloc québécois) lance à la Chambre des communes le débat en deuxième lecture sur son projet de loi visant à légaliser le suicide assisté. Mme Lalonde a déclaré que le Parlement ne peut plus tergiverser et attendre des tribunaux ou du gouvernement les modifications au Code criminel pour reconnaître aux citoyens le droit de mourir dignement. Le gouvernement du Québec, dirigé par le Parti libéral de Jean Charest, abroge une entente par laquelle les églises catholiques avaient longtemps pu bénéficier de tarifs d'électricité avantageux de la part du fournisseur gouvernemental, Hydro-Québec. L'Église catholique s'y oppose vigoureusement.
2006	La plaignante athée Danielle Payette et le Mouvement laïque québécois gagnent leur cause devant le Tribunal des droits de la personne pour faire interdire la récitation de la prière lors des assemblées municipales de la Ville de Laval.
2007	Le gouvernement du Canada et l'Église verseront 1,9 milliard $ aux victimes de sévices sexuels et physiques survenus dans les pensionnats pour Amérindiens, selon un règlement récent. Le gouvernement, ayant commencé à jouer un rôle en ce qui concerne les pensionnats à partir de 1874, se voit tenu de participer au dédommagement.
2008	Le Parti libéral du Québec, avec l'accord des deux autres partis de l'Assemblée nationale, résout de rendre la reproduction assistée accessible à la population et de dispenser une vaste gamme de services de reproduction assistée, sans frais, à la population du Québec. L'Église catholique s'oppose à cette mesure avec véhémence.

2009	La Fédération des médecins spécialistes du Québec rend public son rapport sur l'euthanasie. La majorité des membres est favorable à la création d'une loi encadrant l'euthanasie. L'Église catholique s'oppose toujours catégoriquement à toute forme d'euthanasie.

Pour en savoir plus sur l'histoire de la militance laïque anticléricale au Québec, on peut lire à profit un article de Daniel Laprès (« Libres penseurs dans l'histoire du Québec », *Le Québec sceptique*, numéro 68, 2009) mettant l'accent sur les militants libéraux « rouges » et francs-maçons du XXe siècle, et un autre article de Jocelyn Parent (2009) exposant les XVIIIe et XIXe siècles, avec insistance sur les politiciens.

Que peut-on tirer comme jugement d'ensemble du tableau qui précède ? D'abord, avant de répondre à cette question, soyons magnanimes. On peut dire que l'Église catholique a contribué à l'histoire du Québec en favorisant grandement la natalité francophone de souche européenne. Les francophones peuvent lui dire merci. Rappelons-nous que, s'il n'en avait pas été ainsi, c'est une population anglophone de souche européenne qui aurait dominé le Québec. Soit.

À l'inverse, on constate aussi que si les Québécois n'avaient pas résisté à l'Église catholique, nous vivrions aujourd'hui dans une société féodale arriérée, totalitaire, intolérante, obscurantiste et pauvre. Ce qui est plus intéressant à constater, c'est que l'anticléricalisme n'a pas seulement consisté en dénonciations hautaines et railleuses par des intellectuels cyniques ou décadents, et même peut-être pas du tout. Au contraire, c'est à cause d'un désir de bâtir un Québec meilleur, par idéalisme, par humanisme et par engagement moral qu'on s'est résigné, le plus souvent, à combattre l'Église catholique. C'est par un inlassable travail de dénonciation, d'analyse, d'éducation et de lutte politique que les libres penseurs d'autrefois ont bâti, sur une longue échelle de temps, le Québec moderne. Beaucoup d'entre eux ont sacrifié leur qualité de vie à cette cause. Ils ont été plus nombreux qu'on le pense à se faire calomnier personnellement par le clergé, ostraciser, poursuivre judiciairement, ruiner, emprisonner. On ne le dira jamais assez : merci à tous ces esprits courageux, libres penseurs, humanistes et démocrates qui ont tenu tête à cette horrifiante machine, l'Église catholique, qui a voulu maintenir le Québec dans un monde déjà révolu.

> L'athéisme, donc, comme premier fondement d'une
> culture moderne. (Yves Lever, jésuite québécois
> défroqué et athée)

6.3. Existe-t-il une communauté des humanistes athées au Québec ?

Il existe effectivement des foyers d'activités athées au Québec. En langue anglaise, il est possible depuis longtemps de militer dans la Humanist Association of Canada, une organisation pancanadienne, mais qui comporte très peu de membres francophones du Québec à cause de l'obstacle de la langue et des cultures... Plus naturellement, et depuis peu, les athées québécois francophones militent au sein de l'une ou de l'autre des deux associations explicitement athées. Beaucoup d'athées québécois se connaissent et se fréquentent à divers titres : ils partagent un intérêt pour les activités en sciences naturelles (dont au premier chef, l'astronomie), fréquentent les milieux de la biologie et de la psychologie scientifique, divers cercles philosophiques, les militants de gauche, les milieux de la haute culture, les artistes, les politiciens, etc.

Personne parmi les athées ne complote pour une prise du pouvoir en tant qu'athée. On ne retrouve pas de cellules clandestines d'athées, bien que beaucoup d'athées cachent leur croyance pour éviter l'opprobre.

L'athéisme militant est-il possible ? Pourquoi militer pour une incroyance ? Pourtant, il existe, ce militantisme. Comme partout dans le monde, il y a des athées au Québec qui militent pour des causes fortement liées à l'athéisme. Quelqu'un qui milite pour l'athéisme est typiquement un intellectuel pour qui la dimension « spirituelle » de la vie est importante. C'est typiquement quelqu'un qui a des préoccupations cosmogoniques, théogoniques, philosophiques, éthiques, scientifiques larges. C'est souvent quelqu'un pour qui l'athéisme aura été vécu comme une expérience libératrice.

Le militantisme athée, au Québec, se manifeste dans une diversité d'organismes et de forums de discussion. Parmi les organisations québécoises explicitement athées qui sont des lieux de rencontres sociales concrètes, on retrouve les Brights du Québec, l'Association humaniste du Québec, la Fondation humaniste du Québec et l'Association humaniste du Canada. Il existe aussi des forums de lecture ou de discussion *made in* Québec sur Internet qui se dévouent presque exclusivement au militantisme athée, dont « Vivre sans religions », « Au commencement était le silence... Athéisme, Matérialisme, Sagesse », ainsi que « Libre pensée ». D'autres organismes offrent un havre de militantisme aux athées sans pour autant se définir exclusivement par l'athéisme ni exclure de leurs rangs les croyants aux dieux ou aux autres phénomènes surnaturels. Parmi ceux-là, les plus proches de l'athéisme sont le Mouvement laïque québécois, le Cercle laïque, Les Sceptiques du Québec, Info-Sectes, l'Église unitarienne de Montréal, les Citoyens du Monde, la Société québécoise d'espéranto, la Fédération québécoise de naturisme. Tous ces organismes et tous ces forums de discussion sont décrits en détail dans des annexes à la fin de ce livre. On ne s'y attardera donc pas ici.

6.4. Ce que les athées réclament pour eux-mêmes et pour le reste de la population

En fait, personne ne réclame un Québec athée. Toutefois, il serait souhaitable que les athées puissent finir par s'y trouver un peu plus confortables. Il serait souhaitable qu'ils ne soient pas honnis ni ignorés, qu'ils ne soient pas bafoués ni méprisés. À cet effet, il reste encore beaucoup de travail à faire. Le Canada, et par le fait même le Québec, est une monarchie cléricale. Le préambule de la constitution canadienne stipule l'existence de Dieu. Notre monarque est chef d'office de l'Église anglicane. Les églises, et à fortiori l'Église catholique, bénéficient d'avantages fiscaux extraordinaires. Les lois anti-blasphème existent toujours. Une loi sur la propagande haineuse protège de façon sélective les croyants, sans accorder ce même privilège aux athées. Il n'y a nulle part où les athées puissent se retrouver et se reconnaître dans leurs propres cérémonies ou rituels d'union amoureuse, de naissance, de passage à l'âge adulte. C'est aux athées eux-mêmes qu'il incombe de briser leur solitude et leur aliénation en luttant pour une place au soleil.

> Je peux difficilement accepter que des gens qui ne vont jamais à l'église et qui se disent facilement athées s'y marient, y fassent baptiser leurs enfants et ne s'opposent pas à des funérailles religieuses. Trois rituels qui ne sont au fond que des parodies dénuées de sens pour la majorité de ceux qui les demandent et en font l'objet. (Yves Lever, jésuite québécois défroqué)

À défaut de prendre le pouvoir, ce qu'ils ont d'ailleurs fait partiellement à quelques occasions par l'entremise de certains chefs d'État, les athées pourront s'occuper un peu aussi d'eux-mêmes à l'avenir, se regrouper, défendre leurs intérêts, se bâtir des communautés où il fait bon vivre pour eux comme pour les autres. Ils pourront aussi demander, et obtenir, cette précieuse reconnaissance qui consisterait à pouvoir étudier l'humanisme et l'athéisme dans les classes, du primaire jusqu'à l'université.

> L'athéisme est repoussé [par les facultés de théologie québécoises] du revers de la main, on ne tente même pas de le réfuter... à ma connaissance on n'y enseigne pas de cours sur la science contemporaine, sur l'histoire de l'univers, sur la relativisation de toutes les cultures, sur l'origine du sentiment religieux. (Yves Lever, jésuite québécois défroqué)

Voyons en quoi, sur le front de l'actualité québécoise, il se mène des combats à teneur plus universelle, combats que ne peuvent qu'épouser les athées.

Les organisations et regroupements athées sont résolument pro-scientifiques. Les chercheurs scientifiques de haut niveau sont presque tous athées. On peut donc penser que les athées se rangent du côté de ceux qui réclament davantage d'enseignement des sciences dans le programme scolaire obligatoire au Québec. Car il y a loup dans la bergerie.

Pour un enseignement systématique de la sexualité aux écoliers du niveau secondaire. Lorsque les commissions scolaires de Montréal et de Québec étaient confessionnelles, c'est-à-dire catholiques, on interdisait l'enseignement de la sexualité dans les écoles. Face au Regroupement scolaire confessionnel (RSC), parti pro-catholique aux élections scolaires et qui détenait le pouvoir à Montréal depuis nombre d'années, le Mouvement pour une école moderne et ouverte (MÉMO) a présenté des candidatures à toutes les élections scolaires de Montréal, générales ou partielles, depuis sa fondation. En 1987, à son premier essai, il faisait élire quatre commissaires MÉMO. À l'élection de 1990, il détenait neuf des 21 sièges du Conseil des commissaires. En 1994, le MÉMO obtenait une majorité de sièges avec 10 commissaires. Le MÉMO a institué l'enseignement systématique sur la sexualité dans le programme scolaire du niveau secondaire.

Toutefois, depuis la dernière réforme de l'éducation, avec sa pédagogie d'enseignement transversal, on a décidé que l'enseignement de la sexualité devrait être fait de façon incidente (à volonté) par tous les enseignants, sans que personne n'en prenne la responsabilité désignée (professeurs de français, de mathématiques, d'éducation physique, etc.). Cela a maintenant pour effet que nos écoliers ne sont plus informés du tout de sexualité, sauf malhabilement par les pairs, les professeurs étant réticents à aborder ce sujet grave de façon si désinvolte. C'en est presque à se demander s'il n'y a pas eu d'intention malveillante dans tout ce processus. Les écoliers québécois sont de plus en plus gravement ignorants en matière de sexualité alors qu'on oublie qu'il existe une science de la sexualité qui se dénomme la sexologie. Comme le souligne Gabrielle Duchaine (2009) dans son analyse des statistiques récentes sur les maladies transmises sexuellement au Québec, les jeunes paient le prix pour leur ignorance en matière de sexualité. Les grossesses indésirées, les avortements inopinés et les maladies transmises sexuellement, incluant le SIDA, sont en recrudescence.

Par ailleurs, l'absence de réflexion à l'école sur la sexualité et sur la reproduction n'aide sûrement pas les futurs citoyens à prendre conscience du problème de la surpopulation mondiale qui est présentement la principale source de destruction de l'environnement et la principale menace pour les générations futures. Le tabou religieux sur la sexualité nous laissait sans défense devant l'évolution de la sexualité, évolution qui se faisait malgré le tabou. Ce tabou s'est réinstallé dans nos écoles et nos jeunes sont à nouveau fragilisés quant à leur propre sexualité.

Pour l'enseignement scientifique de la biologie aux écoliers du niveau secondaire. Le créationnisme et le dessein intelligent refont leur entrée dans le système scolaire québécois, par la porte d'en arrière, il faut le reconnaître. Cela a pour conséquence que, selon des sondages réalisés depuis les 10 dernières années, des proportions importantes des populations des pays riches, États-Unis (50 %), Grande-Bretagne (45 %), Québec (27 %), ne croient pas à la théorie de l'évolution. Ces chiffres sont stupéfiants ! Ces gens qui ne croient pas à la théorie de l'évolution se placent tout simplement et carrément envers et contre la science.

Au moment où ces lignes s'écrivent, notre ministre fédéral de la Science et des Technologies, Gary Goodyear, ne croit pas à la théorie de l'évolution – ce dont s'inquiètent et ce à quoi s'opposent nombre de scientifiques, enseignants et même certains regroupements académiques et scientifiques. Par exemple, le 18 mars 2009, Douglas Morris, président de la Société canadienne d'écologie et d'évolution, a écrit une lettre à Gary Goodyear déplorant son refus d'adhérer à la théorie de l'évolution.

La théorie de l'évolution, dit-on, est enseignée à l'école. Cet enseignement est toutefois tellement pauvre en contenu, et est mis en format de façon tellement superficielle que les élèves oublient, que dire ! n'apprennent jamais... son immense signification pour la condition humaine.

Le programme québécois d'éthique et de culture religieuse (ÉCR) enseigne maintenant, impunément et sans contre-analyse critique ou scientifique, des multitudes de croyances sur l'humain et de représentations du monde qui sont pourtant en contradiction directe avec les démonstrations établies et non controversées dans le monde des scientifiques à proprement parler. Cela doit cesser. Jusqu'en 2008, l'école québécoise permettait aux parents de soustraire leurs enfants de l'enseignement de la religion. L'alternative, la formation morale, devenait de plus en plus populaire tandis que les églises se vidaient. L'Église catholique et à fortiori les facultés de théologie des universités se mouraient. Un immense putsch du programme scolaire a eu lieu (voir le texte de Marie-Michelle Poisson, 2009, qui présente l'argumentaire du putsch, tous les faits requis à l'appui). En se réclamant de principes laïques, le camp catholique, avec les professeurs universitaires de théologie à leur tête, s'est assuré un avenir radieux. On allait dorénavant, à partir de 2008, enseigner la culture religieuse aux écoliers de façon obligatoire et intensive tout au long des études et créer des centaines de postes d'animateurs spirituels pour les écoliers. Voilà une catastrophe pour la modernité, pour la science, pour la vie académique, pour un enseignement de qualité. Quel cadeau pour les facultés de théologie qui se sont donné une nouvelle clientèle étudiante du jour au lendemain, les futurs animateurs spirituels découlant de la réforme récente de l'éducation ainsi que les futurs professeurs d'éthique et de culture religieuse! Il faut retirer complètement du programme québécois le volet culture religieuse qui ne vaut rien de plus que si on enseignait, semaine après semaine, l'astrologie. Et il serait vraiment plus opportun de créer des postes d'aide directe aux écoliers en difficulté à la place des postes d'animateurs en spiritualité que personne ne réclamait. S'il y a un domaine de connaissances qui devrait, lui, être enseigné tout au plus de manière transversale, c'est bien celui de la culture religieuse! Il n'y a qu'une seule laïcité, c'est la séparation des églises et de l'État. L'État n'a pas à enseigner la culture religieuse aux écoliers. C'est aux parents que revient cette tâche s'ils le souhaitent. Les espèces vivantes n'ont pas été embarquées sur l'arche de Noé. Point à la ligne! Il est irresponsable d'enseigner aux écoliers de telles balivernes absurdes sous le couvert du relativisme culturel. Et quoi encore? Enseignera-t-on que certains croient encore que la terre est plate?

L'enseignement superficiel des sciences dans le système scolaire québécois actuel a des conséquences néfastes sur la qualité citoyenne de nos écoliers. On leur apprend à croire n'importe quoi, sauf ce qui fait consensus chez les scientifiques. Comment les écoliers pourront-ils saisir l'importance de la prise de conscience écologique pour sauver notre monde menacé? Ne singeront-ils pas les superficiels médias? Se laisseront-ils hypnotiser par le discours de politiciens véreux, achetés par telle ou telle industrie, pétrolière, forestière, automobile, ou autre? Trouveront-ils alarmant que leur ministre fédéral de la Science et des Technologies, par ses croyances archaïques, travestisse le domaine dont il a la responsabilité? Croiront-ils, comme ce même ministre ignare, que l'Univers, la Terre et les hommes ont été créés il y 6 000 ans?

Nous sommes des poussières d'étoiles. C'est non négociable. La théorie du Big Bang est appuyée, comme c'est le cas de la théorie de l'évolution, par toute une série de lignes de vérification, sans contre-démonstration. Les cosmologues, les physiciens, les géologues, et les autres scientifiques spécialisés en sciences naturelles s'entendent pour reconnaître que l'Univers est le résultat en cours d'une explosion ayant eu lieu il y a environ 15 milliards d'années. De même, personne n'a encore réfuté la deuxième loi de la thermodynamique, celle désignant l'entropie comme inévitable trajectoire ultime de l'Univers. Cette explosion et ce destin glauque ne peuvent être interprétés que comme fortuits, et leurs effets sur nous, que comme dépourvus d'intention, de plan. Nous sommes bel et bien des poussières d'étoiles. La théorie du Big Bang et la deuxième loi de la thermodynamique sont aussi peu controversées chez les scientifiques que ne le fut aux siècles précédents le renversement héliocentrique (copernicien) de la doctrine géocentrique de la Bible. La Terre tourne autour du Soleil et non l'inverse. C'est non négociable !

Il ne suffit donc pas de faire bonne mention des sciences à l'école. Il faut prendre le temps de les enseigner, à la place de l'enseignement de la culture religieuse, et faire comprendre aux élèves les significations profondes des révolutions scientifiques qui ont secoué notre monde. C'est ainsi que nous produirons des citoyens capables d'une pensée critique, capables d'un minimum de discipline intellectuelle, pourvus d'une culture dépassant le réflexe ethnotribal, des citoyens libres, des citoyens du monde, des citoyens de leur époque. C'est ainsi que nos écoliers sauront éviter l'intolérance des religions des autres, l'endoctrinement, la manipulation idéologique, l'obscurantisme, l'anti-intellectualisme, et éviteront de servir de chair à canon au bénéfice de castes prédatrices.

L'âme est le cerveau en action. C'est non négociable. L'Ordre des psychologues bannit tout membre qui invoquerait des principes non scientifiques, comme l'astrologie, le raëlisme, la religion, etc., pour soigner un client. La science de l'âme existe : son noyau est la neuropsychologie.

Il ne suffit pas d'enseigner la synapse aux écoliers, ni les lobes du cerveau. Il faut prendre le temps de leur faire comprendre qu'il n'y a jamais eu, qu'il ne peut y avoir et qu'il n'y aura jamais de sentiments, de plans, de pensées, d'intentions, sans neurones. L'esprit n'existe en rien en dehors du cerveau. Un esprit mûr et de type humain se développe dans l'échange social. Il est tout simplement absurde de penser qu'un tel esprit ait pu exister de tout temps, désincarné, tout seul, flottant dans le ciel. L'âme n'existe pas. Point final.

Le déficit éducatif actuel au Québec sur cette question est atroce. Les écoliers croient aux esprits libres de toute attache matérielle, et rivalisent entre eux pour s'inventer de nouveaux mysticismes. Ils sont très attirés par les pseudo-sciences, perception extrasensorielle, etc. Cet emballement des croyances et cette faiblesse de la pensée critique ont des conséquences néfastes sur leur capacité d'adaptation au monde moderne. Le Québec est un terrain fertile pour les sectes qui vendent un charabia pseudo-scientifique « psychologique » bidon : scientologie, moonisme, écoles Nouvel-Âge, ésotérisme, raëlisme, etc., et nombreuses sont les victimes de prédateurs cyniques qui cherchent principalement à les détrousser et à les abrutir. D'après Info-Sectes Montréal (voir l'annexe VI à la fin du présent volume), il y a plus de 2 000 sectes au Québec seulement! Le meilleur vaccin contre ces sectes, c'est un bon cours de psychologie et de philosophie pour enfants.

L'idée de l'école obligatoire avec un programme statutaire est de faire passer l'enfant de la superstition et la bêtise à la connaissance, à la raison, à la pensée critique, bref, à la capacité de réaliser des opérations mentales raisonnées sous contrainte des faits. C'est ainsi que notre population pourra trouver un sens satisfaisant à la vie et une vraie raison de vivre. Mettre la tête dans le sable, à la manière de l'autruche qui croit aux miracles, n'est pas la voie à suivre.

> S'il n'y a plus de pilote dans l'avion, il faut en prendre les commandes au plus vite. (Hervé Fischer, essayiste québécois athée, *Nous serons des dieux*)

Bibliographie

ACKERMANN, Hans Wolfgang, « Félix d'Hérelle : découvreur des bactériophages », *Les sélections de médecine/sciences*, n° 8, 1998, p. 1-6.

ALLAN, Ted et Sydney GORDON, *The Scalpel, the Sword : The Story of Doctor Norman Bethune*, Toronto, Dundurn Press, 2009 [1952].

AQUINO, Jeannine, « Survey : U.S. Trust Lowest for Atheists », *Minnesota Daily*, 24 mars 2006.

ASIMOV, Isaac, *Fondation*, tome 1, Paris, Gallimard, 2000.

ATTALI, Jacques, *Une brève histoire de l'avenir*, Paris, Fayard, 2006.

ATWOOD, Margaret, *La servante écarlate*, Paris, Robert Laffont, 2004.

ATWOOD, Margaret, *Le dernier homme*, [trad. de Oryx and Crake] Paris, Robert Laffont, 2005.

AXELOS, Kostas, *Héraclite et la philosophie*, Paris, Éditions de Minuit, 1962.

BACON, Francis, *La nouvelle Atlantide*, [trad. de Michèle Le Dœuff et Margaret Llasera] Paris, Payot, 1983.

BAIRD, Joni, « An "Eco" Systems Approach : Reproductive Rights Go Green », *The Humanist*, octobre 2009, p. 18-22.

BAKOUNINE, Mikhaïl, *Dieu et l'État*, Paris, Fayard, 2000 [1882].

BANKS, Iain M., *The Player of Games*, London, HarperCollins, 1997.

BARIL, Daniel, *Les mensonges de l'école catholique. Les insolences d'un militant laïque*, Montréal, VLB, 1995.

BARIL, Daniel, *La grande illusion. Comment la sélection naturelle a créé l'idée de Dieu*, Montréal, Éditions MultiMondes, 2006.

BARIL, Daniel et Normand BAILLARGEON, *Heureux sans Dieu*, Montréal, VLB, 2009.

BARRETTE, Cyrille, *Mystère sans magie. Science, doute et vérité : notre seul espoir pour l'avenir*, Montréal, Éditions MultiMondes, 2006.

BEAUCHEMIN, Jacques, « Dix utopies qui ont forgé le Québec. Antoine Labelle et le pays à faire », *Le Devoir*, 29 août 2005, p. A7.

BEAULIEU, Victor-Lévy, *Docteur Ferron. Pèlerinage*, Montréal, Stanké, 1991.

BERNIER, Léon, *Hommage à Marcel Rioux. Sociologie critique, création artistique et société contemporaine*, Montréal, Éditions Albert Saint-Martin, 1992.

BERTRAND, Janette, *Ma vie en trois actes*, Montréal, Libre Expression, 2004.

BETHUNE Norman, *Politique de la passion*, Larry Hannant (éd.) [trad. par Dominique Bouchard et François Tétreau], Montréal, Lux, 2006.

BLISS, Michael, *William Osler : a Life in Medicine*, Oxford, Oxford University Press, 1999.

BOAERT, Anthony F., « Asexuality : Prevalence and Associated Factors in a National Probability Sample », *Journal of Sex Research*, n° 41, 2004, p. 279-287.

BOURGAULT, Pierre, *Québec quitte ou double*, Montréal, Ferron, 1970.

BOURGAULT, Pierre, *Oui à l'indépendance du Québec*, Montréal, Quinze, 1977.

BOURGAULT, Pierre, *Le plaisir de la liberté*, Montréal, Nouvelle Optique, 1989.

BOURGAULT, Pierre, *Écrits polémiques 1960-1981. 1. La politique*, Montréal, Stanké, 1989.

BOURGAULT, Pierre, *Écrits polémiques 1960-1981. 2. La culture*, Montréal, Stanké, 1989.

BOURGAULT, Pierre, *Moi, je m'en souviens*, Montréal, Stanké, 1989.

BOURGAULT, Pierre, *Maintenant ou jamais!*, Montréal, Stanké, 1990.

BRAUN, Claude M.J., *Neuropsychologie du développement*, Paris, Flammarion, coll. « Médecine-Sciences », 2000.

BRAUN, Claude M.J., et Kathy LÉVEILLÉ, « Hypo and hyper-moralism: Multiple brain lesion case analyses », *Cognitive Neuropsychiatry*, n° 13, 2008, p. 296-337.

BRUNO, Paul C., *Débaptisez-moi pour l'amour de Dieu!*, Saint-Zénon, Louise Courteau éditrice, 2006.

BUJOLD, Bernard, *Pierre Péladeau, cet inconnu*, Montréal, Trait d'union, 2003.

BUNGE, Mario, *Matérialisme et humanisme*, Montréal, Liber, 2004.

CABET, Étienne, *Œuvres. Tome I. Voyage en Icarie*, Paris, Éditions Anthropos, 1970.

CALLENBACH, Ernest, *Ecotopia: The Notebooks and Reports of William Weston*, New York, Bantam Books, 1977.

CHAMBERLAND, Paul, *En nouvelle barbarie*, Montréal, Typo, 2006.

CIRCÉ-CÔTÉ, Éva, *Bleu, blanc, rouge. Poésies, paysages, causeries*, Montréal, Déom Frères éditeurs, 1903.

CIRCÉ-CÔTÉ, Éva, *Papineau. Son influence sur la pensée canadienne. Essai de psychologie historique*, Montréal, Lux, 2002 [1924].

CLARKSON, Adrienne, *Norman Bethune*, Montréal, Boréal, 2009.

COURTEMANCHE, Gil, *Une belle mort*, Montréal, Boréal, 2005.

CUNNINGHAM, Henri-Paul, *Les impasses de la raison. Le véritable athéisme*, Québec, Presses de l'Université Laval, 1989.

CUNNINGHAM, Jean, Stephen DOLLINGER, Madelyn SATZ et Nancy ROTTER, « Personality correlates of prejudice against AIDS victims », *Bulletin of the Psychonomic Society*, vol. 29, 1991, p. 165-167.

DAWKINS, Richard, *The God Delusion*, New York, Houghton Mifflin Company, 2006.

DELMELLE, Michel, « Communion, bar-mitzvah, fête laïque. À chacun son rite de passage », *La libre*, www.lalibre.be, 2004.

DENNETT, Daniel, *Breaking the Spell: Religion as a Natural Phenomenon*, New York, Penguin, 2007.

DE ROUSSAIN, Jacques, *Jacques Ferron : quatre itinéraires*, Québec, Presses de l'Université du Québec, 1971.

DESBARATS, Peter, *René Lévesque ou Le projet inachevé*, Montréal, Fides, 1977.

DESSAULES, Louis-Antoine, *Discours sur la tolérance*, Montréal, XYZ, 2002 [Institut canadien, 1868].

DÉSY, Jean, *Ô Nord, mon amour*, Québec, Le Loup de Gouttière, 1998.

DJWA, Sandra, *F. R. Scott : une vie*, Montréal, Boréal, 2001.

DOUTRE, Joseph, *Les fiancés de 1812. Essai de littérature canadienne*, Montréal, Louis Perrault imprimeur, 1844.

DUCHAINE, Gabrielle, « MTS en recrudescence chez les jeunes ». Canoe.ca, 2009-01-04 [http://www.alterheros.com/francais/dossier/Articles.cfm?InfoID=423].

DUCHASTEL, Jules, *Marcel Rioux. Entre l'utopie et la raison*, Montréal, Les éditions Nouvelle Optique, 1981.

DUMONT, Micheline et Louise TOUPIN, *La pensée féministe au Québec. Anthologie, 1900-1985*, Montréal, Éditions du Remue-ménage, 2003.

DUPONT, Sylvie et Catherine GERMAIN, *Henry Morgentaler : Entretien*, Montréal, Éditions L'Étincelle, 1976.

DURIEZ, Bart et Dirk HUTSEBAUT, « The relation between religion and racism : The role of post-critical beliefs », *Mental Health, Religion & Culture*, n° 3, 2000, p. 85-102.

ECKHARDT, William, « Religious Beliefs and Practices in Relation to Peace and Justice », *Social Compass*, n° 21, 1974, p. 463-472.

EDELMAN, Gerald, *Bright Air, Brilliant Fire : On the Matter of the Mind*, New York, Basic Books, 1992.

EDELMAN, Gerald, *Second Nature: Brain Science and Human Knowledge*, New Haven, Yale University Press, 2006.

ELLIS, Lee, « Religiosity and Criminality : Evidence and Explanations of Complex Relationships », *Sociological Perspectives*, n° 28, 1985, p. 501-520.

ELLIS, Lee, « Religiosity and criminality from the perspective of arousal theory », *Journal of Research in Crime and Delinquency*, vol. 24, 1987, p. 215-232.

ÉRASME, Didier, *Éloge de la folie*, Paris, Nouvel office d'édition, 1963 [1509].

EVANS, David T., et Mike ADAMS, « Salvation or Damnation ? Religion and Correctional Ideology », *American Journal of Criminal Justice*, n° 28, 2003, p. 15-35.

FERRON, Jacques, *Une amitié bien particulière* (Lettres de Jacques Ferron à John Grube), Montréal, Boréal, 1990.

FERRON, Marcelle, [propos recueillis par Michel BRÛLÉ], *L'esquisse d'une mémoire*, Montréal, Les Intouchables, 1996.

FISCHER, Hervé, *Nous serons des dieux*, Montréal, VLB, 2006.

FOURIER, Charles, *Le nouveau monde industriel ou Invention du procédé d'industrie attrayante et naturelle distribuée en séries passionnées*, Paris, Flammarion, 1973 [1829].

GAUTHIER, Serge, *Marius Barbeau : le grand sourcier*, Montréal, XYZ, coll. « Les grandes figures », n° 31, 2001.

GEISSBÜHLER, Simon, « No Religion, no (Political) Values ? Political Attitudes of Atheists », *Journal for the Study of Religions and Ideologies*, n° 2, 2002, p. 114-122.

GENDRON, Louise, « Donner, ça rend heureux », *L'actualité*, juillet 2006, p. 28-37.

GENDRON, Louise, « La riposte des athées », *L'actualité*, n° 29, février 2007, p. 24.

GLICK, Peter, Maria LAMEIRAS et Yolanda RODRIGUEZ-CASTRO, « Education and Catholic religiosity as predictors of hostile and benevolent sexism toward women and men », *Sex Roles*, vol. 47, n°s 9-10, 2002, p. 433-441.

GODIN, Pierre, *René Lévesque, un homme et son rêve*, Montréal, Boréal, 3 vol., 1994.

GORZ, André, *Adieux au prolétariat*, Paris, Galilée, 1980.

GOULD, Stephen Jay, *Rocks of Ages: Science and Religion in the Fullness of Life*, New York, Ballantine Books, 1999.

GRANDBOIS, Alain, *Les îles de la nuit*, Montréal, Lucien Parizeau, 1944.

GRAVELINE, Pierre, *Une histoire de l'éducation et du syndicalisme enseignant au Québec*, Montréal, Typo, 2003.

HACKNEY, Charles H. et Glen S. SANDERS, « Religiosity and mental health: A Meta-analysis of recent studies », *Journal for the Scientific Study of Religion*, vol. 42, n° 1, 2003, p. 43-56.

HALPERN, Sylvie, *Morgentaler, l'obstiné*, Montréal, Boréal, 1992.

HAMEL, Jacques et Louis MAHEU, *Hommage à Marcel Rioux. Sociologie critique, création artistique et société contemporaine*, Montréal, Éditions Albert Saint-Martin, 1992.

HARDY, Sam A. et Marcela RAFFAELLI, « Adolescent religiosity and sexuality: an investigation of reciprocal influences », *Journal of Adolescence*, vol. 26, n° 6, 2003, p. 731-739.

HARRIS, Sam, *The End of faith*, New York, W.W. Norton, 2004.

HARRIS, Sam, *Letter to a Christian Nation*, Toronto, Random House, 2006.

HAUSER, Marc et Peter SINGER, « Morality without Religion », *Free Enquiry*, n° 26, 2006, p. 18-19.

HÉBERT, Robert, *Le procès Guibord ou L'interprétation des restes*, Montréal, Triptyque, 1992.

HEIBERG, Marianne et Geir OVENSON, *Palestinian Society in Gaza, West Bank and Arab Jerusalem: A Survey of Living Conditions*, FAFO-report 151, 1993.

HÉNAULT, Gilles, *Totems*, Montréal, Erta, coll. « La Tête armée », 1953.

HITCHENS, Christopher, *God is not great*, New York, Hachette Book Group, 2009.

HOGE, Dean R., « Religion in America: The Demographics of Belief and Affiliation, dans Edward P. Shafranske (éd.),

Religion and the Practice of Psychology, Washinton DC, American Psychological Association, 1996.

HUGO, Victor, *Paris-guide de l'exposition universelle de 1869*, http://expositions.bnf.fr/utopie/cabinets/extra/antho/19/7.htm, 1969.

HUXLEY, Aldous, *Île* [trad. par Mathilde Treger], Paris, Presses Pocket, 1970.

JARDIN, Alexandre, *L'île des Gauchers*, Paris, Gallimard, 1997.

JOHNSON, Daniel C., « Formal Education vs. Religious Belief: Soliciting new Evidence with Multinomial Logit Modeling », *Journal for the Scientific Study of Religion*, n° 36, 1997, p. 231-246.

KAUFMAN, William, *Critique of Religion and Philosophy*, New York, Harper and Row, 1954.

KEMPF, Hervé, *Pour sauver la planète, sortez du capitalisme*, Paris, Seuil, 2009.

KING, Lester S., *Transformations in American Medicine: From Benjamin Rush to William Osler*, Baltimore, John Hopkins University Press, 1991.

KROPOTKINE, Pierre, *La morale anarchiste*, Paris, Éditions de l'Aube, 2006.

LABERGE, Henri, « Condensé de l'allocution prononcée par le président du MLQ lors de la remise du prix Condorcet à Daniel Baril », *Cité laïque: Revue humaniste du Mouvement laïque québécois*, vol. 8, 2007, p. 23.

LACHANCE, Francine, *La Québécie*, Québec-Zurich, Grand Midi, 1990 [réédité en 2001].

LALANCETTE, Guy, *Les yeux de père*, Montréal, VLB, 2001.

LAMBERT, Jean-Luc, « Christianisme orthodoxe, athéisme soviétique et pratiques "animistes" du monde russisé », *Diogène*, n° 205, 2004, p. 22-35.

LAMONDE, Yvan et Claude LARIN, *Louis-Joseph Papineau. Un demi-siècle de combats. Interventions publiques*, Montréal, Fides, 1998.

LANGEVIN, André, *Poussière sur la ville*, Montréal, Pierre Tisseyre, 1953.

Laprès, Daniel, « Libres penseurs dans l'histoire du Québec », *Le Québec sceptique,* n° 68, 2009, p. 41-52.

Larivière, Claude, *Albert Saint-Martin, militant d'avant-garde (1865-1947)*, Laval, Éditions coopératives Albert Saint-Martin, 1979.

Lavallée, Martin, « L'athéisme espérantophone », *La Libre Pensée,* n° 12, 1990, p. 18-19.

Layton, Irving, *The whole bloody bird: obs, aphs & pomes,* Toronto, McLelland & Stewart, 1969.

Layton, Irving, *A Red Carpet for the Sun,* Toronto, McLelland & Stewart, 1977.

Layton, Irving, *The Gucci bag,* Toronto, McLelland & Stewart, 1983.

Layton, Irving, *Fornalutx,* Montréal, McGill-Queens University Press, 1995.

Layton, Irving, *L'essentiel,* Michel Albert (éd.), Montréal, Triptyque, 2001.

Le Guin, Ursula K., *Les dépossédés* [trad. par Henry-Luc Planchat], Paris, Laffont, coll. « Ailleurs et demain », 1975.

Lehman, H. C. et P. A. Witty, « Certain Attitudes of Present-day Physicists and Psychologists », *American Journal of Psychology,* n° 43, 1931, p. 664-678.

Leroux, Georges, *Éthique, culture religieuse, dialogue. Arguments pour un programme,* Montréal, Fides, 2007.

Lester, D., « Religion and Personal Violence (Homicide and Suicide) in the USA », *Psychological Reports,* n° 62, 1988, p. 618.

Lestienne, Rémy, *Le hasard créateur,* Paris, La Découverte, 1993.

Lever, Yves, « Entre le désengagement et l'utopie : *Le Bonhomme* un film de Pierre Maheu », *Relations,* juin 1973, p. 186-187.

Lever, Yves, « L'univers religieux du cinéma québécois », [Publié d'abord dans le bulletin de liaison de l'Office national pour le dialogue avec les non-croyants en octobre 1973, ce texte a été repris par *Inter* de l'Office des communications sociales en janvier 1975 et par *L'Église canadienne.*]

LEVER, Yves, «*Jésus de Montréal* de Denys Arcand: de la religion comme esthétique...», *Relations*, n° 553, 1989, p. 203-207.

LEVER, Yves, *Petite critique de la déraison religieuse*, Montréal, Liber, 1998.

LÉVESQUE, Andrée, «Éva Circé-Côté», dans Maryse Darsigny et coll. (dir.), *Ces femmes qui ont bâti Montréal*, Montréal, Éditions du Remue-ménage, 1994.

LEVIN, Jeffrey S. et Robert J. TAYLOR, «Gender and Age Differences in Religiosity among Black Americans», *The Gerontologist*, n° 33, 1993, p. 16-23.

LINDNER GUNNOE L., Marjorie et Kristin A. MOORE, «Predictors of Religiosity among Youth Aged 17-22: A Longitudinal Study of the National Survey of Children», *Journal for the Scientific Study of Religion*, vol. 41, n° 4, 2002, p. 613-622.

MAFFESOLI, Michel, *L'instant éternel. Le retour du tragique dans les sociétés postmodernes*, Paris, Denoël, 2000.

MAHEU, Pierre, «Le Dieu canadien-français contre l'homme québécois», *L'incroyance au Québec: approches phénoménologiques, théologiques et pastorales*, [Recueil assemblé et présenté par l'Office national pour le dialogue avec les non-croyants], Montréal, Fides, coll. «Héritage et projet», n° 7, 1973, p. 93-115.

MARCEL, Jean, *Jacques Ferron malgré lui*, Montréal, Éditions du Jour, 1970.

MARX, Karl, *Le manifeste du Parti communiste*, www.marxists.org/francais/marx/works/1847/00/kmfe18470000a.htm, 1847.

McCAULEY, Robert N., «The Naturalness of Religion and the Unnaturalness of Science», dans Frank C. KEIL et Robert A. WILSON, (éds.), *Explanation and Cognition*, Cambridge, The MIT Press, 2000, p. 61-85.

MINOIS, Georges, *Histoire de l'athéisme*, Paris, Fayard, 1998.

MONGEAU, Serge (dir.), *Objecteurs de croissance*, Montréal, Écosociété, 2007.

MONOD, Jacques, *Le hasard et la nécessité*, Paris, Seuil, 1970.

Morvan, Pierre Yves, *Dieu est-il un gaucher qui joue aux dés?*, Paris, L'Harmattan, 2002.

Nadeau, Jean-François, *Bourgault*, Montréal, Lux, 2007.

Newry, Laurence, *Man of Mana: Marius Barbeau, a Biography*, Toronto, NC Press, 1995.

Nobel, Alfred, *Némésis*, Paris, Les Belles Lettres, 2008 [1896].

Office national pour le dialogue avec les non-croyants, *L'incroyance au Québec: approches phénoménologiques, théologiques et pastorales*, Montréal, Fides, coll. «Héritage et projet», n° 7, 1973.

O'Neil, Huguette, *Belle-Moue,* Montréal, Triptyque, 1992.

Onfray, Michel, *Traité d'athéologie*, Paris, Grasset, 2005.

Osler, William, *Aequanimitas: With Other Addresses to Medical Students, Nurses and Practitioners of Medicine*. Philadelphie, Blakiston's Son & Co., 1925.

Panneton, Philippe, *Le carnet du cynique*, Montréal, Guérin, 1998.

Paquette, Claude, *Yvon Deschamps, un aventurier fragile*, Montréal, Québec Amérique, 1997.

Parent, Jocelyn, «Les sources historiques de l'implicite laïcité au Québec (18ᵉ et 19ᵉ siècles)», *Cité laïque: Revue humaniste du Mouvement laïque québécois*, vol 15, 2009, p. 7-10.

Paulin, Marguerite, *Louis-Joseph Papineau. Le grand tribun, le pacifiste*, Montréal, XYZ, 2000.

Paulin, Marguerite, *René Lévesque. Une vie, une nation*, Montréal, XYZ, 2003.

Pearce, David, *The Hedonist imperative*, www.hedInternet.com/hedethic/hedon1.htm, 1996.

Peirce, Charles S., «The Fixation of Belief», *Popular Science Monthly*, n° 12, novembre 1877, p. 1-15.

Perkins-Gilman, Charlotte, *Herland*, http://etext.virginia.edu/toc/modeng/public/GilHerl.html, [1915].

Petersen, Larry .R., «Religion, Plausibility Structures, and Education's Effect on Attitudes toward Elective Abortion», *Journal for the Scientific Study of Religion*, n° 40, 2001, p. 187-203.

Poisson, Marie-Michelle, « La laïcisation du système scolaire n'aura pas lieu », *Cité laïque : Revue humaniste du Mouvement laïque québécois,* vol. 11, 2008.

Quiles, Zandra N. et Jane Bybee, « Chronic and Predispositional Guilt : Relations to Mental Health, Prosocial Behavior and Religiosity », *Journal of Personality Assessment,* nᵒ 69, 1997, p. 104-126.

Rabelais, François, *Pantagruel,* Paris, Seuil, 1997 [1532].

Randerson, James, « One Big Bang, or were there many ? », *Manchester Guardian,* 5 mai 2006.

Reeves, Hubert, *Poussières d'étoiles,* Paris, Seuil, 1988.

Reeves, Hubert, *Mal de Terre,* Paris, Seuil, 2005.

Regan, Daniel, « Does Everyone Want Free Expression ? Viewpoints from Malaysia », *Studies in Communications,* nᵒ 4, 1990, p. 49-100.

Reynolds, Ariel C., *Religiosity as a Predictor of Attitudes toward Homosexuality,* New Orleans, Southern Sociological Society, 2003.

Rioux, Marcel, *Anecdotes saugrenues,* Montréal, l'Hexagone, 1989.

Rivière, Sylvain, *Raymond Lévesque. On peut pas tout dire,* Montréal, Triptyque, 1997.

Roussan, Jacques de, *Jacques Ferron : quatre itinéraires,* Québec, Presses de l'Université du Québec, 1971.

Saroglou, Vassilis, Vanessa Delpierre et Rebecca Dernelle, « Values and Religiosity : a Meta-analysis of Studies Using Schwartz's Model », *Personality and Individual Differences,* vol. 37, nᵒ 4, 2004, p. 721-734.

Scheepers, Peer, Manfred Te Grotenhuis et Frans Van Der Slik, « Education, Religiosity and Moral Attitudes : Explaining Cross-National Effect Differences », *Sociology of Religion,* vol. 63, nᵒ 2, 2002, p. 157-176.

Scott, Frank, *Selected Poems,* Toronto, Oxford University Press, 1966.

SHAFRANSKE, Edward P. (éd.), *Religion and the Clinical Practice of Psychology*, Washinton DC, American Psychological Association, 1996.

SIMARD, François-Xavier, *Pierre Péladeau : biographie*, Montréal, Quebecor, 1996.

SINGH, Avtar et Ping CHEN, « Religiosity and Attitude toward Euthanasia : A Study of Social Attitudes in the United States », *Guru Nanak Journal of Sociology*, n° 22, 2001, p. 27-49.

SKINNER, B. F., *Walden Two*, Indianapolis, Hackett Publishing Company, 2005.

STARK, Rodney, « On the Incompatibility of Religion and Science : A Survey of American Graduate Students », *Journal of the Scientific Study of Religion*, n° 3, 1963, p. 3-20.

STENGER, Victor J., *God : The Failed Hypothesis. How Science Shows that God Does not Exist*, New York, Prometheus Books, 2007.

SUMMERS, William C., *Félix d'Herelle and the Origins of Molecular Biology*, New Haven, Yale University Press, 1999.

SWAYZE, Nansi, *Canadian Portraits : Jenness, Barbeau, Wintemberg, The Man Hunters*, Toronto, Clarke/Irwin, 1960.

TARDIVEL, Jules-Paul, *Pour la patrie*, Montréal, Hurtubise HMH, 1989 [1895].

THIRIART, Philippe, « Religion, nature humaine et survie », *Le Québec sceptique*, vol. 69, 2009, p. 41-148.

THUAN, Trinh Xuan, *Le chaos et l'harmonie. La fabrication du Réel*, Paris, Gallimard, 1998.

TRÉPANIER, Esther, *Marian Dale Scott. Pionnière de l'art moderne*, Québec, Musée du Québec, 2000.

TRUDEL, Sylvain, *Du mercure sous la langue*, Gatineau, Les Allusifs, 2001.

TRUDEL, Sylvain, *La mer de tranquillité*, Gatineau, Les Allusifs, 2006.

VACHER, Laurent-Michel, *Une petite fin du monde*, Montréal, Liber, 2005.

VERNE, Jules, *L'île mystérieuse*, Paris, Hachette jeunesse, 1996.

VÉZINA, René, « La nouvelle vie de Félix d'Hérelle », *Interface*, vol. 21, n° 3, 2000, p. 1-4.

WALLACE, Edwin R., « Psychiatry and Religion : Toward a Dialogue and Public Philosophý », dans *Psychoanalysis and Religion*, Joseph H. Smith et Susan A. Handelman (éds.), Baltimore, John Hopkins University Press, 1990, p. 1005.

WELLS, H. G., *A Modern Utopia*, www.online-literature.com/ wellshg/modern-utopia/, [1905].

WERBER, Bernard, *Le cycle des Dieux. Tome 1. Nous, les Dieux*, Paris, Albin Michel, 2004.

WILLS, Georgia et Ryan CRAWFORD, « Attitudes toward Homosexuality in Shreveport-Bossier City, Louisiana », *Journal of Homosexuality*, vol. 38, n° 3, 2000, p. 97-116.

WIMBERLEY, Dale W., « Socioeconomic Deprivation and Religious Salience : A Cognitive Behavioral Approach », *Sociological Quarterly*, n° 25, 1984, p. 223-238.

ZAFIRAU, S. James, « A Developmental Model for the Occupational Socioeconomic Status of American Men », *Journal of Vocational Behavior*, n° 5, 1974, p. 293-305.

Annexes
Organisations athées, laïques et humanistes du Québec

Annexe I
L'Association humaniste du Québec
http://assohum.org
(extraits du site Internet)

L'Association humaniste du Québec (AHQ) réunit tous les athées, non-croyants, libres penseurs et autres *Brights* qui souhaitent participer à la promotion de la pensée critique et des valeurs humanistes au Québec. L'AHQ est une organisation à but non lucratif. Elle est composée de membres qui contribuent par une modeste cotisation et qui ont chacun une seule voix dans les assemblées générales pour l'élection du conseil d'administration qui gère les affaires de l'Association (la Fondation humaniste du Québec, qui est apparentée, est une organisation sans but lucratif de donateurs dont les droits de vote sont proportionnels à leurs contributions respectives). Le conseil d'administration de l'AHQ peut légitimement parler au nom de ses membres, car il est élu annuellement.

Les administrateurs, officiers et mandataires s'engagent à observer ces principes directeurs dans la conduite des affaires de l'Association sous peine de destitution:

1. Le premier principe de la pensée humaniste est le rejet de croyances basées uniquement sur des dogmes, sur

des « révélations », sur la mystique ou ayant recours au surnaturel, sans évidences vérifiables.

2. L'humanisme affirme la valeur, la dignité et l'autonomie des individus et le droit de chaque être humain à la plus grande liberté possible qui soit compatible avec les droits des autres. Les humanistes ont le devoir de se soucier de l'humanité entière incluant les futures générations. Les humanistes croient que la morale est une partie intrinsèque de la nature humaine basée sur la compréhension et le souci envers les autres, n'exigeant aucune sanction externe.

3. L'humanisme cherche à utiliser la science de façon créative et non de manière destructrice. Les humanistes croient que les solutions aux problèmes du monde se trouvent dans la pensée et l'action humaines plutôt que dans l'intervention divine. L'humanisme préconise l'application de la méthode scientifique et de la recherche sans restrictions aux problèmes du bien-être humain. Les humanistes croient toutefois aussi que l'application de la science et de la technologie doit être tempérée par des valeurs humaines. La science nous donne les moyens, mais les valeurs humaines doivent proposer les objectifs.

4. L'humanisme supporte la démocratie et les droits de l'homme. L'humanisme aspire au plus grand développement possible de chaque être humain. Il maintient que la démocratie et l'épanouissement de l'homme sont des questions de droit. Les principes de la démocratie et des droits de l'homme peuvent s'appliquer à plusieurs types de relations humaines et ne sont pas restreints aux méthodes du gouvernement.

5. L'humanisme insiste pour que la liberté personnelle soit associée à la responsabilité sociale. L'humanisme ose construire un monde sur le concept de la personne libre responsable envers la société, et reconnaît notre dépendance et notre responsabilité envers le monde

naturel. L'humanisme n'est pas dogmatique, n'imposant aucune croyance à ses adhérents. Il est ainsi engagé en faveur d'une éducation libre d'endoctrinement.

6. L'humanisme est une réponse à la demande largement répandue d'une alternative à la religion dogmatique. Les principales religions du monde prétendent être basées sur des révélations pour toujours immuables, et plusieurs cherchent à imposer leur vision du monde à toute l'humanité. L'humanisme reconnaît qu'une connaissance fiable du monde et de soi-même se développe par un continuel processus d'observation, d'évaluation et de révision.

7. L'humanisme prise la créativité artistique et l'imagination et reconnaît le pouvoir de transformation de l'art. L'humanisme affirme l'importance de la littérature, de la musique, des arts visuels et de la scène pour le développement et la réalisation de la personne.

8. L'humanisme est une orientation de vie visant la réalisation maximale possible à travers le développement d'une vie morale et créative et offre un moyen éthique et rationnel pour affronter les défis de notre époque. L'humanisme peut être une façon de vivre pour chacun et partout.

L'association humaniste du Québec comporte un local où les membres et sympathisants peuvent se rencontrer lors des quatre agapes annuelles (rencontres festives pour inaugurer chaque saison), un vidéoclub, une salle de lecture avec bibliothèque humaniste, etc. L'association comporte aussi des groupes de travail sur divers thèmes militants. Finalement, l'association a mis sur pied une maison d'édition, L'Incrédule.

Annexe II
Les Sceptiques du Québec
www.sceptiques.qc.ca
(extraits du site Internet)

Les Sceptiques du Québec est une association à but non lucratif qui a été fondée en 1987. Son principal objectif est de promouvoir la pensée critique et la rigueur scientifique dans le cadre de l'étude d'allégations de nature pseudo-scientifique, religieuse, ésotérique ou paranormale. La corporation compte près de 400 membres à travers le Québec, dont une quarantaine de membres actifs qui sont tous bénévoles.

Les Sceptiques du Québec appuient les grands principes de démocratie, de justice, de liberté de pensée, de la laïcité de l'État et de ses institutions. Les Sceptiques du Québec ne nient pas l'existence de phénomènes insolites ou inexpliqués en regard des connaissances actuelles. Leur scepticisme n'est pas une prise de position, mais plutôt une attitude de questionnement qui vise à faire progresser la connaissance en faisant la distinction entre croyance subjective, opinion plausible et connaissance établie. Mais comme une connaissance ne peut être établie que si l'on dispose de faits observables dans des conditions contrôlées, Les Sceptiques du Québec ne s'en prennent pas aux conceptions métaphysiques ou religieuses en tant que telles, ils s'intéressent plutôt aux faits observables qui pourraient, par exemple, découler de ces conceptions. Ils encouragent, dans ces domaines, les recherches rigoureuses qui suivent une méthodologie adéquate, à commencer par la démonstration de l'existence des phénomènes étudiés. Les explications avancées pour rendre compte de ces phénomènes doivent être démontrées de façon convaincante. Et il revient bien évidemment à ceux qui les formulent d'en prouver la valeur. D'autre part, il est clair que toutes les hypothèses voulant expliquer un phénomène ne sont pas équivalentes.

Même si elles sont cohérentes, celles qui contredisent des théories et des hypothèses qui s'appuient sur des acquis scientifiques doivent être démontrées de façon suffisamment solide pour pouvoir cohabiter avec ces acquis, à défaut d'y être intégrées. De fait, le scepticisme des Sceptiques du Québec s'apparente au doute méthodique qui est un ingrédient essentiel du succès de la méthodologie utilisée en recherche scientifique.

Les Sceptiques du Québec décernent chaque année un prix Sceptique à une personne ou un organisme s'étant démarqué par sa rigueur et son esprit critique, et un prix Fosse Sceptique à un organisme ayant fait preuve du contraire. Les Sceptiques du Québec offrent aussi une somme considérable à tout Québécois qui pourra démontrer l'existence d'un phénomène paranormal.

Annexe III
Le Mouvement laïque québécois
www.mlq.qc.ca
(extraits du site Internet)

Le Mouvement laïque québécois (MLQ) est un organisme sans but lucratif dont la raison d'être est la défense de la liberté de conscience, la séparation des Églises et de l'État et la laïcisation des institutions publiques. La laïcité mise de l'avant par le Mouvement laïque québécois est respectueuse de la liberté de religion qui toutefois doit s'exercer dans les limites et le respect des lois civiles. Cohérent avec le fait que la laïcité est le principe fondamental à la base des chartes des droits et libertés de la personne, le MLQ est solidaire des autres luttes qui visent à défendre et promouvoir ces droits fondamentaux. La lutte pour la déconfessionnalisation du système scolaire et l'instauration d'écoles laïques sur l'ensemble du territoire québécois constitue l'un des principaux objectifs du MLQ. Il est également actif dans d'autres dossiers où la liberté de conscience est concernée. Ainsi, le MLQ est intervenu dans le débat sur l'avortement, sur la question de la monarchie constitutionnelle et de la souveraineté d'un Québec républicain. Il a dénoncé des pratiques administratives discriminatoires dans l'administration de la justice et l'administration gouvernementale à tous les niveaux. Il réclame que les services publics, comme la célébration civile des mariages et les soins de santé dans les hôpitaux financés par des fonds publics, soient dispensés de façon égale et sans discrimination à tous les citoyens, indépendamment de leurs croyances.

Le Mouvement laïque québécois édite, depuis 2004, une revue intitulée *Cité laïque: Revue humaniste du Mouvement laïque québécois*, qui remplace l'ancien bulletin des membres intitulé *Laïcité*. La revue est distribuée aux membres et est disponible par abonnement postal à tous ceux qui s'intéressent à la promotion de la laïcité au Québec. Le MLQ produit également de nombreux mémoires destinés aux commissions parlementaires liées à son champ d'intérêt. Parmi les plus récentes interventions du genre, on note les mémoires présentés sur le mariage civil et l'union civile, sur la place de la religion à l'école, sur le mariage gai, devant la Commission Proulx et la Commission parlementaire provinciale, devant les États généraux sur la situation et l'avenir du français au Québec, devant la Cour suprême du Canada et devant la Commission Bouchard-Taylor.

Le MLQ décerne également chaque année le prix Condorcet pour souligner la contribution notoire d'une personne ou d'un groupe de personnes à la promotion et à la défense de la laïcité au Québec. Voici la liste des récipiendaires du prix, maintenant dénommé Condorcet– Dessaulles :

2009 : Guy Rocher
2008 : Danielle Payette
2007 : Yolande Geadah
2006 : Daniel Baril
2005 : Paul Bégin
2004 : Rodrigue Tremblay
2003 : Janette Bertrand
2002 : Jacques Godbout et Jacques Mackay
2001 : Pierre Bourgault
2000 : Jacques Hébert
1999 : Comité des orphelins et orphelines institutionnalisés de Duplessis
1998 : Signataires du *Refus global*
1997 : Institut canadien de Montréal
1996 : Louise Laurin
1995 : Centrale de l'enseignement du Québec
1994 : Henri Morgentaler
1993 : Micheline Trudel

On trouve sur le site Internet du MLQ un formulaire d'apostasie de la religion catholique (www.mlq.qc.ca/sexprimer/apostasie/).

Annexe IV
Le Cercle laïque du Québec
www3.sympatico.ca/jandarc/index.html
(extraits du site Internet)

Fondé en 2004, le Cercle laïque du Québec a pour objet de défendre et de promouvoir la laïcité au Québec. Ainsi, ses membres sont réunis par la volonté de construire une société juste, progressiste, égalitaire et fraternelle, dotée d'institutions publiques impartiales, garante des droits humains assurant à chacun la liberté de pensée et d'expression.

Tout en considérant que les options confessionnelles ou non confessionnelles relèvent exclusivement de la sphère privée des personnes, les membres du Cercle laïque du Québec misent sur l'élaboration personnelle d'une conception de vie humaniste, non dogmatique, qui implique l'adhésion aux valeurs du libre examen, d'émancipation à l'égard de toute forme de conditionnement et aux impératifs de citoyenneté et de justice.

Le cercle organise mensuellement des rencontres. Ces soirées amicales, appelées cénacles, se tiennent dans des cafés ou dans des brasseries et portent sur différentes questions philosophiques d'actualité. L'objectif des débats n'est pas d'en arriver à un consensus unanime, mais plutôt de faire avancer les réflexions individuelles par des échanges de groupe.

Plusieurs membres du Cercle pensent qu'il est important de marquer certaines étapes de la vie de façon spéciale. Voilà pourquoi le Cercle laïque du Québec a élaboré un ensemble de cérémonies basées sur les valeurs humanistes.

Que ce soit pour un mariage, pour fêter l'arrivée d'un enfant, pour des funérailles ou autres, ces cérémonies laïques permettent de marquer solennellement et de façon non religieuse l'événement vécu tout en évitant la pauvreté symbolique des cérémonies civiles.

Annexe V
Les Brights du Québec
http://brightsquebec.org
(extraits du site Internet)

Les Brights fondent leur éthique et leur comportement sur une perception naturaliste de l'univers libre de toutes divinités, fées, de tous fantômes, anges, démons, esprits, etc. Le terme « Bright » utilisé comme substantif a un sens bien défini : un Bright est une personne dont la perception du monde est libre d'éléments surnaturels ou mystiques. Il y a une foule de gens qui partagent cette vision naturaliste de l'univers et de l'éthique. La perception de la réalité des Brights peut différer par certains aspects, mais ils ont tous en commun de ne pas avoir recours au surnaturel. Dans le passé, on leur a collé diverses étiquettes comme athée, agnostique, libre penseur, incroyant ou mécréant qui sont souvent perçues de façon négative dans la plupart des sociétés.

L'objectif du mouvement Bright est de créer une étiquette positive sous laquelle tous ceux qui n'ont pas recours au surnaturel pour expliquer leur expérience peuvent se sentir confortables. Ils sont très nombreux, mais tendent à ne pas afficher leur « brightitude » pour ne pas avoir à la justifier ou, dans certains pays, pour éviter d'être persécutés.

L'Internet, qui atteint les coins les plus reculés de la planète, permet maintenant de faire connaître l'étiquette « Bright » et de regrouper tous ceux qui s'y reconnaissent dans une immense communauté cybernétique sans frontières. Une fois regroupés, les Brights vont acquérir par l'effet de leur nombre une reconnaissance politique et sociale qui leur permettra d'être fiers de leur esprit critique et de leur indépendance intellectuelle.

Les objectifs du mouvement Bright sont donc de promouvoir la compréhension populaire de ce qu'est une vision naturaliste (c'est-à-dire exempte d'éléments mystiques ou surnaturels), et la reconnaissance de sa place dans la société; de faire reconnaître dans le grand public que ceux qui ont une vision naturaliste peuvent tenir compte de principes éthiques dans leurs comportements qui ont une incidence sur d'importantes questions de société; et enfin, d'amener la société à accepter que ces personnes participent à la vie de la société, pleinement et au même titre que quiconque.

Annexe VI
Info-Sectes
www.info-sectes.org
(extraits du site Internet)

Le site Internet d'Info-Sectes du Québec est un site de prévention de l'assujettissement sectaire par l'information sur les sectes et les groupes sectaires.

Les phénomènes religieux fascinent de nombreuses personnes depuis le milieu des années 1970. Qui adhère aux nouvelles religions? Quelles sont les différences entre une religion et une secte? Devons-nous faire confiance aux Témoins de Jéhovah? Info-Sectes se veut un site de référence pour ceux qui se posent ce genre de questions.

Regroupés par mouvements religieux, on retrouve des dossiers plus ou moins détaillés sur les Témoins de Jéhovah, les Mormons, le Nouvel-Âge, et un survol des grandes religions dans le monde. Des liens permettent de naviguer sur Internet pour lire la Bible ou pour trouver de l'aide concernant les sectes. Mais, l'homme est ainsi fait, rien n'est parfait (et qui sommes-nous pour juger qu'une chose est bonne ou mauvaise?): le créateur de ce site exprime régulièrement son point de vue, de façon plus ou moins subtile. À vous de savoir ce que vous croyez et ce que vous ne croyez pas...

L'organisation Info-Sectes du Québec anime un centre de documentation et de consultation sur la pensée sectaire:
5655, avenue du Parc, Bureau 208
Montréal (Québec), Canada H2V 4H2
Tél.: (514) 274-2333 Télécopieur: (514) 274-7576

Annexe VII
Le Centre for Inquiry's Community of Montreal
www.centerforinquiry.net/montreal
(extraits du site Internet)

Le Centre for Inquiry's Community of Montreal (CFI Montreal) est un organisme de libre pensée anglophone. Il est affilié à un mouvement international qui a des branches locales partout aux États-Unis, au Canada (particulièrement à Toronto et à Calgary) ainsi que dans plusieurs autres pays. Le CFI de Montréal promeut et défend la raison, la science, la laïcité et la liberté de conscience dans tous les aspects de la vie. Il vise à représenter les humanistes, les sceptiques et les libres penseurs. Le mouvement CFI est particulièrement bien implanté dans les milieux universitaires puisque 30 groupes basés sur des campus canadiens y sont affiliés.

Le CFI de Montréal a mis sur pied un groupe Facebook, et il organise des conférences, des discussions, des projections de vidéo, des campagnes et il collabore avec diverses organisations athées et sceptiques. Il distribue aussi un bulletin.

Mission : Pour contrecarrer et surpasser les narratifs mythologiques du passé, les dogmes du présent, le monde a besoin d'une institution promouvant la science, la raison, la liberté d'apprendre et de connaître, et les valeurs humanistes.

Au CFI, nous croyons que le raisonnement basé sur les données empiriques, auquel les gens travaillent ensemble pour le bien commun, est indispensable pour notre civilisation moderne. De plus, comme beaucoup d'autres institutions, nous croyons que les méthodes scientifiques et la raison devraient être utilisées pour examiner les prétentions des pseudo-sciences et des religions. Nous rejetons le mysticisme et la foi aveugle. Aucun sujet ne doit échapper à l'examen critique, particulièrement les pseudo-sciences et la religion, puisqu'ils ont tant d'influence sur les croyances et la conduite des gens. Nous affirmons que les valeurs sont de légitimes sujets d'examen critique et de discussion, autant que les prétentions empiriques. Le CFI promeut les valeurs humaines basées sur une vision naturaliste du monde. Les doctrines idéologiques et les dogmes religieux ne doivent pas dicter nos normes éthiques et ne doivent pas influencer la recherche scientifique.

Le CFI appuie la recherche, mais nos activités dépassent largement la sphère universitaire. Le Center for Inquiry et ses affiliés, le Committee for Skeptical Inquiry et le Council for Secular Humanism, oeuvrent dans les domaines de l'éducation, de l'édition, du prosélytisme et des services sociaux. Le CFI travaille pour une société laïque, mais sans brimer les droits des croyants. Toutefois, il s'oppose vigoureusement à l'évocation ou l'utilisation de la religion pour l'élaboration de politiques gouvernementales. La société que le CFI tente de bâtir est une communauté de raison, de compassion, dans laquelle la dignité humaine et les droits fondamentaux de tous les individus doivent être respectés.

Les trois buts les plus importants du CFI sont: de rendre caduque l'influence de la religion et des pseudo-sciences sur les politiques gouvernementales; la séparation des Églises et des États; la disparition des stigmates attachés à l'incroyance, que celle-ci se définisse comme athéisme, agnosticisme, humanisme, libre pensée ou scepticisme.

Annexe VIII
Le site Internet Vivre sans religion
www.atheisme.ca
(extraits du site Internet)

La raison d'être de ce site Internet est de souligner la futilité des croyances religieuses. Le site Vivre sans religion existe depuis 1998. Au début il portait le titre de « Infidèle »; il n'adopte son titre actuel qu'en 1999. Ce site est principalement l'œuvre d'un seul individu, le Montréalais David Rand, et il est enrichi des contributions de plusieurs de ses collègues et amis.

La religion est un vestige de l'enfance de l'humanité : la pratique religieuse est un empêchement à l'épanouissement de l'espèce humaine. La foi religieuse est une plaie sur les ressources intellectuelles de l'être humain. Nous avons intérêt à abandonner la religion. Certaines religions sont moins néfastes (moins intolérantes, moins irrationnelles, moins racistes, moins sexistes, moins homophobes, etc.) que d'autres. Mais il n'y a pas de « bonne » religion. Elles sont toutes indésirables, c'est-à-dire que la religion est indésirable parce qu'elle propose des croyances basées sur la foi. Nous parlons ici de la foi religieuse, définie comme « l'adhésion ferme de l'esprit à une vérité révélée » (nous ne parlons pas de la fidélité ni de l'infidélité amicales ou amoureuses). Les mots-clés ici sont « vérité révélée ». Autrement dit, la foi, c'est accepter une vérité sans raison, sans réflexion logique. C'est ce genre de foi que nous devons refuser.

Il n'est point de liberté de religion sans possibilité de se libérer de la religion. Ce site Internet ne pourrait exister sans la liberté de conscience, la liberté d'expression et la liberté d'association. Ces libertés font la base même de la liberté de religion. Ainsi, il serait incohérent si, en critiquant la religion, on voulait imposer des limites à la pratique religieuse de l'individu. Ce que nous proposons ici, par contre, c'est de limiter l'impact de la religion sur les gens qui choisissent de ne pas la pratiquer; autrement dit, que la religion n'ait aucune influence directe sur la place publique, que la pratique religieuse demeure une affaire privée. Bref, on propose non seulement la liberté de religion pour ceux et celles qui la pratiquent, mais aussi que les gens non pratiquants soient libérés de la religion. Ces deux droits se complètent. L'un n'est entier que lorsqu'il est accompagné de l'autre.

Annexe IX
Le site Internet de la Libre pensée québécoise
www.libre-pensee.qc.ca
(extraits du site Internet)

La Libre pensée, fondée en 1982, fut à l'origine un regroupement de personnes qui organisait des rencontres de discussion, des conférences, des manifestations, et qui publiait un périodique. Sa principale orientation était de promouvoir et développer l'athéisme au Québec. Depuis quelques années, La Libre pensée est devenue un forum Internet de discussion et d'information.

Voici un site québécois qui a pour objectif principal la valorisation et la diffusion de la pensée libérée de tout dogmatisme. Il offre aux libres penseurs, athées et agnostiques, un lieu d'expression privilégié où chacun des membres inscrits peut participer à cette réflexion commune. Il invite chaleureusement ses visiteurs à lui faire parvenir des offres de contribution : actualités, textes de fond, critiques de livres, liens et annonces.

Par ailleurs, Internet est un outil merveilleux de partage. Il favorise l'accès pour tous à l'information et à une pensée libre et ouverte. Ici, l'impact grandissant du logiciel libre sur la circulation des savoirs, l'appropriation sociale des technologies de l'information et de la communication et la défense des libertés, nous interpelle tous et exige aussi que nous fassions des choix quant à la technologie qui favorisera le mieux cette liberté.

La dynamique autour de ce site valorise et encourage la transmission des connaissances et éloigne le jeu des croyances et de la manipulation. Elle apporte un soutien considérable à la libre pensée. C'est pourquoi nous avons décidé d'inclure sur le site un nouveau sujet : « Autour du Libre », ainsi que des liens vers les organismes qui en font la promotion.

«Lorsque vous éclairez la lanterne de quelqu'un, vous ne vous appauvrissez que du pouvoir que vous aviez sur lui.»
(Bruno Lemaire et Bruno Decroocq)

Annexe X
Le Mouvement unitarien universaliste du Québec
www.uuqc.ca
(extraits du site Internet)

Le Mouvement unitarien universaliste du Québec est une congrégation vouée à des activités spirituelles. On n'y mentionne à peu près jamais Dieu. On y rejette toute révélation. Son pasteur jusqu'à sa retraite récente était athée. Et selon le dire de plusieurs de ses officiers, la majorité de ses membres serait athée. La congrégation opère selon un système de pouvoir décentralisé et selon des règles de démocratie participative et horizontale. La congrégation est progressiste et libérale. On y promeut les sciences (incluant la théorie de l'évolution), la philosophie et les arts dans presque toutes leurs formes.

Décret de tolérance, 1568:

En 1568, Jean Sigismund de Transylvanie, seul monarque unitarien de l'histoire, proclama le *Décret de tolérance*, première déclaration du monde occidental à consacrer les libertés en matière de religion. C'est à Koslovar, petit village de Transylvanie, qu'on peut trouver la plus vieille église unitarienne au monde. Celle-ci quitta les rangs de l'Église officielle, sous l'impulsion du brillant réformateur Francis David, l'année même du *Décret de tolérance*. Dès 1600, on pouvait compter plus de 400 églises unitariennes dans cette région de l'Europe.

Les unitariens n'ont pas de croyances qui ne puissent être mises en doute. Ils estiment que toutes les croyances doivent être remises en question et que nous pouvons ensuite les accepter, les modifier ou les rejeter. Ils rejettent la Vérité avec une majuscule, la vérité du livre saint qui ne peut être remise en question, ou la vérité d'une Église qui fait autorité. La vérité appartient aux personnes. Elle ne provient pas de livres se situant au-delà de la raison ou d'Église se situant au-delà de tout doute. Les unitariens croient d'abord et avant tout à la liberté dans la recherche de la vérité. Il n'est pas nécessaire d'embaumer la vérité pour la conserver à l'intention de la postérité. Les unitariens s'opposent à la censure pratiquée en général.

Devenir unitarien ne signifie pas substituer une profession de foi à une autre, mais ouvrir son esprit pour que toutes les sources susceptibles de nous inspirer puissent nous permettre d'accueillir la vérité telle qu'il nous convient de la concevoir. Pour illustrer cette diversité d'opinions, considérons la question de Dieu. Parmi les unitariens universalistes se retrouvent des athées, des agnostiques et des théistes. On s'étonnera peut-être de voir les unitariens parler de la présence active d'athées au sein de leur religion. Ces deux termes sont généralement considérés comme antinomiques. Aussi la notion « d'athéisme religieux », dont ils s'accommodent fort bien, mérite-t-elle qu'on lui apporte quelques précisions. S'il est vrai de prétendre que les athées ont en commun le fait de ne pas croire en Dieu, on se doit toutefois de reconnaître que certains d'entre eux sont habités par un véritable sens religieux, qu'ils aspirent à une authentique spiritualité et que des valeurs tels l'amour du prochain, la dignité humaine, la justice sociale, l'élévation morale et l'épanouissement intellectuel marquent profondément la conduite de leur existence et lui donnent tout son sens. La foi ne se réduit pas à Dieu.

Je trouve aussi qu'il est difficile de croire en Dieu [...] Pour ce qui est des dieux, j'estime que ce sont tous des créations humaines, et ne crois nullement à la réalité du surnaturel. Le mot « Dieu » ne signifie donc pas, à mes yeux, l'Être Suprême, une Personne Divine. Il est l'affirmation d'un principe cohérent et rationnel au sein de la vie et de l'univers. Il illustre ma conviction selon laquelle, malgré les tragédies personnelles et l'absence de toute solution définitive, la vie vaut véritablement la peine d'être vécue, et la réalité est au plus haut point valable. (Arthur Foote, pasteur émérite, Unity Church, St-Paul, Minnesota)

Les assemblées membres de l'Association unitarienne universaliste sont vouées à la reconnaissance et à la promotion des principes suivants:

1. La valeur et la dignité intrinsèques de toute personne;
2. La justice, l'équité et la compassion comme fondements des relations humaines;
3. L'acceptation mutuelle et l'encouragement à la croissance spirituelle au sein de nos assemblées;
4. La liberté et la responsabilité de chaque personne dans sa recherche de la vérité, du sens de la vie et de la signification des choses;
5. La liberté de conscience et le recours au processus démocratique aussi bien dans l'ensemble de la société qu'au sein de nos assemblées;
6. L'aspiration à une humanité où règneront la paix, la liberté et la justice pour tous;
7. Le respect du caractère interdépendant de toutes les formes d'existence qui constituent une trame dont nous faisons partie.

Les unitariens ne font pas appel à la Bible ni aux autres révélations des grandes religions du passé en les interprétant comme on le faisait jadis. Ils font plutôt appel au passé à la lumière de nos connaissances actuelles. Le passé ne peut revivre que s'il est adapté au présent. L'avenir se trouve lui aussi dans le présent. Il dépend de nous. Nous sommes responsables de ce qui surviendra. Si les universalistes croient à l'évolution, c'est que la réalité la démontre quant à l'origine de la vie sur notre planète. À leurs yeux, la vie sur notre planète est un réseau d'interdépendance dont ils doivent être des membres responsables.

Les unitariens croient à la responsabilité sur le plan social. Ils croient aux droits de la personne, à l'égalité fondamentale des êtres humains, à la collectivité universelle, libre des morcellements résultant de la nationalité, de la race, du sexe, de la déficience, de l'orientation sur le plan émotif, de l'âge, de la caste, de la couleur ou des croyances. Ils croient que nos aptitudes nous permettent d'atteindre cet idéal, pourvu que nous développions nos capacités de connaître et d'aimer.

Le Mouvement unitarien est un lieu où l'on accueille les personnes bisexuelles, homosexuelles et transsexuelles. La tradition de la vie de l'universalisme veut que tous les gens soient aimés et acceptés et celle de l'unitarisme reconnaît la bonté inhérente à tous. À une époque où certaines croyances expriment une profonde ambivalence à l'égard des personnes bisexuelles, homosexuelles ou transsexuelles et où d'autres continuent à faire preuve d'une véritable hostilité à l'égard de toute personne dont l'orientation sexuelle ou le genre en fait un membre d'un groupe minoritaire, l'universalisme unitarien renforce son engagement permanent à inclure et à reconnaître pleinement toutes ces personnes, sans égard à leur orientation sexuelle ou à leur genre.

Annexe XI
Comité international de liaison des athées et libres penseurs
www.cilalp.org
(extraits du site Internet)

Le but du Comité international de liaison des athées et libres penseurs est de proposer à l'échelle mondiale l'humanisme athée comme l'alternative positive à la religion et de défendre la stricte séparation de l'État et des Églises dans tous les pays. Voici des extraits de leur manifeste:

La religion est préhistorique et primitive
Les religions ont été les premières tentatives infantiles de l'humanité pour expliquer et contrôler la nature. Pour expliquer l'inconnu dans la nature, les religions nous ont donné une réponse dépourvue de sens, la réponse d'un « dieu sorti du néant » : « Dieu l'a fait. » Toutes les choses, y compris les hommes, étaient censées être les créations des dieux et ainsi soumises à leur volonté. Au contraire, les athées et les libres penseurs affirment leur accord avec Protagoras: « L'homme est la mesure de toute chose. » Nous n'avons nul besoin de nous référer au surnaturel pour déterminer la nature de la réalité, savoir qui nous sommes et comment nous devrions agir. Notre intelligence et notre conscience sont des guides suffisants. Le Paradis, s'il existe, doit être accompli sur Terre et non dans un royaume éthéré au-delà de la mort. C'est ici et maintenant que nous devons être humains et vivants.

En tant qu'athées et libres penseurs, nous croyons que l'humanité n'a plus besoin des religions primitives, surannées, dangereuses et dégradantes. La religion repose obligatoirement sur le dogme. Afin de perpétuer la subordination des hommes envers le surnaturel, les religions et les sectes ont inventé un fatras de dogmes arbitraires. Les interdits religieux, le délit de blasphème, la menace de l'excommunication et les *fatwas* sont quelques-uns des nombreux procédés qui ont été créés par les religions pour se nourrir de nos peurs, nous obliger à croire et entraver notre émancipation.

Chaque notion de vérité « révélée » émanant d'une dictée « divine » n'a qu'un but : imposer aux hommes leur conduite et nous lancer des interdits ; nous n'avons pas le droit d'être libres de décider pour nous-mêmes de nos propres façons de vivre. Mais en réalité, il n'y a pas de vérité révélée ni de vérité morale absolue : il n'y a que des vérités morales relatives qui peuvent changer d'une culture à l'autre, d'une génération à une autre. Aucun dieu n'a jamais rien murmuré à nos oreilles ; nous avons tout acquis par nous-mêmes. Nous nous sommes éduqués nous-mêmes, comme Héraclite d'Éphèse l'a dit, il y a des milliers d'années. Nous apprenons nous-mêmes, par nous-mêmes, pour nous-mêmes.

En tant qu'athées et libres penseurs, nous pensons que les hommes doivent briser les chaînes du dogme religieux et suivre leur propre chemin afin de conquérir la connaissance et la liberté. Rien n'est gravé dans la pierre par avance. Il est de notre responsabilité de déterminer nos propres vérités et notre avenir.

La religion, c'est la négation de la science

La science repose sur la raison et sur la preuve ; la religion repose sur la foi. Ces deux visions du monde sont mutuellement antagoniques.

En fait, pour avoir la foi, on doit souvent abandonner ou contredire la raison et la preuve. C'est pourquoi la religion est la négation de la science. En interdisant à la science d'aller au-delà de la Bible, du Coran ou de tous les autres livres « sacrés », les religions se sont toujours battues contre les tentatives d'explication de la vie en termes naturels. Les religions ont toujours prôné la « vérité révélée » au-dessus de la vérité découverte scientifiquement. La science et la religion sont fondamentalement antagoniques. Galilée et Bruno, persécutés par l'Église catholique qui a commencé par rejeter la théorie de l'évolution : voilà des exemples de cet antagonisme. Des choix éthiques doivent souvent être faits en ce qui concerne la science pure et la science appliquée. Mais quels critères devraient être utilisés pour déterminer ce qui est « bien » et ce qui est « mal » ? Qui devra arbitrer ces questions, les dieux ou les hommes ? Il y a tellement de mythologies et de dieux contradictoires, et leurs « messages » ne sont pas toujours entièrement clairs : lesquels choisir ?

Et quelles compétences ont les religions pour juger des découvertes scientifiques ? En dernier ressort, nous devons prendre nous-mêmes des décisions fondées sur ce qui est le meilleur pour l'humanité. La science doit être libérée de l'arbitraire et de la dictature des dogmes religieux. En tant qu'athées et libres penseurs, nous soutenons un effort général pour encourager la pensée critique et la méthode scientifique comme seuls moyens par lesquels nous pouvons parvenir à la connaissance de l'univers.

Nous rejetons la foi et la « révélation » comme méthodes pour acquérir la connaissance de la réalité, parce qu'elles ne produisent que des résultats contradictoires et sans consistance. Nous encourageons l'examen contradictoire et la critique de tous les systèmes de croyance surnaturelle et de toutes les institutions religieuses. Nous rejetons toutes les explications de l'inconnu par un « dieu issu du néant ».

Nous rejetons le créationnisme comme une religion sans consistance.

La religion, c'est l'oppression

La subordination de la volonté des hommes à la « volonté divine » est un acte d'oppression. L'usage qui est d'obéir au clergé, de lui laisser prendre les décisions à notre place, c'est l'oppression et l'irresponsabilité. Les religions et les sectes ont toujours été utilisées pour justifier l'oppression sociale, économique, culturelle et politique. Depuis le système des castes de l'hindouisme jusqu'à l'Épître aux Romains (13, 1-7) de la Bible chrétienne, de la Sourate (16:72) sur les abeilles du Coran islamique au capitalisme débridé et exploiteur des protestants et jusqu'au soutien du tsarisme et du stalinisme de l'Église orthodoxe orientale, les «enseignements révélés» ont justifié l'organisation des hiérarchies sociales tyranniques et le maintien de l'exploitation économique.

Car quiconque critiquait cette hiérarchie et cette exploitation défiait la «volonté divine». C'est pourquoi les religions ont toujours été les instruments de l'oppression sociale. Tout au long de l'histoire, les monarques et les dictateurs ont trouvé leurs «justifications» morales en faisant appel à l'autorité surnaturelle, comme dans l'exemple du concept de «monarchie de droit divin». De plus, trop souvent, l'injustice et la misère sont tolérées du fait de la croyance religieuse qu'un monde meilleur et surnaturel nous attendrait après la mort.

Les signataires de ce manifeste travailleront à l'émancipation complète de l'humanité dans tous les domaines.

Aucun système politique, éthique, économique, social ou religieux ne peut justifier l'asservissement de l'homme. Nous soutenons la stricte séparation de l'État et des Églises et nous rejetons tous les traitements de faveur et les facilités accordées aux religions organisées en provenance des gouvernements.

Des hommes libres dans une société libre

De tout ce que nous avons discuté dans ce manifeste, nous pouvons tirer une conclusion: comme Rousseau l'a dit, «L'homme est né libre et cependant il est partout enchaîné.» La plus grande entrave autour des chevilles de l'humanité, c'est la chaîne et le boulet de la religion.

Nous devons être libres de penser et de vivre dans une société organisée selon notre volonté. La perception de qui nous sommes et de ce que nous sommes, de ce que nous choisissons de croire, de la vie que nous entendons mener, la façon dont nous choisissons de nous exprimer, les personnes avec qui nous choisissons de nous associer, tout cela détermine notre avenir et notre bonheur. La liberté de conscience est donc de première importance dans la construction de la société dans laquelle nous choisissons de vivre. La reconnaissance de cette liberté de conscience a été démontrée à plusieurs reprises dans l'histoire : dans le premier amendement de la Constitution des États-Unis en 1789, dans la loi de séparation des Églises et de l'État en France en 1905, dans la séparation des Églises et de l'État au Mexique en 1917 et dans le décret de séparation de l'Église et de l'État en URSS en 1918.

En conséquence, nous exigeons deux choses :

1. Au plan individuel, nous nous prononçons pour le développement international de l'athéisme, qui est la seule base du véritable humanisme. Si la croyance aux dieux perdure, alors il ne peut pas y avoir de place digne pour l'homme. Nous devons choisir, et nous avons choisi l'homme. Nous entendons souligner que l'athéisme (dans des endroits tels que l'Inde ou la Grèce) est une philosophie très ancienne, qui existe depuis bien avant la plupart des religions et des sectes.

2. Parce que la véritable liberté de conscience peut seulement exister au travers de la neutralité des États et des services publics en matière philosophique (religieuse ou anti-religieuse), nous demandons la complète séparation de l'État et des Églises dans tous les pays. Aucun gouvernement n'a le droit d'imposer à ses citoyens la croyance religieuse ou l'incroyance religieuse.

Nous soutenons sans condition la laïcité et la neutralité des gouvernements qui laissent chaque individu libre de choisir et d'exprimer ses propres croyances, sans aucune contrainte sociale ni gouvernementale.

La coopération internationale pour un but commun

Le Comité international de liaison des athées et libres penseurs (CILALP) se prononce pour l'humanisme athée à l'échelle mondiale comme le moyen indispensable de conquérir la liberté et la dignité humaines, et la stricte séparation de l'État et des Églises dans tous les pays comme le moyen indispensable de conquérir la liberté de conscience. Le CILALP sera complémentaire et non concurrent à toutes les autres organisations nationales et internationales qui militent pour l'athéisme, la libre pensée, l'humanisme, la laïcité et le rationalisme. Son but est de faciliter la coopération internationale entre les athées et les libres penseurs, qui est indispensable pour parvenir à nos objectifs communs. Notre structure internationale est démocratique. Chaque organisation nationale athée ou de libre pensée qui signe ce manifeste et adhère au CILALP sera dotée d'une voix au bureau exécutif. Chaque groupe choisira son représentant. Les athées et les libres penseurs qui signent ce manifeste à titre individuel auront une voix consultative.

Seules les organisations nationales athées et de libre pensée auront voix délibérative. Néanmoins, tous les efforts seront faits pour parvenir à un consensus général du plus grand nombre possible de groupes et d'individus.

Premiers signataires : Fédération Nationale de la Libre Pensée (France), American Atheists (États-Unis), Atheist Alliance International (États-Unis), Union des Athées (France), Bund gegen Anpassung (Allemagne), Dachverband Freier Weltanschauungsgemeinschaften (Allemagne), Nigerian Humanist Movement (Nigeria), Open Society (Nouvelle-Zélande), Ateus de Catalunya (Espagne), Association burundaise des libres penseurs (Burundi), Union des athées et des libres penseurs (Catalunya).

Pour essayer de contrôler la nature au travers de l'intervention divine, les religions ont déclaré que nous devions prier ces dieux, soumettant à nouveau l'humanité à leur volonté. Les religions ont aussi été des réponses primitives et réactionnaires à la peur de la mort. Les religions ont déclaré qu'un paradis céleste et éternel nous attendait après la mort, paradis placé sous l'autorité des dieux et que nous devions « mériter ». À nouveau, la volonté des hommes était soumise à celle « des dieux ». En conséquence, selon la religion, les hommes devaient se prosterner devant la volonté des divinités « surnaturelles » et obéir aveuglément à leurs moindres désirs. C'était notre seule raison d'exister. En fin de compte, nous n'étions pas maîtres de nos vies. Nous n'avions pas de destin par nous-mêmes, nous étions les jouets ou les pièces d'un jeu étrange, invisible et « divin ». Les religions ont déclaré que l'existence des hommes sur Terre n'était qu'un simple passage obligatoire, bien que mineur, plein de chagrin depuis les tourments provoqués par la « chute » dans la Torah juive jusqu'au monde entouré de souffrance pour les bouddhistes et à la « vallée de larmes » des chrétiens. Le seul but de la vie était d'obtenir l'accès à une improbable « vie après la mort ». Le rôle intéressé que jouent les dirigeants actuels des religions dans la propagation de ces vieilles idées est, en dernière analyse, destructeur. N'est-il rien de plus nuisible que de demander aux hommes de renoncer à l'usage de la raison et de la preuve pour croire en des êtres surnaturels qui volent notre volonté, notre indépendance et notre dignité ? (Congrès Mondial de la Libre Pensée pour l'athéisme et la pensée libre, Paris, 4 juillet 2005)

Annexe XII
L'Alliance athée internationale
www.atheistalliance.org
(extraits du site Internet)

L'Alliance athée internationale (AAI) est une alliance de 58 organisations situées partout dans le monde, et 46 de ces organisations sont localisées aux États-Unis.

L'AAI a été fondée en 1991. Son but principal est d'aider des organisations athées démocratiques à s'établir, à croître et à travailler avec d'autres organisations similaires pour l'avancement de l'éducation basée sur la pensée rationnelle. L'AAI vise à donner une voix cohérente à ces organisations. L'Alliance publie la revue *Secular Nation*, organise au moins un congrès par année, livre une distinction honorifique nommée le prix Richard-Dawkins et gère un répertoire de la libre pensée. On peut s'inscrire à l'AAI comme membre individuel.

Les valeurs dont se réclame l'AAI sont les suivantes :
1. La raison. La raison et la coopération sont essentielles pour surmonter les défis auxquels est confrontée l'humanité.
2. La compassion. La compassion humaine et l'empathie sont cruciales pour l'amélioration de la condition humaine.
3. Le sens de la vie. La vie est précieuse pour toute créature et a de la valeur, et elle est la seule vie que connaîtra chacune de ces créatures.
4. L'empirisme. Notre éthique et nos valeurs s'appuient sur les faits. Nous croyons et valorisons ce que nous pouvons ressentir par les sens et que nous pouvons mesurer dans ce monde naturel. Nous tirons nos conclusions sur la base des meilleures données, et

changeons nos conclusions en conséquence au fur et à mesure que changent les faits.

5. La science. La science est le meilleur outil à notre disposition pour rechercher la vérité sur notre monde.

6. Le savoir. Nous tenons le savoir en haute estime, et rien ne nous paraît plus noble que les tentatives de ceux qui essaient de le faire progresser. À l'inverse, nous considérons immorale toute tentative de rapetisser ou de dénigrer le savoir ou la recherche du savoir.

7. Le progrès. Nous croyons à la modernité et au progrès ainsi qu'à la capacité de l'humanité de développer un monde meilleur basé sur la raison.

8. La liberté. Toute personne a un droit inaliénable à la vie, à la liberté, à la poursuite du bonheur, et à la liberté de conscience. Nous appuyons les valeurs exprimées dans la Charte internationale des droits de l'homme.

9. L'éthique. Nous croyons que l'éthique et la moralité évoluent avec le temps à mesure que nous comprenons mieux ce monde ainsi que notre impact sur ce monde.

10. La responsabilité. Nous avons la responsabilité d'interagir avec compassion avec les créatures vivantes ainsi que de préserver notre planète pour qu'elle puisse être habitée.

Les organisations internationales affiliées à l'AAI incluent l'Atheist Foundation of Australia, l'Humanist Association of Canada, la Victoria Secular Humanist Association (Canada), le Dansk Ateistisk Selskab (Danemark), l'Atheist Association of Finland, l'International League of Non-Religious and Atheists (Allemagne), le Samfélag Trúlausra et The Atheist Society (Islande), l'Atheist Centre (Inde), le Nigerian Humanist Movement (Nigéria) et la Moscow Atheistic Society (Russie).

Le Québec n'est pas en reste auprès de l'AAI. En effet, il sera l'hôte du premier congrès à l'extérieur des États-Unis (automne 2010), et deux organisations québécoises ont leur lien Internet sur le site de l'AAI, nommément le Mouvement laïque du Québec et Les Sceptiques du Québec. Le MLQ est lui-même membre constitutif de l'organisation Humanists of Canada qui est le représentant canadien à l'AAI.

Annexe XIII
L'Union internationale humaniste et éthique
www.iheu.org
(extraits du site Internet)

Les objectifs principaux de l'Union internationale humaniste et éthique (UIHÉ) sont de rassembler activement des groupes et des individus du monde entier intéressés par la promotion de l'humanisme compris comme le dévouement et la responsabilité de la vie humaine grâce à l'entretien, à la continuité et au développement des valeurs humaines, de la culture et de la science, de la loyauté envers les principes démocratiques et du rejet des principes autoritaires dans toutes les relations sociales, et de la pratique de la bonne foi, sans soumission à l'autorité ou au dogme.

L'adhésion à l'UIHÉ est ouverte aux organisations humanistes et laïques du monde entier. Les particuliers peuvent devenir sympathisants (partisans) de l'UIHÉ.

Déclaration adoptée à l'unanimité par 300 participants au 16e Congrès international de l'Union internationaliste humaniste et éthique lors de sa séance plénière du 7 juillet 2005 :

L'Homme, c'est d'abord sa conscience et sa liberté d'en user selon son choix. Aucune contrainte politique, culturelle, religieuse, économique, étatique n'a de fondement légitime pour interdire ou limiter la liberté de conscience des êtres humains.

Il ne peut y avoir de liberté de conscience là où les religions dominent de leur empreinte les sociétés. La laïcité, c'est l'exigence des droits égaux pour ceux qui font partie d'une religion comme pour ceux qui ne font partie d'aucune. Les humanistes ont toujours soutenu les actions visant à construire la laïcité des sociétés et des institutions en exigeant ce principe d'égalité pour les croyants et les non-croyants.

Pour l'UIHÉ et ses organisations membres, l'État doit être laïque, c'est-à-dire ni religieux ni athée. Demander qu'il y ait une véritable égalité démocratique reconnue par la loi entre les croyants et les humanistes ne signifie nullement que les associations adhérentes à l'UIHÉ mettent sur le même plan philosophique tous les points de vue. Nous n'avons aucun devoir de respect envers des affirmations absurdes et réactionnaires, quelle que soit leur ancienneté ; le véritable humanisme est l'exercice de la liberté de conscience par la méthode du libre examen.

La conquête des mêmes droits pour tous est un pas positif en direction de la laïcisation, et la séparation des religions et de l'État est un moyen nécessaire pour cela. Les garanties laïques ne doivent donc pas être simplement légales, elles doivent être constitutionnelles — sans cette disposition institutionnelle, comment garantir la liberté de conscience égale pour tous ? Une loi sans garantie constitutionnelle peut être remplacée par un simple changement de majorité. C'est pourquoi la séparation institutionnelle des religions et des États, partout dans le monde, est une revendication de l'UIHÉ. C'est la lumière qui éclaire le chemin des peuples et des nations. L'histoire de chaque peuple, de chaque nation est différente par nature. Il y a des pays, comme les États-Unis, où l'État est laïque, mais pas la société. En France, par la loi de 1905, l'État et l'école publique sont rendus laïques, et les citoyens ont une véritable liberté de conscience. Il y a autant d'histoires différentes qu'il y a de pays différents.

Pour l'UIHÉ, chaque chemin emprunté par les différents peuples et nations doit aboutir à l'avènement de la séparation des religions et des États. Tout acquis laïque doit être préservé, défendu et étendu pour cela. C'est pourquoi le 16e Congrès mondial de Paris de l'UIHÉ décide de faire de la séparation des religions et des États un de ses axes internationaux d'action.

Le 16e Congrès mondial de l'UIHÉ s'est tenu à Paris dans les locaux de l'UNESCO et de l'Université de la Sorbonne — deux hauts lieux qui ont été les témoins de l'histoire de la lutte pour l'avènement d'un humanisme éclairé, libérateur du monde.

Annexe XIV
Citoyens du Monde
http://citmonde.free.fr/index.htm
(extraits du site Internet)

Les dangers qui menacent l'humanité

Les multiples déséquilibres mondiaux deviennent plus évidents depuis la fin du fameux « équilibre de la terreur ». La dissémination des armes de destruction massive atomiques, biologiques et chimiques augmente chaque jour le risque d'une erreur fatale, d'un accident ou d'un acte de folie. La misère du plus grand nombre, à côté de l'abondance dont jouit une minorité d'habitants de la Terre (pourtant elle aussi menacée par le chômage), les pollutions de l'atmosphère et de l'eau, le gaspillage des richesses non renouvelables, l'explosion démographique, le désordre monétaire, la multiplication des violences, des guerres et des phénomènes d'effondrement de sociétés, voilà les problèmes d'aujourd'hui, qui dépassent la compétence des États et qui se posent vraiment à l'échelle de la planète.

L'illusion des traités internationaux : l'Organisation des Nations Unies (ONU)

Pourquoi cette institution, qui avait suscité de si grands espoirs, s'est-elle révélée incapable de résoudre la grande majorité des problèmes internationaux ? Pourquoi, notamment, a-t-elle été impuissante à empêcher les guerres ? C'est parce qu'à la tribune de l'ONU les représentants des gouvernements défendent chacun les intérêts de leur propre pays, et que nul n'y défend les intérêts de l'humanité. Dans ces conditions, ses décisions restent lettre morte, chaque nation s'autorisant à s'y soustraire au nom de sa souveraineté absolue.

La nécessaire délégation d'une partie de la souveraineté nationale

Le rôle de défenseurs des intérêts de leur nation qui est celui des gouvernements les disqualifie pour résoudre les problèmes qui mettent en jeu l'intérêt de l'ensemble de l'humanité. Avant qu'il ne soit trop tard, des délégations partielles de la souveraineté nationale en faveur d'institutions mondiales, devront s'imposer à tous les pays. Dès maintenant, les nécessités résultant de l'exploitation en commun de l'espace planétaire ont conduit à certaines délégations de fait, notamment au profit de l'Union internationale des télécommunications et de l'Organisation météorologique mondiale.

En attendant une organisation fédérale démocratique du monde, il faut des institutions :

substituant la loi mondiale et l'arbitrage aux rapports de force, dans les relations entre États ;

dotées de pouvoirs réels et bien définis, pour faire exécuter leurs décisions ;

contrôlées par des représentants des peuples démocratiquement élus, indépendamment de leur appartenance nationale, dans des élections transnationales.

Le mondialisme

Le mondialisme est l'ensemble des idées et des actes exprimant la solidarité des populations du globe et tendant à établir des institutions et des lois supranationales qui leur soient communes, dans le respect de la diversité des cultures et des peuples. C'est aussi une approche scientifique des phénomènes sociaux et interindividuels vus sans l'angle mondial. Le mondialisme s'efforce de proposer une nouvelle organisation politique de l'humanité impliquant le transfert de certaines parties de la souveraineté nationale à une autorité fédérale mondiale capable de résoudre, par décisions majoritaires, les problèmes qui mettent en cause le destin de l'espèce tels que : faim, guerre, pollution, surpopulation et énergie. Les exigences du mondialisme ne sauraient se réduire à des traités internationaux que les États peuvent dénoncer à tout moment.

Annexe XV
La Société québécoise d'espéranto
www.esperanto.qc.ca
(extraits du site Internet)

La Société québécoise d'espéranto (SQE) a été fondée en 1982. Ses buts premiers sont de faire connaître la langue internationale au Québec, de promouvoir son utilisation et d'organiser des activités et des cours.

Le but premier de l'espéranto est d'être utilisé par tous comme deuxième langue, pour que tous puissent se comprendre. Sa grammaire est à la fois facile à apprendre et riche en nuances.

L'espéranto possède une culture centenaire, nourrie par les échanges incessants entre espérantophones. Vous trouverez sur le site Internet des informations sur cette culture, et sur les diverses manières d'apprendre et d'utiliser l'espéranto aujourd'hui.

Annexe XVI
Fédération québécoise de naturisme
www.fqn.qc.ca/naturisme.htm
(extraits du site Internet)

Introduction au naturisme

Le naturisme est une manière de vivre en harmonie avec la nature, caractérisée par la pratique de la nudité en commun, qui a pour but de favoriser le respect de soi-même, le respect des autres et le soin pour l'environnement.

Un mouvement familial, humaniste et naturel

Redonner sa juste place au corps, découvrir le plaisir de vivre en harmonie avec la nature, telle est la vérité du naturisme, loin des clichés et des fantasmes. Cette pratique dont la nudité n'est qu'une des composantes se fonde sur une philosophie de vie prônant la tolérance, le respect de soi, des autres et de l'environnement. La spécificité naturiste, ce qui nous distingue des autres mouvements de plein air et de loisir, est la pratique de la nudité. Définir, communiquer, parler du naturisme, revient toujours à évoquer ce qui est notre originalité propre: vivre nu!

La nudité naturiste est collective, saine et naturelle. Elle se pratique dans la nature. Elle est source de plaisir et procure un sentiment de liberté.

Une nudité collective: hommes, femmes, enfants, adultes, jeunes et vieux, toutes générations confondues. Cette nudité collective favorise la convivialité, la tolérance et le brassage social.

Une nudité saine: les naturistes sont pudiques, et font la distinction entre pudeur et pudibonderie. La nudité publique développe l'acceptation de son corps et par conséquent celui des autres. Notre nudité est publique, mais notre sexualité, privée, et ses manifestations s'expriment dans l'intimité.

Une nudité naturelle : notre corps est naturellement nu. Le désir de l'humain de se démarquer de l'animal, les rapports de pouvoir et les mystères de la reproduction ont abouti à la répression du corps et des organes sexuels en particulier. Les naturistes refusent cette séparation artificielle entre le psychique et le physique. L'homme a une influence sur la nature et cherche à la dominer, mais il doit garder conscience qu'il est un animal nu.

Une nudité dans la nature : la nudité naturiste a pour vocation de remettre l'homme en contact avec les éléments naturels, air, eau, terre, soleil. Tous ces éléments sont indispensables à la vie et à un équilibre harmonieux. La nudité intégrale en pleine nature permet de mieux retrouver ce contact intime.

Une nudité source de plaisir et de liberté : la perception des éléments de notre environnement directement sur la peau procure un sentiment de bien-être et des sensations que répression et puritanisme nous avaient fait oublier. La nudité a ainsi un effet euphorisant aux conséquences positives sur notre santé morale et physique. La nudité induit une impression de liberté due à l'absence totale des vêtements. Le corps est libre. Ce plaisir et cette liberté, c'est par le corps que nous les ressentons. Plus nous nous entraînons à percevoir notre corps avec nos sens, plus nous nous éveillerons l'esprit.

Un mouvement humaniste et familial : les valeurs naturistes sont des valeurs humaines (respect de soi, respect des autres, tolérance). Ce sont celles que tout parent souhaite transmettre à ses enfants. Le naturisme permet à beaucoup de personnes complexées par leur corps de mieux s'accepter, de s'aimer. La nudité est naturelle et bienfaisante. Le mouvement naturiste regroupe majoritairement des familles avec des enfants. Après presque un siècle d'existence, il est fréquent de rencontrer des familles qui regroupent plusieurs générations de naturistes, enfants, parents, grands-parents, et la nudité collective trouve naturellement son prolongement dans la nudité familiale. La nudité pratiquée exclusivement dans un cadre domestique, parents-enfants nus chez soi dans la salle de bain ou à la sauvette au jardin, n'est pas du naturisme. Les spécialistes de l'enfance qui émettent des réserves sur le fait, pour les parents, de se montrer nus devant leurs enfants, reconnaissent que le naturisme modifie complètement ce rapport parents-enfants nus. En effet, les naturistes ne se montrent pas nus, ils vivent nus, et c'est là toute la différence. À travers le sport et la nudité partagée par toutes les générations réunies en des lieux naturels, il est beaucoup plus facile de se convaincre de l'idée que les hommes et les femmes sont «libres et égaux en dignité et en droits».

Annexe XVII
Les statistiques compilées sur Réseau Contact

Les statistiques qui suivent portent sur les données complètes de Réseau Contact (depuis la création du site jusqu'à aujourd'hui), et sur les Québécois seulement:

1. Les athées sont plus éduqués que les catholiques

Tableau croisé croyance X scolarité

Catholiques		Athées	
Nombre	Pourcentage	Nombre	Pourcentage
Diplôme d'études primaires			
2 148	0,9 %	179	0,4 %
Diplôme d'études secondaires			
54 746	23,8 %	4 336	10,1 %
Diplôme d'études professionnelles			
46 072	20 %	4 963	11,6 %
Diplôme d'études collégiales			
68 884	29,9 %	13 848	32,4 %
Baccalauréat			
46 072	20 %	14 309	33,5 %
Maîtrise			
9 967	4.3 %	4 181	9,8 %
Doctorat			
2 138	0,9 %	905	2,1 %

Test Chi^2 de l'interaction: 10 119. Probabilité que l'interaction soit due au hasard: < 0.0005.

2. Les athées sont plus jeunes que les catholiques

Tableau croisé croyance X groupe d'âge

Catholiques		Athées	
Nombre	Pourcentage	Nombre	Pourcentage
0-19 ans			
3 805	1,5 %	689	1,4 %
20-29 ans			
87 797	33,7 %	23 490	48,7 %
30-39 ans			
75 468	29 %	15 242	31,6 %
40-49 ans			
59 428	22,8 %	6 249	13 %
50-59 ans			
25 997	10 %	2 136	4,4 %
60-99 ans			
7 894	3 %	392	0,8 %

Test Chi^2 de l'interaction : 6 618. Probabilité que l'interaction soit due au hasard : <0.0005.

3. Les athées ont moins d'enfants que les catholiques.

Tableau croisé croyance X nombre d'enfants

Catholiques		Athées	
Nombre	Pourcentage	Nombre	Pourcentage
Aucun enfant			
152 345	61,7 %	36 560	64,7 %
Un enfant			
37 442	15,2 %	4 254	14,3 %
Deux enfants			
41 476	16,8 %	3 445	15,4 %
Trois enfants			
11 969	4,9 %	796	4,4 %
Plus d'enfants			
3 508	1,4 %	277	1,3 %

Test Chi^2 de l'interaction : 6162. Probabilité que l'interaction soit due au hasard : <0.0005.

4. Les athées habitent plus souvent la métropole que les catholiques.

Tableau croisé croyance X lieu d'habitation

Habite Montréal			
Catholiques		Athées	
Nombre	Pourcentage	Nombre	Pourcentage
53 007	20,3 %	17 649	36,6 %
N'habite pas Montréal			
207 526	79,7 %	30 585	63,4 %

Test Chi^2 de l'interaction : 6086. Probabilité que l'interaction soit due au hasard : <0.0005.

5. Les athées sont moins souvent divorcés que les catholiques

Ceci pourrait facilement être explicable par une proportion moins élevée d'athées qui se marient.

Tableau croisé croyance X risque de divorce

N'est pas divorcé			
Catholiques		Athées	
Nombre	Pourcentage	Nombre	Pourcentage
232 963	89,4 %	46 307	96 %
Est divorcé			
27 570	10,6 %	1 927	4 %

Test Chi^2 de l'interaction : 2044. Probabilité que l'interaction soit due au hasard : <0.0005.

6. La proportion d'hommes est plus élevée chez les athées que chez les catholiques.

Tableau croisé croyance X sexe

Femmes			
Catholiques		Athées	
Nombre	Pourcentage	Nombre	Pourcentage
105,035	41,2%	14 711	31,3%
Hommes			
150 185	58,8 %	32 273	68,7 %

Test Chi^2 de l'interaction : 1607. Probabilité que l'interaction soit due au hasard : <0.0005.

7. L'orientation sexuelle non conventionnelle est plus fréquente chez les athées que chez les catholiques.

Tableau croisé croyance X orientation sexuelle

Catholiques		Athées	
Nombre	Pourcentage	Nombre	Pourcentage
Bisexuels			
10 600	4,2 %	3 385	7,1 %
Hétérosexuels			
236 454	92,7 %	41 697	87,9 %
Homosexuels			
7 986	3,1 %	2 361	5,0 %

Test Chi^2 de l'interaction : 1267. Probabilité que l'interaction soit due au hasard : <0.0005.

8. Les athées détiennent de meilleurs emplois que les catholiques.

Tableau croisé croyance X type d'emploi

Catholiques		Athées	
Nombre	Pourcentage	Nombre	Pourcentage
Sans emploi			
5 368	3,2 %	423	1,5 %
Employé			
98 536	58,1 %	13 795	49,5 %
Professionnel			
65 794	38,8 %	13 665	49 %

Test Chi^2 de l'interaction : 1156. Probabilité que l'interaction soit due au hasard : <0.0005.

9. Les athées jouissent d'une meilleure situation financière que les catholiques.

Tableau croisé croyance X type de situation financière

Catholiques		Athées	
Nombre	Pourcentage	Nombre	Pourcentage
Situation précaire			
5 482	3,1 %	1 545	4,7 %
Situation moyenne			
126 989	71,7 %	21 672	66,3 %
Situation aisée			
44 701	25,2 %	9 477	29 %

Test Chi^2 de l'interaction : 483. Probabilité que l'interaction soit due au hasard : <0.0005.

10. Les athées pratiquent plus souvent des loisirs intellectuels (indexés ici par la lecture) que les catholiques, tandis que les catholiques pratiquent plus souvent des loisirs physiques (indexés ici par la pratique du sport ou du plein air).

Tableau croisé croyance X type de loisir pratiqué

	Catholiques		Athées		Test Chi²	Probabilité que l'interaction soit due au hasard
	Nombre	Pourcentage	Nombre	Pourcentage		
Lecture	108 758	41 %	25 130	51 %	1668	<0.0005
Sport	155 860	58 %	28 083	56 %	55	<0.0005
Plein air	184 718	69 %	31 637	63 %	569	<0.0005

N.B. Un test global d'interaction serait ici illégitime, car les membres de Réseau Contact peuvent indiquer qu'ils pratiquent un ou plusieurs loisirs. Ainsi, les catégories contiennent des fréquences qui ne sont pas indépendantes. Ceci requiert que chaque catégorie de loisirs soit testée pour un effet de croyance, séparément.

Table des matières